吳汝綸評點

史記集評

中華書局印行

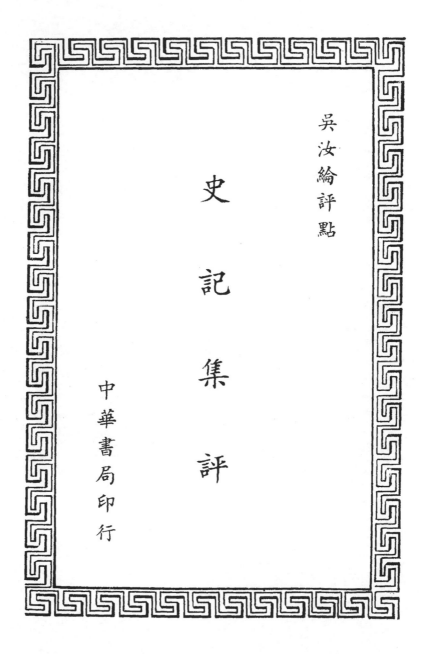

張廉卿曰雅淡獨絕後人
無及之者○此文足爲作
俗體文字者之藥石

張釋之馮唐列傳第四十二

張廷尉釋之者。堵陽人也。字季。有兄仲同居。以訾爲騎郎。事孝文帝。十歲不得調。無所知名。釋之曰。久宦減仲之產。不遂。欲自免歸。中郎將袁盎知其賢。惜其去。乃請徙釋之補謁者。釋之既朝畢。因前言便宜事。文帝曰。卑之毋甚高論。令今可施行也。於是釋之言秦漢之閒事。秦所以失而漢所以興者。久之。文帝稱善。乃拜釋之爲謁者僕射。釋之從行。登虎圈。上問上林尉諸禽獸簿。十餘問。尉左右視。盡不能對。虎圈嗇夫從旁代尉對。上所問禽獸簿甚悉。欲以觀其能。口對響應無窮者。文帝曰。吏不當如是。邪尉無賴。乃詔釋之拜嗇夫爲上林令。釋之久之前曰。陛下以絳侯周勃何如人也。上曰。長者也。又復問東陽侯張相如何如人也。上復曰。長者。釋之曰。夫絳侯東陽侯稱爲長者。此兩人言事。曾不能

文字澹遠妙在筆墨蹊徑之外

出口。豈斆此嗇夫諜諜利口捷給哉。且秦以任刀筆之吏。吏爭以亟疾苛察相高。然其敝徒文具耳。無惻隱之實。以故不聞其過。陵遲而至於二世。（錢云漢書作陵夷古文夷與遲通詩倭遲韓詩作郁夷婁壽碑徲徲衡門卽栖遲也說文遲或作迡尸古夷字）天下土崩。今陛下以嗇夫口辯而超遷之。臣恐天下隨風靡靡。（漢書省一靡字）爭爲口辯而無其實。且下之化上疾於景響。舉錯不可不審也。文帝曰善。乃止不拜嗇夫。上就車。召釋之參乘。徐行。問釋之秦之敝。具以質言。至宮。上拜釋之爲公車令。頃之。太子與梁王共車入朝。不下司馬門。於是釋之追止太子梁王無得入殿門。遂劾不下公門不敬。奏之。薄太后聞之。文帝免冠謝曰。教兒子不謹。薄太后乃使使承詔赦太子梁王。然後得入。文帝由是奇釋之。拜爲中大夫。頃之。至中郎將。從行至霸陵。居北臨厠。（蘇林曰厠邊側也錢云厠卽側字側旁從人隸變爲厂與厠圂字從厂者不同）是時愼夫人從上指示愼夫人新

豐道曰此走邯鄲道也使愼夫人鼓瑟上自倚瑟而歌意慘悽悲懷顧
謂羣臣曰嗟乎以北山石爲槨用紵絮斮陳蕠錯字衍漆其閒豈可動哉左
右皆曰善釋之前進曰使其中有可欲者雖錮南山猶有郄使其中無
可欲者雖無石槨又何戚焉文帝稱善其後拜釋之爲廷尉頃之上行
出中渭橋有一人從橋下走出乘輿馬驚於是使騎捕屬之廷尉釋之
治問曰縣人來聞蹕匿橋下久之以爲行已過即出見乘輿車騎即走
耳廷尉奏當一人犯蹕當罰金文帝怒曰此人親驚吾馬吾馬賴柔和
令他馬固不敗傷我乎而廷尉乃當之罰金釋之曰法者天子所與天
下公共也今法如此而更重之是法不信於民也且方其時上使立誅
之則已今既下廷尉廷尉天下之平也一傾而天下用法皆爲輕重民
安所錯其手足唯陛下察之良久上曰廷尉當是也其後有人盜高廟

仰承俯攝情事曲盡史公
文於轉折頓挫處往往具
各種妙處

坐前玉環捕得文帝怒下廷尉治釋之案律盜宗廟服御物者爲奏奏
當弃市上大怒曰人之無道乃盜先帝廟器吾屬廷尉者欲致之族而
君以法奏之非吾所以共承宗廟意也釋之免冠頓首謝曰法如是足(止)
也且罪等然以逆順爲差今盜宗廟器而族之有如萬分之一假令愚
民取長陵一抔土陛下何以加其法乎(漢書何上有且字)久之文帝與太后言
之乃許廷尉當是時中尉條侯周亞夫與梁相山都侯王恬開(間)見釋之
持議平乃結爲親友張廷尉由此天下稱之後文帝崩景帝立釋之恐
稱病欲免去懼大誅至欲見謝則未知何如用王生計卒見謝景帝不
過也王生者善爲黃老言處士也嘗召居廷中三公九卿盡會立王生
老人曰吾韤解顧謂張廷尉爲我結韤釋之跪而結之既已人或謂王
生曰獨奈何廷辱張廷尉使跪結韤王生曰吾老且賤自度終無益於

微婉

此篇妙處全在能寫文帝懷抱所以多事外遺韵

張廷尉張廷尉方今天下名臣吾故聊辱廷尉使跪結韈欲以重之諸公聞之賢王生而重張廷尉張廷尉事景帝歲餘爲淮南王相猶尚以前過也久之釋之卒其子曰張摯字長公官至大夫免以不能取容當世故終身不仕

馮唐者其大父趙人父徙代漢興徙安陵唐以孝著爲中郎署長事文帝文帝輦過問唐曰父老何自爲郎家安在唐具以實對文帝曰吾居代時吾尚食監高祛數爲我言趙將李齊之賢戰於鉅鹿下今吾每飯意未嘗不在鉅鹿也父知之乎（漢書父下有老字）唐對曰尚不如廉頗李牧之爲將也上曰何以唐曰臣大父在趙時爲官卒將（徐廣云一作官士梁云官卒乃官帥之誤漢書是帥字吳語士卒百人爲徹行行頭皆官帥某案史文當作官率將今作卒者訛字也索隱官師亦官帥之訛）善李牧臣父故爲代相善趙將李齊知其爲人也上既聞廉頗李牧爲人良說（良說讀如良久之良如淳訓善非是）而搏髀曰嗟乎吾獨不得廉頗李牧時爲

匈奴新大入朝那三句倒提使前文驚愕爲奇又橫亘文中以爲節奏

吾將吾豈憂匈奴哉唐曰主臣陛下雖得廉頗李牧弗能用也上怒起入禁中良久召唐讓曰公柰何衆辱我獨無閒處乎唐謝曰鄙人不知忌諱當是之時匈奴新大入朝那殺北地都尉卬上以胡寇爲意乃卒復問唐曰公何以知吾不能用廉頗李牧也唐對曰臣聞上古王者之遣將也跪而推轂曰閫以內者寡人制之閫以外者將軍制之軍功爵賞皆決於外歸而奏之此非虛言也臣大父言李牧爲趙將居邊軍市之租皆自用饗士賞賜決於外不從中覆也（本作擾依汲古閣本改漢書同）委任而責成功故李牧乃得盡其智能遣選車千三百乘彀騎萬三千百金之士十萬是以北逐單于破東胡滅澹林西抑彊秦南支韓魏當是之時趙幾霸其後會趙王遷立其母倡也王遷立乃用郭開讒卒誅李牧令顏聚代之是以兵破士北爲秦所禽滅今臣竊聞魏尚爲雲中守其軍市

租盡以饗士卒私養錢五日一椎牛饗賓客軍吏舍人是以匈奴遠避不近雲中之塞虜曾一入尚率車騎擊之所殺甚衆夫士卒盡家人子起田中從軍安知尺籍伍符終日力戰斬首捕虜上功莫府一言不相應文吏以法繩之其賞不行而吏奉法必用臣愚以爲陛下法太明賞太輕罰太重且雲中守魏尚坐上功首虜差六級陛下下之吏削其爵罰作之由此言之陛下雖得廉頗李牧弗能用也臣誠愚觸忌諱死罪死罪文帝說是日令馮唐持節赦魏尚復以爲雲中守而拜唐爲車騎都尉（胡三省云詳考班表無車騎都尉）主中尉及郡國車士七年景帝立以唐爲楚相免武帝立求賢良舉馮唐唐時年九十餘不能復爲官乃以唐子馮遂爲郎遂字王孫亦奇士與余善

太史公曰張季之言長者守法不阿意馮公之論將率有味哉有味哉

不知其人視其友爲魏尙
發也

語曰不知其人視其友二君之所稱誦可著廊廟書曰不偏不黨王道
蕩蕩不黨不偏王道便便辨張季馮公近之矣

某案此篇以不能取容當世爲主譏景帝不能容奇士也

萬石張叔列傳第四十三

萬石君名奮其父趙人也姓石氏趙亡徙居溫高祖東擊項籍過河內時奮年十五為小吏侍高祖高祖與語愛其恭敬問曰若何有對曰奮獨有母不幸失明家貧有姊能鼓琴高祖曰若能從我乎曰願盡力於是高祖召其姊為美人以奮為中涓受書謁徙其家長安中戚里以姊為美人故也其官至孝文時積功勞至太中大夫無文學恭謹無與比文帝時東陽侯張相如為太子太傅免選可為傅者皆推奮奮為太子太傅及孝景即位以為九卿迫近憚之徙奮為諸侯相奮長子建次子甲次子乙(仁)次子慶皆以馴(訓)行孝謹官皆至二千石於是景帝曰石君及四子皆二千石人臣尊寵乃集其門號奮為萬石君孝景帝季年萬石君以上大夫祿歸老于家以歲時為朝臣過宮門闕萬石君必下車趨

見路馬必式焉子孫爲小吏來歸謁萬石君必朝服見之不名子孫有
過失不譙讓爲便坐對案不食然后諸子相責因長老肉袒固謝罪改
之乃許子孫勝冠者在側雖燕居必冠申申如也僮僕訢訢如也唯謹
上時賜食於家必稽首俯伏而食之如在上前其執喪哀戚甚悼子孫
遵教亦如之萬石君家以孝謹聞乎郡國雖齊魯諸儒質行皆自以爲
不及也建元二年郎中令王臧以文學獲罪皇太后以爲儒者文多質
少今萬石君家不言而躬行乃以長子建爲郎中令少子慶爲內史建
老白首萬石君尚無恙建爲郎中令每五日洗沐歸謁親入子舍竊問
侍者取親中帬廁牏身自浣滌復與侍者不敢令萬石君知以爲常建
爲郎中令事有可言屏人恣言極切至廷見如不能言者是以上乃親
尊禮之萬石君徙居陵里內史慶醉歸入外門不下車萬石君聞之不

食慶恐肉袒請罪不許舉宗及兄建肉袒萬石君讓曰內史貴人入閭里里中長老皆走匿而內史坐車中自如固當乃謝罷慶慶及諸子弟入里門趨至家萬石君以元朔五年中卒長子郎中令建哭泣哀思扶杖乃能行歲餘建亦死諸子孫咸孝然建最甚甚於萬石君建爲郎中令書奏事事下建讀之曰誤書馬者與尾當五今乃四不足一上譴死矣甚惶恐其爲謹愼雖他皆如是萬石君少子慶爲太僕御出上問車中幾馬慶以策數馬畢舉手曰六馬慶於諸子中最爲簡易矣然猶（毛本作猶然）如此爲齊相舉齊國皆慕其家行不言而齊國大治爲立石相祠元狩元年上立太子選羣臣可爲傅者慶自沛守爲太子太傅七歲遷爲御史大夫元鼎五年秋丞相有罪罷制詔御史萬石君先帝尊之子孫孝其以御史大夫慶爲丞相封爲牧丘侯是時漢方南誅兩越東擊

朝鮮北逐匈奴西伐大宛中國多事天子巡狩海內脩上古神祠封禪興禮樂公家用少桑弘羊等致利王溫舒之屬峻法兒寬等推文學至九卿更進用事事不關決於丞相丞相醇謹而已在位九歲無能有所匡言嘗欲請治上近臣所忠九卿減（咸）宣罪不能服反受其過贖罪元封四年中關東流民二百萬口無名數者四十萬公卿議欲請徙流民於邊以適之上以爲丞相老謹不能與其議乃賜丞相告歸而案御史大夫以下議爲請者丞相慚不任職乃上書曰慶幸得待罪丞相罷駑無以輔治城郭（震澤本作廓）倉庫空虛民多流亾罪當伏斧質上不忍致法願歸丞相侯印乞骸骨歸避賢者路天子曰倉廩既空民貧流亾而君欲請徙之搖蕩不安動危之而辭位君欲安歸難乎以書讓慶慶甚慚遂復視事慶文深審謹然無他大略爲百姓言後三歲餘太初二年中丞

相慶卒諡爲恬侯慶中子德慶愛用之上以德爲嗣代侯後爲太常坐法當死贖免爲庶人慶方爲丞相諸子孫爲吏更至二千石者十三人及慶死後稍以罪去孝謹益衰矣

建陵侯衛綰者代大陵人也梁云大陵屬太原而云代大陵者文帝封代高祖詔取山南太原之地盡屬代故大陵隸代也綰以戲車爲郎事文帝功次遷爲中郎將醇謹無他孝景爲太子時召上左右飲而綰稱病不行文帝且崩時屬孝景曰綰長者善遇之及文帝崩景帝立歲餘不噍呵綰索隱噍呵音譙何野客叢談云史記不譙何綰傳寫誤爲譙呵男闓生謹案索隱本當亦作譙何音譙訶耳綰日以謹力景帝幸上林詔中郎將參乘還而問曰君知所以得參乘乎綰曰臣從車士幸得以功次遷爲中郎將不自知也上問曰吾爲太子時召君君不肯來何也對曰死罪實病上賜之劍綰曰先帝賜臣劍凡六劍不敢奉詔上曰劍人之所施易獨至今乎綰曰具在上使取六劍劍尚盛未嘗服

也。郎官有譏，常蒙其罪，不與他將爭；有功，常讓他將。上以爲廉，忠實無他腸，乃拜綰爲河閒王太傅。吳楚反，詔綰爲將，將河閒兵擊吳楚有功，拜爲中尉。三歲，以軍功，孝景前六年中封綰爲建陵侯。其明年，上廢太子，誅栗卿之屬。上以爲綰長者，不忍，乃賜綰告歸，而使郅都治捕栗氏。既已，上立膠東王爲太子，召綰，拜爲太子太傅。久之，遷爲御史大夫。五歲，代桃侯舍爲丞相，朝奏事如職所奏。然自初官（漢書官作宦）以至丞相，終無可言。天子以爲敦厚，可相少主，尊寵之，賞賜甚多。爲丞相三歲，景帝崩，武帝立。建元年中，丞相以景帝疾時諸官囚多坐不辜者，而君不任職，免之。其後綰卒，子信代。坐酎金失侯。塞侯直不疑者，南陽人也。爲郎，事文帝。其同舍有告歸，誤持同舍郎金去，已而金主覺，妄意不疑，不疑謝有之，買金償。而告歸者來而歸金，而前郎亾金者大慙，以此稱爲長

塞侯所爲今所謂盛德長者也而史公以微巧目之此孔子惡鄉愿之恉也

者文帝稱舉稍遷至太中大夫朝廷見人或毀曰不疑狀貌甚美然獨無柰其善盜嫂何也不疑聞曰我乃無兄然終不自明也吳楚反時不疑以二千石將兵擊之景帝後元年拜爲御史大夫天子脩吳楚時功乃封不疑爲塞侯武帝建元年中與丞相綰俱以過免不疑學老子言其所臨爲官如故唯恐人知其爲吏跡也不好立名稱稱爲長者不疑卒子相如代孫望（梁云望乃堅之誤）坐酎金失侯郎中令周文者名仁其先故任城人也以醫見景帝爲太子時拜爲舍人積功稍遷孝文帝時至太中大夫景帝初即位拜仁爲郎中令仁爲人陰重不泄常衣敝補衣溺袴期爲不絜清以是得幸景帝入臥內於後宮祕戲仁常在旁至景帝崩仁尚爲郎中令終無所言上時問人仁曰上自察之然亦無所毀以此景帝再自幸其家家徙陽陵上所賜甚多然常讓不敢受也諸侯羣

臣賂遺終無所受武帝立以爲先帝臣重之仁乃病免以二千石祿歸老子孫咸至大官矣御史大夫張叔者名歐安丘侯說之庶子也（梁云庶子漢書作少子）孝文時以治刑名言事太子然歐雖治刑名家其人長者景帝時尊重常爲九卿至武帝元朔四年韓安國免詔拜歐爲御史大夫自歐爲吏未嘗言案人專以誠長者處官官屬以爲長者亦不敢大欺上具獄事有可卻卻之不可者不得已爲涕泣面而封之（面下依漢書減對字）其愛人如此老病篤請免於是天子亦策罷以上大夫祿歸老于家家於陽陵子孫咸至大官矣

太史公曰仲尼有言曰君子欲訥（詘）於言而敏於行其萬石建陵張叔之謂邪是以其教不肅而成不嚴而治塞侯微巧而周文處諂君子譏之爲其近於佞也然斯可謂篤行君子矣

某案此篇以佞字爲主

孝謹美德也然近於巧佞君子慎之曾文正公嘗爲余言太史公眞知道其去孔子不遠觀此等文其辨于朱紫苗莠者不其微哉

萬石張叔列傳第四十三

史記一百三

田叔列傳第四十四

田叔者。趙陘城人也。其先齊田氏苗裔也。叔喜劍。學黃老術於樂巨公所。叔爲人刻廉自喜。喜游諸公。趙人舉之趙相趙午。午言之趙王張敖所。趙王以爲郎中。數歲。切直廉平。趙王賢之。未及遷。會陳豨反代。漢七年。高祖往誅之。過趙。趙王張敖自持案進食。禮恭甚。高祖箕踞罵之。是時。趙相趙午等數十人皆怒。謂張王曰。王事上禮備矣。今遇王如是。臣等請爲亂。趙王齧指出血曰。先人失國。微陛下。臣等當蟲出。公等奈何言若是。毋復出口矣。於是貫高等曰。王長者。不倍德。卒私相與謀弒上。會事發覺。漢下詔捕趙王及羣臣反者。於是趙午等皆自殺。唯貫高就繫。是時漢下詔書。趙有敢隨王者罪三族。唯孟舒田叔等十餘人赭衣自髡鉗。稱王家奴。隨趙王敖至長安。貫高事明白。趙王敖得出。廢爲宣平侯。乃進言田叔等十餘人。上盡召見與語。漢廷臣毋能出其右者。上說。盡拜爲郡守諸侯相。叔爲漢中守十餘年。會高后崩。諸呂作亂。大臣誅之。立孝文帝。孝文帝既立。召田叔問之曰。公知天下長者乎。對曰。臣何足以知之。上曰。公長者也。宜知之。叔頓首曰。故雲中守孟舒。長者也。是時孟舒坐虜大入塞盜劫。雲中尤甚。免。上曰。先帝置孟舒雲中十餘年矣。虜曾一入。孟舒不能堅守。毋故士卒戰死者數百人。長者固殺人乎。公何以言孟舒爲長者也。叔叩頭對曰。是乃孟舒所以爲長者也。夫貫高等謀反。上下明詔。趙有敢隨張王者（依漢書增者字）罪三族。然孟舒自髡鉗隨張王敖之所在。欲以身死之。豈自知爲雲中守哉。漢與楚相距。士卒罷敝。匈奴冒頓新服北夷。來爲邊害。孟舒知士卒罷敝。不忍出言。士爭臨城死敵。如子爲父。弟爲兄。以故死者數百人。孟舒豈故驅戰之哉。

是乃孟舒所以爲長者也。於是上曰。賢哉孟舒。復召孟舒以爲雲中守。後數歲。叔坐法失官。梁孝王使人殺故吳相袁盎。景帝召田叔案梁。具得其事。還報。景帝曰。梁有之乎。叔對曰。死罪。有之。上曰。其事安在。田叔曰。上毋以梁事爲也。上曰。何也。曰。今梁王不伏誅。是漢法不行也。如其伏法。而太后食不甘味。臥不安席。此憂在陛下也。景帝大賢之。以爲魯相。魯相初到。民自言相。訟王取其財物百餘人。田叔取其渠率二十人。各笞五十。餘各搏二十。怒之曰。王非若主邪。何自敢言若主。魯王聞之大慙。發中府錢。使相償之。相曰。王自奪之。使相償之。是王爲惡而相爲善也。相毋與償之。於是王乃盡償之。魯王好獵。相常從入苑中。王輒休相就館舍。相出。常暴坐待王苑外。王數使人請相休。終不休。曰。我王暴露苑中。我獨何爲就舍。魯王以故不大出游。數年。叔以官卒。魯以百金祠。少。子。仁。不。受。也。曰。不。以。百。金。傷。先。人。名。仁以壯健爲衛將軍舍人。數從擊匈奴。衛將軍進言仁。仁爲郎中。數歲。爲二千石丞相長史。失官。其後使刺舉三河。上東巡。仁奏事有辭。上說。拜爲京輔都尉。月餘。上遷拜爲司直。數歲。坐太子事。時左丞相自將兵。令司直田仁主閉守城門。坐縱太子。下吏誅死。仁發兵。長陵令車千秋上變仁。仁族死。陘城今在中山國。

太史公曰。孔子稱曰。居是國必聞其政。田叔之謂乎。義不忘賢。明主之美以救過。仁與余善。余故幷論之。

褚先生曰。臣爲郎時。聞之曰田仁故與任安相善。任安。滎陽人也。少孤貧困。爲人將車之長安。留。求事爲小吏。未有因緣也。因占著名數。家於武功。武功。扶風西界小邑也。谷口蜀𣃁道(錢云𣃁道者棧道也)近山。安以爲武功

小邑無豪易高也安留代人為求盜亭父後為亭長邑中人民俱出獵
任安常為人分麋鹿雉兔部署老小當壯劇易處（王云當丁也劇難也）衆人皆喜
曰無傷也任少卿分別平有智略明日復合會會者數百人任少卿曰
某子甲何為不來乎諸人皆怪其見之疾也其後除為三老舉為親民
出為三百石長治民坐上行出游共帳不辦斥免乃為衛將軍舍人與
田仁會俱為舍人居門下同心相愛此二人家貧無錢用以事將軍家
監家監使養惡齧馬兩人同牀臥仁竊言曰不知人哉家監也任安曰
將軍尚不知人何乃家監也衛將軍從此兩人過平陽主主家令兩人
與騎奴同席而食此二子拔刀列斷席別坐主家皆怪而惡之莫敢呵
其後有詔募擇衛將軍舍人以為郎將軍取舍人中富給者令具鞍馬
絳衣玉具劍欲入奏之會賢大夫少府趙禹來過衛將軍將軍呼所舉

舍人以示趙禹•趙禹以次問之•十餘人無一人習事有智略者•趙禹曰•吾聞之•將門之下必有將類•傳曰•不知其君視其所使•不知其子視其所友•今有詔舉將軍舍人者•欲以觀將軍而能得賢者文武之士也•今徒取富人子上之•又無智略•如木偶人衣之綺繡耳•將奈之何•於是趙禹悉召衛將軍舍人百餘人•以次問之•得田仁任安•曰•獨此兩人可耳•餘無可用者•衛將軍見此兩人貧•意不平•趙禹去•謂兩人曰•各自具鞍馬新絳衣•兩人對曰•家貧無用具也•將軍怒曰•今兩君家自爲貧•何爲出此言•鞅鞅如有移德於我者•何也•將軍不得已•上籍以聞•有詔召見衛將軍舍人•此二人前見•詔問能略•相推第也•田仁對曰•提桴鼓•立軍門•使士大夫樂死戰鬬•仁不及任安•任安對曰•夫決嫌疑•定是非辯治官•使百姓無怨心•安不及仁也•武帝大笑曰•善•使任安護北軍•使田仁

護邊田穀於河上此兩人立名天下其後用任安爲益州刺史以田仁爲丞相長史田仁上書言天下郡太守多爲姦利三河尤甚臣請先刺舉三河三河太守皆內倚中貴人與三公有親屬無所畏憚宜先正三河以警天下姦吏是時河南河內太守皆御史大夫杜父兄子弟也河東太守石丞相子孫也是時石氏九人爲二千石方盛貴田仁數上書言之杜大夫及石氏使人謝謂田少卿曰吾非敢有語言也願少卿無相誣汙也仁已刺三河三河太守皆下吏誅死仁還奏事武帝說以仁爲能不畏彊禦拜仁爲丞相司直威振天下其後逢太子有兵事丞相自將兵使司直主城門司直以爲太子骨肉之親父子之間不甚欲近去之諸陵過是時武帝在甘泉使御史大夫暴君下責丞相何爲縱太子丞相對言使司直部守城門而開太子上書以聞請捕繫司直司直

下吏誅死。是時任安爲北軍使者護軍。太子立車北軍南門外。召任安與節。令發兵安拜受節。入閉門不出。武帝聞之。以爲任安爲詳邪。不傳事何也。任安笞辱北軍錢官小吏。小吏上書言之。以爲受太子節。言幸與我其鮮好者。書上聞。武帝曰。是老吏也。見兵事起。欲坐觀成敗。見勝者欲合從之。有兩心。安有當死之罪甚衆。吾常活之。今懷詐有不忠之心。下安吏誅死。夫月滿則虧。物盛則衰。天地之常也。知進而不知退。久乘富貴。禍積爲祟。故范蠡之去越。辭不受官位。名傳後世。萬歲不忘。豈可及哉。後進者愼戒之。

某案此篇以長者爲主褚少孫所敘田仁任安事亦佳視其他篇獨勝

田叔列傳第四十四

扁鵲倉公列傳第四十五

扁鵲者●勃海郡鄭(鄚)人也●姓秦氏●名越人●少時爲人舍長●舍客長桑君過●扁鵲獨奇之●常謹遇之●長桑君亦知扁鵲非常人也●出入十餘年●乃呼扁鵲私坐●間與語曰●我有禁方●年老欲傳與公●公毋泄●扁鵲曰●敬諾●乃出其懷中藥予扁鵲●飲是以上池之水●三十日當知物矣●乃悉取其禁方書●盡與扁鵲●忽然不見●殆非人也●扁鵲以其言●飲藥三十日●視見垣一方人●以此視病●盡見五藏癥結●特以診脈爲名耳●爲醫●或在齊●或在趙●在趙者名扁鵲●當晉昭公時●諸大夫彊●而公族弱●趙簡子爲大夫●專國事●簡子疾●五日不知人●大夫皆懼●於是召扁鵲●扁鵲入視病●出●董安于問扁鵲●扁鵲曰●血脈治也●而何怪●昔秦穆公嘗如此●七日而寤●寤之日●告公孫支與子輿曰●我之帝所甚樂●吾所以久者●適有所學也●帝告

我晉國且大亂五世不安其後將霸未老而死霸者之子且令而國男女無別公孫支書而藏之秦策於是出（錢云趙世家作秦讖讖策聲相近）夫獻公之亂文公之霸而襄公敗秦師於殽而歸縱淫此子之所聞今主君之病與之同不出三日必閒閒必有言也居二日半簡子寤語諸大夫曰我之帝所甚樂與百神游於鈞天廣樂九奏萬舞不類三代之樂其聲動心有一熊欲援我帝命我射之中熊熊死有羆來我又射之中羆羆死帝甚喜賜我二笥皆有副吾見兒在帝側帝屬我一翟犬曰及而子之壯也以賜之帝告我晉國且世衰七世而亾嬴姓將大敗周人於范魁之西而亦不能有也董安于受言書而藏之以扁鵲言告簡子簡子賜扁鵲田四萬畝其後扁鵲過虢虢太子死（索隱春秋有郭公此蓋郭之太子也）扁鵲至虢宮門下問中庶子喜方者曰太子何病國中治穰（御覽元龜幷作禳）過於衆事中

庶子曰太子病血氣不時交錯而不得泄暴發於外則爲中害精神不能止邪氣邪氣畜積而不得泄是以陽緩而陰急故暴蹷而死扁鵲曰其死何如時曰雞鳴至今曰收乎曰未也其死未能半日也言臣齊勃海秦越人也家在於鄭未嘗得望精光侍謁於前也聞太子不幸而死臣能生之中庶子曰先生得無誕之乎何以言太子可生也臣聞上古之時醫有俞跗治病不以湯液醴灑鑱石撟引案杬（杬本作杌依震澤本改別雅云荀子王霸篇游玩之脩注杬與玩同倉公傳案玩注謂案摩玩弄今本多譌）毒熨一撥見病之應因五藏之輸乃割皮解肌訣脈結筋搦髓腦揲荒爪幕湔浣腸胃漱滌五藏練精易形先生之方能若是則太子可生也不能若是而欲生之曾不可以告咳嬰之兒終日扁鵲仰天歎曰夫子之爲方也若以管窺天以郄視文越人之爲方也不待切脈望色聽聲寫形言病之所在聞病之陽論得

其陰・聞病之陰・論得其陽・病應見於大表・不出千里・決者至衆・不可曲止也・子以吾言爲不誠・試入診太子・當聞其耳鳴而鼻張・循其兩股以至於陰・當尚溫也・中庶子聞扁鵲言・目眩然而不瞚・舌撟然而不下・乃以扁鵲言入報虢君・虢君聞之大驚・出見扁鵲於中闕・曰竊聞高義之日久矣・然未嘗得拜謁於前也・先生過小國・幸而舉之・偏國寡臣幸甚・有先生則活・無先生則棄捐塡溝壑・長終而不得反・言未卒・因噓唏服臆・魂精泄橫・流涕長潸・忽忽承睞・悲不能自止・容貌變更・扁鵲曰・若太子病・所謂尸蹷者也・夫以陽入陰中・動胃繵緣・中經維（結）絡・別下於三焦膀胱・是以陽脈下遂・集解一作隊陰脈上爭・會氣閉而不通・陰上而陽內行・下內鼓而不起・上外絕而不爲使・上有絕陽之絡・下有破陰之紐・破陰絕陽之色已廢・集解廢一作發王校刪之字巳字脈亂・故形靜如死狀・太子未死也・夫

以陽入陰支蘭藏者生以陰入陽支蘭藏者死凡此數事皆五藏蹷中之時暴作也良工取之拙者疑殆扁鵲乃使弟子子陽厲鍼砥石以取外三陽五會有閒太子蘇乃使子豹爲五分之熨以八減之齊和煑之以更熨兩脇下太子起坐更適陰陽但服湯二旬而復故故天下盡以扁鵲爲能生死人扁鵲曰越人非能生死人也此自當生者越人能使之起耳扁鵲過齊齊桓侯客之入朝見曰君有疾在腠理不治將深桓侯曰寡人無疾扁鵲出桓侯謂左右曰醫之好利也欲以不疾者爲功後五日扁鵲復見曰君有疾在血脈（梁云血脈韓子新序作肌膚）不治恐深桓侯曰寡人無疾扁鵲出桓侯不悅後五日扁鵲復見曰君有疾在腸胃閒不治將深桓侯不應扁鵲出桓侯不悅後五日扁鵲復見望見桓侯而退走桓侯使人問其故扁鵲曰疾之居腠理也湯熨之所及也在血脈鍼

石之所及也。其在腸胃。酒醪之所及也。梁云酒醪韓子作火齊新序作大劑其在骨髓。雖
司命無奈之何。今在骨髓。臣是以無請也。後五日。桓侯體病。王校病作痛使
人召扁鵲。扁鵲已逃去。桓侯遂死。使聖人預知微。能使良醫得蚤從事。
則疾可已。身可活也。人之所病。病疾多。而醫之所病。本作疾依震澤本改病道少。
故病有六不治。驕恣不論於理。一不治也。輕身重財。二不治也。衣食不
能適。三不治也。陰陽幷藏。氣不定。四不治也。形羸不能服藥。五不治也。
信巫不信醫。六不治也。有此一者。則重難治也。扁鵲名聞天下。過邯鄲。
聞趙依通志增趙字貴婦人。卽爲帶下醫。過雒陽。聞周人愛老人。卽爲耳目痺
醫。來入咸陽。聞秦人愛小兒。卽爲小兒醫。隨俗爲變。秦太醫令李醯自
知伎不如扁鵲也。使人刺殺之。至今天下言脈者。由扁鵲也。太倉公者。
齊太倉長。臨菑人也。姓淳于氏。名意。少而喜醫方術。高后八年。更受師

同郡元里公乘陽慶。慶年七十餘。無子。使意盡去其故方。更悉以禁方予之。傳黃帝扁鵲之脈書。五色診病。知人死生。決嫌疑。定可治。及藥論。甚精。受之三年。為人治病。決死生多驗。然左右行游諸侯。不以家為家。或不為人治病。病家多怨之者。文帝四年中。人上書言意以刑罪。當傳西之長安。意有五女。隨而泣。意怒罵曰。生子不生男。緩急無可使者。於是少女緹縈。傷父之言。乃隨父西。上書曰。妾父為吏。齊中稱其廉平。今坐法當刑。妾切痛死者不可復生。而刑者不可復續贖。雖欲改過自新。其道莫由。終不可得。妾願入身為官婢。以贖父刑罪。使得改行自新也。書聞。上悲其意。此歲中亦除肉刑法。意家居。詔召問所為治病死生驗者幾何人。主名為誰。詔問故太倉長臣意。方伎所長。及所能治病者。治一作為有其書無有。皆安受學。受學幾何歲。嘗有所驗。何縣里人也。何病。醫藥

叢用均云述問對太詳恐非史公法然又非褚先生所能某案此史公以爲奇而載之不以詳爲嫌

已其病之狀皆何如具悉而對。臣意對曰。自意少時。喜醫藥。醫藥方試之多不驗者。至高后八年。得見師臨菑元里公乘陽慶。慶年七十餘。意得見事之。謂意曰。盡去而方書。非是也。慶有古先道遺傳黃帝扁鵲之脈書。五色診病。知人生死。決嫌疑。定可治。及藥論書。甚精。我家給富。心愛公。欲盡以我禁方書悉教公。臣意卽曰。幸甚。非意之所敢望也。臣意卽避席再拜。謁受其脈書上下經。五色診奇咳術。揆度陰陽外變。藥論石神接陰陽禁書。受讀解驗之。可一年所。明歲卽驗之。有驗。然尚未精也。要事之三年所。卽嘗已爲人治。診病決死生。有驗。精良。今慶已死十年所。臣意年盡三年。男闓生謹案三年疑當作今年否則上文四年中與此三年字必有一誤史漢書三四字往往互亂也年三十九歲也。齊侍御史成自言病頭痛。臣意診其脈。告曰。君之病惡。不可言也。卽出。獨告成弟昌曰。此病疽也。內發於腸胃之間。後五日。

當癰腫。後八日。嘔膿死。成之病。得之飲酒且內。成卽如期死。所以知成之病者。臣意切其脈。得肝氣。肝氣濁而靜。此內關之病也。脈法曰。脈長而弦。不得代四時者。其病主在於肝。和卽經主病也。代則絡脈有過。經主病和者。其病得之筋髓裏。其代絕而脈賁者。病得之酒且內。所以知其後五日而癰腫。八日嘔膿死者。切其脈時。少陽初代。代者經病。病去過人。人則去。絡脈主病。當其時。少陽初關一分。故中熱而膿未發也。及五分。則至少陽之界。及八日。則嘔膿死。故上二分而膿發。至界而癰腫。盡泄而死。熱上則熏陽明。爛流絡。流絡動則脈結發。脈結發則爛解。故絡交。熱氣已上行。至頭而動。故頭痛。齊王中子侯嬰兒小子病。召臣意診切其脈。告曰。氣鬲病。病使人煩懣。食不下。時嘔沫。病得之少憂。數忔食飲。集韻忔心不欲也引此文爲證臣意卽爲之作下氣湯以飲之。一日氣下。二日能食三日即病愈所以知小子之病者診其脈心氣也濁（麤猛）躁而經也此絡陽病也脈法曰脈來數疾去難而不一者病主在心周身熱脈盛者為重陽重陽者遏心主故煩懣食不下則絡脈有過絡脈有過則血上出血上出者死此悲心所生也病得之憂也齊郎中令循病衆醫皆以為蹙入中而刺之臣意診之曰湧疝也令人不得前後溲循曰不得前後溲三日矣臣意飲以火齊湯一飲得前溲再飲大溲三飲而疾愈病得之內所以知循病者切其脈時右口氣急脈無五藏氣右口脈大而數數者中下熱而湧左為下右為上皆無五藏應故曰湧疝中熱故溺赤也（男閬生謹案中熱六字疑在下齊王太后病中有熱而溺赤下）齊中御府長信病臣意入診其脈告曰熱病氣也然暑汗脈少衰不死曰此病得之當浴流水而寒甚已則熱信曰唯然往冬時為王使於楚至莒縣陽周水而莒橋梁頗壞信則

擎車轅。未欲渡也。馬驚即墮信。身入水中。幾死。吏即來救信。出之水中。
衣盡濡。有間而身寒。已熱如火。至今不可以見寒。臣意即為之液湯火
齊。逐熱。一飲汗盡。再飲熱去。三飲病已。即使服藥。出入二十日。身無病
者。所以知信之病者。切其脈時。并陰。脈法曰。熱病陰陽交者死。切之不
交。并陰。并陰者。脈順清而愈。其熱雖未盡。猶活也。腎氣有時間濁在太
陰脈口而希。是水氣也。腎固主水。故以此知之。失治一時。即轉為寒熱。
齊王太后病。召臣意入診脈。曰風癉客脬。難於大小溲。溺赤。臣意飲以
火齊湯。一飲即前後溲。再飲病已。溺如故。病得之流汗出滫。滫者去衣
而汗晞也。所以知齊王太后病者。臣意診其脈。切其太陰之口。溼然風
氣也。脈法曰。沈之而大堅。浮之而大緊者。病主在腎。腎切之而相反也。
脈大而躁。大者。膀胱氣也。躁者中有熱而溺赤。
齊章武里曹山跗病。臣

意診其脈曰肺消癉也。加以寒熱。即告其人曰。死不治。適其共養。此不當醫。治法曰。後三日而當狂。妄起行欲走。後五日死。即如期死。山跗病得之盛怒。而以接內。所以知山跗之病者。臣意切其脈。肺氣熱也。脈法曰。不平不鼓。形弊。此五藏高之遠數。以經病也。故切之時不平而代。不平者。血不居其處。代者。時參擊並至。乍躁乍大也。此兩絡脈絕。故死不治。所以加寒熱者。言其人尸奪。尸奪者。形獘。形獘者。不當關灸鑱石及飲毒藥也。臣意未往診時。齊太醫先診山跗病。灸其足少陽脈口。而飲之半夏丸病者即泄注。腹中虛又灸其少陰脈。是壞肝剛絕深。如是重損病者氣。以故加寒熱。所以後三日而當狂者。肝一絡連屬結絕乳下陽明。故絡絕開陽明脈。陽明脈傷。即當狂走。後五日死者。肝與心相去五分。故曰五日盡。盡即死矣。齊中尉潘滿如。病少腹痛。臣意診其脈曰。

遺積瘕也臣意卽謂齊太僕臣饒內史臣繇曰中尉不復自止於內則
三十日死後二十餘日溲血死病得之酒且內所以知潘滿如病者臣
意切其脈深小弱其卒(來)然合合也(合上一重然字)是脾氣也右脈口氣至緊小
見瘕氣也以次相乘故三十日死三陰俱摶者如法不俱摶者決在急
期一摶一代者近也故其三陰摶溲血如前(筋)止陽虛侯相趙章病召臣
意衆醫皆以爲寒中臣意診其脈曰迵風迵風者飲食下嗌而輒出不
留法曰五日死而後十日乃死病得之酒所以知趙章之病者臣意切
其脈脈來滑是內風氣也飲食下嗌而輒出不留者法五日死皆爲前
分界法後十日乃死所以過期者其人嗜粥故中藏實中藏實故過期
師言曰安穀者過期不安穀者不及期濟北王病召臣意診其脈曰風
蹶胷滿卽爲藥酒盡三石病已得之汗出伏地(某案得之上脫病字)所以知濟北

王病者臣意切其脈時風氣也心脈濁病法過入其陽陽氣盡而陰氣
入陰氣入張則寒氣上而熱氣下故胷滿汗出伏地者切其脈氣陰陰
氣者病必入中出及瀺水也齊北宮司空命婦出於（奴）病衆醫皆以爲風
入中病主在肺（肝）刺其足少陽脈臣意診其脈曰病氣疝客於膀胱難於
前後溲而溺赤病見寒氣則遺溺使人腹腫出於病得之欲溺不得因
以接內所以知出於病者切其脈大而實其來難是蹶陰之動也脈來
難者疝氣之客於膀胱也腹之所以腫者言蹶陰之絡結小腹也蹶陰
有過則脈結動動則腹腫臣意卽灸其足蹶陰之脈左右各一所卽不
遺溺而溲清小腹痛止卽更爲火齊湯以飲之三日而疝氣散卽愈故
濟北王阿母自言足熱而懣臣意告曰熱蹶也則刺其足心各三所案
之無出血病旋已病得之飲酒大醉濟北王（一作齊王）召意診脈諸女子侍

者至女子豎豎無病臣意告永巷長曰豎傷脾不可勞法當春嘔血死臣意言王曰才人女子豎何能王曰是好為方多伎能為所(取)是案法新往年市之民所四百七十萬曹偶四人王曰得毋有病乎臣意對曰豎病重在死法中王召視之其顏色不變以為不然不賣諸侯所至春豎奉劍從王之廁王去豎後王令人召之即仆於廁嘔血死病得之流汗流汗者同法病內重毛髮而色澤脈不衰此亦關內之病也

齊中大夫病齲齒臣意灸其左大陽明脈即為苦參湯日嗽三升出入五六日病已得之風及臥開口食而不嗽

菑川王美人懷子而不乳來召臣意臣意往飲以莨礍藥一撮以酒飲之旋乳臣意復診其脈而脈躁躁者有餘病即飲以消石一齊出血血如豆比五六枚

齊丞相舍人奴從朝入宮臣意見之食閨門外望其色有病氣臣意即告宦者平平好為脈學

臣意所。臣意即示之舍人奴病。告之曰。此傷脾氣也。當至春鬲塞不通。不能食飲。法至夏泄血死。宦者平即往告相曰。君之舍人奴有病。病重。死期有日。相君曰。卿何以知之。曰。君朝時入宮。君之舍人奴盡食閨門外。平與倉公立。即示平曰。病如是者死。相即召舍人奴（梁云奴字衍）而謂之曰。公奴有病不。舍人曰。奴無病。身無痛者。至春果病。至四月泄血死。所以知奴病者。脾氣周乘五藏。傷部而交。故傷脾之色也。望之殺然黃。察之如死青之茲。衆醫不知。以爲大蟲。不知傷脾。所以至春死。病者胃氣黃。黃者土氣也。土不勝木。故至春死。所以至夏死者。脈法曰。病重而脈順清者曰內關。內關之病。人不知其所痛。心急然無苦。若加以一病。死中春。一愈順。及一時。其所以四月死者。診其人時愈順。愈順者。人尚肥也。奴之病得之流汗數出。灸於火。（灸本作炙依震澤本改通志同）而以出見大風也。

川王病召臣意診脈曰蹶上爲重頭痛身熱使人煩懣臣意即以寒水
拊其頭刺足陽明脈左右各三所病旋已病得之沐髮未乾而臥診如
前所以蹶頭熱至肩齊王黃姬兄黃長卿家有酒召客召臣意諸客坐
未上食臣意望見王后弟宋建告曰君有病往四五日君要脅痛不可
俛仰又不得小溲不亟治病即入濡腎及其未舍五藏急治之病方今
客腎濡此所謂腎痺也宋建曰然建故有要脊痛往四五日天雨黃氏
諸倩見建家京下方石即弄之建亦欲效之效之不能起即復置之暮
要脊痛不得溺至今不愈建病得之好持重所以知建病者臣意見其
色太陽色乾腎部上及界要以下者枯四分所故以往四五日知其發
也臣意即爲柔湯使服之十八日所而病愈濟北王侍者韓女病要背
痛（通志背作脊）寒熱衆醫皆以爲寒熱也臣意診脈曰內寒月事不下也即

飲以藥，旋下。病已。病得之欲男子而不可得也。所以知韓女之病者，診其脈時，切之腎脈也，嗇而不屬。嗇而不屬者，其來難堅，故曰月事（事字依通志補）不下。肝脈弦出左口，故曰欲男子不可得也。臨菑氾里女子薄吾病甚，衆醫皆以爲寒熱篤，當死，不治。臣意診其脈，曰：蟯瘕。蟯瘕爲病，腹大，上膚黃麤，循之戚戚然。臣意飲以芫華一撮，即出蟯可數升，病已。三十日如故。病蟯得之寒溼，（得之下依通志減於字）寒溼氣宛篤不發，化爲蟲。臣意所以知寒（寒奏）薄吾病者，（某案寒爲薄吾之姓與韓同局本誤删之）切其脈，循其尺，其尺索刺麤，而毛美奉（奏秦）髮，是蟲氣也。其色澤者，中藏無邪氣及重病。齊淳于司馬病，臣意切其脈，告曰：當病迵風。迵風之狀，飲食下嗌輒後之。病得之飽食而疾走。淳于司馬曰：我之王家食馬肝，食飽甚，見酒來，即走去，驅疾至舍，即泄數十出。臣意告曰：爲火齊米汁飲之，七八日而當愈。時醫秦信在旁•臣意去•信謂左右閣都尉曰•意以湻于司馬病爲何•曰•以爲迵風•可治•信卽笑曰•是不知也•湻于司馬病法當後九日死•卽後九日不死•其家復召臣意•臣意往問之•盡如意診•臣卽爲一火齊米汁•使服之•七八日病已•所以知之者•診其脈時•切之•盡如法•其病順•故不死•

齊中郎破石病•臣意診其脈•告曰•肺傷不治•當後十日丁亥溲血死•卽後十一日溲血而死•破石之病•得之墮馬僵石上•所以知破石之病者•切其脈•得肺陰氣•其來散•數道至而不一也•色又乘之•所以知其墮馬者•切之得番陰脈•番陰脈入虛裏•乘肺脈•肺脈散者•固色變也•乘之•所以不中期死者•師言曰•病者安穀卽過期•不安穀則不及期•其人嗜黍•黍主肺•故過期•所以溲血者•診脈法者•脈喜養陰處者順死•喜養陽處者逆死•其人喜自靜•不躁•又久安坐•伏几而寐•故血下泄•

齊王侍醫遂病•自練五

石服之。臣意往過之。遂謂意曰。不肖有病。幸診遂也。臣意卽診之。告曰。公病中熱。論曰中熱不溲者。不可服五石。石之爲藥精悍。公服之不得數溲。亟勿服也。（也本作色依通志改）將發臃。遂曰。扁鵲曰。陰石以治陰病。陽石以治陽病。夫藥石者有陰陽水火之齊。故中熱卽爲陰石柔齊治之。中寒卽爲陽石剛齊治之。臣意曰。公所論遠矣。扁鵲雖言若是。然必審診。起度量。立規矩。稱權衡。合色脈表裏有餘不足順逆之法。（集解合一作占男簡生謹案下文參合於人又言合脈法則合字是）參其人動靜與息相應。乃可以論。論曰。陽疾處內。陰形應外者。不加悍藥及鑱石。夫悍藥入中。則邪氣辟矣。而宛氣愈深。診法曰。二陰應外。一陽接內者。不可以剛藥。剛藥入則動陽。陰病益衰。陽病益箸。邪氣流行。爲重困於俞。忿發爲疽。意告之後百餘日。果爲疽發乳上。入缺盆。死。此謂論之大體也。必有經紀。拙工有一不習。文理陰陽

失矣。齊王故爲陽虛侯時。病甚。衆醫皆以爲蹷。臣意診脈。以爲痺。根在
右脅下。大如覆杯。令人喘。逆氣不能食。臣意卽以火齊粥且飲。六日氣
下。卽令更服丸藥。出入六日。病已。病得之內。診之時。不能識其經解。大
識其病所在。臣意嘗診安陽武都里成開方。開方自言以爲不病。臣意
謂之病苦沓風。三歲。四支不能自用。使人瘖（脊）。瘖卽死。今聞其四支不能
用。瘖而未死也。病得之數飲酒以見大風氣。所以知成開方病者。診之
其（某案診之其三字下有脫文）脈法奇咳言曰。藏氣相反（及）者死。切之得腎反（及）肺。法曰
三歲死也。安陵阪里公乘項處病。臣意診脈。曰。牡疝。牡疝在鬲下。上連
肺。病得之內。臣意謂之。愼毋爲勞力事。爲勞力事則必嘔血死。處後蹴（嗡）
踘。要蹷寒。汗出多。卽嘔血。臣意復診之。曰。當旦日日夕死。卽死。病得之
內。所以知項處病者。切其脈。得番陽。番陽入虛裏。處旦日死。一番一絡（結）

者。牡疝也。臣意曰。他所診。期決死生。及所治已病。衆多。久頗忘之。不能
盡識。不敢以對。問臣意所診治病。病名多同而診異。或死或不死。何也。
對。曰病名多相類。不可知。故古聖人爲之脈法。以起度量。立規矩。縣權
衡。案繩墨。調陰陽。別人之脈各名之。與天地相應。參合於人。故乃別百
病以異之。有數者能異之。無數者同之。然脈法不可勝驗。診疾人以度
異之。乃可別同名。命病主在所居。今臣意所診者。皆有診籍。所以別之
者。臣意所受師方適成。師死。以故表籍所診。期決死生。觀所失所得者
合脈法。以故至今知之。問臣意曰。所期病決死生。或不應期。何故。對曰。
此皆飲食喜怒不節。或不當飲藥。或不當鍼灸。以故不中期死也。問臣
意。意方能知病死生。論藥用所宜。諸侯王大臣有嘗問意者不。及文王
病時。不求意診治。何故。對曰。趙王膠西王濟南王吳王。皆使人來召臣

意臣意不敢往文王病時臣意家貧欲爲人治病誠恐吏以除拘臣意也故移名數左右不修家生出行游國中問善爲方數者事之久矣見事數師悉受其要事盡其方書意及解論之身居陽虛侯國因事侯侯入朝臣意從之長安以故得診安陵項處等病也問臣意知文王所以得病不起之狀（某疑起之狀三字衍）臣意對曰不見文王病然竊聞文王病喘頭痛目不明臣意心論之以爲非病也以爲肥而蓄精身體不得搖骨肉不相任故喘不當醫治脈法曰年二十脈氣當趨年三十當疾步年四十當安坐年五十當安臥年六十已上氣當大董（菫）文王年未滿二十方脈氣之趨也而徐之不應天道四時後聞醫灸之即篤此論病之過也臣意論之以爲神氣爭而邪氣入非年少所能復之也以故死所謂氣者當調飲食擇晏日車步廣志以適筋骨肉血脈以瀉氣故年二十是

謂易貿（賀質）法不當砭灸砭灸至氣逐問臣意師慶安受之聞於齊諸侯不對曰不知慶所師受慶家富善爲醫不肯爲人治病當以此故不聞慶又告臣意曰愼毋令我子孫知若學我方也問臣意師慶何見於意而愛意欲悉教意方對曰臣意不聞師慶爲方善也意所以知慶者意少時好諸方事臣意試其方皆多驗精良臣意聞菑川唐里公孫光善爲古傳方臣意卽往謁之得見事之受方化陰陽及傳語法（法一作五）臣意悉受書之臣意欲盡受他精方公孫光曰吾方盡矣不爲愛公所吾身已衰無所復事之是吾年少所受妙方也悉與公毋以教人臣意曰得見事侍公前悉得禁方幸甚意死不敢妄傳人居有閒公孫光閒處臣意深論方見言百世爲之精也師光喜曰公必爲國工吾有所善者皆疏同產處臨菑善爲方吾不若其方甚奇非世之所聞也吾年中時嘗欲

受其方楊中倩不肯曰若非其人也胥與公往見之當知公喜方也其人亦老矣其家給富時者未往會慶子男殷來獻馬因師光奏馬王所意以故得與殷善光又屬意於殷曰意好數公必謹遇之其人聖儒即爲書以意屬陽慶以故知慶臣意事慶謹以故愛意也問臣意曰吏民嘗有事學意方及畢盡得意方不何縣里人對曰臨菑人宋邑邑學臣意教以五診歲餘濟北王遣太醫高期王禹學臣意教以經脈高下及奇絡結當論俞所居及氣當上下出入邪逆順以宜鑱石定砭灸處歲餘菑川王時遣太倉馬長馮信正方臣意教以案法逆順論藥法定五味及和齊湯法高永侯家丞杜信喜脈來學臣意教以上下經脈五診二歲餘臨菑召里唐安來學臣意教以五診上下經脈奇咳四時應陰陽重未成除爲齊王侍醫問臣意診病決死生能全無失乎臣意對曰

意治病人。必先切其脈。乃治之。敗逆者不可治。其順者乃治之。心不精脈。所期死生視可治。時時失之。臣意不能全也。

太史公曰。女無美惡。居宮見妒。士無賢不肖。入朝見疑。故扁鵲以其伎見殃。倉公乃匿迹自隱而當刑。緹縈通尺牘。父得以後寧。故老子曰。美好者不祥之器。豈謂扁鵲等邪。若倉公者。可謂近之矣。

扁鵲倉公列傳第四十五

此篇叙次極串插錯綜之妙

吳王濞列傳第四十六

吳王濞者高帝兄劉仲之子也高帝已定天下七年立劉仲爲代王而匈奴攻代劉仲不能堅守弃國亡閒行走雒陽自歸天子天子爲骨肉故不忍致法廢以爲郃陽侯高帝十一年秋淮南王英布反東并荆地刼其國兵西渡淮擊楚高帝自將往誅之劉仲子沛侯濞年二十有氣力以騎將從破布軍蘄西會甀布走荆王劉賈爲布所殺無後上患吳會稽輕悍無壯王以塡之諸子少乃立濞於沛爲吳王王三郡五十三城已拜受印高帝召濞相之謂曰若狀有反相心獨悔業已拜因拊其背告曰漢後五十年東南有亂者豈若邪然天下同姓爲一家也愼無反濞頓首曰不敢會孝惠高后時天下初定郡國諸侯各務自拊循其民吳有豫章郡銅山索隱豫爲衍字某案漢書注衍豫字韋昭說也豫章自有銅山豈必故章哉後削豫章郡歸漢殆欲

擅其銅利也不必衍豫字濞則招致天下亾命者益鑄錢王校益作盜男闓生謹案盜字恐未是煑海
水爲鹽以故無賦國用富饒孝文時吳太子入見得侍皇太子飲博吳
太子師傅皆楚人輕悍又素驕博爭道不恭皇太子引博局提吳太子
殺之於是遣其喪歸葬至吳吳王慍曰天下同宗死長安卽葬長安何
必來葬爲復遣喪之長安葬吳王由此稍失藩臣之禮稱病不朝京師
知其以子故稱病不朝驗問實不病諸吳使來輒繫責治之吳王恐爲
謀滋甚及後使人爲秋請上復責問吳使者使者對曰王實不病漢繫
治使者數輩以故遂稱病且夫察見淵中魚不祥今王始詐病及覺見
責急愈益閉恐上誅之計乃無聊惟上弃之而與更始於是天子乃赦
吳使者歸之而賜吳王几杖老不朝吳得釋其罪謀亦益解然其居國
以銅鹽故百姓無賦卒踐更輒與平賈歲時存問茂材賞賜閭里佗郡

國吏欲來捕亾人者訟共禁弗予如此者四十餘年以故能使其衆鼂錯爲太子家令得幸太子數從容言吳過可削數上書說孝文帝文帝寬不忍罰以此吳日益橫及孝景帝即位錯爲御史大夫說上曰昔高帝初定天下昆弟少諸子弱大封同姓故王孽子悼惠王王齊七十餘城庶弟元王王楚四十餘城兄子濞王吳五十餘城封三庶孽分天下半今吳王前有太子之郄詐稱病不朝於古法當誅文帝弗忍因賜几杖德至厚當改過自新乃益驕溢即山鑄錢煑海水爲鹽誘天下亾人謀作亂今削之亦反不削之亦反削之其反亟禍小不削反遲禍大三年冬楚王朝鼂錯因言楚王戊往年爲薄太后服私姦服舍請誅之詔赦罰削東海郡因削吳之豫章郡會稽郡及前二年趙王有罪削其河閒郡索隱漢書作常山郡錢云文帝二年取趙之河閒郡封辟彊爲王此則河閒屬漢乃在文帝時楚元王世家亦云削趙王常山之郡此

傳誤

膠西王卬以賣爵有姦削其六縣漢廷臣方議削吳吳王濞恐削地無已因以此發謀欲舉事念諸侯無足與計謀者聞膠西王勇好氣喜兵諸齊皆憚畏於是乃使中大夫應高誂膠西王無文書口報曰吳王不肖有宿夕（毛本夕作久）之憂不敢自外使喻其驩心王曰何以教之高曰今者主上興於姦飾於邪臣好小善聽讒賊擅變更律令侵奪諸侯之地徵求滋多誅罰良善日以益甚里語有之舐糠及米吳與膠西知名諸侯也一時見察恐不得安肆矣吳王身有內病不能朝請二十餘年嘗患見疑無以自白今脅肩累足猶懼不見釋竊聞大王以爵事有適所聞諸侯削地罪不至此此恐不得削地而已（漢書得作止）王曰然有之子將奈何高曰同惡相助同好相留同情相成同欲相趨同利相死今吳王自以為與大王同憂願因時循理弃軀以除患害於天下億亦可乎

（王云億亦抑亦也）王瞿然駭曰寡人何敢如是今主上雖急固有死耳安得不戴高曰御史大夫鼂錯熒惑天子侵奪諸侯蔽忠塞賢朝廷疾怨諸侯皆有倍畔之意人事極矣彗星出蝗蟲數起此萬世一時而愁勞聖人之所以起也故吳王欲內以鼂錯爲討外隨大王後車彷徉（漢書作方洋）天下所鄉者降所指者下天下莫敢不服大王誠幸而許之一言則吳王率楚王略函谷關守滎陽敖倉之粟距漢兵治次舍須大王大王有（漢書無有字）幸而臨之則天下可并兩主分割不亦可乎王曰善高歸報吳王吳王猶恐其不與乃身自爲使使於膠西面結之膠西羣臣或聞王謀諫曰承一帝至樂也今大王與吳西鄉弟令事成兩主分爭患乃始結諸侯之地不足爲漢郡什二而爲畔逆以憂太后非長策也王弗聽遂發使約齊菑川膠東濟南濟北皆許諾而曰城陽景王有義攻諸呂勿

及削吳二句馳騁

與事定分之耳。諸侯既新削罰。振恐多怨鼂錯。及削吳會稽豫章郡書至則吳王先起兵膠西正月丙午。誅漢吏二千石以下。膠東菑川濟南楚趙亦然。遂發兵西。齊王後悔。飲樂自殺。畔約。濟北王城壞未完。其郎中令刼守其王。不得發兵。膠西爲渠率。膠東菑川濟南共攻圍臨菑。趙王遂亦反。陰使匈奴與連兵。七國之發也。吳王悉其士卒。下令國中曰。寡人年六十二。身自將。少子年十四。亦爲士卒先。諸年上與寡人比。下與少子等者。皆發。發二十餘萬人。南使閩越東越。東越亦發兵從。孝景帝三年正月甲子。初起兵於廣陵。西涉淮。因并楚兵。發使遺諸侯書曰。吳王劉濞。敬問膠西王膠東王菑川王濟南王趙王楚王淮南王衡山王廬江王故長沙王子。幸教寡人。以漢有賊臣。（漢書句下有錯字）無功天下。侵奪諸侯地。使吏劾繫訊治。以僇辱之爲故。不以諸侯人君禮遇劉氏骨肉•某案漢書音義故事也斷爲故屬上句非是爲讀去聲故如故入人罪之故當屬下句絕先帝功臣•進任姦宄•詿亂天下•欲危社稷•陛下多病志失•不能省察•欲舉兵誅之•謹聞教•敝國雖狹•地方三千里•人雖少•精兵可具五十萬•寡人素事南越三十餘年•其王君皆不辭分其卒以隨寡人•又可得三十餘萬•寡人雖不肖•願以身從諸王•越直長沙者•因王子定長沙以北•西走蜀漢中•告越楚王淮南三王•與寡人西面•齊諸王與趙王定河間河內•或入臨晉關•或與寡人會雒陽•燕王趙王固與胡王有約•固漢書作故燕王北定代雲中•摶胡衆入蕭關•走長安•匡正天子•以安高廟•願王勉之•楚元王子淮南三王•或不沐洗十餘年•怨入骨髓•欲一有所出之久矣•寡人未得諸王之意•未敢聽•今諸王苟能存亾繼絕•振弱伐暴•以安劉氏•社稷之所願也•敝國雖貧•寡人節衣食之用•積金錢•脩兵革•聚穀食•夜以繼日•三十餘年

吳楚反書聞三句蝯挫

矣凡爲此願諸王勉用之能斬捕大將者賜金五千斤封萬戶列將三千斤封五千戶裨將二千斤封二千戶二千石千斤封千戶千石五百斤封五百戶皆爲列侯其以軍若城邑降者卒萬人邑萬戶如得大將人戶五千如得列將人戶三千如得裨將人戶千如得二千石其小吏皆以差次受爵金佗封賜皆倍軍法（軍服虔作常）其有故爵邑者更益勿因願諸王明以令士大夫弗敢欺也寡人金錢在天下者往往而有非必取於吳諸王日夜用之弗能盡有當賜者告寡人寡人且往遺之敬以聞七國反書聞天子天子乃遣太尉條侯周亞夫將三十六將軍往擊吳楚遣曲周侯酈寄擊趙將軍欒布擊齊大將軍竇嬰屯滎陽監齊趙兵吳楚反書聞兵未發竇嬰未行言故吳相袁盎盎時家居詔召入見上方與鼂錯調兵笨軍食上問袁盎曰君嘗爲吳相知吳臣田祿伯爲

人乎。今吳楚反。於公何如。對曰。不足憂也今破矣。上曰。吳王卽山鑄錢。煑海水爲鹽。誘天下豪桀。白頭舉事。若此。其計不百全。豈發乎。何以言其無能爲也。袁盎對曰。吳有銅鹽利則有之。安得豪桀而誘之。誠令吳得豪桀。亦且輔王爲義。不反矣。吳所誘皆無賴子弟亡命鑄錢姦人。故相率以反。鼂錯曰。袁盎策之善。上問曰。計安出。盎對曰。願屏左右。上屏人。獨錯在。盎曰。臣所言。人臣不得知也。乃屏錯。錯趨避東廂。恨甚。上卒問盎。盎對曰。吳楚相遺書曰。高帝王子弟各有分地。今賊臣鼂錯擅適過諸侯。削奪之地。故以反爲名。（漢書此五字作以故反名爲）西共誅鼂錯。復故地而罷。方今計獨斬鼂錯。發使赦吳楚七國。復其故削地。則兵可無血刃而俱罷。於是上嘿然良久。曰。顧誠何如。吾不愛一人以謝天下。盎曰。臣愚計無出此。願上孰計之。乃拜盎爲太常。吳王弟子德侯爲宗正。（漢書句下有使）

至吳二句馳驟

此條侯制吳方略實事虛敘

吳王三字但漢書約史記爲文與史小異不必依改盎裝治行後十餘日上使中尉召錯紿載行東市錯衣朝衣斬東市則遣袁盎奉宗廟宗正輔親戚使告吳如盎策至吳吳楚兵已攻梁壁矣宗正以親故先入見諭吳王使拜受詔吳王聞袁盎來亦知其欲說已笑而應曰我已爲東帝尚何誰拜不肯見盎而留之軍中欲刼使將盎不肯使人圍守且殺之盎得夜出步亡去走梁軍遂歸報條侯將乘六乘傳會兵滎陽至雒陽見劇孟喜曰七國反我乘傳至此不自意全又以爲諸侯已得劇孟劇孟今無動吾據滎陽滎陽局本不重此二字姚南青據別本增以東無足憂者至淮陽問父絳侯故客鄧都尉曰策安出客曰吳兵銳甚難與爭鋒楚兵輕不能久方今爲將軍計莫若引兵東北壁昌邑以梁委吳吳必盡銳攻之將軍深溝高壘使輕兵絕淮泗口塞吳饟道彼吳梁相敝而糧食竭乃以全彊制其罷極破吳

田祿伯以下側敘

必矣。條侯曰。善。從其策。遂堅壁昌邑南。輕兵絕吳饟道。吳王之初發也。吳臣田祿伯爲大將軍。田祿伯曰。兵屯聚而西。無佗奇道。難以就功。臣願得五萬人。別循江淮而上。收淮南長沙。入武關。與大王會。此亦一奇也。吳王太子諫曰。王以反爲名。此兵難以藉人。藉人亦且反王。某案漢書不重藉人字亦且上有人字吾疑藉人字當重仍依漢書增人字奈何且擅兵而別。多佗利害。未可知也。徒自損耳。吳王卽不許田祿伯。吳少將桓將軍說王曰。吳多步兵。步兵利險。漢多車騎。車騎利平地。願大王所過城邑不下。直弃去。疾西據雒陽武庫。食敖倉粟。阻山河之險。以令諸侯。雖毋入關。天下固已定矣。卽大王徐行。留下城邑。漢軍車騎至。馳入梁楚之郊。事敗矣。吳王問諸老將。老將曰。此少年推鋒之計可耳。安知大慮乎。於是王不用桓將軍計。吳王專并將其兵。未度淮。諸賓客皆得爲將校尉候司馬。獨周丘不得

入吳敗飄忽

用周丘者下邳人亾命吳酤酒無行吳王濞薄之弗任周丘上謁說王曰臣以無能不得待罪行閒臣非敢求有所將願得王一漢節必有以報王王乃予之周丘得節夜馳入下邳下邳時聞吳反皆城守至傳舍召令令入戶使從者以罪斬令遂召昆弟所善豪吏告曰吳反兵且至至屠下邳不過食頃今先下家室必完能者封侯矣出乃相告下邳皆下周丘一夜得三萬人使人報吳王遂將其兵北略城邑比至城陽兵十餘萬破城陽中尉軍聞吳王敗走自度無與共成功卽引兵歸下邳未至疽發背死二月中吳王兵旣破敗走於是天子制詔將軍曰蓋聞爲善者天報之以福爲非者天報之以殃高皇帝親表功德建立諸侯幽王悼惠王絕無後孝文皇帝哀憐加惠王幽王子遂悼惠王子卬等令奉其先王宗廟爲漢藩國德配天地明竝日月吳王濞倍德反義誘

初吳王以下又追叙

受天下亾命罪人亂天下幣稱病不朝二十餘年有司數請濞罪孝文皇帝寬之欲其改行爲善今乃與楚王戊趙王遂膠西王卬濟南王辟光菑川王賢膠東王雄渠約從反爲逆無道起兵以危宗廟賊殺大臣及漢使者迫刼萬民夭殺無罪燒殘民家掘其丘冢甚爲暴虐今卬等又重逆無道燒宗廟鹵御物朕甚痛之朕素服避正殿將軍其勸士大夫擊反虜擊反虜者深入多殺爲功斬首捕虜比三百石以上者皆殺之無有所置敢有議詔及不如詔者皆要斬初吳王之度淮與楚王遂西敗棘壁乘勝前鋭甚梁孝王恐遣六將軍擊吳又敗梁兩將士卒皆還走梁梁數使使報條侯求救條侯不許又使使惡條侯於上上使人告條侯救梁復守便宜不行梁使韓安國及楚死事相弟張羽爲將軍乃得頗敗吳兵吳兵欲西梁城守堅不敢西即走條侯軍會下邑欲戰

吳王之弃軍亡也句周市

條侯壁不肯戰吳糧絕卒飢數挑戰遂夜犇條侯壁驚東南條侯使備西北果從西北入吳大敗士卒多飢死乃畔散於是吳王乃與其麾下壯士數千人夜亾去度江走丹徒保東越東越兵可萬餘人乃使人收聚亾卒漢使人以利啗東越東越卽紿吳王吳王出勞軍卽使人鏦殺吳王盛其頭馳傳以聞吳王子子華子駒亾走閩越吳王之弃其軍亾也軍遂潰往往稍降太尉梁軍楚王戊軍敗自殺三王之圍齊臨菑也三月不能下漢兵至膠西膠東菑川王各引兵歸膠西王乃袒跣席稾飲水謝太后王太子德曰漢兵遠臣觀之已罷可襲願收大王餘兵擊之擊之不勝乃逃入海未晚也王曰吾士卒皆已壞不可發用弗聽漢將弓高侯穨當遺王書曰奉詔誅不義降者赦其罪復故不降者滅之王何處須以從事王肉袒叩頭漢軍壁謁曰臣卬奉法不謹驚駭百姓

乃苦將軍遠道至于窮國。敢請菹醢之罪。弓高侯執金鼓見之曰。王苦軍事。願聞王發兵狀。王頓首膝行對曰。今者鼂錯天子用事臣。變更高皇帝法令。侵奪諸侯地。卬等以爲不義。恐其敗亂天下。七國發兵。且以誅錯。今聞錯已誅。卬等謹以罷兵歸。將軍曰。王苟以錯不善。何不以聞。及未有詔虎符。擅發兵擊義國。以此觀之。意非欲誅錯也。乃出詔書爲王讀之。讀之訖。曰。王其自圖。王曰。如卬等死有餘罪。遂自殺。太后太子皆死。膠東菑川濟南王皆死。國除。納于漢。酈將軍圍趙十月而下之。趙王自殺。濟北王以劫故得不誅。徙王菑川。初吳王首反。幷將楚兵。連齊趙。正月起兵。三月皆破。獨趙後下。復置元王少子平陸侯禮爲楚王。續元王後。徙汝南王非王吳故地。爲江都王。

太史公曰。吳王之王。由父省也。能薄賦斂。使其衆。以擅山海利。逆亂之萌自其子興爭技發難卒亾其本親越謀宗竟以夷隕鼂錯爲國遠慮禍反近身袁盎權說初寵後辱故古者諸侯地不過百里山海不以封毋親夷狄以疏其屬蓋謂吳邪毋爲權首反受其咎豈盎錯邪

某案此篇以驕溢謀亂爲主所以深害鼂錯之寃而著封建之失

吳王濞列傳第四十六　　史記一百六

魏其武安侯列傳第四十七

魏其侯竇嬰者•孝文后從兄子也•父世觀津人•喜賓客•孝文時嬰爲吳相•病免•孝景初卽位•爲詹事•梁孝王者•孝景弟也•其母竇太后愛之•梁孝王朝•因昆弟燕飮•是時上未立太子•酒酣•從容言曰•千秋之後傳梁王•太后驩•竇嬰引卮酒進上•曰•天下者•高祖天下•父子相傳•此漢之約也•上何以得擅傳梁王•太后由此憎竇嬰•竇嬰亦薄其官•因病免•太后除竇嬰門籍•不得入朝請•孝景三年•吳楚反•上察宗室諸竇•毋如竇嬰賢•乃召嬰•嬰入見•固辭謝病不足任•太后亦慚•於是上曰•天下方有急•王孫寧可以讓邪•乃拜嬰爲大將軍•賜金千斤•嬰乃言袁盎欒布諸名將賢士在家者進之•所賜金•陳之廊廡下•軍吏過•輒令財取爲用•金無入家者•竇嬰守滎陽•監齊趙兵•七國兵已盡破•封嬰爲魏其侯•諸游士

賓客爭歸魏其侯孝景時每朝議大事條侯魏其侯諸列侯莫敢與亢禮孝景四年立栗太子使魏其侯爲太子傅孝景七年栗太子廢魏其數爭不能得魏其謝病屏居藍田南山之下數月諸賓客辯士說之莫能來梁人高遂乃說魏其曰能富貴將軍者上也能親將軍者太后也今將軍傅太子太子廢而不能爭（漢書無此四字）爭不能得（漢書作拔）又弗能死自引謝病擁趙女屏閒處而不朝相提而論是自明揚主上之過有如兩宮螫（漢書作奭）將軍則妻子毋類矣魏其侯然之乃遂起朝請如故桃侯免相竇太后數言魏其侯孝景帝曰太后豈以爲臣有愛不相魏其魏其者沾沾自喜耳多易難以爲相持重遂不用用建陵侯衛綰爲丞相武安侯田蚡者孝景后同母弟也生長陵魏其已爲大將軍後方盛蚡爲諸郎（集解一作卿）未貴往來侍酒魏其跪起如子姓（毛本作姪王校改）及孝景晚節

蚡益貴幸爲太中大夫蚡辯有口學槃盂諸書王太后賢之孝景崩即日太子立稱制所鎮撫多有田蚡賓客計筴蚡弟田勝皆以太后弟孝景後三年封蚡爲武安侯勝爲周陽侯武安侯新欲用事爲相卑下賓客進名士家居者貴之欲以傾魏其諸將相建元元年丞相綰病免上議置丞相太尉籍福說武安侯曰魏其貴久矣天下士素歸之今將軍初興未如魏其即上以將軍爲丞相必讓魏其魏其爲丞相將軍必爲太尉太尉丞相尊等耳又有讓賢名武安侯乃微言太后風上於是乃以魏其侯爲丞相武安侯爲太尉籍福賀魏其侯因弔曰君侯資性喜善疾惡方今善人譽君侯故至丞相然君侯且疾惡惡人衆亦且毀君侯君侯能兼容則幸久不能今以毀去矣魏其不聽魏其武安俱好儒術推轂趙綰爲御史大夫王臧爲郎中令迎魯申公欲設明堂令列侯

就國除關以禮爲服制以興太平舉適諸竇宗室毋節行者除其屬籍時諸外家爲列侯列侯多尚公主皆不欲就國以故毀日至竇太后太后好黃老之言而魏其武安趙綰王臧等務隆推儒術貶道家言是以竇太后滋不說魏其等及建元二年御史大夫趙綰請無奏事東宮竇太后大怒乃罷逐趙綰王臧等而免丞相太尉以柏至侯許昌爲丞相武彊侯莊青翟爲御史大夫魏其武安由此以侯家居武安侯雖不任職以王太后故親幸數言事多效天下吏士趨勢利者皆去魏其歸武安武安日益橫建元六年竇太后崩丞相昌御史大夫青翟坐喪事不辨免以武安侯蚡爲丞相以大司農韓安國爲御史大夫天下士郡（諸本郡下有國字索隱本無漢書同）諸侯愈益附武安武安者貌侵（韋昭音寖）生貴甚又以爲諸侯王多長上初卽位富於春秋蚡以肺坿（坿本作腑依漢書改）爲京師相（王念孫云說文

張廉卿云從武安驕溢入魏其因趁勢遞入灌夫前後氣脈自相貫注

柿削木札朴也朴木皮也小雅角弓箋附木桴也肺柿段借字桴附朴也聲並相近某案太玄肺附乾餘其幹已良其測曰肺附之行不我材也據此肺附自以木喩顧野王讀爲肺腑訓腹心非是非痛折節以禮詘之天下不肅當是時丞相入奏事坐語移日所言皆聽薦人或起家至二千石權移主上上乃曰君除吏已盡未吾亦欲除吏嘗請考工地益宅上怒曰君何不遂取武庫是後乃退嘗召客飲坐其兄蓋侯南鄉自坐東鄉以爲漢相尊不可以兄故私橈武安由此滋驕治宅甲諸第田園極膏腴而市買郡縣器物相屬於道前堂羅鐘鼓立曲旃後房婦女以百數諸侯奏奏本作奉依漢書改金玉狗馬玩好不可勝數魏其失竇太后益疏不用無勢諸客稍稍自引而怠傲惟灌將軍獨不失故魏其日默默不得志而獨厚遇灌將軍

灌將軍夫者潁陰人也夫父張孟嘗爲潁陰侯嬰舍人得幸因進之至二千石故蒙灌氏姓爲灌孟吳楚反時潁陰侯灌何爲將軍屬太尉請

灌孟爲校尉。夫以千人與父俱。灌孟年老。潁陰侯彊請之。鬱鬱不得意。故戰常陷堅。遂死吳軍中。軍法父子俱從軍有死事。得與喪歸。灌夫不肯隨喪歸。奮曰。願取吳王若將軍頭。以報父之仇。於是灌夫被甲持戟。募軍中壯士所善願從者數十人。及出壁門。莫敢前。獨二人及從奴十數騎馳入吳軍。至吳將麾下。所殺傷數十人。不得前。復馳還。走入漢壁。皆亡其奴。獨與一騎歸。夫身中大創十餘。適有萬金（漢書金或作全）良藥。故得無死。夫創少瘳。又復請將軍曰。吾益知吳壁中曲折。請復往。將軍壯義之。恐亡夫。乃言太尉。太尉乃固止之。吳已破。灌夫以此名聞天下。潁陰侯言之上。上以夫爲中郎將。數月。坐法去。後家居長安。長安中諸公莫弗稱之。孝景時。至代相。孝景崩。今上初卽位。以爲淮陽天下交。勁兵處。故徙夫爲淮陽太守。建元元年。入爲太僕。二年。夫與長樂衛尉竇甫飲。

張云其極力摹寫處特爲鬪縈而不殺最妙

輕重不得夫醉搏甫甫竇太后昆弟也上恐太后誅夫徙爲燕相數歲坐法去官家居長安灌夫爲人剛直使酒不好面諛貴戚諸有勢在己之右不欲加禮必陵之諸士在己之左愈貧賤尤益敬（漢書敬上有禮字）與鈞稠人廣衆薦寵下輩士亦以此多之夫不喜文學好任俠已然諾諸所與交通無非豪桀大猾家累數千萬食客日數十百人陂池田園宗族賓客爲權利橫於潁川潁川兒乃歌之曰潁水淸灌氏寧潁水濁灌氏族灌夫家居雖富然失勢卿相侍中賓客益衰及魏其侯失勢亦欲倚灌夫引繩排根生平慕之後弃之者（排根本作批根依漢書改索隱批者排也某案集解引蘇林晉灼皆漢書法而不言批排之異是裴所見史記亦作排根根同字廣雅根引也）灌夫亦倚魏其而通列侯宗室爲名高兩人相爲引重其游如父子然相得驩甚無厭恨相知晚也灌夫有服過丞相丞相從容曰吾欲與仲孺過魏其侯會仲孺有服灌夫曰

將軍乃肯幸臨況魏其侯。夫安敢以服爲解。請語魏其侯帳具。將軍旦日蚤臨。武安許諾。灌夫具語魏其侯如所謂武安侯。魏其與其夫人益市牛酒。夜灑掃。張具。（本作早帳具三字依漢書改）至旦。平明。令門下候伺。（漢書作司）至日中。丞相不來。魏其謂灌夫曰。丞相豈忘之哉。灌夫不懌。曰。夫以服請。不宜。（本作宜往二字依漢書改據索隱說則史記與漢書正同）乃駕自往。迎丞相。丞相特前戲許灌夫。殊無意往。及夫至門。丞相尚臥。於是夫入見。曰。將軍昨日幸許過魏其。魏其夫妻治具。自旦至今。未敢嘗食。武安鄂。（一作愕）謝曰。吾昨日醉。忽忘與仲孺言。乃駕往。往。（依漢書重往字）又徐行。灌夫愈益怒。及飲酒酣。夫起舞。屬丞相。丞相不起。夫從坐上。（從坐上三字漢書作徙坐二字）語侵之。魏其乃扶灌夫去。謝丞相。丞相卒飲至夜。極驩而去。丞相嘗使籍福請魏其城南田。魏其大望。曰。老僕雖弃。將軍雖貴。寧可以勢奪乎。不許。灌夫聞。怒。罵籍福。籍福惡兩人有郄。乃謾自好謝丞相曰。魏其老且死。易忍。且待之。已而武安聞。魏其灌夫實怒不予田。亦怒曰。魏其子嘗殺人。蚡活之。蚡事魏其無所不可。何愛數頃田。且灌夫何與也。吾不敢復求田。武安由此大怨灌夫魏其。元光四年春。丞相言灌夫家在潁川。橫甚。民苦之。請案。上曰。此丞相事。何請。灌夫亦持丞相陰事。爲姦利。受淮南王金與語言。賓客居閒。遂止。俱解。夏。丞相取燕王女爲夫人。有太后詔。召列侯宗室皆往賀。魏其侯過灌夫。欲與俱。夫謝曰。夫數以酒失得過丞相。丞相今者又與夫有郄。魏其曰。事已解。彊與俱。酒酣。依漢書酒上減飲字武安起爲壽。坐皆避席伏。已魏其侯爲壽。獨故人避席耳。餘坐膝席。坐本作半依宋本改灌夫不悅。起行酒。至武安。武安膝席曰。不能滿觴。夫怒。因嘻笑曰。將軍貴人也。畢之。本作弱依集解本改漢書同時武安不肯。行酒次至臨汝侯。臨汝侯方與程不識耳語。又不避席。夫無所發怒。乃罵臨汝侯曰。生平毀程不識不直一錢。今日長者爲壽。乃效女兒曹（依漢書增曹字）呫囁耳語。武安謂灌夫曰。程李俱東西宮衛尉。今衆辱程將軍。仲孺獨不爲李將軍地乎。灌夫曰。今日斬頭陷匈。何知程李乎。坐乃起更衣。稍稍去。魏其侯去。麾灌夫出。武安遂怒曰。此吾驕灌夫罪。乃令騎留灌夫。灌夫欲出不得。籍福起爲謝。案灌夫項令謝。夫愈怒。不肯謝。武安乃麾騎縛夫置傳舍。召長史曰。今日召宗室有詔。劾灌夫罵坐不敬。繫居室。遂其前事（遂下依漢書減案字）遣吏分曹逐捕諸灌氏支屬。皆得棄市罪。魏其侯大媿。爲資使賓客請。莫能解。武安吏皆爲耳目。諸灌氏皆亾匿。夫繫。遂不得告言武安陰事。魏其銳身爲救灌夫。夫人諫魏其曰。灌將軍得罪丞相。與太后家忤。寧可救邪。魏其侯曰。侯自我得之。自我捐之。無所恨。且終不令灌仲孺獨死。嬰獨生。乃匿

張云此及後與韓安國語摹繪武安驕恣之狀如畫

其家纍出上書立召入具言灌夫醉飽事不足誅上然之賜魏其食曰東朝廷辯之魏其之東朝（漢書無之字）盛推灌夫之善言其醉飽得過乃丞相以他事誣罪之武安又盛毀灌夫所爲橫恣罪逆不道魏其度不可柰何因言丞相短武安曰天下幸而安樂無事蚡得爲肺坿（坿本作腑依漢書改）所好音樂狗馬田宅蚡所愛倡優巧匠之屬不如魏其灌夫日夜招聚天下豪桀壯士與論議腹誹而心謗不仰視天而俯畫地（某案經傳釋詞而猶則也）（毛本句上脫不字誤）辟倪兩宮閒幸天下有變而欲有大功臣乃不知（知漢書作如）魏其等所爲於是上問朝臣兩人孰是御史大夫韓安國曰魏其言灌夫父死事身荷戟馳入不測之吳軍被數十創（被上有身字依通志刪）名冠三軍此天下壯士非有大惡爭杯酒不足引他過以誅也魏其言是也丞相亦言灌夫通姦猾侵細民家累巨萬橫恣潁川淩轢宗室侵犯骨肉此所

謂枝大於本脛大於股不折必披丞相言亦是唯明主裁之主爵都尉汲黯是魏其內史鄭當時是魏其後不敢堅對餘皆莫敢對上怒內史曰公平生數言魏其武安長短今日廷論局趣效轅下駒吾幷斬若屬矣即罷起入上食太后太后亦已使人候伺具以告太后太后怒不食曰今我在也而人皆藉吾弟令我百歲後皆魚肉之矣且帝寧能爲石人邪此特帝在即錄錄設百歲後是屬寧有可信者乎上謝曰俱宗室外家故廷辯之不然此一獄吏所決耳是時郎中令石建爲上分別言兩人事武安已罷朝出止車門召韓御史大夫載怒曰與長孺共一禿老翁（本作老禿翁依集解改）何爲首鼠兩端韓御史良久謂丞相曰君何不自喜夫魏其毀君君當免冠解印綬歸曰臣以肺附（本作腑依漢書改）幸得待罪固非其任魏其言皆是如此上必多君有讓不廢君魏其必內愧杜門齰

〔震澤本齰作齚〕舌自殺。今人毀君。君亦毀人。〔漢書人作之〕譬如賈豎女子爭言。何其無大體也。武安謝罪曰。爭時急。不知出此。於是上使御史薄責魏其〔薄依宋本。薄簿同字〕所言灌夫頗不讎。欺謾。劾繫都司空。孝景時。魏其常受遺詔曰。事有不便。以便宜論上。及繫。灌夫罪至族。事日急。諸公莫敢復明言於上。魏其乃使昆弟子上書言之。幸得復召見。書奏上。而案尚書大行無遺詔。詔書獨藏魏其家。家丞封。乃劾魏其矯先帝詔害。〔害字依漢書補。錢大昕校同〕罪當弃市。五年十月。悉論灌夫及家屬。魏其良久乃聞。聞即恚。病痱不食。欲死。或聞上無意殺魏其。魏其復食。治病。議定不死矣。乃有蜚語為惡言聞上。故以十二月晦。論弃市渭城。其春。武安侯病。專呼服謝罪。〔服音灼音服〕使巫視鬼者視之。見魏其灌夫共守笞。〔笞字依漢書補〕欲殺之。竟死。子恬嗣。元朔三年。武安侯坐衣襜褕入宮不敬。〔表云坐衣不敬國除。漢書云有罪免。此不敬下有脫字〕

張云前幅步步隱含此意直至此一語繳明聽之有聲須玩其蓄勢之妙

淮南王安謀反覺治王前朝武安侯爲太尉時迎王至霸上謂王曰上未有太子大王最賢高祖孫即宮車晏駕非大王立當誰哉淮南王大喜厚遺金財物上自魏其時不直武安特爲太后故耳及聞淮南王金事上曰使武安侯在者族矣

太史公曰魏其武安皆以外戚重灌夫用一時決筴而名顯魏其之舉以吳楚武安之貴在日月之際然魏其誠不知時變灌夫無術而不遜兩人相翼乃成禍亂武安負貴而好權杯酒責望陷彼兩賢嗚呼哀哉遷怒及人命亦不延衆庶不載竟被惡言嗚呼哀哉禍所從來矣

某案此篇以勢字爲主

魏其武安侯列傳第四十七

韓長孺列傳第四十八　　史記一百八

御史大夫韓安國者。梁城（漢書作成）安人也。（正義括地志成安屬潁川郡而陳留郡又有城安縣亦屬梁未知孰是錢云陳留爲梁故地潁川爲韓故地史稱梁成安則爲陳留無疑城當作成）後徙睢陽。嘗受韓子雜家說於騶田生所。事梁孝王。爲中大夫。吳楚反時。孝王使安國及張羽爲將。扞吳兵於東界。張羽力戰。安國持重。以故吳不能過梁。吳楚已破。安國張羽名由此顯。梁（梁字依漢書補）梁孝王。景帝母弟。竇太后愛之。令得自請置相二千石。出入游戲。僭於天子。天子聞之。心弗善也。太后知帝不善。乃怒梁使者。弗見。案責王所爲。韓安國爲梁使。見大長公主而泣曰。何梁王爲人子之孝。爲人臣之忠。而太后曾弗省也。夫前日吳楚齊趙七國反時。自關以東皆合從西鄉。惟梁最親爲限。（限本作艱難二字某案艱爲限字之誤又衍難字今依漢書改宋郝校同）梁王念太后帝在中。而諸侯擾亂。一言泣數行下。跪送臣等六人將兵擊卻吳楚吳楚以故兵不敢西而卒破亡梁王之力也今太后以小（小下依漢書刪節字）苛禮責望梁王梁王父兄皆帝王所見者大故出稱蹕入言警車旗皆帝所賜也即欲以侘（一作衒漢書作嫮）鄙小（依漢書補小字）縣驅馳國中以夸諸侯令天下盡知太后帝愛之也今梁使來輒案責之梁王恐日夜涕泣思慕不知所爲何梁王之爲子孝爲臣忠而太后弗恤也大長公主具以告太后太后喜曰爲言之帝言之帝心乃解而免冠謝太后曰兄弟不能相教乃爲太后遺憂悉見梁使厚賜之其後梁王益親驩太后長公主更賜安國可（漢書無可字）直千餘金名（漢書無名字）由此顯結於漢其後安國坐法抵罪蒙獄吏田甲辱安國安國曰死灰獨不復然乎田甲曰然即溺之居無何梁內史缺漢使使者拜安國爲梁內史起徒中爲二千石田甲亡走安國曰甲不就官我滅而宗甲因肉袒謝安

國笑曰。可溺矣。公等足與治乎。卒善遇之。梁內史之缺也。孝王新得齊人公孫詭。說之。欲請以爲內史。竇太后所。所本作聞依漢書改乃詔王以安國爲內史。公孫詭羊勝說孝王求爲帝太子及益地事。恐漢大臣不聽。劉奉世云刺漢謀臣在漢立太子後此誤某案恐當爲怨乃陰使人刺漢用事謀臣。及殺故吳相袁盎。景帝遂聞詭勝等計畫。乃遣使捕詭勝。必得。漢使十輩至梁。相以下舉國大索。月餘不得。內史安國聞詭勝匿孝王所。安國入見王而泣曰。主辱臣死。大王無良臣。故事紛紛至此。今詭勝不得。請辭賜死。王曰。何至此。安國泣數行下。曰。大王自度於皇帝。孰與太上皇之與高皇帝。及皇帝之與臨江王親。孝王曰。弗如也。安國曰。夫太上臨江。親父子之閒。然而高帝曰。提三尺劍取天下者朕也。故太上皇終不得制事。居于櫟陽。臨江王適長太子也。以一言過。廢王臨江。用宮垣事。卒自殺中尉府。何者。

治天下終不以私亂公語曰雖有親父安知其不爲虎雖有親兄安知其不爲狼今大王列在諸侯悅（漢書作誹）一邪臣浮說犯上禁橈明法天子以太后故不忍致法於王太后日夜涕泣幸大王自改而大王終不覺寤有如太后宮車即晏駕大王尚誰攀乎語未卒孝王泣數行下謝安國曰吾今出詭勝詭勝自殺漢使還報梁事皆得釋安國之力也於是景帝太后益重安國孝王卒共王即位安國坐法失官居家（漢書作家居）建元中武安侯田蚡爲漢太尉親貴用事安國以五百金物遺蚡蚡言安國太后天子亦素聞其賢即召以爲北地都尉遷爲大司農閩越東越相攻安國及大行王恢將未至越越殺其王降漢兵亦罷建元六年（漢書作其年）武安侯爲丞相安國爲御史大夫匈奴來請和親天子下議大行王恢燕人也數爲邊吏習知胡事議曰漢與匈奴和親率不過數歲即

因議和親牽連而及馬邑之謀又以安國爲護軍與下爲材官將屯作反跌之勢
漢書可誘以利下有安國恢爭論凡數百言疑本史記文而今本誤脫其文類武靈王改胡服商君變法乃史公常調馬邑之役爲漢與匈奴搆兵緣起故史公載此往復駁議且以發明安國之大略也今脫此

復倍約不如勿許興兵擊之安國曰千里而戰兵不獲利今匈奴負戎馬之足懷禽獸之心遷徙鳥舉難得而制也得其地不足以爲廣有其衆不足以爲彊自上古不屬爲人漢數千里爭利則人馬罷虜以全制其敝且彊弩之極矢不能穿魯縞衝風之末力不能漂鴻毛非初不勁末力衰也（漢書無此六句）擊之不便不如和親羣臣議者多附安國於是上許和親其明年則元光元年雁門馬邑豪聶翁壹因大行王恢言上曰匈奴初和親親信邊可誘以利陰使聶翁壹爲閒亡入匈奴謂單于曰吾能斬馬邑令丞吏以城降財物可盡得單于愛信之以爲然許聶翁壹聶翁壹乃還詐斬死罪囚縣其頭馬邑城示單于使者爲信曰馬邑長吏已死可急來於是單于穿塞將十餘萬騎入武州塞當是時漢伏兵車騎材官三十餘萬匿馬邑旁谷中衛尉李廣爲驍騎將軍太僕公孫

節文勢不相銜接而此傳
詳著恢事爲駢枝矣

賀爲輕車將軍•大行王恢爲將屯將軍•太中大夫李息爲材官將軍•御史大夫韓安國爲護軍將軍•諸將皆屬護軍•約單于入馬邑而漢兵縱發•王恢李息李廣別從代主擊其輜重•於是單于入漢長城武州塞•未至馬邑百餘里•行掠虜徒見畜牧於野•不見一人•單于怪之•攻烽燧•得武州尉史•欲刺問尉史•尉史曰漢兵數十萬伏馬邑下•單于顧謂左右曰•幾爲漢所賣•乃引兵還•出塞•曰•吾得尉史•乃天也•命尉史爲天王•塞下傳言單于已引去•漢兵追至塞•度弗及•即罷•王恢等兵三萬•聞單于不與漢合•度往擊輜重•必與單于精兵戰•漢兵勢必敗•則以便宜罷兵•皆無功•天子怒王恢不出擊單于輜重•擅引兵罷也•恢曰•始約虜入馬邑城•兵與單于接•而臣擊其輜重•可得利•今單于聞不至而還•臣以三萬人•衆不敵•禔取辱耳•集解禔一作祇錢云禔祇古通用古書是與氏同臣固知還而斬•然得

反跌下文有懸崖欲落之勢

完陛下士三萬人。於是下恢廷尉。廷尉當恢逗橈。當斬。恢私行千金丞相蚡。蚡不敢言上。而言於太后曰。王恢首造馬邑事。今不成而誅恢。是爲匈奴報仇也。上朝太后。太后以丞相言告上。上曰。首爲馬邑事者恢也。故發天下兵數十萬。從其言。爲此。且縱單于不可得。恢所部擊其輜重。猶頗可得。以慰士大夫心。今不誅恢。無以謝天下。於是恢聞之。乃自殺。安國爲人多大略。智足以當世取舍。而出於忠厚焉。貪嗜於財。所推舉皆廉士。賢於己者也。於梁舉壺遂臧固郅他。皆天下名士。士亦以此稱慕之。唯天子以爲國器。安國爲御史大夫四歲餘。丞相田蚡死。安國行丞相事。奉引墮車。蹇。天子議置相。欲用安國。使使視之。蹇甚。乃更以平棘侯薛澤爲丞相。安國病免數月。蹇愈。上復以安國爲中尉。歲餘。徙爲衛尉。車騎將軍衛青擊匈奴。出上谷。破胡龍城。將軍李廣爲匈奴所

嗚咽

全篇蓄勢趨注於此

凌云此論本惜長孺之不得相却以長孺所舉亦不

得復失之公孫敖大亾卒皆當斬贖爲庶人明年匈奴大入邊殺遼西太守及入鴈門所殺掠數千人車騎將軍衛青擊之出鴈門衛尉安國爲材官將軍屯於漁陽安國捕生虜言匈奴遠去即上書言方田作時請且罷軍屯罷軍屯月餘匈奴大入上谷漁陽安國壁乃有七百餘人出與戰不勝復入壁匈奴虜略千餘人及畜產而去天子聞之怒使使責讓安國徙安國益東屯右北平是時匈奴虜言當入東方安國始爲御史大夫及護軍後稍斥疏下遷而新幸壯將軍衛青等有功益貴安國既疏遠默默也將屯又爲匈奴所欺失亾多甚自愧幸得罷歸乃益東徙屯意忽忽不樂數月病歐血死安國以元朔二年中卒

太史公曰余與壺遂定律厤觀韓長孺之義壺遂之深中隱厚世之言梁多長者不虛哉壺遂官至詹事天子方倚以爲漢相會遂卒不然壺

得相以爲惜某案此贊盡
遂以見安國雖得相亦非
鞠躬君子也

遂之內廉行脩斯鞠躬君子也

某案此篇以智足以取舍當世而卒踈斥下遷爲主

韓長孺列傳第四十八

張廉卿云。此文須從其游刃於虛處領取意匠之妙。篇中於爲長樂衛尉下。忽拉入程不識。於爲右北平下。忽入廣射事及其爲人。於出右北平敗歸下。忽入李蔡及與王朔燕語。皆自我剏法。不主故常。然細按之。位置天然。無一齟齬不合者。班史增損顛倒之。盡失其妙矣。

李將軍列傳第四十九

李將軍廣者。隴西成紀人也。其先曰李信。秦時爲將。逐得燕太子丹者也。故槐里。徙成紀。廣家世世受射。孝文帝十四年。匈奴大入蕭關。而廣以良家子從軍擊胡。用善騎射。殺首虜多。爲漢中郎。廣從弟李蔡。亦爲郎。皆爲武騎常侍。秩八百石。嘗從行。有所衝陷折關及格猛獸。而文帝曰。惜乎子不遇時。如令子當高帝時。萬戶侯豈足道哉。及孝景初立。廣爲隴西都尉。徙爲騎郎將。吳楚軍時。廣爲驍騎都尉。從太尉亞夫擊吳楚軍。取旗。顯功名昌邑下。以梁王授廣將軍印。還。賞不行。徙爲上谷太守。匈奴日以（以與鬪）合戰。典屬國公孫昆邪爲上泣曰。李廣才氣。天下無雙。自負其能。數與虜确。（确字本作敵戰二字。依漢書改。）恐亡之。於是乃徙爲上郡太守。後廣轉爲邊郡太守。徙上郡。嘗爲隴西北地雁門代郡雲中太守。皆以力戰爲名。匈奴大入上郡。天子使中貴人從廣勒習兵擊匈奴。中貴人將騎數十縱。見匈奴三人。與戰。三人還射。傷中貴人。殺其騎且盡。中貴人走廣。廣曰。是必射雕者也。廣乃遂從百騎往馳三人。三人亾馬步行。行數十里。廣令其騎張左右翼。而廣身自射彼三人者。殺其二人。生得一人。果匈奴射雕者也。已縛之上馬。望匈奴有數千騎。見廣以爲誘騎。皆驚。上山陳。廣之百騎皆大恐。欲馳還走。廣曰。吾去大軍數十里。今如此以百騎走。匈奴追射我立盡。今我留。匈奴必以我爲大軍誘之。必不敢擊我。廣令諸騎曰。前。前未到匈奴陳二里所。止。令曰。皆下馬解鞍。其騎曰。虜多且近。即有急。柰何。廣曰。彼虜以我爲走。今皆解鞍以示不走。用堅其意。於是胡騎遂不敢擊。有白馬將出護其兵。李廣上馬與十餘騎犇射殺胡白馬將。而復還至其騎中。解鞍。令士皆縱馬臥。是時會暮。

黨俗云載不識言又載匈奴畏士卒樂必如此而後

胡兵終怪之不敢擊夜半時胡兵亦以爲漢有伏軍於旁欲夜取之胡皆引兵而去平旦李廣乃歸其大軍大軍不知廣所之故弗從居久之孝景崩武帝立某疑太史公書有作於武帝崩後者世挪據自序至太初而訖之言見稱孝武謚便云後續或追改余以爲非也左右以爲廣名將也於是廣以上郡太守爲未央衞尉而程不識亦爲長樂衞尉程不識故與李廣俱以邊太守將軍屯及出擊胡而廣行無部伍行陳就善水草屯舍止人人自便不擊刀斗以自衞莫府省約文書籍事然亦遠斥候未嘗遇害程不識正部曲行伍營陳擊刀斗士吏治軍簿至明軍不得休息然亦未嘗遇害不識曰李廣軍極簡易然虜卒犯之無以禁也而其士卒亦佚樂咸樂爲之死我軍雖煩擾然虜亦不得犯我是時漢邊郡李廣程不識皆爲名將然匈奴畏李廣之略士卒亦多樂從李廣而苦程不識程不識孝景時以數直諫爲太中大

義備而筆端鼓舞

夫爲人廉謹於文法後漢以馬邑城誘單于使大軍伏馬邑旁谷而廣
爲驍騎將軍領屬護軍將軍是時單于覺之去漢軍皆無功其後四歲
廣以衞尉爲將軍出雁門擊匈奴匈奴兵多破敗廣軍生得廣單于素
聞廣賢令曰得李廣必生致之胡騎得廣廣時傷病置廣兩馬閒絡而
盛臥廣行十餘里廣詳死睨其旁有一胡兒騎善馬廣暫騰而上胡兒
馬因推墮兒取其弓鞭馬南馳數十里復得其餘軍因引而入塞匈奴
捕者騎數百追之廣行取胡兒弓射殺追騎以故得脫於是至漢漢下
廣吏吏當廣失亾多失上依漢書刪所字爲虜所生得當斬贖爲庶人頃之家居
數歲廣家與故潁陰侯孫屛野居藍田南山中射獵嘗夜從一騎出從
人田閒飲還至霸陵亭霸陵尉醉呵止廣廣騎曰故李將軍尉曰今將
軍尚不得夜行何乃故也止廣宿亭下居無何匈奴入殺遼西太守敗

張云津津不已漢書趙廣漢傳頗與此相似多用兩字三字句尤見頸頸歷歷不容口
又云叙廣射及廣爲人參錯互出一片神行

韓將軍韓將軍後徙右北平死（依震澤本補後字）（依漢書補死字）於是天子乃召拜廣爲右北平太守廣卽請霸陵尉與俱至軍而斬之廣居右北平匈奴聞之號曰漢之飛將軍避之數歲不敢入右北平廣出獵見草中石以爲虎而射之中石沒鏃（羽）視之石也因復更射之終不能復入石矣廣所居郡聞有虎嘗自射之及居右北平射虎虎騰傷廣廣亦竟射殺之廣廉得賞賜輒分其麾下飲食與士共之終廣之身爲二千石四十餘年家無餘財終不言家產事廣爲人長猨背（漢書作爰臂師古云爰爰緩意也）其善射亦天性也雖其子孫他人學者莫能及廣廣訥口少言與人居則畫地爲軍陳射闊狹以飮專以射爲戲竟死廣之將兵乏絕之處見水士卒不盡飮廣不近水士卒不盡食廣不嘗食寬緩不苛士以此愛樂爲用其射見敵急非在數十步之內度不中不發發卽應弦而倒用此其將兵數

張云此數語純從虛處摹寫出色項羽鉅鹿之戰同一意匠但格調體皃各別耳

又云李廣爲邊郡太守號稱名將前路止以數語虛叙又與程不識相並叙之即已具見梗槪至其擊胡

困辱其射猛獸亦爲所傷云居頃之石建卒于是上召廣代建爲郎中令元朔六年廣復爲後將軍從大將軍軍出定襄擊匈奴諸將多中首虜率（某案中首虜率四字爲句即下文所謂有功中率也）以功爲侯者而廣軍無功後三歲廣以郎中令將四千騎出右北平博望侯張騫將萬騎與廣俱異道行可數百里匈奴左賢王將四萬騎圍廣廣軍士皆恐廣乃使其子敢往馳之敢獨與數十騎馳直貫胡騎出其左右而還告廣曰胡虜易與耳軍士乃安廣爲圜陳外嚮胡急擊之矢下如雨漢兵死者過半漢矢且盡廣乃令士持滿毋發而廣身自以大黃射其裨將殺數人胡虜益解會日暮吏士皆無人色而廣意氣自如益治軍軍中自是服其勇也明日復力戰而博望侯軍亦至匈奴軍乃解去漢軍罷弗能追是時廣軍幾沒罷歸漢法博望侯留遲後期當死贖爲庶人廣軍功自如無賞初廣之

廣無功獨極力寫得出色自覺格外精神文章巧拙雅俗之分從此可悟

從弟李蔡與廣俱事孝文帝景帝時蔡積功勞至二千石孝武帝時至代相以元朔五年爲輕車將軍從大將軍擊右賢王有功中率封爲樂安侯元狩二年中代公孫弘爲丞相蔡爲人在下中名聲出廣下甚遠然廣不得爵邑官不過九卿而蔡爲列侯位至三公諸廣之軍吏及士卒或取封侯廣嘗與望氣王朔燕語曰自漢擊匈奴而廣未嘗不在其中而諸部校尉以下才能不及中人然以擊胡軍功取侯者數十人而廣不爲後人然無尺寸之功以得封邑者何也豈吾相不當侯邪且固命也朔曰將軍自念豈嘗有所恨乎廣曰吾嘗爲隴西守羌嘗反吾誘而降降者八百餘人吾詐而同日殺之至今大恨獨此耳朔曰禍莫大于殺已降此乃將軍所以不得侯者也後二歲大將軍驃騎將軍大出擊匈奴廣數自請行天子以爲老弗許良久乃許之以爲前將軍是歲

張云青受上誡特藉口語而欲侯公孫敖乃其實也太史公連著兩亦字最有意漢書删去前亦字失其指矣

又云廣知青欲侯公孫敖故用爲恨怒青因是愈有意摧折廣而廣遂以死史公曲曲繪出若隱若顯而恨惜之意躍躍

元狩四年也。廣既從大將軍青擊匈奴。既出塞。青捕虜知單于所居。乃自以精兵走之。而令廣幷於右將軍軍。出東道。東道少回遠。而大軍行水草少。其勢不屯行。廣自請曰。臣部爲前將軍。今大將軍乃徙令臣出東道。且臣結髮而與匈奴戰。乃今一得當單于。本作今乃云云依漢書倒臣願居前。先死單于。大將軍青亦陰受上誡。以爲李廣老。數奇。毋令當單于。恐不得所欲。而是時公孫敖新失侯。爲中將軍從大將軍。大將軍亦欲使敖與俱當單于。故徙前將軍廣。廣時知之。固自辭於大將軍。大將軍不聽。令長史封書與廣之莫府。曰急詣部如書。廣不謝大將軍而起行。意甚慍怒而就部。引兵與右將軍食其合軍出東道。軍亡導。或失道。或惑字漢書正作惑後大將軍。大將軍與單于接戰。單于遁走。弗能得而還。南絕幕。同漢遇前將軍右將軍。廣已見大將軍。還入軍。大將軍使長史持糒醪遺廣。因

歸云入李蔡結局妙見容容多厚福者未必不殺其身也某案此疑非歸語叙李蔡自殺見李氏多氣節士也

問廣食其失道狀青欲上書報天子軍曲折廣未對大將軍使長史急責廣之莫府對簿廣曰諸校尉無罪乃我自失道吾今自上簿至莫府廣謂其麾下曰廣結髮與匈奴大小七十餘戰今幸從大將軍出接單于兵而大將軍又徙廣部行回遠而又迷失道豈非天哉且廣年六十餘矣終不能復對刀筆之吏遂引刀自剄廣軍士大夫一軍皆哭百姓聞之知與不知無老壯皆爲垂涕而右將軍獨下吏當死贖爲庶人廣子三人曰當戶椒敢爲郎天子與韓嫣戲嫣少不遜當戶擊嫣嫣走於是天子以爲勇當戶早死拜椒爲代郡太守皆先廣死當戶有遺腹子名陵廣死軍時敢從驃騎將軍廣死明年李蔡以丞相坐侵孝景園壖地當下吏治蔡亦自殺不對獄國除李敢以校尉從驃騎將軍擊胡左賢王力戰奪左賢王鼓旗斬首多賜爵關內侯食邑二百戶代廣爲郎

中令。頃之怨大將軍青之恨其父。乃擊傷大將軍。大將軍匿諱之。居無何。敢從上雍。（胡三省云雍蓋衍字男闓生謹案報任安書亦有簿從上雍之語胡說疑非是）至甘泉宮獵。驃騎將軍去病與青有親。射殺敢。去病時方貴幸。上諱云鹿觸殺之。居歲餘。去病死。而敢有女為太子中人。愛幸。敢男禹有寵於太子。然好利。李氏陵遲衰微矣。李陵既壯。選為建章監。監諸騎。善射愛士卒。天子以為李氏世將。而使將八百騎。嘗深入匈奴二千餘里。過居延。視地形。無所見虜而還。拜為騎都尉。將丹陽楚人五千人。教射酒泉張掖以屯衛胡。數歲。天漢二年秋。貳師將軍李廣利將三萬騎擊匈奴右賢王於祁連天山。（於字衍）而使陵將其射士步兵五千人出居延北可千餘里。欲以分匈奴兵。毋令專走貳師也。陵既至期還。（某案至期猶至質也）而單于以兵八萬圍擊陵軍。陵軍五千人。兵矢既盡。士死者過半。而所殺傷匈奴亦萬餘人。且引且戰連鬭八日還未到居延百餘里匈奴遮狹絕道陵食乏而救兵不到虜急擊招降陵陵曰無面目報陛下遂降匈奴其兵盡沒餘亾散得歸漢者四百餘人單于既得陵素聞其家聲及戰又壯乃以其女妻陵而貴之漢聞族陵母妻子自是之後李氏名敗而隴西之士居門下者皆用爲恥焉

太史公曰傳曰其身正不令而行其身不正雖令不從其李將軍之謂也余睹李將軍悛悛如鄙人口不能道辭及死之日天下知與不知皆爲盡哀彼其忠實心誠信於士大夫也諺曰桃李不言下自成蹊此言雖小可以喻大也

某案以名將不遇寃死爲主

李將軍列傳第四十九

史記一百九

匈奴列傳第五十

匈奴其先祖夏后氏之苗裔也曰淳維唐虞以上有山戎獫狁葷粥居于北蠻隨畜牧而轉移其畜之所多則馬牛羊其奇畜則橐駞驢驘駃騠騊駼驒騱逐水草遷徙毋城郭常處耕田之業然亦各有分地毋文書以言語爲約束兒能騎羊引弓射鳥鼠少長則射狐兔用爲食士力能毋弓盡爲甲騎其俗寬則隨畜因射獵禽獸爲生業急則人習戰攻以侵伐其天性也其長兵則弓矢短兵則刀鋋利則進不利則退不羞遁走苟利所在不知禮義自君王以下咸食畜肉衣其皮革被旃裘壯者食肥美老者食其餘貴壯健賤老弱父死妻其後母兄弟死皆取其妻妻之其俗有名不諱而無姓字夏道衰而公劉失其稷官變於西戎邑于豳其後三百有餘歲戎狄攻大王亶父亶父亡走岐下而豳人悉

從亶父而邑焉作周其後百有餘歲周西伯昌伐畎夷氏後十有餘年武王伐紂而營雒邑復居于酆鄗放逐戎夷涇洛之北以時入貢命曰荒服其後二百有餘年周道衰而穆王伐犬戎得四白狼四白鹿以歸自是之後荒服不至於是周遂作甫刑之辟（歸[illegible]漢書增懿王宣王事似不可少某謂歸說非是班以小雅采薇為懿王之詩以六月出車為宣王之詩故增此三詩以為二王事太史公以六月出輿為襄王時詩其於采薇不知說為何王詩要亦決不謂為懿王詩也何得強馬同班哉）穆王之後二百有餘年周幽王用寵姬褒姒之故與申侯有郤申侯怒而與犬戎共攻殺周幽王于驪山之下遂取周之焦穫而居于涇渭之閒侵暴中國秦襄公救周於是周平王去酆鄗而東徙雒邑當是之時秦襄公伐戎至岐始列為諸侯是後六十有五年而山戎越燕而伐齊齊釐公與戰於齊郊其後四十四年而山戎伐燕燕告急于齊齊桓公北伐山戎山戎走其後二十有餘年而戎狄至

洛邑伐周襄王襄王犇于鄭之氾邑初周襄王欲伐鄭故娶戎狄女爲后與戎狄兵共伐鄭已而黜狄后狄后怨而襄王後母曰惠后有子子帶欲立之於是惠后與狄后子帶爲內應開戎狄戎狄以故得入破逐周襄王而立子帶爲天子於是戎狄或居于陸渾東至於衞侵盜暴虐中國中國疾之故詩人歌之曰戎狄是應薄伐獫狁至于太原出輿彭彭城彼朔方（某案此詩史以爲襄王時事與說詩者不同疑三家說也）周襄王既居外四年乃使使告急于晉晉文公初立欲脩霸業乃興師伐逐戎翟誅子帶迎內周襄王居于雒邑當是之時秦晉爲彊國晉文公攘戎翟居于河西圁洛之閒（梁云洛疑當作雒正義引括地志雒州本赤狄地延銀綏三州白狄地若是圁洛則唯白狄不得言赤狄矣）號曰赤翟白翟秦穆公得由余西戎八國服於秦故自隴以西有緜諸緄戎翟獂之戎岐梁山涇漆之北有義渠大荔烏氏朐衍之戎而晉北有林胡樓煩

之戎燕北有東胡山戎各分散居谿谷自有君長往往而聚者百有餘
戎然莫能相一自是之後百有餘年晉悼公使魏絳和戎翟戎翟朝晉
後百有餘年趙襄子踰句注而破幷代以臨胡貉其後既與韓魏共滅
智伯分晉地而有之則趙有代句注之北魏有河西上郡以與戎界邊
其後義渠之戎築城郭以自守而秦稍蠶食之（之字依漢書補）至於惠王遂拔
義渠二十五城惠王擊魏魏盡入西河及上郡于秦秦昭王時義渠戎
王與宣太后亂有二子宣太后詐而殺義渠戎王於甘泉遂起兵伐殘
義渠於是秦有隴西北地上郡築長城以拒胡而趙武靈王亦變俗胡
服習騎射北破林胡樓煩築長城自代竝陰山下至高闕爲塞而置雲
中鴈門代郡其後燕有賢將秦開爲質於胡胡甚信之歸而襲破走東
胡東胡卻千餘里與荊軻刺秦王秦舞陽者開之孫也燕亦築長城自

遼陽至襄平置上谷漁陽右北平遼西遼東郡以拒胡當是之時冠帶
戰國七而三國邊於匈奴其後趙將李牧時匈奴不敢入趙邊後秦滅
六國而始皇帝使蒙恬將十萬之衆北擊胡悉收河南地因河爲塞築
四十四縣城臨河徙適戍以充之而通直道自九原至雲陽因邊山險
塹谿谷可繕者治之起臨洮至遼東萬餘里又度河據陽山北假中當
是之時東胡彊而月氏盛匈奴單于曰頭曼頭曼不勝秦北徙十餘年
而蒙恬死諸侯畔秦中國擾亂諸秦所徙適戍邊者皆復去於是匈奴
得寬復稍度河南與中國界於故塞單于有太子名冒頓後有所愛閼
氏生少子而單于欲廢冒頓而立少子乃使冒頓質於月氏冒頓既質
於月氏而頭曼急擊月氏月氏欲殺冒頓冒頓盜其善馬騎之亡歸頭
曼以爲壯令將萬騎冒頓乃作爲鳴鏑習勒其騎射令曰鳴鏑所射而

不悉射者。斬之。行獵鳥獸。有不射鳴鏑所射者。輒斬之。已而冒頓以鳴鏑自射其善馬。左右或不敢射者。冒頓立斬不射善馬者。居頃之。復以鳴鏑自射其愛妻。左右或頗恐。不敢射。冒頓又復斬之。居頃之。冒頓出獵。以鳴鏑射單于善馬。左右皆射之。於是冒頓知其左右皆可用。從其父單于頭曼獵。以鳴鏑射頭曼。其左右亦皆隨鳴鏑而射殺單于頭曼。遂盡誅其後母與弟及大臣不聽從者。冒頓自立爲單于。冒頓既立。是時東胡彊盛。聞冒頓殺父自立。乃使使謂冒頓。欲得頭曼時有千里馬。冒頓問羣臣。羣臣皆曰。千里馬。匈奴寶馬也。勿與。冒頓曰。奈何與人鄰國而愛一馬乎。遂與之千里馬。居頃之。東胡以爲冒頓畏之。乃使使謂冒頓。欲得單于一閼氏。冒頓復問左右。左右皆怒曰。東胡無道。乃求閼氏。請擊之。冒頓曰。奈何與人鄰國愛一女子乎。遂取所愛閼氏予東胡。

張云筆勢雄闊有震盪宇宙之概

東胡王愈益驕西侵與匈奴閒中有弃地莫居千餘里各居其邊為甌脫東胡使使謂冒頓曰匈奴所與我界甌脫外弃地匈奴非能至也吾欲有之冒頓問羣臣羣臣或曰此弃地與之亦可勿與亦可於是冒頓大怒曰地者國之本也奈何予之諸言予之者皆斬之冒頓上馬令國中有後者斬遂東襲擊東胡東胡初輕冒頓不為備及冒頓以兵至擊大破滅東胡王而虜其民人及畜產既歸西擊走月氏南幷樓煩白羊河南王（本有侵燕代三字依漢書刪王校同）悉復收秦所使蒙恬所奪匈奴地者與漢關故河南塞至朝那膚施遂侵燕代是時漢兵與項羽相距中國罷於兵革以故冒頓得自彊控弦之士三十餘萬自淳維以至頭曼千有餘歲時大時小別散分離尚矣其世傳不可得而次（次下依漢書滅云字）然至冒頓而匈奴最彊大盡服從北夷而南與中國為敵國其世傳國官號乃可得

而記云置左右賢王左右谷蠡王左右大將左右大都尉左右大當戶
左右骨都侯匈奴謂賢曰屠耆故常以太子爲左屠耆王自如左右賢
王以下至當戶大者萬騎小者數千凡二十四長立號曰萬騎諸大臣
皆世官呼衍氏蘭氏其後有須卜氏此三姓其貴種也諸左方王將居
東方直上谷以往者東接穢貉朝鮮右方王將居西方直上郡以西接
月氏氐羌而單于之庭直代雲中各有分地逐水草移徙而左右賢王
左右谷蠡王最爲大國左右骨都侯輔政諸二十四長亦各自置千長
百長什長裨小王相將封都尉當戶且渠之屬歲正月諸長小會單于庭
祠五月大會龍城祭其先天地鬼神秋馬肥大會蹛林課校人畜計其
法拔刃尺者死坐盜者沒入其家有罪小者軋大者死獄久者不過十
日一國之囚不過數人而單于朝出營拜日之始生夕拜月其坐長左

而北鄉日上戊己其送死有棺槨金銀衣裘而無封樹喪服近幸臣妾從死者多至數千百人舉事而候星月月盛壯則攻戰月虧則退兵其攻戰斬首虜賜一卮酒而所得鹵獲因以予之得人以為奴婢故其戰人人自為趣利善為誘兵以冒敵故其見敵則逐利如鳥之集其困敗則瓦解雲散矣戰而扶輿死者盡得死者家財後北服渾庾屈射丁零鬲昆薪犁之國（震澤本丁零作丁靈漢書昆下有龍字）於是匈奴貴人大臣皆服以冒頓單于為賢是時漢初定中國徙韓王信於代都馬邑匈奴大攻圍馬邑韓王信降匈奴匈奴得信因引兵南踰句注攻太原至晉陽下高帝自將兵往擊之會冬大寒雨雪卒之墮指者十二三於是冒頓詳敗走誘漢兵漢兵逐擊冒頓冒頓匿其精兵見其羸弱於是漢悉兵多步兵三十二萬北逐之高帝先至平城步兵未盡到冒頓縱精兵四十萬騎圍

高帝於白登七日漢兵中外不得相救餉匈奴騎其西方盡白馬東方
盡青駹馬（王校刪馬字烏驪下同）北方盡烏驪馬南方盡騂馬高帝乃使使閒厚
遺閼氏閼氏乃謂冒頓曰兩主不相困今得漢地而單于終非能居之
也且漢王亦有神（漢書王作主）單于察之冒頓與韓王信之將王黃趙利期
而黃利兵又不來疑其與漢有謀亦取閼氏之言乃解圍之一角於是
高帝令士皆持滿傅矢外鄉從解角直出竟與大軍合而冒頓遂引兵
而去漢亦引兵而罷使劉敬結和親之約（蹟云漢與匈奴和親始此）是後韓王信爲
匈奴將及趙利王黃等數倍約侵盜代雲中居無幾何陳豨反又與韓
信合謀擊代漢使樊噲往擊之復拔代鴈門雲中郡縣不出塞是時匈
奴以漢將衆往降故冒頓常往來侵盜代地於是漢患之高帝乃使劉
敬奉宗室女公主爲單于閼氏歲奉匈奴絮繒酒米食物各有數約爲

昆弟以和親冒頓乃少止後燕王盧綰反率其黨數千人降匈奴往來苦上谷以東高祖崩孝惠呂太后時漢初定故匈奴以驕冒頓乃爲書遺高后妄言高后欲擊之諸將曰以高帝賢武然尚困於平城於是高后乃止復與匈奴和親至孝文帝初立復脩和親之事其三年五月匈奴右賢王入居河南地侵盜上郡葆塞蠻夷殺略人民於是孝文帝詔丞相灌嬰發車騎八萬五千詣高奴擊右賢王右賢王走出塞文帝幸太原是時濟北王反文帝歸罷丞相擊胡之兵其明年單于遺漢書曰天所立匈奴大單于敬問皇帝無恙前時皇帝言和親事稱書意合歡漢邊吏侵侮右賢王右賢王不請聽後義盧侯難氏等計與漢吏相距絕二主之約離兄弟之親皇帝讓書再至發使以書報不來漢使不至漢以其故不和鄰國不附今以小吏之敗約故（小漢書作少）罰右賢王使之

西求月氏擊之以天之福吏卒良馬彊力以夷滅月氏盡斬殺降下之
定樓蘭(滜)烏孫呼揭及其旁二十六國皆以為匈奴諸引弓之民并為一
家北州已定願寢兵休士卒養馬除前事復故約以安邊民以應始古
使少者得成其長老者安其處世世平樂未得皇帝之志也故使郎中
係雩淺奉書請獻橐他一匹騎馬二匹駕二駟皇帝即不欲匈奴近塞
則且詔吏民遠舍使者至即遣之以六月中來至薪望之地書至漢議
擊與和親孰便公卿皆曰單于新破月氏乘勝不可擊且得匈奴地澤
鹵非可居也和親甚便漢許之孝文皇帝前六年漢遺匈奴書曰皇帝
敬問匈奴大單于無恙使郎中係雩淺遺朕書曰右賢王不請聽後義
盧侯難氏等計絕二主之約離兄弟之親漢以故不和鄰國不附今以
小吏敗約故罰右賢王使西擊月氏盡定之願寢兵休士卒養馬除前

事復故約以安邊民使少者得成其長老者安其處世世平樂朕甚嘉之此古聖主之意也漢書主作王漢與匈奴約爲兄弟所以遺單于甚厚倍約離兄弟之親者常在匈奴然右賢王事已在赦前單于勿深誅單于若稱書意明告諸吏使無負約有信敬如單于書使者言單于自將伐國有功甚苦兵事服繡袷綺衣繡袷長襦錦袷袍各一比余一徐廣云比余或作疏比漢書作比疏黃金飾具帶一梁云倪思本作飾貝黃金胥紕一集解或作犀毗而無一字索隱胥犀聲近國策趙武靈王賜周紹貝帶黃金師比胥犀師幷相近而各異耳劉辰翁云犀毗卽今鉤搭繡十匹錦三十匹赤綈綠繒各四十匹使中大夫意謁者令肩遺單于後頃之冒頓死子稽粥立號曰老上單于老上稽粥單于初立孝文皇帝復遣宗室女公主爲單于閼氏使宦者燕人中行說傅公主說不欲行漢彊使之說曰必我行也爲漢患者中行說既至因降單于單于甚親幸之初匈奴好漢繒

張云自此以下叙中行說敎匈奴病漢連數十行極力馳驟其氣最盛而形態與之橫恣溢出

絮食物中行說曰匈奴人衆不能當漢之一郡然所以彊者以衣食異無仰於漢也今單于變俗好漢物漢物不過什二則匈奴盡歸於漢矣其得漢繒絮以馳草棘中衣袴皆裂敝以示不如旃裘之完善也得漢食物皆去之以示不如湩酪之便美也於是說教單于左右疏記以計課其人衆畜物（漢書物作牧）漢遺單于書牘以尺一寸辭曰皇帝敬問匈奴大單于無恙所遺物及言語云云中行說令單于遺漢書以尺二寸牘及印封皆令廣大長倨傲其辭曰天地所生日月所置匈奴大單于敬問漢皇帝無恙所以遺物言語亦云云漢使或言曰匈奴俗賤老中行說窮漢使曰而漢俗屯戍從軍當發者其老親豈有不自脫溫厚肥美以齎送飲食行戍乎漢使曰然中行說曰匈奴明以戰攻爲事其老弱不能鬬故以其肥美飲食壯健者蓋以自爲守衞如此父子各得久相

保何以言匈奴輕老也漢使曰匈奴父子乃同穹廬而臥父死妻其後母兄弟死盡取其妻妻之無冠帶之飾闕庭之禮中行說曰匈奴之俗人食畜肉飲其汁衣其皮畜食草飲水隨時轉移故其急則人習騎射寬則人樂無事其約束輕易行也君臣簡易一國之政猶一身也父子兄弟死取其妻妻之惡種姓之失也故匈奴雖亂必立宗種今中國雖詳不取其父兄之妻親屬益疏則相殺至乃易姓皆從此類且禮義之敝上下交怨望而室屋之極生力必屈夫力耕桑以求衣食築城郭以自備故其民急則不習戰功（漢書功作攻）緩則罷於作業嗟土室之人顧無多辭令喋喋而佔佔冠固何當自是之後漢使欲辯論者中行說輒曰漢使無多言顧漢所輸匈奴繒絮米糱令其量中必善美而已矣何以爲言乎（爲言漢書倒作言爲）且所給備善則已不備苦惡則候秋孰以騎馳蹂而

稼穡耳日夜教單于候利害處漢孝文皇帝十四年匈奴單于十四萬騎入朝那蕭關殺北地都尉卬虜人民畜產甚多遂至彭陽使奇兵入燒回中宮候騎至雍甘泉於是文帝以中尉周舍郎中令張武爲將軍發車千乘騎十萬軍長安旁以備胡寇而拜昌侯盧卿爲上郡將軍寧侯魏遬爲北地將軍隆慮侯周竈爲隴西將軍東陽侯張相如爲大將軍成侯董赤（梁云赤當作赫文帝紀漢書皆言董赫）爲前將軍大發車騎往擊胡單于留塞內月餘乃去（漢書無乃去二字）漢逐出塞即還不能有所殺匈奴日已驕歲入邊殺略人民畜產甚多雲中遼東最甚郡萬餘人（郡上依漢書刪至代二字）漢患之乃使使遺匈奴書單于亦使當戶報謝復言和親事孝文帝後二年使使遺匈奴書曰皇帝敬問匈奴大單于無恙使當戶且居雕渠難郎中韓遼遺朕馬二匹已至敬受先帝制長城以北引弓之國受命單于

長城以內冠帶之室朕亦制之使萬民耕織射獵衣食父子無離臣主相安俱無暴逆今聞渫惡民貪降其進取之利倍義絕約忘萬民之命離兩主之驩然其事已在前矣（案疑在前當作在赦前）書曰二國已和親兩主驩說寢兵休卒養馬世世昌樂闟然更始朕甚嘉之聖人者日新改作更始使老者得息幼者得長各保其首領而終其天命朕與單于俱由此道順天恤民世世相傳施之無窮天下莫不咸便漢與匈奴鄰敵之國匈奴處北地寒殺氣早降故詔吏遺單于秫蘖金帛絲絮佗物歲有數今天下大安萬民熙熙朕與單于爲之父母朕追念前事薄物細故謀臣計失皆不足以離兄弟之驩朕聞天不頗覆地不偏載朕與單于皆捐往細故俱蹈大道墮壞前惡以圖長久使兩國之民若一家子元元萬民下及魚鼈上及飛鳥跂行喙息蠕動之類莫不就安利而辟危殆

故來者不止天之道也俱去前事朕釋逃虜民單于無言章尼等朕聞古之帝王約分明而無食言單于留志天下大安和親之後漢過不先單于其察之單于既約和親於是制詔御史曰匈奴大單于遺朕書言和親已定亡人不足以益衆廣地匈奴無入塞漢無出塞犯今（今本作令依漢書改）約者殺之可以久親後無咎俱便朕已許之其布告天下使明知之

後四歲老上稽粥單于死子軍臣立爲單于既立孝文皇帝復與匈奴和親而中行說復事之軍臣單于立四歲（四歲當依漢書作歲餘）匈奴復絕和親大入上郡雲中各三萬騎所殺略甚衆而去於是漢使三將軍軍屯北地代屯句注趙屯飛狐口緣邊亦各堅守以備胡寇又置三將軍軍長安西細柳渭北棘門霸上以備胡胡騎入代句注邊烽火通於甘泉長安數月漢兵至邊匈奴亦去遠塞漢兵亦罷後歲餘孝文帝崩孝景帝

立而趙王遂乃陰使人於匈奴吳楚反欲與趙合謀入邊漢圍破趙匈奴亦止自是之後孝景帝復與匈奴和親通關市給遺匈奴遣公主如故約終孝景（漢書景下有世字）時時小入盜邊無大寇今帝即位明和親約束厚遇通關市饒給之匈奴自單于以下皆親漢往來長城下漢使馬邑下人聶翁壹奸蘭出物與匈奴交詳為賣馬邑城以誘單于單于信之而貪馬邑財物乃以十萬騎入武州塞漢伏兵三十餘萬馬邑旁御史大夫韓安國為護軍護四將軍以伏單于單于既入漢塞未至馬邑百餘里見畜布野而無人牧者怪之乃攻亭是時鴈門尉史行徼見寇葆此亭知漢兵謀單于得欲殺之尉史乃告單于漢兵所居單于大驚曰吾固疑之乃引兵還出曰吾得尉史天也天使若言以尉史為天王漢兵約單于入馬邑而縱單于不至以故漢兵無所得漢將軍王恢部出

代擊胡輜重聞單于還兵多不敢出漢以恢本造兵謀而不進斬恢自是之後匈奴絕和親攻當路塞往往入盜於漢邊不可勝數然匈奴貪尚樂關市嗜漢財物漢亦尚關市不絕以中之自馬邑軍後五年之秋漢使四將軍各萬騎擊胡關市下將軍衛青出上谷至龍城（本作龍城依震澤本改）得胡首虜七百人公孫賀出雲中無所得公孫敖出代郡爲胡所敗七千餘人李廣出鴈門爲胡所敗而匈奴生得廣廣後得亾歸漢囚敖廣敖廣贖爲庶人其冬匈奴數入盜邊（入漢書作千人）漁陽尤甚漢使將軍韓安國屯漁陽備胡其明年秋匈奴二萬騎入漢殺遼西太守略二千餘人胡又入敗漁陽太守軍千餘人圍漢將軍安國安國時千餘騎亦且盡會燕救至匈奴乃去匈奴又入鴈門殺略千餘人於是漢使將軍衛青將三萬騎出鴈門李息出代郡擊胡得首虜數千人其明年衛青復

出雲中以西至隴西擊胡之樓煩白羊王於河南得胡首虜數千牛羊百餘萬於是漢遂取河南地築朔方復繕故秦時蒙恬所為塞因河為固漢亦棄上谷之什辟縣劉辰翁云什即斗字之誤梁云隸書斗作升與什易混造陽地以予胡是歲漢之元朔二年也其後冬匈奴軍臣單于死軍臣單于弟左谷蠡王伊稚斜自立為單于攻破軍臣單于太子於單於單亡降漢漢封於單為涉安侯數月而死伊稚斜單于既立其夏匈奴數萬騎入殺代郡太守恭友略千餘人其秋匈奴又入鴈門殺略千餘人其明年匈奴又復入代郡定襄上郡各三萬騎殺略數千人匈奴右賢王怨漢奪之河南地而築朔方數為寇盜邊及入河南侵擾朔方殺略吏民甚眾其明年春漢以衛青為大將軍將六將軍十餘萬人出朔方高闕擊胡右賢王以為漢兵不能至飲酒醉漢兵出塞六七百里夜圍右賢王右賢王

大驚。脫身逃走。諸精騎往往隨後去。漢得右賢王衆男女萬五千人。裨小王十餘人。其秋。匈奴萬騎入殺代郡都尉朱英。略千餘人。其明年春。漢復遣大將軍衛青將六將軍兵十餘萬騎。乃再出定襄數百里。漢書乃作仍。某案。乃讀曰仍。擊匈奴。得首虜前後凡萬九千餘級。而漢亦亡兩將軍軍三千餘騎。右將軍建得以身脫。而前將軍翕侯趙信兵不利。降匈奴、趙信者。故胡小王。降漢。漢封爲翕侯。以前將軍與右將軍并軍分行。分行二字當依漢書作介字獨遇單于兵。故盡沒。單于既得翕侯。以爲自次王。用其姊妻之。與謀漢。信教單于益北絕幕。以誘罷漢兵。徼極而取之。無近塞。單于從其計。其明年。胡騎萬人入上谷。殺數百人。其明年春。漢使驃騎將軍去病將萬騎出隴西。過焉支山千餘里。擊匈奴。得胡首虜騎萬八千餘級。某疑騎爲衍字破得休屠王祭天金人。其夏。驃騎將軍復與合騎侯數萬騎出隴西北地二千里。擊匈奴。過居延。攻祁連山。得胡首虜三萬餘人。人當依漢書作級裨小王以下七十餘人。是時匈奴亦來入代郡鴈門。殺略數百人。漢使博望侯及李將軍廣出右北平。擊匈奴左賢王。左賢王圍李將軍。卒可四千人且盡。殺虜亦過當。會博望侯軍救至。李將軍得脫。漢失亡數千人。合騎侯後驃騎將軍期。及與博望侯皆當死。與字衍漢書無贖為庶人。其秋。單于怒渾邪王休屠王居西方為漢所殺虜數萬人。欲召誅之。渾邪王與休屠王恐。謀降漢。漢使驃騎將軍往迎之。渾邪王殺休屠王。并將其衆降漢。凡四萬餘人。號十萬。於是漢已得渾邪王。則隴西北地河西益少胡寇。徙關東貧民處所奪匈奴河南地新秦中。新上依漢書增地字以實之。而減北地以西戍卒半。其明年。匈奴入右北平定襄各數萬騎。殺略千餘人而去。其明年春。當依漢書減明字漢謀曰。翕侯信為單于計。居幕北。以

爲漢兵不能至乃粟馬發十萬騎私負從馬凡十四萬匹私負二字依漢書倒王校同
糧重不與焉令大將軍青驃騎將軍去病中分軍大將軍出定襄驃
騎將軍出代咸約絕幕擊匈奴匈奴單于聞之遠其輜重以精兵待於
幕北與漢大將軍接戰一日會暮大風起漢兵縱左右翼圍單于單于
自度戰不能如漢兵單于遂獨身與壯騎數百潰漢圍西北遁走漢兵
夜追不得行斬捕匈奴首虜萬九千級北至闐顏山趙信城而還單于
之遁走其兵往往與漢兵相亂而隨單于單于久不與其大衆相得其
右谷蠡王以爲單于死乃自立爲單于眞單于復得其衆而右谷蠡王
乃去其單于號復爲右谷蠡王漢驃騎將軍之出代二千餘里與左賢
王接戰漢兵得胡首虜凡七萬餘級左賢王將皆遁走驃騎封於狼居
胥山禪姑衍臨翰海而還是後匈奴遠遁而幕南無王庭漢度河自朔

方以西至令居往往通渠置田官吏卒五六萬人稍蠶食地接匈奴以
北初漢兩將軍大出圍單于所殺虜八九萬而漢士卒物故亦數萬漢
馬死者十餘萬匈奴雖病遠去而漢亦馬少無以復往匈奴用趙信之
計遣使於漢好辭請和親天子下其議或言和親或言遂臣之丞相長
史任敞曰匈奴新破困宜可使爲外臣朝請於邊漢使任敞於單于單
于聞敞計大怒留之不遣先是漢亦有所降匈奴使者單于亦輒留漢
使相當漢方復收士馬會驃騎將軍去病死於是漢久不北擊胡數歲
伊稚斜單于立十三年死子烏維立爲單于是歲漢元鼎三年也烏維
單于立而漢天子始出巡郡縣其後漢方南誅兩越不擊匈奴匈奴亦
不侵入邊烏爲單于立三年漢已滅南越（漢書作兩越）遣故太僕賀將萬五
千騎出九原二千餘里至浮苴井而還不見匈奴一人漢又遣故從驃

侯趙破奴萬餘騎出令居數千里至匈河水而還亦不見匈奴一人是時天子巡邊至朔方勒兵十八萬騎以見武節而使郭吉風告單于郭吉既至匈奴匈奴主客問所使郭吉禮卑言好曰吾見單于而口言單于見吉吉曰南越王頭已懸於漢北闕今單于能即前與漢戰天子自將兵待邊單于即不能即(漢書即作亟)南面而臣於漢何徒遠走亡匿於幕北寒苦無水草之地爲也(爲上依漢書滅毋字)語卒而單于大怒立斬主客見者而留郭吉不歸遷之北海上而單于終不肯爲寇於漢邊休養息士馬習射獵數使使於漢好辭甘言求請和親漢使王烏等窺匈奴(梁云藝文類聚作王焉李商隱祭濠州刺史文去節甯類於王焉與垒爲韵當不誤)匈奴法漢使非去節而以墨黥其面者不得入穹廬王烏北地人習胡俗去其節黥面得入穹廬單于愛之詳許甘言爲遣其太子入漢爲質以求和親漢使楊信於匈奴是時漢東

拔穢貉朝鮮以爲郡而西置酒泉郡以鬲絕胡與羌通之路漢又西通月氏大夏又以公主妻烏孫王以分匈奴西方之援國又北益廣田至胘靁爲塞而匈奴終不敢以爲言是歲翕侯信死漢用事者以匈奴爲已弱可臣從也楊信爲人剛直屈彊素非貴臣單于不親單于欲召入不肯去節單于乃坐穹廬外見楊信楊信既見單于說曰卽欲和親以單于太子爲質於漢單于曰非故約故約漢常遣公主給繒絮食物有品以和親而匈奴亦不擾邊今乃欲反古令吾太子爲質無幾矣匈奴俗見漢使非中貴人其儒先以爲欲說折其辯（漢書辯上有辭字）其少年以爲欲刺折其氣每漢使入匈奴匈奴輒報償漢留匈奴使匈奴亦留漢使必得當乃肯止楊信既歸漢使王烏（漢書句下有等如匈奴四字）而單于復讇以甘言欲多得漢財物紿謂王烏曰吾欲入漢見天子面相約爲兄弟王烏

歸報漢漢爲單于築邸于長安匈奴曰非得漢貴人使吾不與誠語匈奴使其貴人至漢病漢予藥欲愈之不幸而死而漢使路充國佩二千石印綬往使因送其喪厚葬直數千金曰此漢貴人也單于以爲漢殺吾貴使者乃留路充國不歸諸所言者單于特空紿王烏殊無意入漢及遣太子來質於是匈奴數使奇兵侵犯邊漢乃拜郭昌爲拔胡將軍及浞野侯屯朔方以東備胡路充國留匈奴三歲單于死烏維單于立十歲而死子烏師廬立爲單于年少號爲兒單于是歲元封六年也自此之後單于益西北左方兵直雲中右方直酒泉燉煌郡兒單于立漢使兩使者一弔單于一弔右賢王欲以乖其國使者入匈奴匈奴悉將致單于單于怒而盡留漢使漢使留匈奴者前後十餘輩而匈奴使來漢亦輒留相當是歲漢使貳師將軍廣利西伐大宛而令因杅將軍敖

築受降城其冬匈奴大雨雪畜多飢寒死兒單于年少好殺伐國人多
不安左大都尉欲殺單于使人閒告漢曰我欲殺單于降漢漢遠卽兵
來迎我（此句漢書作漢卽來兵近我劉辰翁云近字是）我卽發初漢聞此言故築受降城猶以
爲遠其明年春漢使浞野侯破奴將二萬餘騎出朔方西北二千餘里
期至浚稽山而還浞野侯旣至期而還左大都尉欲發而覺單于誅之
發左方兵擊浞野浞野侯行捕首虜得數千人還未至受降城四百里
匈奴兵八萬騎圍之浞野侯夜自出求水匈奴閒捕生得浞野侯因急
擊其軍軍中郭縱爲護維王爲渠相與謀曰及諸校尉畏亡將軍而誅
之莫相勸歸軍遂沒於匈奴匈奴兒單于大喜遂遣奇兵攻受降城不
能下乃寇入邊而去其明年單于欲自攻受降城未至病死兒單于立
三歲而死子年少匈奴乃立其季父烏維單于弟右賢王呴犁湖爲單

于是歲太初三年也呴犁湖單于立漢使光祿徐自爲出五原塞數百
里遠者千餘里築城鄣列亭至盧朐而使游擊將軍韓說長平侯衛伉
屯其旁使彊弩都尉路博德築居延澤上其秋匈奴大入定襄雲中殺
略數千人敗數二千石而去行破壞光祿所築城列亭鄣又使右賢王
入酒泉張掖略數千人會任文擊救盡復失所得而去是歲貳師將軍
破大宛斬其王而還匈奴欲遮之不能至其冬欲攻受降城會單于病
死呴犁湖單于立一歲死匈奴乃立其弟左大都尉且鞮侯爲單于漢
既誅大宛威震外國天子意欲遂困胡乃下詔曰高皇帝遺朕平城之
憂高后時單于書絕悖逆昔齊襄公復九世之讎春秋大之是歲太初
四年也且鞮侯單于既立盡歸漢使之不降者路充國等得歸單于初
立恐漢襲之乃自謂我兒子安敢望漢天子漢天子我丈人行也漢遣

中郎將蘇武厚幣賂遺單于。單于益驕，禮甚倨，非漢所望也。其明年，浞
野侯破奴得亡歸漢。其明年，漢使貳師將軍廣利以三萬騎出酒泉，擊
右賢王於天山，得胡首虜萬餘級而還。匈奴大圍貳師將軍，幾不脫。漢
兵物故什六七。漢復使因杅將軍敖出西河，與彊弩都尉會涿涂山，毋
所得。又使騎都尉李陵將步騎（漢書作步兵）五千人，出居延北千餘里，與單
于會，合戰，陵所殺傷萬餘人，兵及食盡，欲解歸，匈奴圍陵，陵降匈奴，其
兵遂沒，得還者四百人。單于乃貴陵，以其女妻之。後二歲，復使貳師將
軍將六萬騎，步兵十萬，出朔方。彊弩都尉路博德將萬餘人，與貳師會。
遊擊將軍說將步騎（漢書作騎兵）三萬人，出五原。因杅將軍敖將萬騎步兵
三萬人，出鴈門。匈奴聞，悉遠其累重於余（斜）吾水北，而單于以十萬騎待
水南，與貳師將軍接戰。貳師乃解而引歸，與單于連戰十餘日。貳師聞

韵味悠然

此篇後繼以衛霍公孫宏二篇著漢所擇任之將相也〇此正刺窮邊不斥言天子而刺大臣將相所謂微詞

其家以巫蠱族滅因并衆降匈奴得來還千人一兩人耳某案漢書是年貳師未降匈奴又後六年再出擊匈奴其妻子始坐巫蠱收族貳師始降考之漢書武紀此年爲天漢四年巫蠱事未起也後六年爲征和二年乃有巫蠱之獄逾年貳師敗降史記不應謬如此疑傳寫脫亂游擊說無所得因杅敖與左賢王戰不利引歸是歲漢兵之出擊匈奴者不得言功多少功不得御有詔捕太醫令隨但言貳師將軍家室族滅使廣利得將匈奴

太史公曰孔子著春秋隱桓之閒則章至定哀之際則微爲其切當世之文而罔褒忌諱之辭也世俗之言匈奴者患其徼一時權權上依毛本刪之字而務讇納其說以便偏指不參彼己將率席中國廣大氣奮人主因以決策是以建功不深堯雖賢興事業不成得禹而九州寧且欲興聖統惟在擇任將相哉惟在擇任將相哉

某案此篇以不參彼己建功不深二句爲主譏武帝竭天下之力而

不能得意於匈奴也

匈奴列傳第五十

張廉卿云太史公文所謂開門見山每每於起處稍揩一二語其人大段已具

衛將軍驃騎列傳第五十一

大將軍衛青者。平陽人也。其父鄭季。爲吏給事平陽侯家。與侯妾衛媼通。生青。青同母兄衛長子。而姊衛子夫自平陽公主家得幸天子。故冒姓爲衛氏。字仲卿。長子更字長君。長君母號爲衛媼。媼長女衛孺。次女少兒。次女卽子夫。後子夫男弟步廣皆冒衛氏。青爲侯家人。少時歸其父。其父使牧羊。先母之子皆奴畜之。不以爲兄弟數。青嘗從入至甘泉居室。有一鉗徒相青曰。貴人也。官至封侯。青笑曰。人奴之生。得毋笞罵卽足矣。安得封侯事乎。青壯。爲侯家騎。從平陽主。建元二年春。青姊子夫得入宮幸上。皇后。堂邑大長公主女也。無子。妒。大長公主聞衛子夫幸。有身。妒之。乃使人捕青。青時給事建章。未知名。大長公主執囚青。欲殺之。其友騎郎公孫敖與壯士往篡取之。以故得不死。上聞。乃召青爲

建章監侍中及同母昆弟貴賞賜數日閒累千金孺爲太僕公孫賀妻
少兒故與陳掌通上召貴掌公孫敖由此益貴子夫爲夫人青爲太中
大夫元光五年青爲車騎將軍擊匈奴出上谷太僕公孫賀爲輕車將
軍出雲中大中大夫公孫敖爲騎將軍出代郡衞尉李廣爲驍騎將軍
出雁門軍各萬騎青至龍城斬首虜數百騎將軍敖亡七千騎衞尉李
廣爲虜所得得脫歸皆當斬贖爲庶人賀亦無功元朔元年春衞夫人
有男立爲皇后其秋青爲車騎將軍出鴈門三萬騎擊匈奴斬首虜數
千人明年匈奴入殺遼西太守虜略漁陽二千餘人敗韓將軍軍漢令
將軍李息擊之出代令車騎將軍青出雲中以西至高闕遂略河南地
至于隴西捕首虜數千畜數十萬走白羊樓煩王遂以河南地爲朔方
郡以三千八百戶封青爲長平侯青校尉蘇建有功以一千一百戶封

天子曰等句張云此等叙事法皆史公從心造出

建爲平陵侯使建築朔方城青校尉張次公有功封爲岸頭侯天子曰匈奴逆天理亂人倫暴長虐老以盜竊爲務行詐諸蠻夷造謀藉兵數爲邊害故興師遣將以征厥罪詩不云乎薄伐玁狁至于太原出車彭彭城彼朔方今車騎將軍青度西河至高闕獲首虜二千三百級車輜畜產畢收爲虜已封爲列侯遂西定河南地按榆谿舊塞絕梓領梁北河討蒲泥破符離斬輕銳之卒捕伏聽者三千七十一級執訊獲醜驅馬牛羊百有餘萬全甲兵而還益封青三千戶其明年匈奴入殺代郡太守友入略雁門千餘人其明年匈奴大入代定襄上郡殺略漢數千人其明年元朔之五年春漢令車騎將軍青將三萬騎出高闕衛尉蘇建爲遊擊將軍左內史李沮爲彊弩將軍太僕公孫賀爲騎將軍代相李蔡爲輕車將軍皆領屬車騎將軍俱出朔方大行李息岸頭侯張次

公爲將軍。出右北平。咸擊匈奴。匈奴右賢王當衛青等兵。以爲漢兵不能至此。飲醉。漢兵夜至。圍右賢王。右賢王驚。夜逃。獨與其愛妾一人壯騎數百馳。潰圍北去。漢輕騎校尉郭成等逐數百里。不及。得右賢裨王十餘人。衆男女萬五千餘人。畜數千（漢書千作十）百萬。於是引兵而還。至塞天子使使者持大將軍印。卽軍中拜車騎將軍青爲大將軍。諸將皆以兵屬大將軍。大將軍立號而歸。天子曰。大將軍青躬率戎士。師大捷。獲匈奴王十有餘人。益封青六千戶。而封青子伉爲宜春侯。青子不疑爲陰安侯。青子登爲發干侯。青固謝曰。臣幸得待罪行閒。賴陛下神靈。軍大捷。皆諸校尉力戰之功也。陛下幸已益封臣青。臣青子在襁褓中。未有勤勞。上幸列地封爲三侯。非臣待罪行閒所以勸士力戰之意也。伉等三人何敢受封。天子曰。我非忘諸校尉功也。今固且圖之。乃詔御史曰護軍都尉公孫敖三從大將軍擊匈奴常護軍傅校獲王以千五百戶封敖爲合騎侯都尉韓說從大將軍出窳渾至匈奴右賢王庭爲麾下搏戰獲王以千三百戶封說爲龍頟侯騎將軍公孫賀從大將軍獲王以千三百戶封賀爲南窌侯輕車將軍李蔡再從大將軍獲王以千六百戶封蔡爲樂安侯校尉李朔校尉趙不虞校尉公孫戎奴各三從大將軍獲王以千三百戶封朔爲涉軹侯以千三百戶封不虞爲隨成侯以千三百戶封戎奴爲從平侯將軍李沮李息及校尉豆如意有功（漢書豆如意下有中郎將綰四字）賜爵關內侯食邑各三百戶其秋匈奴入代殺都尉朱英其明年春大將軍青出定襄合騎侯敖爲中將軍太僕賀爲左將軍翕侯趙信爲前將軍衛尉蘇建爲右將軍郎中令李廣爲後將軍左內史李沮爲彊弩將軍咸屬大將軍斬首數千級而還月餘悉復出定

張云觀此知漢法將軍出征得以議郎從又云此處插入蘇建一段後插入王夫人一段以曲摹大將軍之爲人用意幷微而顯

襄擊匈奴斬首虜萬餘人右將軍建前將軍信幷軍三千餘騎獨逢單于兵與戰一日餘漢兵且盡前將軍故胡人降爲翕侯見急匈奴誘之遂將其餘騎可八百奔降單于右將軍蘇建盡亾其軍獨以身得亾去自歸大將軍大將軍問其罪正閎長史安議郎周霸等建當云何霸曰自大將軍出未嘗斬裨將今建棄軍可斬以明將軍之威閎安曰不然兵法小敵之堅大敵之禽也今建以數千當單于數萬力戰一日餘士盡不敢有二心自歸自歸而斬之是示後無反意也不當斬大將軍曰青幸得以肺腑本作肺腑依漢書改待罪行閒不患無威而霸說我以明威甚失臣意且使臣職雖當斬將以臣之尊寵而不敢自擅專誅於境外而具歸天子天子自裁之於於下依漢書刪是字以見爲人臣不敢專權不乃可乎風今作不亦可乎宋本作不乃某案不乃字見莊子胠篋篇軍吏皆曰善遂囚建詣行在所入塞罷兵是。

張云接入去病以下一路敘去如片雲忽會頃刻而瀰宙合霍去病上冠大將軍姊子五字最深妙

歲也大將軍姊子霍去病年十八幸爲天子侍中善騎射再從大將軍受詔與壯士爲剽姚校尉與輕勇騎八百直棄大軍數百里赴利斬捕首虜過當於是天子曰剽姚校尉去病斬首虜二千二十八級及相國當戶斬單于大父行籍若侯產生捕季父羅姑比再冠軍以千六百戶封去病爲冠軍侯上谷太守郝賢四從大將軍捕斬首虜二千餘人以千一百戶封賢爲衆利侯是歲失兩將軍軍亡翕侯軍功不多故大將軍不益封右將軍建至天子不誅赦其罪贖爲庶人大將軍既還賜千金是時王夫人方幸於上甯乘說大將軍曰將軍所以功未甚多身食萬戶三子皆爲侯者徒以皇后故也今王夫人幸而宗族未富貴願將軍奉所賜千金爲王夫人親壽大將軍乃以五百金爲壽天子聞之問大將軍大將軍以實言上乃拜甯乘爲東海都尉張騫從大將軍以嘗

張云驃騎事但以有功二字括之以其詳具見於天子之詔也又以見其功不足列而天子特以其私嬖稱之也

使大夏。留匈奴中久。導軍。知善水草處。軍得以無飢渴。因前使絕國功。封騫博望侯。冠軍侯去病既侯三歲。元狩二年春。以冠軍侯去病爲驃（剽）騎將軍。將萬騎。出隴西。有功。天子曰。驃騎將軍率戎士踰烏盭。討遬濮。涉狐奴。歷五王國。輜重人衆懾慴者弗取。冀獲單于子。轉戰六日。過焉支山千有餘里。合短兵。（漢書句下有鏖臯蘭三字）殺折蘭王。斬盧胡王。誅全（金）甲。（漢書作銳悍者誅全甲獲醜八字注全甲謂軍中之甲不散失也）執渾邪王子及相國都尉。首虜八千餘級。收休屠祭天金人。益封去病二千戶。其夏。驃騎將軍與合騎侯敖俱出北地。異道。博望侯張騫郎中令李廣俱出右北平。異道。皆擊匈奴。郎中令將四千騎先至。博望侯將萬騎在後至。匈奴左賢王將數萬騎圍郎中令。郎中令與戰二日。死者過半。所殺亦過當。博望侯至。匈奴兵引去。博望侯坐行留。當斬。贖爲庶人。而驃騎將軍出北地。已遂深入。與合騎

張云太史公敍事所謂筆
端有口讀其文便如接其

侯失道。不相得。驃騎將軍踰居延。至祁連山。捕首虜甚多。天子曰。驃騎將軍踰居延。遂過小月氏。攻祁連山。得酋涂王。以衆降者二千五百人。斬首虜三萬二百級。獲五王。五王母。單于閼氏王子五十九人。相國將軍當戶都尉六十三人。師大率減什三。益封去病五千戶。賜校尉從至小月氏者依漢書增者字爵左庶長。鷹擊司馬破奴再從驃騎將軍斬遫濮王。捕稽且沮王。千騎將得王王母各一人。王子以下四十一人。捕虜三千三百三十人。前行捕虜千四百人。以千五百戶封破奴為從驃侯。校尉句王高不識從驃騎將軍。捕呼于屠王王子以下十一人。捕虜千七百六十八人。以千一百戶封不識為宜冠侯。校尉僕多有功。封為煇渠梁校渠改梁侯。合騎侯敖坐行留不與驃騎會。當斬。贖為庶人。諸宿將所將士馬兵亦不如驃騎。驃騎所將常選。然亦敢深入。常與壯騎先其大將軍。軍

而談也

亦有天幸。王校刪將字某案王右丞詩當以常與壯騎先爲句其大將軍軍亦有天幸爲句男闓生謹案先大夫常訓闓生云太史公此文每言驃騎必兼及大將軍爲文字義法所在故此句當以大將軍屬下讀未嘗困絕也。然而諸宿將常坐留落不遇。由此驃騎日以親貴。比大將軍。其秋。單于怒渾邪王居西方數爲漢所破。亡數萬人。以驃騎之兵也。單于怒。欲召誅渾邪王。渾邪王與休屠王等謀欲降漢。使人先要邊。是時大行李息將城河上。得渾邪王使。即馳傳以聞。天子聞之。於是恐其以詐降而襲邊。乃令驃騎將軍將兵往迎之。驃騎既渡河。與渾邪王衆相望。渾邪王裨將見漢軍而多欲不降者。頗遁去。驃騎乃馳入與渾邪王相見。斬其欲亡者八千人。遂獨遣渾邪王乘傳先詣行在所。盡將其衆渡河。降者數萬。號稱十萬。既至長安。天子所以賞賜者數十巨萬。封渾邪王萬戶爲漯陰侯。封其裨王呼毒尼爲下摩侯。鷹(綿謍)庇爲煇渠侯。禽(烏)梨爲河綦侯。大當戶銅(稠)離爲

提此年者爲下大將軍竟不復擊匈奴漢後久不伐胡起本也
張云提此句伏後自大將軍圍單于一段文字又此句特筆提明史公蓋有深

常樂侯。於是天子嘉驃騎之功曰。驃騎將軍去病。率師攻匈奴西域王渾邪王及厥衆萌咸相犇。率以軍糧接食。并將控弦萬有餘人。誅獟駻。獲首虜八千餘級。降異國之王三十二人。戰士不離傷。十萬之衆咸懷集服。仍與之勞。梁云仍與漢書作仍興言重興軍旅之勞也某案漢書作興蓋誤字顏注非是此言降衆十萬不唯集服而已仍與驃騎之兵同勞苦也爰及河塞。庶幾無患。幸既永綏矣。以千七百戶益封驃騎將軍。減隴西北地上郡戍卒之半。以寬天下之繇。居頃之。乃分徙降者邊五郡故塞外。而皆在河南。因其故俗爲屬國。其明年。匈奴入右北平定襄。殺略漢千餘人。其明年。天子與諸將議曰。翕侯趙信爲單于畫計。常以爲漢兵不能度幕輕留。今大發士卒。其勢必得所欲。是歲元狩四年也。元狩四年春。上令大將軍青驃騎將軍去病將各五萬騎。步兵轉者踵軍數十萬。而敢力戰深入之士皆屬驃騎。驃騎始爲出定襄。當單

憾於是役也

于捕虜言單于東乃更令驃騎出代郡令大將軍出定襄郎中令爲前將軍太僕爲左將軍主爵趙食其爲右將軍平陽侯襄爲後將軍皆屬大將軍兵即度幕人馬凡五萬騎與驃騎等咸擊匈奴單于趙信爲單于謀曰漢兵既度幕人馬罷匈奴可坐收虜耳乃悉遠北其輜重皆以精兵待幕北而適值大將軍軍出塞千餘里見單于兵陳而待於是大將軍令武剛車自環爲營而縱五千騎往當匈奴匈奴亦縱可萬騎會日且入大風起砂礫擊面兩軍不相見漢益縱左右翼繞單于單于視漢兵多而士馬尙彊戰而匈奴不利薄莫單于遂乘六贏壯騎可數百直冒漢圍西北馳去時已昏漢匈奴相紛拏殺傷大當漢軍左校捕虜言單于未昏而去漢軍因發輕騎夜追之大將軍軍因隨其後匈奴兵亦散走遲（黎）明行二百餘里不得單于頗捕斬首虜萬餘級遂至窴顏山

趙信城得匈奴積粟食軍軍留一日而還悉燒其城餘粟以歸大將軍之與單于會也而前將軍廣右將軍食其軍別從東道或失道後擊單于大將軍引還過幕南乃得前將軍右將軍大將軍欲使使歸報令長史簿責前將軍廣廣自殺右將軍至下吏贖爲庶人大將軍軍入塞凡斬捕首虜萬九千級是時匈奴衆失單于十餘日右谷蠡王聞之自立爲單于單于後得其衆右王乃去單于之號驃騎將軍亦將五萬騎車重與大將軍軍等而無裨將悉以李敢等爲大校當裨將出代右北平千餘里直左方兵所斬捕功已多大將軍軍既還天子曰驃騎將軍去病率師躬將所獲葷粥(允)之士約輕齎絕大幕涉獲(護)章渠以誅比車漢書作北車耆轉擊左大將(籍)斬獲旗鼓歷涉離侯濟弓閭梁云離侯漢書作難侯山名也弓閭水名漢書作盧獲屯頭王韓王等三人將軍相國當戶都尉八十三人封狼居胥山禪

於姑衍登臨翰海執鹵獲醜七萬有四百四十三級師率減什三取食
於敵逴行殊遠而糧不絕以五千八百戶益封驃騎將軍右北平太守
路博德屬驃騎將軍會與（梁云音余）城不失期從至檮余山斬首捕虜二千
七百級以千六百戶封博德爲符離侯（梁云當作邳離）北地都尉邢山從驃騎
將軍獲王以千二百戶封山爲義陽侯故歸義因淳王復陸支樓專王
伊卽靬皆從驃騎將軍有功以千三百戶封復陸支爲壯（漢書作杜）侯以千
八百戶封伊卽靬爲衆利侯從驃侯破奴昌武侯安稽從驃騎有功益
封各三百戶校尉敢得旗鼓爲關內侯食邑二百戶校尉自爲爵大庶
長軍吏卒爲官賞賜甚多而大將軍不得益封軍吏卒皆無封侯者兩
軍之出塞塞閱官及私馬凡十四萬匹而復入塞者不滿三萬匹乃益
置大司馬位大將軍驃騎將軍皆爲大司馬定令令驃騎將軍秩祿與

太史公此等正所謂文直事覈也

大將軍等自是之後大將軍靑日退而驃騎日益貴舉大將軍故人門下多去事驃騎輒得官爵惟任安不肯驃騎將軍爲人少言不泄有氣敢任天子嘗欲教之孫吳兵法對曰顧方略何如耳不至學古兵法天子爲治第令驃騎視之對曰匈奴未滅無以家爲也由此上益重愛之然少而侍中貴不省士其從軍天子爲遣太官齎數十乘既還重車餘棄粱肉而士有飢者其在塞外卒乏糧或不能自振而驃騎尚穿域蹋鞠（漢書句下有也字）事多此類大將軍爲人仁善退讓以和柔自媚於上然天下未有稱也（漢書然下有於字）驃騎將軍自四年軍後三年元狩六年而卒天子悼之發屬國玄甲軍陳自長安至茂陵爲冢象祁連山謚之并武與廣地曰景桓侯子嬗代侯嬗少字子侯上愛之幸其壯而將之居六歲元封元年嬗卒謚哀侯無子絕國除自驃騎將軍死後大將軍長子宜

後文與前相接不應提行疑此左方以上十一字後人所增也漢書無張云與樊酈滕灌傳及曹相國絳侯世家叙事法同子厚先友記蓋仿此體

春侯伉坐法失侯後五歲伉弟二人陰安侯不疑發干侯登皆坐酎金失侯失侯後二歲冠軍侯國除其後四年大將軍靑卒謚爲烈侯子伉代爲長平侯自大將軍圍單于之後十四年而卒竟不復擊匈奴者以漢馬少而方南誅兩越東伐朝鮮擊羌西南夷以故久不伐胡大將軍以其得尙平陽長公主故長平侯伉代侯六歲坐法失侯

左方兩大將軍及諸裨將名

最大將軍靑凡七出擊匈奴斬捕首虜五萬餘級一與單于戰收河南地遂置朔方郡再益封凡萬一千八百戶封三子爲侯侯千三百戶幷之萬五千七百戶其校尉裨將以從大將軍侯者九人其裨將及校尉已爲將者十四人爲裨將者曰李廣自有傳無傳者曰將軍公孫賀賀義渠人其先胡種賀父渾邪景帝時爲平曲侯坐法失侯賀武帝爲太

子時舍人。武帝立八歲。以太僕爲輕車將軍。軍馬邑。後四歲。以輕車將軍出雲中。後五歲。以騎將軍從大將軍有功。封爲南窌侯。後一歲。以左將軍再從大將軍出定襄。無功。後四歲。以坐酎金失侯。後八歲。以浮沮將軍出五原二千餘里。（錢云匈奴傳賀將萬五千騎出九原至浮苴井而還浮沮即浮沮蓋以地名）無功。後八歲。以太僕爲丞相。封葛繹侯。賀七爲將軍。（錢云七當爲五）出擊匈奴無大功而再侯。爲丞相。坐子敬聲與陽（德邑）石公主姦。爲巫蠱。族滅。無後。將軍李息。郁郅人。事景帝。至武帝立八歲。爲材官將軍。軍馬邑。後六歲。爲將軍。出代。後三歲。爲將軍。從大將軍出朔方。皆無功。凡三爲將軍。其後常爲大行。將軍公孫敖。義渠人。以郎事武帝。武帝立十二歲。爲騎將軍。（騎上衍驃字依漢書刪）出代。亡卒七千人。當斬。贖爲庶人。後五歲。以校尉從大將軍有功。封爲合騎侯。後一歲。以中將軍從大將軍再出定襄。無功。後二歲。以將軍出北地後驃騎期當斬贖爲庶人後二歲以校尉從大將軍無功後十四歲以因杅將軍築受降城七歲復以因杅將軍再出擊匈奴至余吾亾士卒多下吏當斬詐死亾居民閒五六歲後發覺復繫坐妻爲巫蠱族凡四爲將軍出擊匈奴一侯將軍李沮雲中人事景帝武帝立十七歲以左內史爲彊弩將軍後一歲復爲彊弩將軍將軍李蔡成紀人也事孝文帝景帝武帝以輕車將軍從大將軍有功封爲樂安侯已爲丞相坐法死將軍張次公河東人以校尉從衞將軍靑有功封爲岸頭侯其後太后崩爲將軍軍北軍後一歲爲將軍從大將軍再爲將軍坐法失侯次公父隆輕車武射也以善射景帝幸近之也將軍蘇建杜陵人以校尉從衞將軍靑有功爲平陵侯以將軍築朔方後四歲爲游擊將軍從大將軍出朔方後一歲以右將軍再從大將軍出定襄亾翕侯

失軍當斬贖爲庶人其後爲代郡太守卒家在大猶鄉將軍趙信以匈奴相國降爲翕侯武帝立十七歲爲前將軍與單于戰敗降匈奴將軍張騫以使通大夏還爲校尉從大將軍有功封爲博望侯後三歲爲將軍出右北平失期當斬贖爲庶人其後使通烏孫爲大行而卒家在漢中將軍趙食其祋祤人也武帝立二十二歲以主爵爲右將軍從大將軍出定襄迷失道當斬贖爲庶人將軍曹襄以平陽侯爲後將軍從大將軍出定襄襄曹參孫也將軍韓說弓高侯庶孫也以校尉從大將軍有功爲龍頟侯坐酎金失侯元鼎六年以待詔爲橫海將軍擊東越有功爲按道侯以太初三年爲游擊將軍屯於五原外列城爲光祿勳掘蠱太子宮衛太子殺之將軍郭昌雲中人也以校尉從大將軍元封四年以太中大夫爲拔胡將軍屯朔方還擊昆明無功奪印將軍荀彘太

原廣武人以御見侍中爲校尉數從大將軍以元封三年爲左將軍擊
朝鮮無功以捕樓船將軍坐法死最驃騎將軍去病凡六出擊匈奴其
四出以將軍斬捕首虜十一萬餘級及渾邪王以衆降數萬遂開河西
酒泉之地西方益少胡寇四益封凡萬五千一百戶其校吏有功爲侯
者凡六人而後爲將軍二人將軍路博德平州人梁云平州漢傳作平周古字通用左傳華周人表作華州以右北平太守從驃騎將軍有功爲符離侯驃騎死後博德以
衞尉爲伏波將軍伐破南越益封其後坐法失侯爲彊弩都尉屯居延
卒將軍趙破奴故九原人嘗亡入匈奴已而歸漢爲驃騎將軍司馬出
北地時有功封爲從驃侯坐酎金失侯後一歲爲匈河將軍攻胡至匈
河水無功後二歲擊虜樓蘭王復封爲浞野侯後六歲爲浚稽將軍將
二萬騎擊匈奴左賢王左賢王與戰兵八萬騎圍破奴破奴生爲虜所

軍以衛氏結與篇首相應

得遂沒其軍居匈奴中十歲復與其太子安國亡入漢後坐巫蠱族自衛氏興大將軍靑首封其後枝屬爲五侯凡二十四歲而五侯盡奪衛氏無爲侯者

太史公曰蘇建語余曰吾嘗責大將軍至尊重而天下之賢大夫毋稱焉願將軍觀古名將所招選擇賢者勉之哉大將軍謝曰自魏其武安之厚賓客天子常切齒彼親附士大夫招賢絀不肖者人主之柄也人臣奉法遵職而已何與招士驃騎亦放此意其爲將如此

某案此篇以外戚幸臣爲主匈奴傳所謂唯在擇任將相爲此傳發也

衞將軍驃騎列傳第五十一

史記一百十一

史記一百十二

平津侯主父列傳第五十二

丞相公孫弘者齊菑川國薛縣人也字季少時爲薛獄吏有辠免家貧牧豕海上年四十餘乃學春秋雜說養後母孝謹建元元年天子初即位招賢良文學之士是時弘年六十徵以賢良爲博士使匈奴還報不合上意上怒以爲不能弘迺病免歸元光五年有詔徵文學菑川國復推上公孫弘弘讓謝國人曰臣已嘗西應命以不能罷歸願更推選國人固推弘弘至太常太常令所徵儒士各對策百餘人弘第居下策奏天子擢弘對爲第一召入見狀貌甚麗拜爲博士是時通西南夷道置郡巴蜀民苦之詔使弘視之還奏事盛毀西南夷無所用上不聽弘爲人恢奇多聞常稱以爲人主病不廣大人臣病不儉節弘爲布被食不重肉後母死服喪三年每朝會議開陳其端令人主自擇不肯面折庭

爭於是天子察其行敦厚辯論有餘習文法吏事而又緣飾以儒術上大說之二歲集解一云一歲中至左內史弘奏事有不可不庭辯之嘗與主爵都尉汲黯請間汲黯先發之弘推其後天子常說所言皆聽以此日益親貴嘗與公卿約議至上前皆倍其約以順上旨汲黯庭詰弘曰齊人多詐而無情實始與臣等建此議今皆倍之不忠上問弘弘謝曰夫知臣者以臣爲忠不知臣者以爲臣不忠上然弘言左右幸臣每毀弘上益厚遇之元朔三年張歐免以弘爲御史大夫是時通西南夷東置滄海北築朔方之郡弘數諫以爲罷敝中國以奉無用之地願罷之於是天子乃使朱買臣等難弘置朔方之便發十策弘不得一弘迺謝曰山東鄙人不知其便若是願罷西南夷滄海而專奉朔方上乃許之汲黯曰弘位在三公奉祿甚多然爲布被此詐也上問弘弘謝曰有之夫九

卿與臣善者無過黯然今（本作令依震澤本改）日庭詰弘誠中弘之病夫以三公爲布被誠飾詐欲以釣名且臣聞管仲相齊有三歸侈擬於君桓公以霸亦上僭於君晏嬰相景公食不重肉妾不衣絲齊國亦治此下比於民今臣弘位爲御史大夫而爲布被自九卿以下至於小吏無差誠如汲黯言且無汲黯忠陛下安得聞此言天子以爲謙讓愈益厚之卒以弘爲丞相封平津侯弘爲人意忌外寬內深諸嘗與弘有郤者雖詳與善陰報其禍殺主父偃徙董仲舒於膠西皆弘之力也食一肉脫粟之飯故人所善賓客仰衣食弘奉祿皆以給之家無所餘士亦以此賢之淮南衡山謀反治黨與方急弘病甚自以爲無功而封位至丞相宜佐明主塡撫國家使人由臣子之道今諸侯有畔逆之計此皆宰相奉職不稱恐竊病死無以塞責乃上書曰臣聞天下之通道五所以行之者

三。曰君臣父子兄弟夫婦長幼之序。此五者天下之通道也。智仁勇。此三者。天下之通德。所以行之者也。故曰。力行近乎仁。好問近乎智。知恥近乎勇。知此三者。則知所以自治。知所以自治。然後知所以治人。天下未有不能自治而能治人者也。此百世不易之道也。今陛下躬行大孝。鑒三王。建周道。兼文武。厲賢予祿。量能授官。今臣弘罷駑之質。無汗馬之勞。陛下過意。擢臣弘卒伍之中。封爲列侯。致位三公。臣弘行能不足以稱。素（漢書素作加）有負薪之病。恐先狗馬填溝壑。終無以報德塞責。願歸侯印。乞骸骨。避賢者路。天子報曰。古者賞有功。褒有德。守成尚文。遭遇右武。未有易此者也。朕宿昔庶幾獲承尊位。懼不能寧。惟所與共爲治者。君宜知之。蓋君子善善惡惡。君宜知之。（以上八字漢書作善善及後世五字）君若謹行。（某案若如此也謹行當依漢書作玆行玆勉也）常在朕躬。君不幸罹霜露之病。何恙不已。迺上書歸侯乞骸骨。是章朕之不德也。今事少間。君其省思慮。一精神。輔以醫藥。因賜告牛酒雜帛。居數月。病有瘳。視事。元狩二年。弘病。竟以丞相終。子度嗣爲平津侯。度爲山陽太守十餘歲。坐法失侯。主父偃者。齊臨菑人也。學長短縱橫之術。晚乃學易春秋百家言。游齊諸生閒。莫能厚遇也。齊諸儒生相與排擯。不容於齊。家貧。假貸無所得。迺北游燕趙中山。皆莫能厚遇。爲客甚困。孝武元光元年中。以爲諸侯莫足游者。乃西入關見衛將軍。衛將軍數言上。上不召。資用乏。留久。諸公賓客多厭之。乃上書闕下。朝奏。暮召入見。所言九事。其八事爲律令。一事諫伐匈奴。其辭曰。臣聞明主不惡切諫以博觀。忠臣不敢避重誅以直諫。是故事無遺策而功流萬世。今臣不敢隱忠避死。以效愚計。願陛下幸赦而少察之。司馬法曰。國雖大。好戰必亾。天下雖平。忘戰必危。天下既平。天子大凱。春蒐秋獮。諸侯春振旅。秋治兵。所以不忘戰也。且夫怒者逆德也。兵者凶器也。爭者末節也。古之人君。一怒必伏尸流血。故聖王重行之。夫務戰勝窮武事者。未有不悔者也。昔秦皇帝任戰勝之威。蠶食天下。并吞戰國。海內為一。功齊三代。務勝不休。欲攻匈奴。李斯諫曰。不可。夫匈奴無城郭之居。委積之守。遷徙鳥舉。難得而制也。輕兵深入。糧食必絕。運糧以行。重不及事。得其地不足以為利也。遇其民不可役而守也。勝必殺之。非民父母也。靡敝中國。快心匈奴。非長策也。秦皇帝不聽。遂使蒙恬將兵攻胡。辟地千里。以河為境。地固澤斥鹹（錢云漢書無鹹字疑衍）鹵。不生五穀。然後發天下丁男。以守北河。暴兵露師十有餘年。死者不可勝數。終不能踰河而北。是豈人衆不足。兵革不備哉。其勢不可也。又使天下蜚芻輓粟。起於黃腄琅邪負海之郡。轉輸北河。率三十鍾而致一石。男子疾耕不足於糧饟。女子紡績不足於帷幕。百姓靡敝。孤寡老弱。不能相養。道路(一無路字)死者相望。蓋天下始畔秦也。及至高皇帝定天下。略地於邊。聞匈奴聚於代谷之外而欲擊之。御史成進諫曰。不可。夫匈奴之性。獸聚而鳥散。從之如搏影。今以陛下盛德攻匈奴。臣竊危之。高帝不聽。遂北至於代谷。果有平城之圍。高皇帝蓋悔之甚。乃使劉敬往結和親之約。然後天下忘干戈之事。故兵法曰。興師十萬。日費千金。夫秦常積衆暴兵數十萬人。雖有覆軍殺將係虜單于之功。亦適足以結怨深讎。不足以償天下之費。夫上虛府庫。下敝百姓。甘心於外國。非完事也。夫匈奴難得而制。非一世也。行盜侵驅。所以爲業也。天性固然。上及虞夏殷周。固弗程督。禽獸畜之。不屬爲人。夫上不觀虞夏殷周之統。而下脩(漢書作循)近世之失。此臣之所大憂。百姓之所疾苦也。且夫兵久則變生。

事苦則慮易乃使邊境之民靡敝愁苦（漢作焳愁）而有離心將吏相疑而外市故尉佗章邯得以成其私也夫秦政之所以不行者權分乎二子此得失之效也故周書曰安危在出令存亾在所用願陛下詳察之少加意而熟慮焉是時趙人徐樂齊人嚴安俱上書言世務各一事徐樂曰臣聞天下之患在於土崩不在於瓦解古今一也何謂土崩秦之末世是也陳涉無千乘之尊尺土之地身非王公大人名族之後無鄉曲之譽非有孔墨曾子之賢陶朱猗頓之富也然起窮巷奮棘矜偏袒大呼而天下從風此其故何也由民困而主不恤下怨而上不知也俗已亂而政不脩此三者陳涉之所以爲資也是之謂土崩故曰天下之患在於土崩何謂瓦解吳楚齊趙之兵是也七國謀爲大逆號皆稱萬乘之君帶甲數十萬威足以嚴其境內財足以勸其士民然不能西攘尺寸

之地而身為禽於中原者此其故何也非權輕於匹夫而兵弱於陳涉也當是之時先帝之德澤未衰而安土（一作上）樂俗之民衆故諸侯無境外之助此之謂瓦解故曰天下之患不在瓦解由是觀之天下誠有土崩之勢雖布衣窮處之士或首惡而危海內陳涉是也況三晉之君或存乎天下雖未有大治也誠能無土崩之勢雖有彊國勁兵不得旋踵而身為禽矣吳楚齊趙是也況羣臣百姓能為亂乎哉此二體者安危之明要也賢主所留意而深察也閒者關東五穀不登（依漢書不上增數字）年歲未復民多窮困重之以邊境之事推數循理而觀之則民且有不安其處者矣（漢書且作宜）不安故易動易動者土崩之勢也故賢主獨觀萬化之原明於安危之機脩之廟堂之上而銷未形之患其要期使天下無土崩之勢而已矣故雖有彊國勁兵陛下逐走獸射蜚鳥弘游燕之囿淫

縱恣之觀。極馳騁之樂自若也。金石絲竹之聲。不絕於耳。帷帳之私。俳優侏儒之笑。不乏於前。而天下無宿憂。名何必湯武。俗何必成康。雖然。臣竊以爲陛下天然之聖。寬仁之資。而誠以天下爲務。則湯武之名不難侔。而成康之俗可復興也。此二體者立。然後處尊安之實。揚名廣譽於當世。親天下而服四夷。餘恩遺德爲數世隆。南面負扆攝袂而揖王公。此陛下之所服也。臣聞圖王不成。其敝足以安。安則陛下何求而不得。何爲而不成。何征而不服乎哉。嚴安上書曰。臣聞周有天下。其治三百餘歲。成康其隆也。刑錯四十餘年而不用。及其衰也。亦三百餘歲。故五伯更起。五伯者。常佐天子興利除害。誅暴禁邪。匡正海內。以尊天子。五伯既沒。賢聖莫續。天子孤弱。號令不行。諸侯恣行。彊陵弱。衆暴寡。田常篡齊。六卿分晉。並爲戰國。此民之始苦也。於是彊國務攻。弱國備守。

合從連橫。馳車擊轂。介胄生蟣蝨。民無所告愬。及至秦王。蠶食天下。并吞戰國。稱號曰皇帝。主（漢書主作一）海內之政。壞諸侯之城。銷其兵。鑄以爲鍾虡。示不復用。元元黎民得免於戰國。逢明天子。人人自以爲更生。嚮使秦緩其刑罰。薄賦斂。省繇役。貴仁義。賤權利。上篤厚。下智巧。變風易俗。化於海內。則世世必安矣。秦不行是風。而脩其故俗。（漢書脩作循）爲智巧權利者進。篤厚忠信者退。法嚴政峻。諂諛者衆。日聞其美。意廣心軼。欲肆威海外。乃使蒙恬將兵以北攻胡。辟地進境。戍於北河。蜚芻輓粟以隨其後。又使尉（尉下汲漢書減佗字）屠睢將樓船之士。南攻百越。使監祿鑿渠運糧。深入越。越人遁逃。曠日持久。糧食絕乏。越人擊之。秦兵大敗。秦乃使尉佗將卒以戍越。當是時。秦禍北構於胡。南挂於越。宿兵無用之地。進而不得退。行十餘年。丁男被甲。丁女轉輸。苦不聊生。自經於道樹。死者相望•及秦皇帝崩•天下大叛•陳勝吳廣舉陳•武臣張耳舉趙•項梁舉吳•田儋舉齊•景駒舉郢•周市舉魏•韓廣舉燕•窮山通谷豪士並起•不可勝載也•然皆非公侯之後•非長官之吏也•無尺寸之勢•起閭巷•杖棘矜應時而皆動•不謀而俱起•不約而同會•壤長地進•至於霸王•時教使然也•秦貴爲天子•富有天下•滅世絕祀者•窮兵之禍也•故周失之弱•秦失之彊•不變之患也•今欲招南夷•朝夜郎•降羌僰•略濊州•建城邑•深入匈奴•燔其龍城•議者美之•此人臣之利也•非天下之長策也•今中國無狗吠之驚•而外累於遠方之備•靡敝國家•非所以子民也•行無窮之欲•甘心快意•結怨於匈奴•非所以安邊也•禍結（漢書結作挐）而不解•兵休而復起•近者愁苦•遠者驚駭•非所以持久也•今天下鍛甲砥劍•橋箭累弦•轉輸運糧•未見休時•此天下之所共憂也•夫兵久而變起•事煩而慮生•今外郡

之地。或幾千里。列城數十。形束壤制。旁（漢書旁作帶）脅諸侯。非公室之利也。
上觀齊晉之所以亾者。公室卑削。六卿大盛也。下觀（漢書觀作覽）秦之所以滅
者。嚴法刻深。欲大無窮也。今郡守之權。非特六卿之重也。地幾千里。非
特閭巷之資也。甲兵器械。非特棘矜之用也。以遭萬世之變。則不可稱
諱也。書奏天子。天子召見三人。謂曰。公等皆安在。何相見之晚也。於是
上乃拜主父偃徐樂嚴安爲郎中。數見。上疏言事。詔拜偃爲謁者。遷樂
爲中大夫。一歲中四遷偃。偃說上曰。古者諸侯不過百里。彊弱之形易
制。今諸侯或連城數十。地方千里。緩則驕奢易爲淫亂。急則阻其彊而
合從以逆京師。今以法割削之。則逆節萌起。前日鼂錯是也。今諸侯子
弟或十數。而適嗣代立。餘雖骨肉。無尺寸地封。則仁孝之道不宣。願陛
下令諸侯得推恩分子弟。以地侯之。彼人人喜得所願。上以德施。實分

其國不削而稍弱矣於是上從其計又說上曰茂陵初立天下豪傑幷兼之家亂衆之民皆可徙茂陵內實京師外銷姦猾此所謂不誅而害除上又從其計尊立衛皇后及發燕王定國陰事蓋偃有功焉大臣皆畏其口賂遺累千金人或說偃曰太橫矣主父曰臣結髮游學四十餘年身不得遂親不以爲子昆弟不收賓客棄我我阸日久矣且丈夫生不五鼎食死即五鼎烹耳吾日暮途遠故倒行暴施之偃盛言朔方地肥饒外阻河蒙恬城之以逐匈奴內省轉輸戍漕廣中國滅胡之本也上覽其說下公卿議皆言不便公孫弘曰秦時嘗發三十萬衆築北河終不可就已而弃之主父偃盛言其便上竟用主父計立朔方郡元朔二年主父言齊王內淫佚行僻上拜主父爲齊相至齊遍召昆弟賓客散五百金予之數之曰始吾貧時昆弟不我衣食賓客不我內門今吾

相齊諸君迎我或千里吾與諸君絕矣毋復入偃之門乃使人以王與姊姦事動王王以爲終不得脫罪恐效燕王論死乃自殺有司以聞主父始爲布衣時嘗游燕趙及其貴發燕事趙王恐其爲國患欲上書言其陰事爲偃居中不敢發及爲齊相出關即使人上書告言主父偃受諸侯金以故諸侯子弟多以得封者及齊王自殺上聞大怒以爲主父劫其王令自殺乃徵下吏治主父服受諸侯金實不劫王令自殺上欲勿誅是時公孫弘爲御史大夫乃言曰齊王自殺無後國除爲郡入漢主父偃本首惡陛下不誅主父偃無以謝天下乃遂族主父偃主父方貴幸時賓客以千數及其族死無一人收者唯獨洨孔車收葬之天子後聞之以爲孔車長者也

太史公曰公孫弘行義雖脩然亦遇時漢興八十餘年矣上方鄉文學

招俊乂。以廣儒墨。弘爲舉首。主父偃當路。諸公皆譽之。及名敗身誅。士爭言其惡。悲夫。

太皇太后詔大司徒大司空。蓋聞治國之道。富民爲始。富民之要在於節儉。孝經曰。安上治民。莫善於禮。禮與奢也。寧儉。昔者管仲相齊桓。霸諸侯。有九合一匡之功。而仲尼謂之不知禮。以其奢泰侈擬於君故也。夏禹卑宮室。惡衣服。後聖不循。由此言之。治之盛也。德優矣。莫高於儉。儉化俗民。則尊卑之序得。而骨肉之恩親。爭訟之原息。斯乃家給人足。刑錯之本也歟。可不務哉。夫三公者。百寮之率。萬民之表也。未有樹直表而得曲影者也。孔子不云乎。子率以正。孰敢不正。舉善而教不能則勸。維漢興以來。股肱宰臣身行儉約。輕財重義。較然著明。未有若故丞相平津侯公孫弘者也。位在丞相。而爲布被脫粟之飯。不過一肉。故人所善賓客皆分奉祿以給之無有所餘誠內自克約而外從制汲黯詰之乃聞於朝此可謂減於制度而可施行者也德優則行否則止與內奢泰而外為詭服以釣虛譽者殊科以病乞骸骨孝武皇帝卽制曰賞有功褒有德善善惡惡君宜知之其省思慮存精神輔以醫藥賜告治病牛酒雜帛居數月有瘳視事至元狩二年竟以善終於相位夫知臣莫若君此其效也弘子度嗣爵後為山陽太守坐法失侯夫表德章義所以率俗厲化聖王之制不易之道也其賜弘後子孫之次當為後者爵關內侯食邑三百戶徵詣公車上名尚書朕親臨拜焉

班固稱曰公孫弘卜式兒寬皆以鴻漸之翼困於燕雀遠迹羊豕之間非遇其時焉能致此位乎是時漢興六十餘載海內乂安府庫充實而四夷未賓制度多闕上方欲用文武求之如弗及始以蒲輪迎枚生見

主父而歎息。羣臣慕嚮。異人並出。卜式試於芻牧。弘羊擢於賈豎。衛青奮於奴僕。日磾出於降虜。斯亦曩時版築飯牛之朋矣。漢之得人。於茲爲盛。儒雅則公孫弘董仲舒兒寬。篤行則石建石慶。質直則汲黯卜式。推賢則韓安國鄭當時。定令則趙禹張湯。文章則司馬遷相如。滑稽則東方朔枚皋。應對則嚴助朱買臣。厤數則唐都落下閎。協律則李延年。運籌則桑弘羊。奉使則張騫蘇武。將帥則衛青霍去病。受遺則霍光金日磾。其餘不可勝紀。是以興造功業。制度遺文。後世莫及。孝宣承統。纂修洪業。亦講論六藝。招選茂異。而蕭望之梁丘賀夏侯勝韋玄成嚴彭祖尹更始以儒術進。劉向王褒以文章顯。將相則張安世趙充國魏相邴吉于定國杜延年。治民則黃霸王成龔遂鄭弘邵信臣韓延壽尹翁歸趙廣漢之屬。皆有功迹。見述於後。累其名臣。亦其次也。

某案此篇以詐字爲主主父偃之死由丞相宏故附宏傳又因偃諫伐匈奴連類幷及徐嚴二書然皆與宏毀西南夷諫朔方反照末以孔車作結以見宏偃皆非長者也

平津侯主父列傳第五十二

史記一百十二

南越列傳第五十三

南越王尉佗者。眞定人也。姓趙氏。秦時已幷天下。略定楊越。置桂林南海象郡。以謫徙民。與越雜處十三歲。佗秦時用爲南海龍川令。至二世時。南海尉任囂病且死。召龍川令趙佗語曰。聞陳勝等作亂秦爲無道。天下苦之。項羽劉季陳勝吳廣等。州郡各共興軍聚衆。虎爭天下。中國擾亂。未知所安。豪傑畔秦相立。南海僻遠。吾恐盜兵侵地至此。吾欲興兵絕新道。自備。待諸侯變。會病甚。且番禺負山險阻。南海東西數千里。頗有中國人相輔。此亦一州之主也。可以立國。郡中長吏無足與言者。故召公告之。即被佗書。行南海尉事。囂死。佗即移檄告橫浦陽山湟谿關曰。盜兵且至。急絕道。聚兵自守。因稍以法誅秦所置長吏。以其黨爲假守。秦已破滅。佗即擊幷桂林象郡。自立爲南越武王。高帝已定天下。

此一提見武帝使使風諭嬰齊及遣樛女私夫往諭必欲其入朝內屬非御夷之道也

爲中國勞苦故釋佗弗誅漢十一年遣陸賈因立佗爲南越王與剖符通使和集百越（漢書句上重使字）毋爲南邊患害與長沙接境高后時有司請禁南越關市鐵器佗曰高帝立我通使物今高后聽讒臣別異蠻夷隔絕器物此必長沙王計也（漢書無也字）欲倚中國擊滅南越而并王之自爲功也於是佗乃自尊號爲南越武帝發兵攻長沙邊邑敗數縣而去焉高后遣將軍隆慮侯竈往擊之會暑溼士卒大疫兵不能踰嶺歲餘高后崩即罷兵佗因此以兵威邊財物賂遺閩越西甌駱役屬焉東西萬餘里迺乘黃屋左纛稱制與中國侔及孝文帝元年初鎭撫天下使告諸侯四夷從代來即位意喻盛德焉乃爲佗親冢在眞定置守邑歲時奉祀召其從昆弟尊官厚賜寵之詔丞相陳平等舉可使南越者平言好時陸賈先帝時習使南越迺召賈以爲太中大夫往使因讓佗自立

爲帝。曾無一介之使報者。陸賈至南越。王甚恐。爲書謝。稱曰。蠻夷大長老夫臣佗。前日高后隔異南越。竊疑長沙王讒臣。又遙聞高帝盡誅佗宗族。掘燒先人冢。以故自弃。犯長沙邊境。且南方卑溼。蠻夷中閒。其東閩越千人衆號稱王。其西甌駱裸國亦稱王。老臣妄竊帝號。聊以自娛。豈敢以聞天王哉。乃頓首謝。願長爲藩臣。奉貢職。於是乃下令國中曰。吾聞兩雄不俱立。兩賢不竝世。皇帝賢天子也。自今以後。去帝制黃屋左纛。陸賈還報。孝文帝大說。遂至孝景時。稱臣使入朝請。然南越其居國竊如故號名。其使天子。稱王朝命如諸侯。至建元四年卒。（某案後文言五世九十三歲今止四世蓋至建元四年卒上有脫文當有佗子爲王年數）佗孫胡爲南越王。此時閩越王郢興兵擊南越邊邑。胡使人上書曰。兩越俱爲藩臣。毋得擅興兵相攻擊。今閩越興兵侵臣。臣不敢興兵。唯天子詔之。於是天子多南越義。守職約。

預影後文

以下興亡所關故數數提振

爲興師遣兩將軍往討閩越兵未踰嶺閩越王弟餘善殺郢以降於是罷兵天子使莊助往諭意南越王胡頓首曰天子乃爲臣興兵討閩越死無以報德遣太子嬰齊入宿衞謂助曰國新被寇使者行矣胡方日夜裝入見天子助去後其大臣諫胡曰漢興兵誅郢亦行以驚動南越且先王昔言事天子期無失禮要之不可以怵（本作說依漢書改）好語入見入見則不得復歸亡國之勢也於是胡稱病竟不入見後十餘歲胡實病甚太子嬰齊請歸胡薨謚爲文王嬰齊代立即藏其先武帝璽嬰齊其入宿衞在長安時取邯鄲樛氏女生子興及即位上書請立樛氏女爲后興爲嗣漢數使使者風諭嬰齊嬰齊尚樂擅殺生自恣懼入見要用漢法比內諸侯固稱病遂不入見遣子次公入宿衞嬰齊薨謚爲明王太子興代立其母爲太后太后自未爲嬰齊姬時嘗與霸陵人安國少

季通及嬰齊薨後元鼎四年漢使安國少季往諭王王太后以入朝比內諸侯令辯士諫大夫終軍等宣其辭勇士魏臣等輔其決（本作缺依集解改）衞尉路博德將兵屯桂陽待使者王年少太后中國人也嘗與安國少季通其使復私焉國人頗知之多不附太后太后恐亂起亦欲倚漢威數勸王及羣臣求內屬卽因使者上書請比內諸侯三歲一朝除邊關於是天子許之賜其丞相呂嘉銀印及內史中尉太傅印餘得自置除其故黥劓刑用漢法比內諸侯使者皆留塡撫之王王太后飭治行裝重齎爲入朝具其相呂嘉年長矣相三王宗族官仕爲長吏者七十餘人男盡尚王女女盡嫁王子兄弟宗室及蒼梧秦王有連其居國中甚重越人信之多爲耳目者得衆心愈於王王之上書數諫止王王弗聽有畔心數稱病不見漢使者使者皆注意嘉勢未能誅王王太后亦恐

嘉等先事發。乃置酒。介漢使者權。謀誅嘉等。使者皆東鄉。太后南鄉。王北鄉。相嘉大臣皆西鄉。侍坐飲。嘉弟爲將。將卒居宮外。酒行。太后謂嘉曰。南越內屬國之利也。而相君苦不便者。何也。以激怒使者。使者狐疑相杖。遂莫敢發。嘉見耳目非是。卽起而出。太后怒。欲鏦嘉以矛。王止太后。嘉遂出。介其弟兵就舍。（介本作分依漢書改介字是介恃也）稱病。不肯見王及使者。乃陰與大臣作亂。王素無意誅嘉。嘉知之。以故數月不發。太后有淫行。國人不附。欲獨誅嘉等。力又不能。天子聞嘉不聽王。王王太后弱孤不能制。使者怯無決。又以爲王王太后已附漢。獨呂嘉爲亂。不足以興兵。欲使莊參以二千人往。使參。參曰。以好往。數人足矣。以武往。二千人無足以爲也。辭不可。天子罷參也。郟壯士故濟北相韓千秋奮曰。以區區之越。又有王太后應。獨相呂嘉爲害。願得勇士二百人。必斬嘉以報。於是天子

太后之罪自呂嘉令中著之

遣千秋與王太后弟樛樂將二千人往入越境呂嘉等乃遂反下令國中曰王年少太后中國人也又與使者亂專欲內屬盡持先王寶器入獻天子以自媚多從人行至長安虜賣以爲僮僕取自脫一時之利無顧趙氏社稷爲萬世慮計之意乃與其弟將卒攻殺王太后及漢使者遣人告蒼梧秦王及其諸郡縣立明王長男越妻子術陽侯建德爲王而韓千秋兵入破數小邑其後越直開道給食未至番禺四十里越以兵擊千秋等遂滅之使人函封漢使者節置塞上好爲謾辭謝罪發兵守要害處於是天子曰韓千秋雖無成功亦軍鋒之冠封其子延年爲成安侯樛樂其姊爲王太后首願屬漢封其子廣德爲龍亢侯乃下赦曰天子微諸侯力政譏臣不討賊今呂嘉建德等反自立晏如令罪人及江淮以南樓船十萬師往討之元鼎五年秋衞尉路博德爲伏波將

軍出桂陽下匯（湟）水主爵都尉楊僕爲樓船將軍出豫章下橫浦（梁云橫浦漢書武紀作湞水）故歸義越侯二人爲戈船下厲將軍出零陵或下離水或抵蒼梧使馳義侯因巴蜀罪人發夜郎兵下牂柯江咸會番禺元鼎六年冬樓船將軍將精卒先陷尋陝破石門得越船粟因推而前挫越鋒以數萬人待伏波伏波將軍將罪人道遠會期後與樓船會乃有千餘人遂俱進樓船居前至番禺建德嘉皆城守樓船自擇便處居東南面伏波居西北面會暮樓船攻敗越人縱火燒城越素聞伏波名日暮不知其兵多少伏波乃爲營遣使者招降者（營字非何營遣使謂謀遣使也顏注漢書誤）賜印復縱令相招樓船力攻燒敵反驅而入伏波營中黎旦城中皆降伏波呂嘉建德已夜與其屬數百人亡入海以船西去伏波又因問所得降者貴人以知呂嘉所之遣人追之以其故校尉司馬蘇弘得建德封爲海常

末二語通結樛女亡國以下數事

侯越郎都稽得嘉封爲臨蔡侯蒼梧王趙光者越王同姓聞漢兵至及越揭陽令定自定屬漢越桂林監居翁諭甌駱屬漢皆得爲侯戈船下厲將軍兵及馳義侯所發夜郎兵未下南越已平矣遂爲九郡伏波將軍益封樓船將軍兵以陷堅爲將梁侯自尉佗初王後五世九十三歲而國亾焉

太史公曰尉佗之王本由任囂遭漢初定列爲諸侯隆慮離溼疫佗得以益驕甌駱相攻南越動搖漢兵臨境嬰齊入朝其後亾國徵自樛女呂嘉小忠令佗無後樓船從欲怠傲失惑伏波困窮智慮愈殖因禍爲福成敗之轉譬若糾纆

某案此篇以徵入朝激變爲主

南越列傳第五十三

史記一百十三

東越列傳第五十四

閩越王無諸及越東海王搖者。其先皆越王句踐之後也。姓騶（駱）氏。秦已并天下。皆廢爲君長。以其地爲閩中郡。及諸侯畔秦。無諸搖率越歸鄱陽令吳芮。所謂鄱君者也。從諸侯滅秦。當是之時。項籍主命。弗王也（依漢書增也字）以故不附楚。漢擊項籍。無諸搖率越人佐漢。漢五年。復立無諸爲閩越王。王閩中故地。都東冶。孝惠三年。舉高帝時越功。曰閩君搖功多。其民便附。乃立搖爲東海王。都東甌。世俗號爲東甌王。後數世。至孝景三年。吳王濞反。欲從閩越。閩越未肯行。獨東甌從吳。及吳破。東甌受漢購。殺吳王丹徒。以故皆得不誅。歸國。吳王子子駒亡走閩越。怨東甌殺其父。常勸閩越擊東甌。至建元三年。閩越發兵圍東甌。東甌食盡。困且降。乃使人告急天子。天子問太尉田蚡。蚡對曰。越人相攻擊。固其常。又數反覆不足以煩中國往救也自秦時弃弗屬於是中大夫莊助詰蚡曰特患力弗能救德弗能覆誠能何故弃之且秦舉咸陽而弃之何乃越也今小國以窮困來告急天子天子弗振彼當安所告愬又何以子萬國乎上曰太尉未足與計吾初即位不欲出虎符發兵郡國乃遣莊助以節發兵會稽會稽太守欲距不爲發兵助乃斬一司馬諭意指遂發兵浮海救東甌未至閩越引兵而去東甌請舉國徙中國乃悉舉衆來處江淮之間

至建元六年閩越擊南越南越守天子約不敢擅發兵擊而以聞上遣大行王恢出豫章大農韓安國出會稽皆爲將軍兵未踰嶺閩越王郢發兵距險其弟餘善乃與相宗族謀曰王以擅發兵擊南越不請故天子兵來誅今漢兵衆彊今即幸勝之後來益多終滅國而止今殺王以謝天子天子聽罷兵固一國完不聽乃力戰不勝即亾

入海。皆曰善。即鏦殺王。使使奉其頭致大行。大行曰。所爲來者誅王。今王頭至。謝罪。不戰而耘。運（惠棟云耘抎字之譌與隕通左傳隕子辱矣說文引作抎抎古字隕今字漢書作殞）利莫大焉。乃以便宜案兵告大農軍。而使使奉王頭馳報天子。詔罷兩將兵。曰。郢等首惡。獨無諸孫繇君丑不與謀焉。乃使郎中將立丑爲越繇王。奉閩越先祭祀。餘善已殺郢。威行於國。國民多屬。竊自立爲王。繇王不能矯其衆持正。天子聞之。爲餘善不足復興師。曰餘善數與郢謀亂。而後首誅郢。師得不勞。因立餘善爲東越王。與繇王竝處。至元鼎五年。南越反。東越王餘善上書。請以卒八千人從樓船將軍擊呂嘉等。兵至揭揚。以海風波爲解。不行。持兩端。陰使南越。及漢破番禺。不至。是時樓船將軍楊僕使使上書。願便引兵擊東越。上曰（漢書曰作以）士卒勞倦。不許。罷兵。令諸校屯豫章梅嶺待命。元鼎六年秋。餘善聞樓船請誅之。漢兵臨境且往乃遂反發兵距漢道號將軍騶力等爲吞漢將軍入白沙武林梅嶺殺漢三校尉是時漢使大農張成故山州侯齒將屯弗敢擊卻就便處皆坐畏懦誅餘善刻武帝璽自立詐其民爲妄言天子遣橫海將軍韓說出句章浮海從東方往樓船將軍楊僕出武林中尉王溫舒出梅嶺越侯爲戈船下瀨將軍出如邪白沙本作若邪依漢書改如案史文當作如邪而正義引若邪解之故曰若如一也下云蓋從如邪白沙東如下衍此字元封元年冬咸入東越東越素發兵距險使徇北將軍守武林敗樓船將軍數校尉殺長吏漢書吏作史樓船將軍率漢書率作卒錢唐轅絡古本作終古依震澤本改斬徇北將軍爲禦兒侯自兵未往故越衍侯吳陽前在漢漢使歸諭餘善餘善弗聽依震澤本重增餘善字及橫海將軍先至越衍侯吳陽以其邑七百人反攻越軍於漢陽從建成侯敖與其率從繇王居股謀曰餘善首惡刼守吾屬今漢兵至衆彊計殺餘善

自歸諸將。儵幸得脫。乃遂俱殺餘善。以其衆降橫海將軍。故封繇王居股爲東成侯。萬戶。封建成侯敖爲開陵侯。封越衍侯吳陽爲北石侯。漢書作卯石。功臣表作外石。封橫海將軍說爲案道侯。封橫海校尉福爲繚嫈侯。福者成陽共王子。故爲海常侯。坐法失侯。舊從軍無功。以宗室故侯。諸將皆無成功。莫封。東越將多軍。漢兵至。弃其軍降。封爲無錫侯。於是天子曰。東越狹多阻。閩越悍。數反覆。詔軍吏皆將其民徙處江淮閒。東越地遂虛。

太史公曰。越雖蠻夷。其先豈嘗有大功德於民哉。何其久也。歷數代常爲君王。句踐一稱伯。然餘善至大逆。滅國遷衆。其先苗裔繇王居股等。猶尚封爲萬戶侯。由此知越世世爲公侯矣。蓋禹之餘烈也。

東越列傳第五十四

史記一百十四

朝鮮列傳第五十五

朝鮮王滿者。故燕人也。自始全燕時。嘗略屬眞（莫）番朝鮮。爲置吏築鄣塞。秦滅燕。屬遼東外徼。漢興。爲其遠難守。復修遼東故塞。至浿水爲界。屬燕。燕王盧綰反入匈奴。滿亾命。聚黨千餘人。魋結蠻夷服而東走出塞。渡浿水。居秦故空地上下鄣。稍役屬眞番朝鮮蠻夷。及故燕齊亾命（漢書命作在）者王之都王險。會孝惠高后時。天下初定。遼東太守即約滿爲外臣。保塞外蠻夷。無使盜邊。諸蠻夷君長。欲入見天子。勿得禁止。以聞上許之。以故滿得以兵威財物。（兵上以字依漢書補）侵降其旁小邑。眞番臨屯皆來服屬。方數千里。傳子至孫右渠。所誘漢亾人滋多。又未嘗入見。眞番旁衆國。（衆漢書作辰）欲上書見天子。又擁閼不通。元封二年。漢使涉何譙諭右渠。終不肯奉詔。何去至界上。臨浿水。使御刺殺送何者朝鮮裨王長。即渡馳入塞遂歸報天子曰殺朝鮮將上爲其名美即不詰拜何爲遼東東部都尉朝鮮怨何發兵襲攻殺何天子募罪人擊朝鮮其秋遣樓船將軍楊僕從齊浮勃海兵五萬人左將軍荀彘出遼東討右渠右渠發兵距險左將軍卒正多（案多者卒正之名也）率遼東兵先縱敗散多還走坐法斬樓船將軍將齊兵七千人先至王險右渠城守窺知樓船軍少即出城擊樓船樓船軍敗散走將軍楊僕失其衆遁山中十餘日稍求收散卒復聚（復本作得依震澤本改）左將軍擊朝鮮浿水西軍未能破自前天子爲兩將未有利乃使衛山因兵威往諭右渠右渠見使者頓首謝願降恐兩將詐殺臣今見信節請服降遣太子入謝獻馬五千匹及饋軍糧人衆萬餘持兵方渡浿水使者及左將軍疑其爲變謂太子已服降宜命人毋持兵太子亦疑使者左將軍詐殺之遂不渡浿水復引歸山還報天

子天子誅山左將軍破浿水上軍乃前至城下圍其西北樓船亦往會居城南右渠遂堅守城數月未能下左將軍素侍中幸將燕代卒悍乘勝軍多驕樓船將齊卒入海固已多敗亡其先與右渠戰困辱亡卒卒皆恐將心慙其圍右渠常持和節左將軍急擊之朝鮮大臣乃陰閒使人私約降樓船往來言尚未肯決左將軍數與樓船期戰樓船欲急就其約不會左將軍亦使人求閒郤降下朝鮮朝鮮不肯心附樓船以故兩將不相能左將軍心意樓船前有失軍罪今與朝鮮私善而又不降疑其有反計未敢發天子曰將率不能前及使衞山諭降右渠右渠遣太子山使不能剸決與左將軍計相誤卒沮約今兩將圍城又乖異以故久不決使濟南太守公孫遂往征之通鑑考異云征字誤漢傳作正之案征正古今字有便宜得以從事遂至左將軍曰朝鮮當下久矣不下者有狀言樓船數期

不會・具以素所意告遂曰・今如此不取・恐爲大害・非獨樓船・又且與朝
鮮共滅吾軍・遂亦以爲然・而以節召樓船將軍・入左將軍營計事・即命
左將軍麾下執捕（漢書捕作縛）樓船將軍・幷其軍・以報天子・天子誅遂・（漢書誅作許）
左將軍已幷兩軍・即急擊朝鮮・朝鮮相路人・相韓陰・（漢書陰作陶）尼谿相
參將軍王唊・相與謀曰・始欲降樓船・樓船今執・獨左將軍幷將・戰益急・
恐不能與・（本作恐不能與戰案戰字後人所加漢書無注云不能與猶言不能如也）王又不肯降・陰唊路人
皆亡降漢・路人道死・元封三年夏・尼谿相參乃使人殺朝鮮王右渠來
降・王險城未下・故右渠之大臣成已又反・復攻吏・左將軍使右渠子長
降・相路人之子最・告諭其民・誅成已・以故遂定朝鮮・爲四郡・封參爲澅
清侯・陰爲秋荻苴侯・唊爲平州侯・長爲幾侯・最以父死頗有功・爲溫陽侯・
（錢校溫改涅漢書作涅陽）左將軍徵至・坐爭功相嫉・乖計・棄市・樓船將軍亦坐兵至

洌口當待左將軍擅先縱失亾多當誅贖爲庶人

太史公曰右渠負固國以絶祀涉何誣功爲兵發首樓船將狹及難離咎悔失番禺乃反見疑荀彘爭勞與遂皆誅兩軍俱辱將率莫侯矣

某案此篇以爭功乖計爲主兩將固乖異矣前後三使亦皆乖計者也

朝鮮列傳第五十五

西南夷列傳第五十六

西南夷君長以什數夜郎最大其西靡莫之屬以什數滇最大自滇以北君長以什數邛都最大此皆魋結耕田有邑聚其外西自同師以東北至楪榆名爲嶲昆明（嶲顏音髓）皆編髮隨畜遷徙毋常處毋君長地方可數千里自嶲以東北君長以什數徙筰都最大自筰以東北君長以什數冉駹最大其俗或土箸或移徙在蜀之西自冉駹以東北君長以什數白馬最大皆氐類也此皆巴蜀西南外蠻夷也始楚威王時使將軍莊蹻將兵循江上略巴蜀黔中以西莊蹻者故楚莊王苗裔也蹻至滇池地方三百里（東案地方當作池方漢書無地字索隱同）旁平地肥饒數千里以兵威定屬楚欲歸報會秦擊奪楚巴黔中郡道塞不通因還（漢書還作迺）以其衆王滇變服從其俗以長之秦時嘗頞（頞漢書作破）略通五尺道諸此國頗置吏焉

爲後枸醬節杖作影

十餘歲。秦滅。及漢興。皆棄此國。而開蜀故徼。（漢書開作關）巴蜀民。或竊出商
賈。取其筰馬。僰僮。髦牛。以此巴蜀殷富。建元六年。大行王恢。擊東越。東
越殺王郢以報。恢因兵威。使番陽令唐蒙風指曉南越。南越食蒙蜀枸（蒟）
醬。（枸晉灼音矩）蒙問所從來。曰道西北牂柯。（王云道從也）牂柯江廣數里。出番禺
城下。蒙歸至長安。問蜀賈人。賈人曰。獨蜀出枸醬。多持竊出市夜郎。夜
郎者。臨牂柯江。江廣百餘步。足以行船。南越以財物役屬夜郎。西至同
師。然亦不能臣使也。蒙乃上書說上曰。南越王。黃屋左纛。地東西萬餘
里。名爲外臣。實一州主也。今以長沙豫章往。（以字疑是从字之誤）水道多絕。難行。
竊聞夜郎所有精兵。可得十餘萬。浮船牂柯江。出其不意。此制越一奇
也。誠以漢之彊。巴蜀之饒。通夜郎道。爲置吏。易甚。上許之。乃拜蒙爲郎
中將。將千人。食重萬餘人。從巴蜀筰關入。遂見夜郎侯多同。蒙厚賜。喻

相如開西南夷故以相如傳次西南夷後

以威德約爲置吏使其子爲令夜郎旁小邑皆貪漢繒帛以爲漢道險終不能有也乃且聽蒙約還報乃以爲犍爲郡發巴蜀卒治道自僰道（道下依索隱滅指字）牂柯江蜀人司馬相如亦言西夷邛筰可置郡使相如以郎中將往喻皆如南夷爲置一都尉十餘縣屬蜀當是時巴蜀四郡通西南夷道戍轉相饟數歲道不通士罷餓離溼死者甚衆西南夷又數反發兵興擊耗廢無功上患之使公孫弘往視問焉還對言其不便及弘爲御史大夫是時方築朔方以據河逐胡弘因數言西南夷害可且罷專力事匈奴上罷西夷獨置南夷夜郎兩縣一都尉稍令犍爲自葆就及元狩元年博望侯張騫使大夏來言居大夏時見蜀布邛竹杖使問所從來曰從東南身毒（竺）國可數千里得蜀賈人市或聞邛西可二千里有身毒國騫因盛言大夏在漢西南慕中國患匈奴隔其道誠通蜀身

毒國。道便近。有利無害。於是天子乃令王然于柏始昌呂越人等使閒出西夷西。指求身毒國。至滇。滇王嘗（賞）羌乃留為求道西十餘輩。歲餘皆閉昆明。莫能通身毒國。滇王與漢使者言曰。漢孰與我大。及夜郎侯亦然。以道不通故。各自以為一州主。不知漢廣大。使者還。因盛言滇大國。足事親附。天子注意焉。及至南越反。上使馳義侯因犍為發南夷兵。且蘭君恐遠行。旁國虜其老弱。乃與其衆反。殺使者及犍為太守。漢乃發巴蜀罪人當擊南越者八校尉擊破之。（當本作嘗依漢書改案是時倘未擊南越作當者是也）會越已破。漢八校尉不下。即引兵還。行誅頭蘭。（頭蘭漢書作且蘭某案下文還誅反者謂誅頭蘭又云及漢誅且蘭邛君則誅頭蘭誅且蘭自是兩事漢書誤也）頭蘭。嘗隔滇道者也。已平頭蘭。遂平南夷為牂柯郡。夜郎侯始倚南越。南越已滅。會還誅反者。夜郎遂入朝。上以為夜郎王。南越破後。及漢誅且蘭邛君。并殺筰侯。冄駹皆振恐。請臣置吏乃以邛都爲越巂郡筰都爲沈犂郡冄駹爲汶山郡廣漢西白馬爲武都郡上使王然于以越破及誅南夷兵威風喻滇王入朝滇王者其衆數萬人其旁東北有勞浸靡莫皆同姓相扶未肯聽勞浸靡莫數侵犯使者吏卒元封二年天子發巴蜀兵擊滅勞浸靡莫以兵臨滇滇王始首善（某案始首善者謂嘗爲漢使求道通身毒也）以故弗誅滇王離難（漢書無難字）西南夷舉國降請置吏入朝於是以爲益州郡賜滇王王印復長其民西南夷君長以百數獨夜郎滇受王印滇小邑最寵焉

太史公曰楚之先豈有天祿哉在周爲文王師封楚及周之衰地稱五千里秦滅諸侯唯楚苗裔尚有滇王漢誅西南夷國多滅矣唯滇復爲寵王然南夷之端見枸醬番禺大夏杖邛竹西夷後揃剽分二方卒爲七郡

西南夷列傳第五十六

史記一百十六

司馬相如列傳第五十七

司馬相如者蜀郡成都人也字長卿少時好讀書學擊劍故其親名之曰犬子相如既學慕藺相如之爲人也（依漢書增也字）更名相如以貲爲郎事孝景帝爲武騎常侍非其好也會景帝不好辭賦是時梁孝王來朝從游說之士齊人鄒陽淮陰枚乘吳莊忌夫子之徒相如見而說之因病免客游梁梁孝王令與諸生同舍相如得與諸生（漢書生作侯）游士居數歲乃著子虛之賦會梁孝王卒相如歸而家貧無以自業素與臨邛令王吉相善吉曰長卿久宦游不遂而來過我於是相如往舍都亭臨邛令繆爲恭敬日往朝相如相如初尚見之後稱病使從者謝吉吉愈益謹肅臨邛中多富人而卓王孫家僮八百人程鄭亦數百人二人乃相謂曰令有貴客爲具召之并召令令既至卓氏客以百數至日中謁司馬

長卿長卿謝病不能往臨邛令不敢嘗食自往迎相如相如爲不得已而彊往（爲字而字依漢書補）一坐盡傾酒酣臨邛令前奏琴曰竊聞長卿好之願以自娛相如辭謝爲鼓一再行是時卓王孫有女文君新寡好音故相如繆與令相重而以琴心挑之相如之臨邛從車騎雍容閒雅甚都及飲卓氏弄琴文君竊從戶窺之心悅而好之恐不得當也既罷相如乃使人重賜文君侍者通殷勤文君夜亾奔相如相如乃與馳歸成都家居徒四壁立卓王孫大怒曰女至不材我不忍殺不分一錢也人或謂王孫王孫終不聽文君久之不樂曰長卿弟俱如臨邛從昆弟假貸猶足爲生何至自苦如此相如與俱之臨邛盡賣其車騎買一酒舍酤酒而令文君當鑪相如身自著犢鼻褌與保庸雜作滌器於市中卓王孫聞而恥之爲杜門不出昆弟諸公更謂王孫曰有一男兩女所不足者

子虛上林一篇耳下言故空藉此三人爲詞則亦以爲一篇矣而前文子虛賦乃游梁時作及見天子乃爲天子游獵賦疑皆相如自爲賦序設此寓言非實事也楊得意爲狗監及天子讀賦恨不同時皆假設之詞也

非財也今文君已失身於司馬長卿長卿故倦游雖貧其人材足依也且又令客獨奈何相辱如此卓王孫不得已分予文君僮百人錢百萬及其嫁時衣被財物文君乃與相如歸成都買田宅爲富人居久之蜀人楊得意爲狗監侍上上讀子虛賦而善之曰朕獨不得與此人同時哉得意曰臣邑人司馬相如自言爲此賦上驚乃召問相如相如曰有是然此乃諸侯之事未足觀也請爲天子游獵賦賦成奏之上許令尙書給筆札相如以子虛虛言也爲楚稱烏（惡）有先生者烏有此事也爲齊難無是公者無是人也明天子之義明上漢書有欲字案欲字不當有明天子之義句屬上爲文故空藉此三人屬下讀故者猶律文故殺之故謂故意也故空藉此三人爲辭以推天子諸侯之苑囿其卒章歸之於節儉因以風諫奏之天子天子大悅其辭曰楚使子虛使於齊齊王悉發境內之士備車騎之衆與使者出田田罷子虛過詫

（文選作姹）烏有先生。而無是公在焉。坐定。烏有先生問曰。今日田樂乎。子虛曰。樂。獲多乎。曰少。然則何樂。曰。僕樂齊王之欲夸僕以車騎之衆。而僕對以雲夢之事也。曰。可得聞乎。子虛曰。可。王駕車千乘。選徒萬騎。田於海濱。列卒滿澤。罘罔彌山。掩兔轔鹿。射麋腳麟。（師古曰格字或作腳言持引其腳也）鶩於鹽浦。割鮮染輪。（集解染擩也音而沿反又音而悅反某案染無而沿而悅之音疑正文作擩集解以染釋之而後人誤倒因妄改正文也而悅反毛本作而兌兌當為兗之誤擩顏音如閱反即此而悅之音也李善音而緣反如此而沿之音也）射中獲多。矜而自功。顧謂僕曰。楚亦有平原廣澤游獵之地。饒樂若此者乎。楚王之獵。何與寡人乎。（依文選增乎字）僕下車對曰。臣楚國之鄙人也。幸得宿衞十有餘年。時從出游。游於後園。覽於有無。然猶未能徧覩也。又惡足以言其外澤者乎。齊王曰。雖然。略以子之所聞見而言之。僕對曰。唯唯。臣聞楚有七澤。嘗見其一。未覩其餘也。臣之所見。蓋特其小小者耳。名曰雲夢。

雲夢者方九百里其中有山焉其山則盤紆岪鬱隆崇嵂崒岑巖（漢書文選作崟）參差日月蔽虧交錯糾紛上干青雲罷池陂陁下屬江河其土則丹青赭堊（瑕）雌黃白坿錫碧金銀衆色炫燿照爛龍鱗其石則赤玉玫瑰琳瑉琨珸瑊玏（錢云說文玪塾石之次玉者即此瑊玏也）玄厲瑌石武夫其東則有蕙圃衡蘭芷若（芷若下依漢書文選校刪射干二字小顏云射干二字流俗妄增）穹窮昌蒲江離麋蕪諸蔗猼且（錢云漢書作巴且即巴蕉也巴與猼且與蕉聲皆相近某案張揖本作蒪苴）其南則有平原廣澤登降陁靡案衍壇曼（索隱司馬彪云案衍窊下壇曼平博也）緣以大江限以巫山其高燥則生葴菥（索隱葴析針斯二音錢云菥漢書作析文選作菥析斯聲相近釋草菥冥說文作析）苞荔薛莎青薠其卑（庳）溼則生藏莨蒹葭東蘠雕胡蓮藕菰蘆（梁云漢書文選作觚盧是也張晏云扈魯）菴蕳軒芋衆物居之不可勝圖其西則有涌泉清池激水推移外發芙蓉蔆華內隱鉅石白沙其中則有神龜蛟鼉瑇瑁鼈黿其北則有陰林其樹（其本作巨依文選改）楩

柟豫章桂椒木蘭蘗離朱楊樝梸梬栗橘柚芬芳其上則有赤猨蠼蝚鵷雛孔鸞騰遠射干其下則有白虎玄豹蟃蜒貙豻兕象野犀窮奇獌狿八字錢校刪正義漢書無兕象野犀一句某案今漢書此二句幷無於是乃使專諸之倫手格此獸楚王乃駕馴駁之駟乘雕玉之輿靡魚須之橈旃曳明月之珠旗建干將之雄戟左烏嗥之雕弓右夏服之勁箭陽子驂乘纖阿爲御案節未舒索隱案節郭璞云頓轡也即陵狡獸轥邛邛蹵距虛軼野馬轊騊駼乘遺風野馬遺風下校刪兩而字射游騏儵眒凄浰錢云漢書淒作倩倩淒聲相近靁動熛至星流霆擊弓不虛發中必決眥洞胷達腋絕乎心繫獲若雨獸揜草蔽地於是楚王乃弭節索隱云弭猶低也裴回翶翔容與覽乎陰林觀壯士之暴怒與猛獸之恐懼徼谻受詘殫睹衆物之變態於是鄭女曼姬被阿錫揄正義揄曳也紵縞雜纖羅垂霧縠襞積褰縐紆徐委曲鬱橈谿谷衯衯裶裶錢云裶即裵字說文衯裵皆長衣皃

揚袘卹削蜚纖垂髾扶與猗靡翕呷萃蔡下靡蘭蕙上拂羽蓋錯翡翠之威蕤繆繞玉綏縹乎忽忽若神（依漢書刪仙字）之彷彿於是乃相與獠於蕙圃媻姍勃窣上金隄（文選上下有乎字）揜翡翠射鵕鸃微矰出纖繳施弋白鵠連駕鵝雙鶬下玄鶴加怠而後發游於清池浮文鷁揚桂枻張翠帷建羽蓋罔瑇瑁釣紫貝摐金鼓吹鳴籟榜人歌聲流喝水蟲駭波鴻沸涌泉起犇揚會礧石相擊硠硠磕磕若靁霆之聲聞乎數百里之外將息獠者擊靈鼓起烽燧車案行騎就隊纚乎淫淫班乎裔裔於是楚王乃登陽雲之臺泊乎無爲澹乎自持勺藥之和具而後御之不若大王終日馳騁而（漢書文選而作曾）不下輿脟割輪淬自以爲娛臣竊觀之齊殆不如於是王默然無以應僕也烏有先生曰是何言之過也足下不遠千里來況齊（文選齊作吾）國王悉發境內之士而備車騎之衆以（以字漢書文選作與使者三字）

出田。乃欲勠力致獲。以娛左右也。何名爲夸哉。問楚地之有無者。願聞大國之風烈。先生之餘論也。今足下不稱楚王之德厚。而盛推雲夢以爲高。奢言淫樂而顯侈靡。竊爲足下不取也。必若所言。固非楚國之美也。（依文選校刪有而言之是章君之惡九字李善云有二句者非）無而言之。是害足下之信也。（依漢書增也字）章君惡。傷私義。（依漢書刪之字而字）二者無一可。而先生行之。必且輕於齊而累於楚矣。且齊東陼巨海。南有琅邪。觀乎成山。射乎之罘。浮勃澥。游孟諸。邪與肅愼爲鄰。右以湯谷爲界。秋田乎青丘。傍徨乎海外。吞若雲夢者八九。其於胷中曾不蔕芥。若乃俶儻瑰偉。異方殊類。珍怪鳥獸。萬端鱗萃。充仞其中者。不可勝記。禹不能名。契不能計。然在諸侯之位。不敢言游獵之樂。（獵本作戲某案獵字是後徒事爭游獵之樂漢書亦誤作戲）苑囿之大。先生又見客。是以王辭而不復。何爲無用應哉。（錢云漢書用作以以用聲相近）無是公听然而笑曰。楚則失矣齊亦未爲得也夫使諸侯納貢者非爲財幣所以述職也封疆畫界者非爲守禦所以禁淫也今齊列爲東藩而外私肅愼捐國踰限越海而田其於義故未可也且二君之論不務明君臣之義而正諸侯之禮徒事爭游獵之樂苑囿之大欲以奢侈相勝荒淫相越此不可以揚名發譽而適足以㝵君自損也㝵本作貶依漢書文選改且夫齊楚之事又焉足道邪君未睹夫巨麗也獨不聞天子之上林乎左蒼梧右西極丹水更其南紫淵徑其北終始霸滻出入涇渭酆鄗潦潏紆餘委蛇經營乎其內蕩蕩兮八川分流相背而異態東西南北馳騖往來出乎椒丘之闕行乎洲淤之浦徑乎桂林之中過乎泱莽之野汩乎渾流順阿而下赴隘陜之口觸穹石激堆埼沸乎暴怒洶涌滂濞錢云滂濞漢書作澎湃皆聲相近滭浡滵汩湢測泌瀄橫流逆折轉騰潎洌澎錢云漢書澎作滂澎滂聲相近濞沆瀣穹隆雲撓

蜿潬膠戾索隱沇潬展轉也膠戾邪曲也踰波趨浥莅莅下瀨批巖衝壅正義批白結反司馬彪云
反擊也壅曲隈也犇揚滯沛臨坻注壑瀺灂霣墜湛湛隱隱砰磅訇磕潏潏淈
淈湁潗鼎沸馳波跳沫汩急漂疾悠遠長懷寂漻無聲肆乎永歸然後
灝溔潢漾安翔徐徊翯乎滈滈東注大湖某案大湖謂昆明池也沈存中校改大河非是衍溢
陂池於是乎蛟龍赤螭䱭鰽螹離鰅鱅鰬魠禺禺鱋魶魼鰨揵鰭擢尾振鱗
奮翼潛處乎于深巖魚鼈讙聲萬物衆夥明月珠子玓瓅江靡蜀石黃碝
水玉磊砢磷磷爛爛采色澔汗藂積乎其中鴻鷫鵠鴇鴐鵝鸀鳿鵁鶄
䴌目番鷜煩鶩鷛鶏渠嵗鷏鴜鵁鸕羣浮乎其上沈本作汎依正臣改淫泛濫隨風澹淡
與波搖蕩掩薄草渚漢書作水陼正義薄依也唼喋菁藻咀嚼菱藕於是乎崇山巃
嵸崔巍嵳峨深林鉅木嶄巖嵾嵯九嵕巀嶭南山峨峨巖陁甗錡摧崣
崫崎振谿通谷蹇產溝瀆谽呀豁閜阜陵別隝崴磈嵔瘣丘墟崫礨隱

轔鬱㠑登降施靡陂池貏豸索隱郭璞云陂池旁穨兒沇溶淫鬻散渙夷陸亭皐千里靡不被築掩以綠蕙被以江離糅以蘪蕪雜以流夷尃怖結縷欑戾莎揭車衡蘭稾本射干茈薑蘘荷葴橙鐙云漢書橙作持持橙聲相近韋昭曰持音徵若蓀鮮枝支黃礫蔣苧青薠布濩閎澤延曼太原麗靡廣衍應風披靡吐芳陽烈郁郁斐斐衆香發越肸蠁布寫晻曖苾勃於是乎周覽泛觀瞋盼緡軋沕芒芒恍怳忽視之無端察之無崖日出東沼入於西陂其南則隆冬生長踊水躍波獸則㺎旄貘犛沈牛麈麋赤首圜題窮奇象犀其北則盛夏含凍裂地涉冰揭河獸則麒麟角端騊駼橐駝蛩蛩驒騱正義驒騱顛奚二音駃騠驢騾於是乎離宮別館彌山跨谷高廊四注重坐曲閣華榱璧璫韋昭云裁玉爲璧以當榱頭輦道纚屬步櫚周流長途中宿夷嵕築堂纍臺增成巖窔洞房索隱窔音一弔反鐙云文選作窔漢書字譌爲突一本詳小顏云窔字俗誤作突又按漢書正作突顏注亦無此語不知當時据何本校

似誤据他文也
俛杳眇而無見仰攀橑而捫天犇星更於閨闥宛虹拖於楯軒
青虯蚴蟉於東箱象輿婉蟬於西清靈圉燕於閒觀偓佺之倫暴於南
榮醴泉涌於清室通川過乎中庭槃石裖崖嶔巖倚傾嵯峨池磼礏索隱埤蒼
云高兒刻削崢嶸插遝玫瑰碧琳朝采珊瑚叢生瑉玉旁唐索隱郭璞云旁唐言盤礴璸斒文鱗
赤瑕駁犖雜臿其閒垂綏琬琰和氏出焉於是乎盧橘夏孰黃甘橙楱
枇杷橪柹楟榛奈厚朴梬棗楊梅櫻桃蒲陶隱夫鬱薁棣榙𣘻荔枝索隱作荅遝離
支羅乎後宮列乎北園貤丘陵下平原楊翠葉杌紫莖發紅華秀朱榮
文選漢書秀作垂煌煌扈扈照曜鉅野沙棠櫟櫧華氾檘櫨錢云漢書氾作楓檘作枰皆聲相近
畱落胥餘錢云胥餘漢書作胥邪邪餘聲相近郭景純不詳留爲何物按釋木劉劉杙注劉子生山中實如梨即此留也仁頻賓
并閭欃檀木蘭豫章女貞長千仞大連抱夸條直暢實葉葰茂攢立叢
倚連卷纍佹錢云纍漢書作欐欐纍聲相近崔錯癹骫阬衡閜砢垂條扶於落英幡纚

索隱幡纚飛揚皃紛容蕭蔘錢云鄭司農攷工記注引作紛容與參漢書容作溶蕭作蓊旖旎從風索隱旖旎張揖云阿那也錢云說文㫊旖施字漢書作猗柅當從之張揖訓爲阿那亦取聲相近瀏莅芔吸蓋象金石之聲管籥之音柴池茈虒旋環乎後宮後上校增乎字插雜遝累輯被山緣谷循阪下隰視之無端究之無窮於是玄猨素雌蜼玃飛鸓索隱蜼音遺玃音钁鸓音誄蛭蜩蠼蝚螹胡縠蛫棲息乎其閒長嘯哀鳴翩幡互經夭蟜枝格正義郭云夭蟜頻申也偃蹇杪顛於是乎於是乎三字漢書文選并無隃絕梁騰殊榛捷垂條踔稀閒牢落陸離爛曼遠還若此輩者數千百處嬉游往來宮宿館舍庖廚不徙後宮不移百官備具於是乎背秋涉冬天子校獵乘鏤象六玉虯拖蜺旌靡雲旗前皮軒後道游孫叔奉轡衛公驂乘扈從橫行出乎四校之中鼓嚴簿縱獠者江河爲阹泰山爲櫓車騎靁起般隱天動地先後陸離離散別追淫淫裔裔緣陵流澤雲布雨施生貔豹搏豺狼手熊羆足野羊

蒙鶡蘇絝白虎被豳文（錢云漢書豳作斑斑豳聲相近）跨野馬陵三嵏之危下磧歷之
坻（正義坻音遲王云音底）陘陵赴險越壑厲水推（椎）蜚廉弄解豸格瑕（蝦）蛤鋋猛氏羂
騕褭射封豕箭不苟害解脰陷腦弓不虛發應聲而倒於是乎乘輿彌
節裴回翶翔往來睨部曲之進退覽將率之變態然後浸潭（索隱浸潭猶漸苒也）
（潭音潯）促節儵夐（奐）遠去流離輕禽蹵履狡獸轊（惠）白鹿捷狡兔軼赤電遺光
耀追怪物出宇宙彎繁弱滿白羽射游梟櫟蜚虡擇肉後發先中命處
弦矢分藝殪仆（徐廣曰射準的曰藝錢云說文臬射準的也周禮匠人建國水地以縣置槷以縣眡康成謂槷古文臬假借字
亦借用藝字春秋傳陳之藝極注藝準也）然後揚節而上浮陵驚風歷駭飆（猋）乘虛無與神俱
轔玄鶴亂昆雞遒孔鸞促鵕鸃拂翳鳥捎鳳皇捷鴛雛掩焦明道盡塗
殫迴車而還招（捎）搖乎襄羊降集乎北紘率乎直指闇乎反鄉蹷石闕（梁云
當作石關）歷封巒過鳷鵲望露寒下棠梨息宜春西馳宣曲濯鷁牛首登龍

臺掩細柳觀士大夫之勤略(診)鈞獠者之所得獲徒車之所轔轢乘騎之所蹂若人臣（本作人民案當依文選作人臣人即民字避唐諱改）之所蹈躪與其窮極倦谻驚憚讋伏不被創刃而死者佗佗籍籍塡坑滿谷揜平彌澤於是乎游戲懈怠置酒乎昊天之臺（張揖云高臺上干皓天也）張樂乎轇輵之宇（索隱郭璞云轇輵之宇言曠遠深皃）撞千石之鐘立萬石之鉅（漢書文選作虡）建翠華之旗樹靈鼉之鼓奏陶唐氏之舞（師古曰陶唐當爲陰康）聽葛天氏之歌（文心雕龍云陳思報孔璋書云葛天之歌唱和三人而已相如濫侈葛天推三成萬信賦妄書致斯謬也）千人唱萬人和山陵爲之震動(勳)川谷爲之蕩波巴俞宋蔡（錢云巴俞當作嗙喩說文引司馬相如說淮南宋蔡歌舞嗙喩正据此賦嗙巴聲相近）淮南干遮文成顚歌族(居)舉遞奏金鼓迭起鏗鎗鐺鼞洞心駭耳荊吳鄭衛之聲韶濩武象之樂陰淫案衍之音鄢郢繽紛激楚結風俳優侏儒狄鞮之倡所以娛耳目而樂心意者麗靡爛漫於前靡曼美色（美色下依文選校刪於後二字靡曼美色貫下十二字爲句上）

文靡靡爛漫於前與下文色授魂與心愉於側相對爲文上言音樂下言女色此處增於後二字甚不詞淺人妄增索隱靡細曼澤也若
夫青琴宓妃之徒絕殊離俗姣（妖）冶嫺（閑）都靚莊刻飭便嬛綽約柔橈嬛嬛
娬（嫵）媚索隱埤蒼云嫵媚悅也姌嫋抴獨繭之褕袘眇閻易以戌削錢云閻易猶姚易也出史篇漢
書戌作恤媥姺徶循錢云漢書作便姍嫳屑便姍與媥姺聲相近說文無徶循字當從漢書與世殊服芬香漚
鬱酷烈淑郁皓齒粲爛宜笑的皪長眉連娟微睇緜藐色授魂與心愉
於側某案愉當作輸心輸與色授魂與爲三事輸亦與也於是酒中樂酣天子芒然而思似若有
亾曰嗟乎此泰奢侈朕以覽聽餘閒無事棄日順天道以殺伐時休息
於此恐後世靡麗遂往而不反非所以爲繼嗣創業垂統也於是乃解
酒罷獵而命有司曰地可以墾辟漢書文選無以字悉爲農郊以贍萌隸隤牆
塡塹使山澤之民得至焉實陂池而勿禁虛宮觀而勿仞發倉廩以賑
貧窮補不足恤鰥寡存孤獨出德號省刑罰改制度易服色更正朔錢云

漢書更作革聲相近與天下爲始於是歷吉日以齋戒襲朝衣乘法駕建華旗鳴
玉鸞游乎六藝之囿鶩乎仁義之塗覽觀春秋之林射貍首兼騶虞弋
玄鶴建干戚曾太傅改羽載雲䍐揜羣雅索隱張揖云詩小雅之材七十四人大雅之材三十一人故曰羣雅悲伐檀樂樂胥修容乎禮園翺翔乎書圃述易道放怪獸登明堂坐清
廟恣羣臣奏得失四海之內靡不受獲於斯之時天下大說嚮風而聽
隨流而化喟然興道而遷義刑錯而不用德隆乎三皇功羡於五帝索隱司馬彪云羡溢也
若此故獵乃可喜也若夫終日暴露馳騁勞神苦形罷車馬
之用抏士卒之精費府庫之財而無德厚之恩務在獨樂不顧衆庶忘
國家之政而貪雉兔之獲則仁者不由也從此觀之齊楚之事豈不哀
哉地方不過千里而囿居九百是草木不得墾辟而民無所食也夫以
諸侯之細而樂萬乘之所侈僕恐百姓之被其尤也於是二子愀然改

容超若自失逡巡避席曰鄙人固陋不知忌諱乃今日見教謹聞命矣
賦奏天子以爲郞無是公言天子上林廣大山谷水泉萬物及子虛言
楚雲夢所有甚衆侈靡過其實且非義理所尚故刪取其要某案一切經音義引
聲類云刪定也歸正道而論之相如爲郞數歲會唐蒙使略通夜郞西僰中發
巴蜀吏卒千人郡又多爲發轉漕萬餘人用興法誅其渠帥錄云晉書刑法志李
悝著法經六篇蕭何又益興廏戶三篇巴蜀民大驚恐上聞之乃使相如責唐蒙因喻告
巴蜀民以非上意檄曰告巴蜀太守蠻夷自擅不討之日久矣時侵犯
邊境勞士大夫陛下即位存撫天下輯安中國然後興師出兵北征匈
奴單于怖駭交臂受事詘膝請和康居西域重譯納貢請朝稽首來享移師
東指閩越相誅右弔番禺太子入朝南夷之君西僰之長常效貢職不
敢怠墮延頸舉踵喁喁然皆爭漢書文選爭字作嚮風二字 字 慕歸義欲爲臣妾道里遼

遠山川阻深不能自致夫不順者已誅而為善者未賞故遣中郎將往賓之發巴蜀士民各五百人以奉幣（依漢書幣下刪帛字）衛使者不然靡有兵革之事戰鬬之患今聞其乃發軍興制驚懼子弟憂患長老郡又擅為轉粟運輸皆非陛下之意也當行者或亾逃自賊殺亦非人臣之節也夫邊郡之士聞烽舉燧燔皆攝弓而馳荷兵而走流汗相屬惟恐居後觸白刃冒流矢義不反顧計不旋踵人懷怒心如報私讎彼豈樂死惡生非編列之民而與巴蜀異主哉計深慮遠急國家之難而樂盡人臣之道也故有剖符之封析珪而爵位為通侯居列東第終則遺顯號於後世傳土地於子孫行事（漢書作事行）甚忠敬居位甚安佚名聲施於無窮功烈著而不滅是以賢人君子肝腦塗中原膏液潤野草而不辭也今奉幣役至南夷即自賊殺或亾逃抵誅身死無名謚為至愚恥及父母為

天下笑人之度量相越豈不遠哉然此非獨行者之罪也父兄之教不
先子弟之率不謹也寡廉鮮恥而俗不長厚也其被刑戮不亦宜乎陛
下患使者有司之若彼悼不肖愚民之如此故遣信使曉喻百姓以發
卒之事因數之以不忠死亾之罪讓三老孝弟以不教誨之過方今田
時重煩百姓已親見近縣恐遠所谿谷山澤之民不徧聞檄到亟下縣
道使咸知陛下之意唯毋忽也相如還報唐蒙已略通夜郎因通西南
夷道發巴蜀廣漢卒作者數萬人治道二歲道不成士卒多物故費以
巨萬計蜀民及漢用事者多言其不便是時邛筰之君長聞南夷與漢
通得賞賜多多欲願爲內臣妾請吏比南夷天子問相如相如曰邛筰
冄駹者近蜀道亦易通秦時嘗通爲郡縣至漢興而罷今誠復通爲置
郡縣愈於南夷天子以爲然乃拜相如爲中郎將建節往使副使王然

于壺充國呂越人馳四乘之傳因巴蜀吏幣物以賂西夷至蜀蜀太守以下郊迎縣令負弩矢先驅蜀人以爲寵於是卓王孫臨邛諸公皆因門下獻牛酒以交驩卓王孫喟然而歎自以得使女尙司馬長卿晚而厚分與其女財與男等等下依漢書刪同字司馬長卿便漢書作使略定西夷邛筰冄駹斯榆之君皆請爲內臣除邊關關益斥索隱張揖云斥廣也西至沬若水南至牂柯爲徼通零關道橋孫水以通邛都還報天子天子大說相如使時蜀長老多言通西南夷不爲用唯大臣亦以爲然相如欲諫業已建之不敢乃著書籍以蜀父老爲辭某案籍當爲藉漢書正作藉而己詰難之以風天子且因宣其使指令百姓知天子之意其辭曰漢興七十有八載德茂存乎六世威武紛紜湛恩汪濊羣生澍濡洋溢乎方外於是乃命使西征隨流而攘風之所被罔不披靡因朝冄從駹定筰存邛略斯榆舉苞滿

割齊民二語主句

索隱滿一作蒲案漢書文選幷作蒲結軼還轅軼震澤本作軏索隱軼音轍張揖云結屈也東鄉將報至于蜀
都耆老大夫薦紳先生之徒二十有七人儼然造焉辭畢因進曰蓋聞
天子之於夷狄也其義羈縻勿絕而已今罷三郡之士通夜郎之塗三
年於茲而功不竟士卒勞倦萬民不贍今又接以西夷百姓力屈恐不
能卒業此亦使者之累也竊爲左右患之且夫邛筰西僰之與中國竝
也歷年茲多不可記已仁者不以德來彊者不以力幷意者其殆不可
乎今割齊民以附夷狄弊所恃以事無用鄙人固陋不識所謂使者曰
烏謂此邪必若所云則是蜀不變服而巴不化俗也余尚惡聞若說某案
此言如父老所言不以中國事夷狄則巴蜀本亦夷狄不能變化父老皆夷狄之人吾何由聞汝此言哉然斯事體大固非
觀者之所覯也余之行急其詳不可得聞已請爲大夫麤陳其略蓋世
必有非常之人然後有非常之事有非常之事然後有非常之功夫非

以勤身與勤民者比論筆墨精妙

常者。依文選增夫字固常人之所異也。常下依漢書文選增人字故曰非常之原。黎民懼焉。及臻厥成。天下晏如也。昔者鴻水浡出。氾濫衍溢。文選郭璞注衍作溢李善云古漢書爲溢今爲衍非也民人登降移徙。陭隁而不安。夏后氏戚之。乃堙鴻水。漢書水作原決江疏河。漉（灑）沈澹菑。東歸之於海。而天下永寧。當斯之勤。豈惟民哉。心煩於慮。而身親其勞。躬胝無胈。膚不生毛。故休烈顯乎無窮。聲稱浹乎于茲。且夫賢君之踐位也。豈特委瑣握齪。索隱委瑣細碎握齪局促也拘文牽俗。循誦習傳。當世取說云爾哉。必將崇論閎議。創業垂統。爲萬世規。故馳騖乎兼容并包。而勤思乎參天貳地。且詩不云乎。普天之下。莫非王土。率土之濱。莫非王臣。是以六合之內。八方之外。侵潯（浮）衍溢。懷生之物。有不浸潤於澤者。賢君恥之。今封疆之內。冠帶之倫。咸獲嘉祉。靡有闕遺矣。而夷狄殊俗之國。遼絕異黨漢書作域之地。舟輿不通。人跡罕至。政教未加。流

此不唯轉接縱恣飛動勃鬱已也此節文勢卓詭正

風猶微內之則時（依文選增時字）犯義侵禮於邊境外之則邪行橫作放弒其上君臣易位尊卑失序父兄不辜幼孤爲奴係纍號泣內嚮而怨曰蓋聞中國有至仁焉德洋而恩普物靡不得其所今獨曷爲遺己舉踵思慕若枯旱之望雨盭夫爲之垂涕況乎上聖又惡能已故北出師以討彊胡南馳使以誚勁越四面風德二方之君鱗集仰流願得受號者以億計故乃關沬若徼牂柯鏤零山梁孫原創道德之塗垂仁義之統將博恩廣施遠撫長駕使疏逖不閉曶爽（本作阻深依索隱改漢書文選幷同）闇昧得耀乎光明以偃甲兵於此而息誅伐於彼遐邇一體中外提（褆）福（索隱說文提安也）不亦康乎夫拯民於沈溺奉至尊之休德反衰世之陵遲繼周氏之絕業（依文選刪斯乃二字）天子之急務也百姓雖勞又惡可以已哉（文選哉上有乎字）且夫王事固未有不始於憂勤而終於佚樂者也然則受命之符合在於此矣

見天子侈心未已不復能測其所終極也

方將增泰山之封，加梁父之事，鳴和鸞，揚樂頌，上咸(函)五，梁云文選及索隱本作減五咸爲古文減下登三。觀者未睹指，聽者未聞音，猶鷦明已翔乎寥廓，而羅者猶視乎藪澤。悲夫！於是諸大夫芒然喪其所懷來而失厥所以進，喟然竝稱曰：允哉漢德，此鄙人之所願聞也。百姓雖怠，請以身先之。敞罔靡徙，索隱敞罔失容也靡徙失正也因遷延而辭避。其後人有上書言相如使時受金，失官。居歲餘，復召爲郎。相如口吃而善著書。嘗有消渴疾。與卓氏婚，饒於財。其進仕宦，未嘗肯與公卿國家之事，稱病閒居，不慕官爵。常從上至長楊獵，是時天子方好自擊熊彘，馳逐野獸，相如上疏諫之。其辭曰：臣聞物有同類而殊能者，故力稱烏獲，捷言慶忌，勇期賁育。臣之愚，竊以爲人誠有之，獸亦宜然。今陛下好陵阻險，射猛獸，卒然遇軼材之獸，駭不存之地，劉攽曰不存猶言不虞下文云存變之意犯屬車之清塵，輿不及還轅，人不暇施巧，雖有烏獲逢蒙之伎力不得用枯木朽株盡爲害矣是胡越起於轂下而羌夷接軫也豈不殆哉雖萬全無患然本非天子之所宜近也且夫清道而後行中路而馳 依漢書文選刪後字 猶時有銜橛之變 索隱張揖云銜馬勒銜也橛騑馬口長銜也周遷輿服志鉤逆上者爲橛橛在銜中以鐵爲之大如雞子 而況涉乎蓬蒿馳乎丘墳前有利獸之樂而內無存變之意其爲禍也不亦難矣 漢書無亦字宋祁云越本有亦字男閬生謹案亦字當有不亦難矣猶言不亦危矣國語數出于身實難與此難字正同 夫輕萬乘之重不以爲安而樂出於萬有一危之塗以爲娛臣竊爲陛下不取也蓋明者遠見於未萌而智者避危於無形禍固多藏於隱微而發於人之所忽者也故鄙諺曰家累千金坐不垂堂 索隱樂產云垂邊也 此言雖小可以喻大臣願陛下之留意幸察

上善之還過宜春宮相如奏賦以哀二世行失也其辭曰登陂陁之長阪兮坌入曾宮之嵯峨 索隱陂普何反陁徒何反坌步寸反 臨曲江之隑州兮 索隱隑音祈郎

此文神理遡絕全在末五句漢書誤脫之

碕望南山之參差巖巖深山之谾谾（依藝文類聚刪之字兮字索隱谾晉灼音籠古龓字長大兒也）通谷豁乎（本作兮依漢書改）谽谺汩乎溝渠歙（以上五字本作汩減噏習四字）以永逝兮（索隱汩于筆反減音域疾皃也噏漢書作歙歙輕舉意也）注平皋之廣衍觀衆樹之塕薆兮（索隱薆隱也）覽竹林之榛榛東馳土山兮北揭石瀨彌節容與兮歷弔二世持身不謹兮亾國失勢信讒不寤兮宗廟滅絕嗚呼哀哉操行之不得（得下依漢書刪兮字）墳墓蕪穢而不修兮魂無歸而不食敻邈絕而不齊兮彌久遠而愈佅精罔閬而飛揚兮拾九天而永逝嗚呼哀哉相如拜爲孝文園令天子既美子虛之事相如見上好僊道因曰上林之事未足美也尚有靡者臣嘗爲大人賦未就請具而奏之相如以爲列僊之傳居山澤閒形容甚臞此非帝王之僊意也乃遂就大人賦其辭曰世有大人兮在于中州宅彌萬里兮曾不足以少留悲世俗之迫隘兮朅輕舉而遠遊乘（本作垂依漢書改張

揖云乘用也。絳幡之素蜺兮。載雲氣而上浮。建格澤之長竿兮。漢書長作脩 總光耀之采旄。垂旬始以爲幓兮。抴彗星而爲髾。掉指橋以偃蹇兮。索隱指音居桀反。橋音矯。某案依集解則指當爲披字。依索隱則指當爲揭字。又旖旎以招搖。攬欃槍以爲旌兮。靡屈虹而爲綢。索隱綢或音韜 紅(虹)杳渺(眇)以眩湣兮。索隱湣音麵 泫湣溷合也 猋風涌而雲浮。駕應龍象輿之蠖略逶麗兮。驂赤螭青虯之蚴蟉蜿蜒。低卬夭蟜据以驕驁兮。索隱据張揖云直項也 詘折隆窮蠼以連卷。沛艾赳螑仡以佁儗兮。張揖云佁儗舉頭也 放散畔岸驤以孱顏。蛭蠛轕轄容以委麗兮。綢(雕)繆偃蹇怵㚟以梁倚。索隱蜩徙弔反。蠼來弔反。張揖曰掉頭也 糾蓼叫奡踢以艐路兮。索隱小顏云叫奡高舉兒 蔑蒙踊躍騰而狂趡。張揖云鑁猋飛揚也 莅颯卉翕熛至電過兮。煥然霧除。霍然雲消。邪絕少陽而登太陰兮。與真人乎相求。互折窈窕以右轉兮。橫厲飛泉以正東。正義厲渡也張云飛泉谷也 悉徵靈圉而選之兮。部乘漢書乘作署 衆神於瑤光。使五帝先導兮反太一而從陵陽左玄冥而右含靁兮前陸〔長〕離而後潏湟廝征伯〔北〕僑（索隱應劭斯役也）而役羨門兮屬岐伯使尙方祝融驚〔警〕而蹕御兮淸雰氣而後行屯余車其萬乘兮綷雲蓋而樹華旗（索隱綷合也）使句芒其將行兮（某案將送也）吾欲往乎南嬉歷唐堯於崇山兮過虞舜於九疑紛湛湛其差錯兮（索隱湛徒感反）雜遝膠葛以方馳（索隱膠轕廣雅云驅馳也）騷擾衝蓯其相紛拏兮（索隱衝昌勇反蓯息勇反）沕潏泱軋灑〔麗〕以林離鑽〔攢〕羅列聚叢以蘢茸兮衍曼流爛壇〔瘆〕以陸離（錢云漢書壇作瘆說文亶多穀也詩嘽嘽駱馬說文引作瘆瘆亶多聲相近故壇或爲瘆）徑入靁室之砰磷鬱律兮洞出鬼谷之崫礨嵬磈偏覽八紘而觀四荒兮朅渡九江而越五河經營炎火而浮弱水兮杭絕浮渚而涉流沙奄息總極（總漢書作蔥）氾濫水嬉兮使靈媧〔貽〕鼓瑟而舞馮夷時若薆薆將混濁兮召屏翳誅風伯刑雨師（伯上校刪而字）西望崐崙之軋沕洸忽兮直徑馳乎三危排閶闔而入帝宮

吾謂楚詞乃後人仿大人賦而爲之者武帝好楚辭若大人賦果出楚辭則帝固習聞之矣不能有淩雲之氣也

兮載玉女而與之歸舒閶風而搖集兮亢烏（鳥）騰而一止低回陰山翔以紆曲兮吾乃今目睹西王母皬然白首載（漢書作戴）勝而穴處兮亦幸有三足烏爲之使必長生若此而不死兮雖濟萬世不足以喜回車朅來兮絕道不周會食幽都呼吸沆瀣兮餐朝霞（兮字本在朝霞下依漢書倒）噍咀芝英兮嘰瓊華嬐侵潯而高縱兮（索隱嬐漢書作傑傑抑也錢云襟嬐聲相近嬐讀如檢徐音嬐非也說文尋字旁從彡尌變與水相亂）紛鴻涌而上厲貫列缺之倒景兮涉豐隆之滂沛（錢云漢書沛作滭滭沛聲相近）馳游道（正義游游車也道道車也）而脩降兮（脩毛本作循）騖遺霧而遠逝迫區中之隘陝兮舒節出乎北垠遺屯騎于玄闕兮軼先驅于寒門下崢嶸而無地兮上寥廓而無天視眩眠而無見兮聽惝恍而無聞乘虛無而上假兮超無友而獨存相如既奏大人之頌天下大說飄飄有淩雲之氣似游天地之閒意相如既病免家居茂陵天子曰司馬相如病甚可往從悉

取其書若後失之矣（若下本有不然字漢書作若後之矣某案當作若後失之矣此不然二字後人妄增漢書奪失字也）使所忠往而相如已死家無書問其妻對曰長卿固未嘗有書也時時著書人又取去即空居長卿未死時爲一卷書曰有使者來求書奏之無他書其遺札書言封禪事奏所忠忠奏其書天子異之其書曰伊上古之初肇自昊穹兮生民歷撰列辟（集解撰一作選　索隱撰數之也）以迄于秦率邇者踵武逖聽者風聲紛綸葳[葳]蕤堙滅而不稱者不可勝數也續[部]昭夏崇號謚略可道者七十有二君罔若淑而不昌疇逆失而能存軒轅之前遐哉邈乎其詳不可得聞也（漢書文選也作已）五三六經載籍之傳維見可觀也書曰元首明哉股肱良哉因斯以談君莫盛於唐堯臣莫賢於后稷后稷創業於唐公劉發迹於西戎文王改制爰周郅隆大行越成（姚南青云成即成王也）而後陵夷衰微千載無聲豈不善始善終哉然無異端慎所由於

俞謹遺教於後耳故軌迹夷易易遵也湛恩濛涌（錢云漢書作厖洪古音厖如濛）易豐

也憲度著明易則也垂統理順易繼也是以業隆於繦緥而崇冠于二

后揆厥所元終都攸卒未有殊尤絶迹可考于今者也然猶躡梁父登

泰山建顯號施尊名大漢之德逢涌原泉汋潏漫衍（羨）旁魄四塞雲尃霧

散上暢九垓下泝八埏懷生之類霑濡浸潤協氣橫流武節飄逝（宋案飄當爲飄漢書文選幷作猋）（闓懌）

邇陝游原迥闊泳沫（王校作末）首惡湮沒（錢云漢書湮作鬱鬱湮聲相近）闇昧

昭晳昆蟲凱澤回首面內然後囿騶虞之珍羣徼麋鹿之怪獸導一莖

六穗於庖犧雙觡共抵之獸獲周餘珍收龜于岐（收一作放毛本作牧）招翠黃乘

龍於沼鬼神接靈圉（劉奉世云接下脫三字）賓於閒館奇物譎詭俶儻窮變欽哉

符瑞臻茲猶以爲德薄（依文選增德字）不敢道封禪蓋周躍魚隕杭休之以燎

微夫斯之爲符也以登介丘不亦恧乎進讓之道其何爽與於是大司

且天爲質闇闇字句絕天爲質闇謂望幸薦成之說不可信也珍符不可辭則又駮質闇之說也

馬進曰陛下仁育羣生義征不憓諸夏樂貢百蠻執贄德侔往初功無與二休烈浹洽符瑞衆變期應紹至不特創見意者泰山梁父設壇場望幸蓋號以況榮某案釋名蓋加也蓋號加封號也況益也上帝垂恩儲祉將以薦成陛下謙讓而弗發也挈三神之驩缺王道之儀羣臣恧焉或謂且天爲質闇珍符固不可辭文選漢書珍符上有示字男闓生謹案質闇連文示字不當有之若然辭之是泰山靡記而梁父靡幾也亦各竝時而榮咸濟世而屈說者尚何稱於後而云七十二君乎夫修德以錫符奉符以行事不爲進越也依漢書文選增也字故聖王弗替而修禮地祇謁款天神勒功中嶽以彰至尊舒盛德發號榮受厚福以浸黎民民下依漢書文選刪也字皇皇哉斯事天下之壯觀王云壯大也王者之丕業不可貶也願陛下全之而後因雜薦紳先生之略術使獲燿日月之末光絕炎以展寀錯事猶兼正列其義校飭漢書文選作祓飾厥文作春秋

一藝將襲舊六爲七攄（臚）之無窮（索隱廣雅攄張舒也）俾萬世得激清流揚微波蜚

英聲騰茂實前聖之所以永保鴻名而常爲稱首者用此宜命掌故悉

奏其義而覽焉於是天子沛（悕俙）然改容曰愉乎（漢書文選愉作俞）朕其試哉乃遷

思迴慮總公卿之議詢封禪之事詩大澤之博廣符瑞之富乃作頌曰

自我天覆雲之油油甘露時雨厥壤可游滋液滲漉（索隱說文滲漉水下流之皃也）何

生不育嘉穀　我穡曷蓄非惟雨之又潤澤之非惟濡之氾尃濩之（索隱胡廣云氾普也）

萬物熙熙懷而慕思名山顯位望君之來君乎君乎（錢云漢書乎作兮兮乎聲相近）

侯不邁哉（索隱李奇云侯何也）般般之獸（索隱般音班胡廣曰謂騶虞也）樂我君囿白質

黑章其儀可嘉（梁云嘉乃喜之譌）旼旼睦睦（索隱旼音旻）君子之能（態）蓋聞其聲今觀

其來厥塗靡蹤天瑞之徵兹亦於舜（某案亦當爲爾漢書正作爾王懷祖謂當作亦非也）虞氏以

興濯濯之麟（索隱詩注濯濯嬉遊皃）游彼靈畤孟冬十月君徂郊祀馳我君輿帝

以享祉三代之前蓋未嘗有宛宛黃龍（索隱胡廣曰宛宛屈伸也）興德而升采色炫燿熿炳煇煌正陽顯見覺寤黎蒸於傳載之云受命所乘厥之有章不必諄諄依類託寓諭以封巒披藝觀之天人之際已交上下之情允洽（本作上下相發允答某案文選劉琨勸進表注引此文作上下之情允洽此作相發允答者誤也勸進表天地之際已交華裔之情允洽正擬此文）聖王之德兢兢翼翼（句下刪也字）故曰於興必慮衰（於字依文選漢書補）安必思危是以湯武至尊嚴不失肅祗舜在假典顧省厥遺此之謂也司馬相如既卒五歲天子始祭后土八年而遂先禮中嶽封于太山至梁父禪肅然相如他所著若遺平陵侯書與五公子相難草木書篇不采采其尤著公卿者云

太史公曰春秋推見至隱易本隱以之顯（以之二字依漢書倒）大雅言王公大人而德逮黎庶小雅譏小己之得失其流及上所以言雖外殊其合德一

此誤入漢書贊文

也。相如雖多虛辭濫說。然其要歸引之節儉。此與詩之風諫何異。揚雄以爲靡麗之賦。勸百風一。猶馳騁鄭衛之聲。終曲而奏雅。不已虧乎。余采其語可論者著于篇。

某案此篇以諷諫爲主

相如所長在辭賦子長蓋絕重之故備錄焉後贊至擬之春秋易詩則推崇之者至矣子長退之皆極推相如之文

篇內多爲疑似之說子虛上林一賦而謂游梁時著子虛後見天子乃爲上林非事實也蓋繆悠其詞耳喻巴蜀檄難蜀父老二篇諷天子罷中國以事夷狄也而西夷開路謂由長卿建議者亦非事實也傳中明謂其進仕宦未嘗肯與公卿國家之事矣若果建議開西夷豈得謂非公卿國家之事乎子長以非實之事傳長卿者以當時言

長卿者具如此論故弟仍之而詳載其文以俟知者不憂其眞不出
也他文不載獨載數篇者以諸文諷諫武帝所關最鉅也
平準書亦言唐蒙司馬相如開路西南夷則以相如奉使故舉以爲
言其實非相如所好也封禪文則直古人尸諫之指而讀者乃以爲
導諛嗚乎長卿之意隱矣

司馬相如列傳第五十七

史記一百十七

淮南衡山列傳第五十八

淮南厲王長者。高祖少子也。其母故趙王張敖美人。高祖八年。從東垣過趙。趙王獻之美人。厲王母得幸焉。有身。趙王敖弗敢內宮。爲築外宮而舍之。及貫高等謀反柏人事發覺。并逮治王。盡收捕王母兄弟美人。繫之河內。厲王母亦繫。告吏曰。日（依漢書增日字）得幸上。有身。吏以聞上。上方怒趙王。未理厲王母。厲王母弟趙兼因辟陽侯言呂后。呂后妒。弗肯白。辟陽侯不彊爭。及厲王母已生厲王。恚。即自殺。吏奉厲王詣上。上悔。令呂后母之。而葬厲王母眞定。眞定。厲王母之家在焉。父世縣也。高祖十一年十月。淮南王黥布反。立子長爲淮南王。王黥布故地。凡四郡。上自將兵擊滅布。厲王遂即位。厲王蚤失母。常附呂后。孝惠呂后時以故得幸。無患害。（某案故得幸者舊得幸也）而常心怨辟陽侯。弗敢發。及孝文帝初即位。淮

南王自以爲最親驕蹇數不奉法上以親故常寬赦之三年入朝甚橫
從上入苑囿獵與上同車常謂上大兄厲王有材力力能扛鼎乃往請
辟陽侯辟陽侯出見之卽自袖鐵椎椎辟陽侯令從者魏敬剄之厲王
乃馳走闕下肉袒謝曰臣母不當坐趙事其時辟陽侯力能得之呂后
弗爭罪一也趙王如意子母無罪呂后殺之辟陽侯弗爭罪二也呂后
王諸呂欲以危劉氏辟陽侯弗爭罪三也臣謹爲天下誅賊臣辟陽侯
報母之仇謹伏闕下請罪孝文傷其志爲親故弗治赦厲王當是時自
依漢書增自字
薄太后及太子諸大臣皆憚厲王厲王以此歸國益驕恣不用
漢法出入稱警蹕稱制自爲法令擬於天子六年令男子但等七十人
與棘蒲侯柴武太子奇謀以輦車四十乘反谷口令人使閩越匈奴事
覺治之使使召淮南王淮南王至長安丞相臣張倉典客臣馮敬行御

史大夫事宗正臣逸•廷尉臣賀•備盜賊中尉臣福•昧死言•淮南王長•廢先帝法•不聽天子詔•居處無度•爲黃屋蓋乘輿出入擬於天子•擅爲法令•不用漢法•及所置吏•以其郎中春爲丞相•聚收漢諸侯人•及有罪亡者•匿與居•爲治家室•賜其(漢書其作與)財物爵祿田宅•爵或至關內侯•奉以二千石所不當得•欲以有爲•大夫但士五開章等七十人•與棘蒲侯太子奇謀反•欲以危宗廟社稷•使開章陰告長•與謀使閩越及匈奴發其兵•開章之淮南見長•長數與坐語飲食•爲家室娶婦•以二千石俸奉之•開章使人告但•已言之王•春使使報但等•吏覺知•使長安尉奇等往捕開章•長匿不予•與故中尉蕳忌謀•殺以閉口•爲棺槨衣衾•葬之肥陵邑•謾吏曰•不知安在•又詳聚土•樹表其上•曰開章死•埋此下•及長身自賊殺無罪者一人•令吏論殺無罪者六人•爲亡命棄市罪•詐捕命者以除

罪。擅罪人。罪人無告劾。繫治城旦舂以上十四人。赦免罪人死罪十八人。城旦舂以下五十八人。賜人爵關內侯以下九十四人。前日長病。陛下憂苦之。使使者賜書棗脯。長不欲受賜。不肯見拜使者。南海民處廬江界中者反。淮南吏卒擊之。陛下以淮南民貧苦。遣使者賜長帛五千匹。以賜吏卒勞苦者。長不欲受賜。謾言曰。無勞苦者。南海民王織上書獻璧皇帝。忌擅燔其書。不以聞。吏請召治忌。長不遣。謾言曰。忌病。春又請長願入見。長怒曰。女欲離我自附漢。長當棄市。臣請論如法。制曰。朕不忍致法於王。其與列侯吏（依漢書增吏字）二千石議。臣倉臣敬臣逸臣福臣賀昧死言。臣謹與列侯吏二千石臣嬰等四十三人議。皆曰。長不奉法度。不聽天子詔。乃陰聚徒黨及謀反者。厚養亡命。欲以有爲。臣等議（漢書議下有宜字）論如法。制曰。朕不忍致法於王。其赦長死罪。廢勿王。臣倉等昧死言長有大死罪。陛下不忍致法。幸赦。廢勿王。臣請處蜀郡嚴道邛郵。遣其子子母從居。依漢書增下子字縣爲築蓋家室。皆廩食給薪菜鹽豉炊食器席蓐。臣等昧死請。請布告天下。制曰。計食長給肉日五斤。酒二斗。令故美人才人得幸者十人從居。他可。盡誅所與謀者。於是乃遣淮南王。載以輜車。令縣以次傳。是時二字依震澤本增袁盎諫上曰。上素驕淮南王。弗爲置嚴傅相。以故至此。且淮南王爲人剛。今暴摧折之。臣恐卒逢霧露病死。陛下爲有殺弟之名。奈何。上曰。吾特苦之耳。今復之。縣傳淮南王者皆不敢發車封。淮南王乃謂侍者曰。誰謂乃公勇者。吾安能勇。吾以驕故不聞吾過至此。人生一世閒安能邑邑如此。乃不食死。至雍。雍令發封。以死聞。上哭甚悲。謂袁盎曰。吾不聽公言。卒亾淮南王。盎曰。不可柰何。願陛下自寬。上曰。爲之柰何。盎曰。獨斬丞相御史以謝天下乃可。

此亦漢廷臣誣奏之語

上卽令丞相御史逮考諸縣傳送淮南王不發封餽侍者皆棄市乃以列侯葬淮南王於雍守冢三十戶孝文八年上憐淮南王淮南王有子四人皆七八歲乃封子安爲阜陵侯子勃爲安陽侯子賜爲陽周侯子良爲東城侯孝文十二年民有作歌歌淮南厲王曰一尺布尚可縫一斗粟尚可舂兄弟二人不能相容上聞之乃歎曰堯舜放逐骨肉周公殺管蔡天下稱聖何者不以私害公天下豈以我爲貪淮南王地邪乃徙城陽王王淮南故地而追尊謚淮南王爲厲王置園復如諸侯儀孝文十六年徙淮南王喜復故城陽上憐淮南厲王廢法不軌自使失國蚤死乃立其三子阜陵侯安爲淮南王安陽侯勃爲衡山王周陽侯賜爲廬江王皆復得厲王時地參分之東城侯良前薨無後也孝景三年吳楚七國反吳使者至淮南淮南王欲發兵應之其相曰大王必欲發

此探爰書之意而爲文漢書刪此語殆心知其意而文勢不若史記之飛動矣

一路附會謀反全用疑兵

兵應吳臣願爲將王乃屬相兵淮南相已將兵因城守不聽王而爲漢漢亦使曲城侯將兵救淮南淮南以故得完吳使者至廬江廬江王弗應而往來使越吳使者至衡山衡山王堅守無二心孝景四年吳楚已破衡山王朝上以爲貞信乃勞苦之曰南方卑溼徙衡山王王濟北所以褒之及薨遂賜諡爲貞王廬江王邊越數使使相交故徙爲衡山王王江北淮南王如故淮南王安爲人好讀書鼓琴不喜弋獵狗馬馳騁亦欲以行陰德拊循百姓流譽天下時時怨望厲王死時欲畔逆未有因也及建元二年淮南王入朝素善武安侯武安侯時爲太尉乃逆王霸上與王語曰方今上無太子大王親高皇帝孫行仁義天下莫不聞即宮車一日晏駕非大王當誰立者淮南王大喜厚遺武安侯金財物陰結賓客拊循百姓爲畔逆事建元六年彗星見淮南王心怪之或說

擅國權數語此淮南實事

王曰先吳軍起時彗星出長數尺然尙流血千里今彗星長竟天天下兵當大起王心以爲上無太子天下有變諸侯竝爭愈益治器械攻戰具積金錢賂遺郡國諸侯游士奇材諸辨士爲方略者妄作妖言諂諛王王喜多賜金錢而謀反滋甚淮南王有女陵慧有口辯王愛陵常多予金錢爲中詗長安約結上左右元朔三年上賜淮南王几杖不朝淮南王王后荼王愛幸之王后生太子遷遷取王皇太后外孫修成君女爲妃王謀爲反具畏太子妃知而內泄事乃與太子謀令詐弗愛三月不同席王乃詳爲怒太子閉太子使與妃同內三月太子終不近妃妃求去王乃上書謝歸去之王后荼太子遷及女陵得愛幸王擅國權侵奪民田宅妄致繫人元朔五年太子學用劍自以爲人莫及聞郎中靁被巧乃召與戲被一再辭讓誤中太子太子怒被恐此時有欲從軍者

輒詣京師被卽願奮擊匈奴太子遷數惡被於王王使郎中令斥免欲以禁後被遂亾至長安上書自明詔下其事廷尉河南河南治逮淮南太子王王后計欲無遣太子遂發兵反計猶豫十餘日未定會有詔卽訊太子當是時淮南相怒壽春丞留太子逮不遣劾不敬王以請相相弗聽王使人上書告相事下廷尉治蹤跡連王王使人候伺漢公卿公卿請逮捕治王王恐事發太子遷謀曰漢使卽逮王王令人衣衞士衣持戟居庭中王旁有非是則刺殺之臣亦使人刺殺淮南中尉乃舉兵未晚是時上不許公卿請而遣漢中尉宏（梁云公卿表是殷容宏當爲容）卽訊驗王王聞漢使來卽如太子謀計漢中尉至王視其顏色和訊王以斥靁被事耳王自度無何不發中尉還以聞公卿治者曰淮南王安擁閼奮擊匈奴者靁被等廢格明詔當弃市詔弗許公卿請廢勿王詔弗許公卿請

削五縣。詔削二縣。使中尉宏赦淮南王罪。罰以削地。中尉入淮南界。宣言赦王。王初聞漢公卿請誅之。未知得削地。聞漢使來。恐其捕之。乃與太子謀刺之如前計。及中尉至。即賀王。王以故不發。其後自傷曰。吾行仁義見削。甚恥之。然淮南王削地之後。其爲反謀益甚。諸使道長安來（依索隱滅從字漢書同）爲妄妖言。言上無男。漢不治。即喜。即言漢廷治。有男。王怒。以爲妄言。非也。王日夜與伍被左吳等案輿地圖。部署兵所從入。王曰。上無太子。宮車即晏駕。廷臣必徵膠東王。不即常山王。諸侯竝爭。吾可以無備乎。且吾高祖孫。親行仁義。陛下遇我厚。吾能忍之。萬世之後。吾寧能北面臣事豎子乎。王坐東宮。召伍被與謀。曰。將軍上。被悵然曰。上寬赦大王。王復安得此亡國之語乎。臣聞子胥諫吳王。吳王不用。乃曰。臣今見麋鹿游姑蘇之臺也。今臣亦見宮中生荊棘露霑衣也。王怒。繫伍被父母囚之三月。復召曰。將軍許寡人乎。被曰。不。直來爲大王畫耳。臣聞聰者聽於無聲。明者見於未形。故聖人萬舉萬全。昔文王一動而功顯于千世。列爲三代。此所謂因天心以動作者也。故海內不期而隨。此千歲之可見者。夫百年之秦。近世之吳楚。亦足以喻國家之存亡矣。臣不敢避子胥之誅。願大王毋爲吳王之聽。昔秦絕聖人之道。殺術士。燔詩書。弃禮義。尙詐力。任刑罰。轉負海之粟。致之西河。當是之時。男子疾耕不足於糟糠。女子紡績不足於蓋形。遣蒙恬築長城。東西數千里。暴兵露師常數十萬。死者不可勝數。僵尸千里。流血頃畝。百姓力竭。欲爲亂者十家而五。又使徐福入海。（梁云徐市又作福者市與芾同語轉而爲福）求神異物。還僞辭曰。（依漢書僞上刪爲字）臣見海中大神。言曰。汝西皇之使邪。臣答曰。然。汝何求。曰。願請延年益壽藥。神曰。汝秦王之禮薄。得觀而不得取。即從臣東

南至蓬萊山見芝成宮闕有使者銅色而龍形光上照天於是臣再拜
問曰宜何資以獻海神曰以令名男子若振女（梁云振乃侲之譌）與百工之事
即得之矣秦皇帝大說遣振男女三千人資之五穀種種（某案種當爲踵）百工
而行徐福得平原廣澤止王不來於是百姓悲痛相（漢書相作愁）思欲爲亂
者十家而六又使尉佗踰五嶺攻百越尉佗知中國勞極止王不來使
人上書求女無夫家者三萬人以爲士卒衣補秦皇帝可其萬五千人
於是百姓離心瓦解欲爲亂者十家而七客謂高皇帝曰時可矣高皇
帝曰待之聖人當起東南閒不一年陳勝吳廣發矣高皇始於豐沛一
倡天下不期而響應者不可勝數也所此謂蹈瑕候閒因秦之亾而動
者也百姓願（毛本作怨）之若旱之望雨故起於行陳之中而立爲天子功高
三王德傳無窮今大王見高皇帝得天下之易也獨不觀近世之吳楚

乎•夫吳王賜號爲劉氏祭酒•復不朝•王四郡之衆•地方數千里•內鑄消（梁云消當爲鄣）銅以爲錢•東煑海水以爲鹽•上取江陵木以爲船•一船之載當中國數十兩車•國富民衆•行珠玉金帛賂諸侯宗室大臣•獨竇氏不與•計定謀成•舉兵而西•破於大梁•敗於狐父•犇走而東•至於丹徒•越人禽之身死絕祀•爲天下笑•夫以吳越之衆不能成功者何•誠逆天道而不知時也•方今大王之兵衆不能十分吳楚之一•天下安寧有（漢書有作又）萬倍於秦之時•願大王從臣之計•大王不從臣之計•今見大王事必不成•而語先泄也•臣聞微（漢書作箕）子過故國而悲•於是作麥秀之歌•是痛紂之不用王子比干也•故孟子曰紂貴爲天子•死曾不若匹夫•是紂先自絕於天下久矣•非死之日而天下去之也•（依漢書增也字）今臣亦竊悲大王弃千乘之君•必且賜絕命之書•爲羣臣先死於東宮也•於是王氣怨結而不

建但欲告敗太子耳疑有畔逆者乃公孫宏聽審卿之講也此傳歸宿在此前後全是疑兵歸方以來至近世張廉卿皆未知此意乃曰淮南眞反豈有眞反但與子女及賓客數人同謀遂能舉事其連坐數千

揚涕滿匡而橫流即起歷階而去王有孼子不害最長王弗愛王王后太子皆不以爲子兄數不害有子建材高有氣常怨望太子不省其父又怨時諸侯皆得分子弟爲侯而淮南獨二子一爲太子建父獨不得爲侯建陰結交欲告敗太子以其父代之太子知之數捕繫而榜笞建建具知太子之謀欲殺漢中尉即使所善壽春莊芷以元朔六年上書於天子曰毒藥苦於口利於病忠言逆於耳利於行今淮南王孫建材能高淮南王王后荼荼子太子遷常疾害建建父不害無罪擅數捕繫欲殺之今建在可徵問具知淮南陰事書聞上以其事下廷尉廷尉下河南治是時故辟陽侯孫審卿善丞相公孫弘怨淮南厲王殺其大父乃深購淮南事於弘弘乃疑淮南有畔逆計謀深窮治其獄河南治建辭引淮南太子及黨與淮南王患之欲發問伍被曰漢廷治亂伍被曰

人絕無反謀可敘者乎且使淮南王眞反而史公詳其前後蹤跡如是之宂也亦爲詞費矣

天下治王意不說謂伍被曰公何以言天下治也被曰被竊觀朝廷之政君臣之義父子之親夫婦之別長幼之序皆得其理上之舉錯遵古之道風俗紀綱未有所缺也重裝富賈周流天下道無不通故交易之道行南越賓服羌僰入獻東甌入降（漢書獻作貢降作朝）廣長榆開朔方匈奴折翅傷翼失援不振雖未及古太平之時然猶爲治也王怒被謝死罪王又謂被曰山東即有兵漢必使大將軍將而制山東公以爲大將軍何如人也被曰被所善者黃義從大將軍擊匈奴還告被曰大將軍遇士大夫有禮於士卒有恩衆皆樂爲之用騎上下山若蜚材幹絕人被以爲材能如此數將習兵未易當也及謁者曹梁使長安來言大將軍號令明當敵勇敢常爲士卒先休舍穿井未通須士卒盡得水乃敢飲軍罷卒盡已度河乃度皇太后所賜金帛盡以賜軍吏雖古名將弗過也

巧構疑似之言

此言最狡猾漢若平反此獄則以爲淮南羣臣不足成事非王無反謀也

王默然淮南王見建已徵治恐國陰事且覺欲發被又以爲難乃復問被曰公以爲吳興兵是邪非也被曰以爲非也吳王至富貴也舉事不當身死丹徒頭足異處子孫無遺（噍）類臣聞吳王悔之甚願王孰慮之無爲吳王之所悔王曰男子之所死者一言耳且吳何知反漢將一日過成皋者四十餘人今我令樓緩先要成皋之口（漢書顏監校删樓字某案數人皆有姓樓字不當删）周被下潁川兵塞轘轅伊闕之道陳定發南陽兵守武關河南太守獨有雒陽耳何足憂然此北尚有臨晉關河東上黨與河內趙國界者通谷數行（六字依漢書補）人言曰絕成皋之口天下不通據山川之險招山東之兵舉事如此公以爲何如被曰臣見其禍未見其福也王曰左吳趙賢朱驕如皆以爲有福什事九成公獨以爲有禍無福何也被曰大王之羣臣近幸素能使衆者皆前繫詔獄餘無可用者王曰陳勝吳廣無

立錐之地千人之聚起於大澤奮臂大呼而天下響應西至於戲而兵百二十萬今吾國雖小然而勝兵者可得十餘萬非直適戍之衆鐖鑿棘矜也公何以言有禍無福被曰往者秦爲無道殘賊天下興萬乘之駕作阿房之宮收太半之賦發閭左之戍父不寧子兄不便弟政苛刑峻天下熬然若焦民皆引領而望傾耳而聽悲號仰天叩心而怨上故陳勝大呼天下響應當今陛下臨制天下一齊海內汎愛蒸庶布德施惠口雖未言聲疾雷霆令雖未出化馳如神心有所懷威動萬里下之應上猶影響也而大將軍材能不特章邯陽熊也大王以陳勝吳廣諭之被以爲過矣王曰苟如公言不可徼幸邪被曰必不得已（四字依漢書補）被有愚計王曰奈何被曰當今諸侯無異心百姓無怨氣朔方之郡田地廣水草美民徙者不足以實其地臣之愚計可僞爲丞相御史請書徙

微怒丞相最是得間

郡國豪桀任俠及有耐罪以上以（以字依漢書補）赦令除其罪產（王校產上滅家字）五十萬以上者皆徙其家屬朔方之郡益發甲卒急其會日又僞爲（王校滅爲字）左右都司空上林中都官詔獄逮書（漢書書下有逮字）諸侯太子幸臣如此則民怨諸侯懼即使辯武隨而說之儻可徼幸什得一乎王曰此可也雖然吾以爲不至若此於是王乃令宮奴入宮作皇帝璽丞相御史大將軍軍吏中二千石都官令丞印及旁近郡太守都尉印漢使節法冠欲如伍被計使人僞得罪而西事大將軍丞相一日發兵使人即刺殺大將軍青而說丞相下之如發蒙耳王欲發國中兵恐其相二千石不聽王乃與伍被謀先殺相二千石爲失火宮中相二千石救火至即殺之計未決而欲令人衣求盜衣持羽檄從東方來呼曰南越兵入界欲因以發兵乃使人至廬江會稽爲求盜未發王問伍被曰吾舉兵西鄉

至此而全篇盡化烟雲矣

特筆倒煞

諸侯必有應我者即無應奈何被曰南收衡山以擊廬江有尋陽之船守下雉之城結九江之浦絕豫章之口彊弩臨江而守以禁南郡之下東收江都會稽南通勁越屈彊江淮閒猶可得延歲月之壽王曰善無以易此急則走越耳於是廷尉以王孫建辭連淮南王太子遷聞上遣廷尉監因拜淮南中尉逮捕太子至淮南淮南王聞與太子謀召相二千石欲殺而發兵召相相至內史以出爲解中尉曰臣受詔使不得見王王念獨殺相而內史中尉不來無益也即罷相王猶豫計未決太子念所坐者謀刺漢中尉所與謀者已死以爲口絕乃謂王曰羣臣可用者皆前繫今無足與舉事者王以非時發恐無功臣願會逮王亦偷欲休即許太子太子即自剄不殊伍被自詣吏因告與淮南王謀反反蹤跡具如此吏因捕太子王后圍王宮盡求捕王所與謀反賓客在國中

天子不許連坐旋以謀反伏誅則衡山亦冤獄也

者索得反具以聞上下公卿治所連引與淮南王謀反列侯二千石豪傑數千人皆以罪輕重受誅衡山王賜淮南王弟也當坐收有司請逮捕衡山王天子曰諸侯各以其國爲本不當相坐與諸侯王列侯會肄丞相諸侯議趙王彭祖列侯臣讓等四十三人議皆曰淮南王安甚大逆無道謀反明白當伏誅膠西王臣端議曰淮南王安廢法行邪懷詐僞心以亂天下熒惑百姓倍畔宗廟妄作妖言春秋曰臣無將將而誅安罪重於將謀反形已定臣端所見其書節印圖及他逆無道事驗明白甚大逆無道當伏法論（法字上下依漢書滅其字而字）國吏二百石以上及比者宗室近幸臣不在法中者不能相教當皆免官削爵爲士伍毋得宦爲吏其非吏他贖死金二斤八兩以章臣安之罪使天下明知臣子之道毋敢復有邪僻倍畔之意丞相弘廷尉湯等以聞天子使宗正以符節治

此非爲被惜也被之罪不容誅而律得除罪著此所以甚張湯也

王未至淮南王安自剄殺王后荼太子遷諸所與謀反者皆族天子以伍被雅辭多引漢之美欲勿誅廷尉湯曰被首爲王畫反謀被罪無赦遂誅被國除爲九江郡衡山王賜王后乘舒生子三人長男爽爲太子次男孝次女無采又姬徐來生子男女四人美人厥姬生子二人衡山王淮南王兄弟相責望禮節間不相能衡山王聞淮南王作爲畔逆反具亦心結賓客以應之恐爲所并元光六年衡山王入朝其謁者衛慶有方術欲上書事天子王怒故劾慶死罪故讀故入人罪之故彊榜服之衡山內史以爲非是卻其獄王使人上書告內史內史治言王不直王又數侵奪人田壞人冢以爲田有司請逮治衡山王天子不許爲置吏二百石以上衡山王以此恚與奚慈張廣昌謀求能爲兵法候星氣者日夜從容王密謀反事錢云從容漢書作縱臾臾讀曰勇縱臾謂獎勸也臾容聲相近臾與慂亦作臾容慂王后乘舒死

立徐來爲王后厥姬俱幸兩人相妒厥姬乃惡王后徐來於太子曰徐來使婢蠱道殺太子母太子心怨徐來徐來兄至衡山太子與飲以刃刺傷王后兄王后怨怒數毀惡太子於王太子女弟無采嫁弃歸與奴姦又與客姦太子數讓無采無采怒不與太子通王后聞之卽善遇無采無采及中兄孝少失母附王后王后以計愛之與共毀太子王以故數擊笞太子元朔四年中人有賊傷王后假母者王疑太子使人傷之笞太子後王病太子時稱病不侍孝王后無采惡太子太子實不病自言病有喜色王大怒欲廢太子立其弟孝王后知王決廢太子又欲幷廢孝王后有侍者善舞王幸之王后欲令侍者與孝亂以汙之欲并廢兄弟而立其子廣代太子太子爽知之念后數惡己無已時欲與亂以止其口王后飲（漢書飲下重太子二字）太子前爲壽因據王后股求與王后臥王

收入謀反無痕

此亦探爰書之意而言之

后怒以告王王乃召欲縛而笞之太子知王嘗欲廢己立其弟孝乃謂王曰孝與王御者姦無采與奴姦王彊食請上書即倍王去王使人止之莫能禁乃自駕追捕太子太子妄惡言王械繫太子宮中孝日益親幸王奇孝材能乃佩之王印號曰將軍令居外宅多給金錢招致賓客賓客來者微知淮南衡山有逆計日夜從容勸之（錢云從容漢書作將養師古讀將爲獎將養亦縱臾之轉也從當讀子容切）王乃使孝客江都人救赫（梁云漢書救作枚）陳喜作輣車鍭（鍭漢書作鍛）矢刻天子璽將相軍吏印王日夜求壯士如周丘等數稱引吳楚反時計畫約束（約上依漢書滅以字）衡山王非敢效淮南王求即天子位畏淮南起并其國以爲淮南已西發兵定江淮之閒而有之望如是元朔五年秋衡山王當朝六年過淮南淮南王乃昆弟語除前郤約束反具衡山王即上書謝病上賜書不朝元朔六年中衡山王使人上書請廢太

此爲伍被發也

子爽立孝爲太子爽聞即使所善白嬴之長安上書言孝作輣車鏃矢與王御者姦欲以敗孝白嬴至長安未及上書吏捕嬴以淮南事繫王聞爽使白嬴上書恐言國陰事即上書反告太子爽所爲不道弃市罪事下沛郡治元朔七年冬有司公卿下沛郡求捕所與淮南謀反者未得得陳喜於衡山王子孝家吏劾孝首匿喜孝以爲陳喜雅數與王計謀反恐其發之聞律先自告除其罪又疑太子使白嬴上書發其事即先自告告所與謀反者救赫陳喜等廷尉治驗公卿請逮捕衡山王治之天子曰勿捕遣中尉安大行息即問王王具以情實對吏皆圍王宮而守之中尉大行還以聞公卿請遣宗正大行與沛郡雜治王王聞即自剄殺孝先自告反除其罪坐與王御婢姦弃市王后徐來亦坐蠱殺前王后乘舒及太子爽坐王告不孝皆弃市諸與衡山王謀反者皆

此與贊末文相屬而義自異此盡以憤切究渴也

非獨王過也句蓋謂上所以處之者未善而下即接以俗薄云云此爲深曲

族國除爲衡山郡

太史公曰詩之所謂戎狄是膺荊舒是懲信哉是言也淮南衡山親爲骨肉疆土千里列爲諸侯不務遵蕃臣職以承輔天子而專挾邪僻之計謀爲畔逆仍父子再亡國各不終其身爲天下笑此非獨王過也亦其俗薄臣下漸靡使然也夫荊楚僄勇輕悍好作亂乃自古記之矣

某案此篇以深構窮治四字爲主

淮南衡山列傳第五十八

史記一百十八

史記一百十九

循吏列傳第五十九

太史公曰。法令所以導民也。刑罰所以禁姦也。文武不備。良民懼然身修者。官未曾亂也。奉職循理。亦可以為治。何必威嚴哉。孫叔敖者。楚之處士也。虞丘相進之於楚莊王。以自代也。三月為楚相。施教導民。上下和合。世俗盛美。政緩禁止。通志止作立吏無姦邪。盜賊不起。秋冬則勸民山採。春夏以水。各得其所便。民皆樂其生。莊王以為幣輕。更以小為大。百姓不便。皆去其業。市令言之相曰。市亂。民莫安其處。次行不定。相曰。如此幾何頃乎。市令曰。三月頃。相曰。罷。吾今令之復矣。後五日。朝。相言之王曰。前日更幣。以為輕。今市令來言曰。市亂。民莫安其處。次行之不定。臣請遂令復如故。王許之。下令三日而市復如故。楚民俗好庳車。王以為庳車不便馬。欲下令使高之。相曰。令數下。民不知所從。不可。王必欲高車。臣請教閭里使高其梱。乘車者皆君子。君子不能數下車。王許之。居半歲。民悉自高其車。此不教而民從其化。近者視而效之。遠者四面望而法之。故三得相而不喜。知其材自得之也。三去相而不悔。知非己之罪也。子產者。鄭之列大夫也。鄭昭君之時。以所愛徐摯爲相國亂上下不親。父子不和。大宮子期言之君。以子產爲相。爲相一年。豎子不戲狎。斑白不提挈。僮子不犂畔。二年。市不豫賈。某案豫賈蓋謂居奇三年門不夜關。道不拾遺。四年。田器不歸。五年。士無尺籍。喪期不令而治治鄭二十六年而死。丁壯號哭。老人兒啼。曰。子產去我死乎。民將安歸。公儀休者。魯博士也。以高弟爲魯相。奉法循理。無所變更。百官自正。使食祿者不得與下民爭利。受大者不得取小。客有遺相魚者。相不受。客曰。聞君嗜魚。遺君魚。何故不受也。相曰。以嗜魚。故不受也。今爲相。能自給魚。今受魚而免。維復給我魚者。吾故不受也。食茹而美。拔其園葵而弃之。見其家織布好。而疾出其家婦。燔其機。云欲令農士工女安所讎其貨乎。石奢者。楚昭王相也。（梁云呂覽高義篇言昭王使石渚爲政史蓋本呂韓詩外傳新序幷言昭王有士曰石奢使爲理）堅直廉正。無所阿避。行縣道有殺人者。相追之。乃其父也。縱其父而還自繫焉。使人言之王曰。殺人者。臣之父也。夫以父立政。不孝也。廢法縱罪。非忠也。臣罪當死。王曰。追而不及。不當伏罪。子其治事矣。石奢曰。不私其父。非孝子也。不奉主法。非忠臣也。王赦其罪。上惠也。伏誅而死。臣職也。遂不受令。自刎而死。李離者。晉文公之理也。過聽殺人。自拘當死。文公曰。官有貴賤。罰有輕重。下吏有過。非子之罪也。李離曰。臣居官爲長。不與吏讓位。受祿爲多。不與下分利。今過聽殺人。傳其罪下吏。非所聞也。辭不受令。文公曰。子則自以爲有罪。寡人亦有罪邪。李離曰。理有法。失行則刑。失死則死。公以臣能聽微決疑。故使為理。今過聽殺人。罪當死。
遂不受令。伏劍而死。
太史公曰。孫叔敖出一言。郢市復。子產病死。鄭民號哭。公儀子見好布
而家婦逐。石奢縱父而死。楚昭名立。李離過殺而伏劍。晉文以正國法。
某案此篇以何必威嚴為主

汲鄭列傳第六十

汲黯字長孺濮陽人也其先有寵於古之衛君至黯七世世爲卿大夫黯以父任孝景時爲太子洗馬以莊見憚孝景帝崩太子即位黯爲謁者東越相攻上使黯往視之不至至吳而還報曰越人相攻固其俗然不足以辱天子之使河內失火延燒千餘家上使黯往視之還報曰家人失火屋比延燒不足憂也臣過河南河南貧人傷水旱萬餘家或父子相食臣謹以便宜持節發河南倉粟以振貧民臣請歸節伏矯制之罪上賢而釋之遷爲滎陽令黯恥爲令病歸田里上聞乃召拜爲中大夫以數切諫不得久留內遷爲東海太守黯學黃老言（言上依漢書減之字）治官理民好清靜擇丞史而任之其治責大指而已不苛小黯多病臥閤內不出（閤上依漢書減閨字）歲餘東海大治稱之上聞召以爲主爵都尉列於九卿

治務在無爲而已。弘大體。不拘文法。黯爲人性倨。少禮。面折。不能容人之過。合己者善待之。不合己者不能忍見。士亦以此不附焉。然好學。漢書無學字游俠。任氣節。內行脩絜。好直諫。數犯主之顏色。常慕傅柏袁盎之爲人也。善灌夫鄭當時及宗正劉弃。索隱漢書名弃疾梁云公卿表作劉弃男關生譚案此二名止稱一字陶青翟稱陶青劉郢客稱劉郢皆此例也亦以數直諫。不得久居位。當是時。太后弟武安侯蚡爲丞相。中二千石來拜謁。蚡不爲禮。然黯見蚡未嘗拜。常揖之。天子方招文學儒者。上曰。吾欲云云。黯對曰。陛下內多欲而外施仁義。奈何欲效唐虞之治乎。上默然怒。變色而罷朝。公卿皆爲黯懼。上退謂左右曰。甚矣汲黯之戇也。羣臣或數黯。黯曰。天子置公卿輔弼之臣。寧令從諛承意。陷主於不義乎。且已在其位。縱愛身。奈辱朝廷何。黯多病。病且滿三月。上常賜告者數。終不愈。最後病。莊助爲請告。上曰。汲黯何如

張云因黯責湯牽連入征匈奴又牽連入公孫宏而

人哉助曰使黯任職居官無以踰人然至其輔少主守城（漢書作成）深堅招之不來麾之不去雖自謂賁育亦不能奪之矣上曰然古有社稷之臣至如黯近之矣大將軍青侍中上踞廁而視之丞相弘燕見上或時不冠至如黯見上不冠不見也上嘗坐武帳中黯前奏事上不冠望見黯避帳中使人可其奏其見敬禮如此張湯方以更定律令爲廷尉黯數質責湯於上前曰公爲正卿上不能褒先帝之功業下不能抑天下之邪心安國富民使囹圄空虛二者無一焉非苦就行放析就功何乃取高皇帝約束紛更之爲公以此無種矣（漢書公上有而字男闓生謹案先大夫授此傳時未增而字蓋不當增）黯時與湯論議湯辯常在文深小苛黯伉厲守高不能屈忿發罵曰天下謂刀筆吏不可以爲公卿果然必湯也令天下重足而立側目而視矣是時漢方征匈奴招懷四夷黯務少事乘上閒常言與胡和親

總脊言之以著黯以伉直取嫉於宏湯而見疏於天子精神會聚脈絡貫輸乃一篇中最用意處

大將軍有揖客二句張云措語簡妙

張云前後融結貫輸處如不經意而出之

無起兵。上方向儒術。尊公孫弘。及事益多。吏民巧弄。上分別文法。湯等數奏決讞以幸。而黯常毀儒。面觸弘等徒懷詐飾智以阿人主取容。而刀筆吏專深文巧詆。陷人於罪。使不得反其眞。以勝爲功。上愈益貴弘湯。弘湯深心疾黯。唯天子亦不說也。欲誅之以事。弘爲丞相。乃言上曰。右內史界部中。多貴人宗室。難治。非素重臣不能任。請徙黯爲右內史。爲右內史數歲。官事不廢。大將軍青既益尊。姊爲皇后。然黯與亢禮。人或說黯曰。自天子欲羣臣下大將軍。大將軍尊重益貴。君不可以不拜。黯曰。夫以大將軍有揖客。反不重邪。大將軍聞。愈賢黯。數請問國家朝廷所疑。遇黯過於平生。淮南王謀反。憚黯曰。好直諫。守節死義。難惑以非。至如說丞相弘。如發蒙振落耳。天子既數征匈奴有功。黯之言益不用。始黯列爲九卿。而公孫弘張湯爲小吏。及弘湯稍益貴。與黯同位。黯文非毀弘湯等。已而弘至丞相。封爲侯。湯至御史大夫。故黯時丞相史。漢書無時字皆與黯同列。或尊用過之。黯褊心。不能無少望。見上前言曰。陛下用羣臣。如積薪耳。後來者居上。上默然。有閒。黯罷。上曰。人果不可以無學。觀黯之言也。日益甚。居無何。匈奴渾邪王率衆來降。漢發車二萬乘。縣官無錢。從民貰馬。民或匿馬。馬不具。上怒。欲斬長安令。黯曰。長安令無罪。獨斬黯。民乃肯出馬。且匈奴畔其主而降漢。漢徐以縣次傳之。何至令天下騷動。罷弊中國。而以事夷狄之人乎。上默然。及渾邪至。賈人與市者。坐當死者五百餘人。黯請閒。見高門。曰。夫匈奴攻當路塞。絕和親。中國興兵誅之。死傷者不可勝計。而費以巨萬百數。臣愚以爲陛下得胡人。皆以爲奴婢。以賜從軍死事者家。所鹵獲。因予之。以謝天下之苦。塞百姓之心。今縱不能。渾邪率數萬之衆來降。虛府庫賞賜。發良民侍養。譬若奉驕子。愚民安知市買長安中物。而文吏繩以爲闌出財物于邊關乎。陛下縱不能得匈奴之資以謝天下。又以微文殺無知者五百餘人。是所謂庇其葉而傷其枝者也。臣竊爲陛下不取也。上默然不許。曰。吾久不聞汲黯之言。今又復妄發矣，後數月。黯坐小法。會赦免官。於是黯隱於田園。居（漢書居作者）數年。會更五銖錢。民多盜鑄錢。楚地尤甚。上以爲淮陽楚地之郊。乃召拜黯爲淮陽太守。黯伏謝。不受印。詔數彊予。然後奉詔。詔召見黯。黯爲上泣曰。臣自以爲塡溝壑。不復見陛下。不意陛下復收用之。臣嘗有狗馬病。力不能任郡事。臣願爲中郎。出入禁闥。補過拾遺。臣之願也。上曰。君薄淮陽邪。吾今召君矣。顧淮陽吏民不相得。吾徒得君之（漢書無之字）重。臥而治之。黯既辭。行過大行李息。曰。黯弃居郡。不得與朝廷議也。然御史大夫張湯。智足以拒諫。詐足以飾非。

務巧佞之語。辯數之辭。非肯正爲天下言。專阿主意。主意所不欲。因而
毀之。主意所欲。因而譽之。好興事。舞文法。內懷詐以御主心。外挾賊吏
以爲威重。公列九卿。不早言之。公與之俱受其僇矣。息畏湯。終不敢言。
黯居郡如故治。淮陽政清。後張湯果敗。上聞黯與息言。抵息罪。令黯以
諸侯相秩居淮陽。七歲而卒。卒後上以黯故。官其弟汲仁至九卿。子汲
偃至諸侯相。黯姑姊子司馬安亦少與黯爲太子洗馬。安文深巧善宦。
官四至九卿。以河南太守卒。昆弟以安故同時至二千石者十人。濮陽
段宏始事蓋侯信。信任宏。宏亦再至九卿。然衛人仕者皆嚴憚汲黯。出
其下。鄭當時者。字莊。陳人也。其先鄭君嘗爲項籍將。籍死。已而屬漢。高
祖令諸故項籍臣名籍。鄭君獨不奉詔。詔盡拜名籍者爲大夫。而逐鄭
君。鄭君死孝文時。鄭莊以任俠自喜。脫張羽於戹。聲聞梁楚之間。漢書無之

自請治行三句張云意態橫恣他家文字罕有此

字孝景時爲太子舍人每五日洗沐常置驛馬長安諸郊存諸故人請謝賓客夜以繼日至其明旦常恐不徧莊好黃老之言其慕長者如恐不見年少官薄然其游知交皆其大父行天下有名之士也武帝立莊稍遷爲魯中尉濟南太守江都相至九卿爲右內史以武安侯魏其時議貶秩爲詹事遷爲大農令莊爲太史（梁云太史大吏之譌漢書可證）誡門下客至無貴賤無留門者執賓主之禮以其貴下人莊廉又不治其產業仰奉賜以給諸公然其餽遺人不過算器食（徐廣云算竹器錢云算與匴同士冠禮爵弁皮弁緇布冠各一匴注匴竹器名古文匴爲篹說文匴漉米籔也）每朝候上之間說未嘗不言天下之長者其推轂士及官屬丞史誠有味其言之也常引以爲賢於己未嘗名吏與官屬言若恐傷之聞人之善言進之上惟恐後山東士諸公以此翕然稱鄭莊鄭莊使視決河自請治行五日上曰吾聞鄭莊行千里不齎糧請治

行者何也。然鄭莊在朝。常趨和承意。不敢甚引當否。及晚節。漢征匈奴。招四夷。天下費多財用益匱。莊任人賓客爲大農僦人。漢書作入集解同多逋負。司馬安爲淮陽太守。發其事。莊以此陷罪。贖爲庶人。頃之。守長史。上以爲老。以莊爲汝南太守。數歲。以官卒。鄭莊汲黯始列爲九卿。廉。內行脩絜。此兩人中廢。家貧。賓客益落。及居郡。卒後家無餘貲財。莊兄弟子孫以莊故至二千石六七人焉。

太史公曰。夫以汲鄭之賢。有勢則賓客十倍。無勢則否。況衆人乎。下邽邽翟公有言。始翟公爲廷尉。賓客闐門。及廢。門外可設雀羅。翟公復爲廷尉。賓客欲往。翟公乃大署其門曰。一死一生。乃知交情。一貧一富。乃知交態。一貴一賤。交情乃見。汲鄭亦云。悲夫。

某案此篇以戇直爲主。借汲黯以痛詆宏湯。又借鄭莊以形黯也

汲鄭列傳第六十

史記一百二十

儒林列傳第六十一　　史記一百二十一

太史公曰余讀功令至於廣厲學官之路未嘗不廢書而歎也曰嗟乎夫周室衰而關雎作幽厲微而禮樂壞諸侯恣行政由彊國故孔子閔王路廢而邪道興於是論次詩書修起禮樂適齊聞韶三月不知肉味自衞返魯然後樂正雅頌各得其所世以混濁莫能用是以仲尼干七十餘君無所遇曰苟有用我者期月而已矣西狩獲麟曰吾道窮矣故因史記作春秋以當王法其辭微而指博後世學者多錄焉自孔子卒後七十子之徒散游諸侯大者爲師傅卿相小者友教士大夫或隱而不見故子路居衞子張居陳澹臺子羽居楚子夏居西河子貢終於齊如田子方段干木吳起禽滑釐之屬皆受業於子夏之倫爲王者師是時獨魏文侯好學後陵遲以至于始皇天下竝爭於戰國儒術既絀焉

然齊魯之門（漢書門作間）學者獨不廢也於威宣之際孟子荀卿之列咸遵夫子之業而潤色之以學顯於當世及至秦之季世焚詩書阬術士六藝從此缺焉陳涉之王也而魯諸儒持孔氏之禮器往歸陳王於是孔甲為陳涉博士卒與涉俱死陳涉起匹夫驅瓦合適戍旬月以王楚不滿半歲竟滅亾其事至微淺然而縉紳先生之徒負孔子禮器往委質為臣者何也以秦焚其業（漢書焚作禁）積怨而發憤于陳王也及高皇帝誅項籍舉兵圍魯魯中諸儒尚講誦習禮樂絃歌之音不絕豈非聖人之遺化好禮樂之國哉故孔子在陳曰歸與歸與吾黨之小子狂簡斐然成章不知所以裁之夫齊魯之間於文學自古以來其天性也故漢興然後諸儒始得脩其經藝講習大射鄉飲之禮叔孫通作漢禮儀因為太常諸生弟子共定者咸為選首於是喟然歎興於學然尚有干戈平

定四海亦未暇遑庠序之事也孝惠呂后時公卿皆武力有功之臣孝文時頗徵用然孝文帝本好刑名之言及至孝景不任儒者而竇太后又好黃老之術故諸博士具官待問未有進者及今上卽位趙綰王臧之屬明儒學而上亦鄉之於是招方正賢良文學之士自是之後言詩於魯則申培（陪）公於齊則轅固生於燕則韓太傅言尚書自濟南伏生言禮自魯高堂生言易自菑川田生言春秋於齊魯自胡毋生於趙自董仲舒及竇太后崩武安侯田蚡爲丞相絀黃老刑名百家之言延文學儒者數百人而公孫弘以春秋白衣爲天子三公封以平津侯天下之學士靡然鄉風矣公孫弘爲學官悼道之鬱滯乃請曰丞相御史言制曰蓋聞導民以禮風之以樂婚姻者居室之大倫也今禮廢樂崩朕甚愍焉故詳延天下方聞之士（本作方正博聞之士案漢書作方聞是也此正博二字後人所加）咸登諸

朝•其令禮官勸學•講議洽聞•舉遺興禮以爲天下先•舉遺二字依漢書增太常議•
與博士弟子•崇鄉里之化•以廣廣漢書作厲賢材焉•謹與太常臧博士平等
議曰•聞三代之道•鄉里有教夏曰校殷曰序周曰庠•其勸善也顯之朝
廷•其懲惡也加之刑罰•故教化之行也•建首善自京師始由內及外•今
陛下昭至德•開大明•配天地•本人倫•勸學修禮•崇化厲賢•以風四方•太
平之原也•古者政教未治•漢書治作洽不備其禮•請因舊官而興焉•爲博士
官置弟子五十人•復其身•太常擇民年十八以上儀狀端正者•補博士
弟子•郡國縣道邑有好文學•敬長上•肅政教•順鄉里•出入不悖所聞者•
令相長丞上屬所二千石•二千石謹察可者•當漢書當作常與計偕•詣太常•
得受業如弟子•一歲皆輒試•能通一藝以上•補文學掌故缺•其高弟可
以爲郎中者•太常籍奏•即有秀才異等•輒以名聞•其不事學若不材及

不能通一藝，輒罷之，而請諸不稱者罰。臣謹案詔書律令下者，明天人分際，通古今之義，文章爾雅，訓辭深厚，恩施甚美。小吏淺聞，不能究宣，無以明布諭下。治禮次治掌故，以文學禮義爲官，遷留滯。請選擇其秩比二百石以上，及吏百石通一藝以上，補左右內史、大行卒史；比百石以下，補郡太守卒史：皆各二人，邊郡一人。先用誦多者，若不足，乃擇掌故補中二千石屬，文學掌故補郡屬，備員。請著功令。佗如律令。」制曰：「可。」自此以來，則公卿大夫士吏斌斌多文學之士矣。申公者，魯人也。高祖過魯，申公以弟子從師入見高祖于魯南宮。呂太后時，申公游學長安，與劉郢同師。已而郢爲楚王，令申公傅其太子戊。戊不好學，疾申公。及王郢卒，戊立爲楚王，胥靡申公。申公恥之，歸魯，退居家教，終身不出門，復謝絕賓客，獨王命召之乃往。弟子自遠方至受業者百餘人。申公獨

與宏反對

以詩經爲訓故（故字依漢書增）以教無傳疑疑者則闕不傳（漢書不重疑字案索隱則重者非也）蘭陵王臧既從（從字依漢書補）受詩以事孝景帝爲太子少傅免去今上初即位臧迺上書宿衞上累遷一歲中爲郎中令及代趙綰亦嘗受詩申公綰爲御史大夫綰臧請天子欲立明堂以朝諸侯不能就其事乃言師申公於是天子使使束帛加璧安車駟馬迎申公弟子二人乘軺傳從至見天子天子問治亂之事申公時已八十餘老對曰爲治者不在（毛本在作至）多言顧力行何如耳是時天子方好文詞見申公對默然然已招致則以爲太中大夫舍魯邸議明堂事太皇竇太后好老子言不說儒術得趙綰王臧之過以讓上上因廢明堂事盡下趙綰王臧吏後皆自殺申公亦疾免以歸數年卒弟子爲博士者十餘人孔安國至臨淮太守周霸至膠西內史夏寬至城陽內史碭魯賜至東海太守蘭陵繆生

至長沙內史徐偃爲膠西中尉鄒人闕門慶忌爲膠東內史其治官民皆有廉節稱其好學學官弟子行雖不備而至於大夫郎中掌故以百數言詩雖殊多本於申公清河王太傅轅固生者齊人也以治詩孝景時爲博士與黃生爭論景帝前黃生曰湯武非受命乃弒也轅固生曰不然夫桀紂虐亂天下之心皆歸湯武湯武與（漢書與作因）天下之心而誅桀紂桀紂之民不爲之使而歸湯武湯武不得已而立非受命爲何黃生曰冠雖敝必加於首履雖新必關於足何者上下之分也今桀紂雖失道然君上也湯武雖聖臣下也夫主有失行臣下不能正言匡過以尊天子反因過而誅之代立踐南面非弒而何也轅固生曰必若所云是高帝代秦卽天子之位非邪於是景帝曰食肉不食馬肝不爲不知味言學者無言湯武受命不爲愚遂罷是後學者莫敢明受命放殺者

竇太后好老子書。召轅固生問老子書。固曰。此是家人言耳。太后怒曰。安得司空城旦書乎。乃使固入圈刺豕。景帝知太后怒。而固直言無罪。乃假固利兵。下圈刺豕。正中其心。一刺。豕應手而倒。太后默然。無以復罪。罷之。居頃之。景帝以固爲廉直。拜爲清河王太傅。久之。病免。今上初卽位。復以賢良徵固。諸諛儒多疾毀固曰。固老。罷歸之。時固已九十餘矣。固之徵也。薛人公孫弘亦徵。側目而視固。固曰。公孫子。務正學以言。無曲學以阿世。自是之後。齊言詩皆本轅固生也。諸齊人以詩顯貴。皆固之弟子也。韓生者。燕人也。孝文帝時爲博士。景帝時爲常山王太傅。韓生推詩之意。而爲內外傳數萬言。其語頗與齊魯閒殊。然其歸一也。淮南賁生受之。自是之後。而燕趙閒言詩者。由韓生。韓生孫商爲今上博士。伏生者。濟南人也。故爲秦博士。孝文帝時。欲求能治尙書者。天下

與宏相對

無有乃聞伏生能治欲召之是時伏生年九十餘老不能行於是乃詔太常使掌故朝錯往受之秦時焚書（漢書焚作禁）伏生壁藏之其後兵大起流亡漢定伏生求其書亡數十篇獨得二十九篇即以教于齊魯之閒學者由是頗能言尚書諸山東大師無不涉尚書以教矣伏生教濟南張生及歐陽生歐陽生教千乘兒寬兒寬既通尚書以文學應郡舉詣博士受業受業孔安國兒寬貧無資用常爲弟子都養及時時閒行傭賃以給衣食行常帶經止息則誦習之以試第次補廷尉史是時張湯方鄉學以爲奏讞掾以古法議決疑大（漢書無大字）獄而愛幸寬寬爲人溫良有廉智自持而善著書書奏敏於文口不能發明也湯以爲長者數稱譽之及湯爲御史大夫以兒寬爲掾薦之天子天子見問說之張湯死後六年兒寬位至御史大夫九年而以官卒寬在三公位以和良承

史公蓋謂尚書之學無能眞明者漢書謂史公問故於孔安國要史公固未滿意於安國也

意從容得久（王云從容縱諛也）然無有所匡諫於官官屬易之不爲盡力張生亦爲博士而伏生孫以治尚書徵不能明也自此之後魯周霸孔安國雒陽賈嘉頗能言尚書事孔氏有古文尚書而安國以今文讀之因以起其家逸書得十餘篇蓋尚書滋多於是矣諸學者多言禮而魯高堂生最本禮固自孔子時而其經不具及至秦焚書書散亾益多於今獨有士禮高堂生能言之而魯徐生善爲容孝文帝時徐生以容爲禮官大夫傳子至孫徐延徐襄襄其天姿善爲容不能通禮經延頗能未善也襄以容爲漢禮官大夫至廣陵內史延及徐氏弟子公戶滿意（錢云公羊傳有公扈子公戶疑即公扈也）桓生單次皆常爲漢禮官大夫而瑕丘蕭奮以禮爲淮陽太守是後能言禮爲容者由徐氏焉自魯商瞿受易孔子孔子卒商瞿傳易六世至齊人田何字子莊而漢興田何傳東武人王同子仲子

史公家學出於楊何

仲傳菑川人楊何何以易元光元年徵官至中大夫齊人卽墨成以易至城陽相廣川人孟但以易爲太子門大夫魯人周霸莒人衡胡臨菑人主父偃皆以易至二千石然要言易者本於楊何之家董仲舒廣川人也以治春秋孝景時爲博士下帳講誦弟子傳以久次相受業或莫見其面蓋三年董仲舒不觀於舍園其精如此進退容止非禮不行學士皆師尊之今上卽位爲江都相以春秋災異之變推陰陽所以錯行故求雨閉諸陽縱諸陰其止雨反是行之一國未嘗不得所欲中廢爲中大夫居舍著災異之記是時遼東高廟災主父偃疾之取其書奏之天子天子召諸生示其書有刺譏董仲舒弟子呂步舒不知其師書以爲下愚於是下董仲舒吏當死詔赦之於是董仲舒竟不敢復言災異董仲舒爲人廉直是時方外攘四夷公孫弘治春秋不如董仲舒而弘

希世用事位至公卿董仲舒以弘爲從諛弘疾之乃言上曰獨董仲舒可使相膠西王膠西王素聞董仲舒有行亦善待之董仲舒恐久獲罪疾免居家至卒終不治産業以脩學著書爲事故漢興至于五世之閒唯董仲舒名爲明於春秋其傳公羊氏也胡毋生齊人也孝景時爲博士以老歸教授齊之言春秋者多受胡毋生公孫弘亦頗受焉瑕丘江生爲穀梁春秋自公孫弘得用嘗集比其義卒用董仲舒仲舒弟子遂者(毛本遂作通)蘭陵褚大廣川殷(段瑕)忠溫呂步舒褚大至梁相步舒至長史持節使決淮南獄於諸侯擅專斷不報以春秋之義正之天子皆以爲是弟子通者至於命大夫爲郎謁者掌故者以百數而董仲舒子及孫皆以學至大官

某案此篇以公孫弘曲學阿世爲主

自公孫弘廣厲學官是後博士習經無通洽者終漢之世以博士家
爲俗儒劉向楊雄始振古學而許賈馬鄭宗之然皆不習博士經是
漢之儒風壞於孫弘驗也太史公之識卓矣

儒林列傳第六十一

史記一百二十一

借秦發議正言若反
引酷者不易測

酷吏列傳第六十二　史記一百二十二

孔子曰．導之以政．齊之以刑．民免而無恥．導之以德．齊之以禮．有恥且格．老氏稱上德不德．是以有德．下德不失德．是以無德．法令滋章．盜賊多有．太史公曰．信哉是言也．法令者治之具．而非制治淸濁之源也．昔天下之網嘗密矣．然姦僞萌起．其極也上下相遁．至於不振．當是之時．吏治若救火揚沸．非武健嚴酷．惡能勝其任而愉快乎．言道德者．溺其職矣．故曰聽訟吾猶人也．必也使無訟乎．下士聞道大笑之．非虛言也．漢興．破觚而爲圜．斲雕而爲朴．網漏於吞舟之魚．而吏治烝烝．不至於姦．黎民艾安．由是觀之．在彼不在此．高后時．酷吏獨有侯封．刻轢宗室．侵辱功臣．呂氏已敗．遂禽（漢書禽作夷）侯封之家．孝景時．晁錯以刻深頗用術輔其資．而七國之亂．發怒於錯．錯卒以被戮．其後有郅都．寧成之屬．

郅都者。楊人也。以郎事孝文帝。孝景時。都爲中郎將。敢直諫。面折大臣
於朝。嘗從入上林。賈姬如廁。野彘卒入廁。上目都。都不行。上欲自持兵
救賈姬。都伏上前曰。亡一姬復一姬進。天下所少寧賈姬等乎。陛下縱
自輕。柰宗廟太后何。上還。彘亦去。太后聞之。賜都金百斤。由此重郅都。
濟南瞯氏宗人三百餘家。豪猾。二千石莫能制。於是景帝乃拜都爲濟
南太守。（漢書無太字）至則族滅瞯氏首惡。餘皆股栗。居歲餘。郡中不拾遺。旁
十餘郡守。畏都如大府。都爲人勇。有氣力。公廉。不發私書。問遺無所受。
請寄無所聽。常自稱曰。已倍親而仕。身固當奉職死節官下。終不顧妻
子矣。郅都遷爲中尉。丞相條侯至貴倨也。而都揖丞相。是時民朴。畏罪
自重。而都獨先嚴酷。致行法不避貴戚。列侯宗室見都。側目而視。號曰
蒼鷹。臨江王徵詣中尉府對簿。臨江王欲得刀筆爲書謝上。而都禁吏

不予。魏其侯使人以閒與臨江王。臨江王既爲書謝上。因自殺。竇太后聞之。怒。以危法中都。都免歸家。孝景帝乃使使持節拜都爲鴈門太守。而便道之官。得以便宜從事。匈奴素聞郅都節。居邊。（漢書居作舉）爲引兵去。竟郅都死。不近鴈門。匈奴至爲偶人象郅都。令騎馳射莫能中。見憚如此。匈奴患之。竇太后乃竟中都以漢法。景帝曰。都忠臣。欲釋之。竇太后曰。臨江王獨非忠臣邪。於是遂斬郅都。

寧成者。穰人也。以郎謁者事景帝。好氣。爲人小吏。（漢書小作少）必陵其長吏。爲人上。操下如束溼薪。滑賊任威。稍遷至濟南都尉。而郅都爲守。始前數都尉皆步入府。因吏謁守如縣令。其畏郅都如此。及成往。直陵都出其上。都素聞其聲。於是善遇。與結驩。久之。郅都死。後長安左右宗室多暴犯法。於是上召寧成爲中尉。其治效郅都。其廉弗如。然宗室豪傑皆人人惴恐。武帝即位。徙爲內史。

外戚多毀成之短抵罪髡鉗是時九卿罪死卽死少被刑而成極刑自以爲不復收於是解脫詐刻傳出關歸家稱曰仕不至二千石賈不至千萬安可比人乎乃貰貸買陂田千餘頃假貧民役使數千家數年會赦致產數千金（漢書金作萬）爲任俠持吏長短出從數十騎其使民威重於郡守

周陽由者其父趙兼以淮南王舅父侯周陽（漢書舅下無父字案父字當有言由以父侯周陽故姓周陽氏而上句以淮南王舅下省侯周陽三字以下句見此三字故不重出此史公文句常法也）故因姓周陽氏由以宗家任爲郎事孝文及景帝景帝時由爲郡守武帝卽位吏治尙循謹甚然由居二千石中最爲暴酷驕恣所愛者撓法活之所憎者曲法誅滅之所居郡必夷其豪爲守視都尉如令爲都尉必陵太守奪之治汲黯爲忮（本作與汲黯俱爲忮錢讀俱字句絕爲忮二字下屬漢書無與字爲字當從漢書忮彊也）司馬安之文惡俱在二千石列同車未嘗敢均茵伏（錢云漢書伏作馮古人讀伏如伺與馮聲相近王吉傳馮式撙

衡卽戰國策之伏軾撙銜也由後爲河東都尉時與其守勝屠公爭權相告言罪勝屠公當抵罪義不受刑自殺而由棄市自寧成周陽由之後事益多民巧法大抵吏之治類多成由等矣趙禹者斄人以佐史補中都官用廉爲令史事太尉亞夫亞夫爲丞相禹爲丞相史府中皆稱其廉平然亞夫弗任曰極知禹無害然文深不可以居大府今上時漢書作武帝時世謂史記中武帝字皆後人所加吾謂史記中有作於武帝崩後者如此篇疑卽作於武帝身後故補桑弘羊皆著於篇乃武帝身後事也前文武帝字當是元文惟今上字與武帝字參錯一篇之中必有一誤耳又案凡言某帝時者皆後人追稱若今上則不得言時字此後人妄改當作武帝時前後皆有武帝字禹以刀筆吏積勞稍遷爲御史上以爲能至太中大夫與張湯論定諸律令作見知吏傳得相監司用法益刻蓋自此始張湯者杜人也其父爲長安丞出湯爲兒守舍還而鼠盜肉其父怒笞湯湯掘熏熏本作窟依漢書改得盜鼠及餘肉劾鼠掠治傳爰書傳本作傅依錢大昕校改訊鞫論報幷取

鼠與肉具獄磔堂下其父見之視其文辭如老獄吏大驚遂使書獄父死後湯爲長安吏久之周陽侯始爲諸卿時嘗繫長安湯傾身爲之及出爲侯大與湯交徧見湯貴人湯給事內史爲甯成掾以湯爲無害言大府調爲茂陵尉治方中武安侯爲丞相徵湯爲史時薦言之天子補御史使案事治陳皇后蠱獄深竟黨與於是上以爲能稍遷至太中大夫與趙禹共定諸律令務在深文拘守職之吏已而趙禹遷爲中尉徙爲少府而張湯爲廷尉兩人交驩而兄事禹禹爲人廉倨爲吏以來舍毋食客公卿相造請禹禹終不報謝務在絕知友賓客之請孤立行一意而已見文法輒取亦不覆案求官屬陰罪湯爲人多詐舞智以御人始爲小吏乾沒與長安富賈田甲魚翁叔之屬交私及列九卿收接天下名士大夫己心內雖不合然陽浮慕之是時上方鄉文學湯決大獄

欲傳古義乃請博士弟子治尚書春秋補廷尉史亭疑法奏讞疑事必豫先爲上分別其原上所是受而著讞決法廷尉挈令揚主之明奏事即譴王云即與或同男闓生謹案凡史文即字多與若同訓或未是湯摧謝本作應依漢書改集解權字亦當作摧鄉上意所便必引正監掾史賢者曰固爲臣議如漢書如下有此字男闓生謹案此字不當有上責臣臣弗用愚抵於此罪常釋聞即奏事上善之曰臣非知爲此奏乃正監掾史某爲之其欲薦吏揚人之善蔽人之過如此所治即上意所欲罪予監史深禍者即上意所欲釋與監史輕平者所治即豪必舞文巧詆即下戶羸弱時口言雖文致法上財察於是往往釋湯所言湯至於大吏內行脩也通賓客飲食於故人子弟爲吏及貧昆弟調護之尤厚其造請諸公不避寒暑是以湯雖文深意忌不專平然得此聲譽而刻深吏多爲爪牙用者依於文學之士丞相弘數稱其美及治淮南衡

山江都反獄皆窮根本。嚴助（嚴當作莊此後人據漢書誤改）及伍被。上欲釋之。湯爭曰。伍被本畫反謀。而助親幸出入禁闥爪牙臣。乃交私諸侯如此。弗誅。後不可治。於是上可論之。其治獄所排大臣自爲功。多此類。於是湯益尊任。遷爲御史大夫。會渾邪等降。漢大興兵伐匈奴。山東水旱。貧民流徙。皆仰給縣官。縣官空虛。於是丞上指。請造白金及五銖錢。籠天下鹽鐵。排富商大賈。出告緡令。鉏豪強幷兼之家。舞文巧詆以輔法。湯每朝奏事。語國家用。日晏。天子忘食。丞相取充位。天下事皆決於湯。百姓不安其生。騷動。縣官所興。未獲其利。姦吏並侵漁。於是痛繩以罪。則自公卿以下。至於庶人。咸指湯。湯嘗病。天子至自視病。其隆貴如此。匈奴來請和親。羣臣議上前。博士狄山曰。和親便。上問其便。山曰。兵者凶器。未易數動。高帝欲伐匈奴。大困平城。乃遂結和親。孝惠高后時。天下安樂。及

男閭生謹案入湯敗句飄忽不平下三長史皆害湯欲陷之句與此同皆逆提法也

孝文帝欲事匈奴。北邊蕭然苦兵矣。孝景時。吳楚七國反。景帝往來兩宮閒。寒心者數月。吳楚已破。竟景帝不言兵。天下富實。今自陛下舉兵擊匈奴。中國以空虛。邊民大困貧。由此觀之。不如和親。上問湯。湯曰。此愚儒無知。狄山曰。臣固愚。愚（依通鑑補）忠。若御史大夫湯。乃詐忠。若湯之治淮南江都。以深文痛詆諸侯。別疏骨肉。使蕃臣不自安。臣固知湯之為詐忠。於是上作色曰。吾使生居一郡。能無使虜入盜乎。曰。不能。曰。居一縣。對曰。不能。復曰。居一障閒。山自度辯窮且下吏。曰。能。於是上遣山乘障。至月餘。匈奴斬山頭而去。自是以後。羣臣震慴。湯之客田甲。雖賈人。有賢操。始湯為小吏時。與錢通。及湯為大吏。甲所以責湯行義過失。亦有烈士風。湯為御史大夫七歲。敗。河東人李文嘗與湯有郤。已而為御史中丞。恚數從中文書有可以傷湯者。不能為地。湯有所愛史魯謁居。

窮竟其事未奏也何斷

知湯不平使人上蜚變告文姦事事下湯湯治論殺文而湯心知謁居
爲之上問曰言變事蹤跡安起湯詳驚曰此殆文故人怨之謁居病臥
閭里主人湯自往視疾爲謁居摩足趙國以冶鑄爲業王數訟鐵官事
湯常排趙王趙王求湯陰事謁居嘗案趙王趙王怨之幷上書告湯大
臣也史謁居有病湯至爲摩足疑與爲大姦事下廷尉謁居病死事連
其弟弟繫導官湯亦治他囚導官見謁居弟欲陰爲之而詳不省謁居
弟弗知怨湯使人上書告湯與謁居謀共變告李文事下減宣宣嘗與
湯有郤及得此事窮竟其事未奏也會人有盜發孝文園瘞錢丞相青
翟朝與湯約俱謝至前湯念獨丞相以四時行園當謝湯無與也不謝
丞相謝上使御史案其事湯欲致其文丞相見知丞相患之三長史皆
害湯欲陷之始長史朱買臣會稽人也讀春秋莊助使人言買臣買臣

以楚辭與助俱幸侍中爲太中大夫用事而湯乃爲小吏跪伏使買臣等前已而湯爲廷尉治淮南獄排擠莊助買臣固心望及湯爲御史大夫買臣以會稽守爲主爵都尉列於九卿數年坐法廢守長史見湯湯坐牀上丞史遇買臣弗爲禮買臣楚士深怨常欲死之王朝齊人也以術至右內史邊通學長短剛暴彊人也官再至濟南相故皆居湯右已而失官守長史詘體於湯湯數行丞相事知此三長史素貴常凌折之以故三長史合謀曰始湯約與君謝已而賣君今欲劾君以宗廟事此欲代君耳吾知湯陰事使吏捕案湯左田信等曰湯且欲奏請信輒先知之居物致富與湯分之及他姦事事辭頗聞上問湯曰吾所爲賈人輒先知之益居其物是類有以吾謀告之者湯不謝又詳驚曰（又上依漢書減湯字）固宜有減宣亦奏謁居等事天子果以湯懷詐面欺使使八輩簿責

湯湯具自道無此不服於是上使趙禹責湯禹至讓湯曰君何不知分也君所治夷滅者幾何人矣今人言君皆有狀天子重致君獄欲令君自爲計何多以對簿爲湯乃爲書謝曰湯無尺寸功起刀筆吏陛下幸致爲（漢書爲作位）三公無以塞責然謀陷湯罪者三長史也遂自殺湯死家產直不過五百金皆所得奉賜無他業昆弟諸子欲厚葬湯湯母曰湯爲天子大臣被汙惡言而死何厚葬乎（漢書乎作爲）載以牛車有棺無槨天子聞之曰非此母不能生此子乃盡案誅三長史丞相靑翟自殺出田信上惜湯稍遷其子安世趙禹中廢已而爲廷尉始條侯以爲禹賊深弗任及禹爲少府比九卿禹酷急至晚節事益多吏務爲嚴峻而禹治加緩而名爲平王溫舒等後起治酷於禹禹以老徙爲燕相數歲亂悖有罪免歸後湯十餘年以壽卒于家義縱者河東人也爲少年時嘗與

張次公俱攻剽爲羣盜。縱有姊姁。以醫幸王太后。王太后問有子兄弟爲官者乎。姊曰。有弟無行。不可。太后乃告上。拜義姁弟縱爲中郎。補上黨郡中令。治敢行。少蘊藉。縣無逋事。舉爲第一。遷爲長陵及長安令。直法行治。不避貴戚。以捕案太后外孫脩成君子仲。上以爲能。遷爲河內都尉。至則族滅其豪穰氏之屬。河內道不拾遺。而張次公亦爲郎。以勇悍。從軍敢深入。有功。爲岸頭侯。寧成家居。上欲以爲郡守。御史大夫弘曰。臣居山東爲小吏時。寧成爲濟南都尉。其治如狼牧羊。成不可使治民。上乃拜成爲關都尉。歲餘。關吏稅肄郡國（本作關東吏隸郡國六字依漢書改）出入關者。號曰。寧見乳虎。無值寧成之怒。（漢書句下有其暴如此四字）義縱自河內遷爲南陽太守。聞寧成家居南陽。及縱至關。寧成側行送迎。然縱氣盛。弗爲禮。至郡。遂案寧氏。盡破碎其家。成坐有罪。及孔暴之屬皆犇亡。南陽吏民重足一迹而平氏朱彊杜衍杜周爲縱牙爪之吏任用遷爲廷史（漢書作廷尉史案篇中或稱廷尉史或稱廷史不必依漢書增尉字廷史亦當時有此稱漢書杜周傳師古注廷史即廷尉史也）軍數出定襄定襄吏民亂敗於是徙縱爲定襄太守縱至掩定襄獄中重罪輕繫二百餘人及賓客昆弟私入相視亦二百餘人縱一捕鞠曰爲死罪解脫是日皆報殺四百餘人其後郡中不寒而栗猾民佐吏爲治是時趙禹張湯以深刻爲九卿矣然其治尚寬輔法而行而縱以鷹擊毛摯爲治後會五銖錢白金起民爲姦京師尤甚乃以縱爲右內史王溫舒爲中尉溫舒至惡其所爲不先言縱縱必以氣凌之敗壞其功其治所誅殺甚多然取爲小治姦益不勝直指始出矣吏之治以斬殺縛束爲務閻奉以惡用矣縱廉其治放郅都上幸鼎湖病久已而卒起幸甘泉道多不治上怒曰縱以我爲不復行此道乎嗛之至冬楊可方受告緡縱

以爲此亂民部吏捕其爲可使者天子聞使杜式治以爲廢格沮事棄縱市後一歲張湯亦死王溫舒者陽陵人也少時椎埋爲姦已而試補縣亭長數廢數（數字依漢書補）爲吏以治獄至廷史（漢書廷下有尉字）事張湯遷爲御史督盜賊殺傷甚多稍遷至廣平都尉擇郡中豪敢任吏十餘人以爲爪牙皆把其陰重罪而縱使督盜賊快其意所欲得此人雖有百罪弗法即有避因其事夷之亦滅宗以其故齊趙之郊盜賊不敢近廣平廣平聲爲道不拾遺上聞遷爲河內太守素居廣平時皆知河內豪姦之家及往九月而至令郡具私馬五十匹爲驛自河內至長安部吏如居廣平時方略捕郡中豪猾郡中豪猾相連坐千餘家上書請大者至族小者乃死家盡沒入償臧奏行不過二三日得可事論報至流血十餘里河內皆怪其奏以爲神速盡十二月郡中毋聲毋敢夜行野無犬吠

之盜其頗不得失之旁郡國黎來會春溫舒頓足歎曰嗟乎令冬月益
展一月足吾事矣其好殺伐行威不愛人如此天子聞之以爲能遷爲
中尉其治復放河內徙諸（徙諸漢書作徙請）名禍猾吏與從事河內則楊皆麻
戊關中楊贛成信等義縱爲內史憚未敢恣治及縱死張湯敗後徙爲
廷尉而尹齊爲中尉尹齊者東郡茌平人以刀筆稍遷至御史事張湯
張湯數稱以爲廉武使督盜賊所斬伐不避貴戚遷爲關都尉（關下依漢書滅內字）
聲甚於寧成上以爲能遷爲中尉吏民益凋敝尹（漢書尹作輕）齊木彊少
文豪惡吏伏匿而善吏不能爲治以故事多廢抵罪上復徙溫舒爲中
尉而楊僕以嚴酷爲主爵都尉楊僕者宜陽人也以千夫爲吏河南守
案舉以爲能遷爲御史使督盜賊關東治放尹齊以敢摯行（以下依漢書滅爲字）
稍遷至主爵都尉列九卿天子以爲能南越反拜爲樓船將軍有功封

將梁侯爲荀彘所縛居久之病死而溫舒復爲中尉爲人少文居廷惛
惛不辯至於中尉則心開督盜賊素習關中俗知豪惡吏豪惡吏盡復
爲用爲方略吏苛察盜賊惡少年投缿購告言姦置伯格長以收司姦
盜賊溫舒爲人謟善事有埶者即無埶者視之如奴有埶家雖有姦如
山弗犯無埶者雖（雖字依漢書補）貴戚必侵辱舞文巧詆下戶之猾以焄大豪
其治中尉如此姦猾窮治大抵盡靡爛獄中行論無出者其爪牙吏虎
而冠於是中尉部中中猾以下皆伏有埶者爲游聲譽稱治治數歲其
吏多以權富溫舒擊東越還議有不中意者坐小法抵罪免是時天子
方欲作通天臺而未有人溫舒請復中尉脫卒得數萬人作上說拜爲
少府徙爲右內史治如其故姦邪少禁坐法失官復爲右輔行中尉事
如故操歲餘會宛軍發詔徵豪吏溫舒匿其吏華成及人有變告溫舒

前文雖縈拂鉤貫仍嫌散放至此一總精神頓王此見酷吏致亂紛不可復理一篇歸宿所在文勢特沈至淋漓

受員騎錢他姦利事罪至族自殺其時兩弟及兩婚家亦各自坐他罪而族光祿徐自爲曰悲夫夫古有三族而王溫舒罪至同時而五族乎溫舒死家直累千金後數歲尹齊亦以淮陽都尉病死家直不滿五十金所誅滅淮陽甚多及死仇家欲燒其尸尸亡去歸葬自溫舒等以惡爲治而郡守都尉諸侯二千石欲爲治者其治大抵盡放溫舒而吏民益輕犯法盜賊滋起南陽有梅免白政楚有殷中杜少齊有徐勃燕趙之閒有堅盧范生之屬大羣至數千人擅自號攻城邑取庫兵釋死罪縛辱郡太守都尉殺二千石爲檄告縣趣具食小羣盜以百數掠虜鄉里者不可勝數也於是天子始使御史中丞丞相長史督之猶弗能禁也乃（漢書乃作及）使光祿大夫范昆諸輔都尉及故九卿張德等衣繡衣持節虎符發兵以興擊斬首大部或至萬餘級及以法誅通飲食坐連諸

郡甚者數千人數歲乃頗得其渠率散卒失亡復聚黨阻山川者往往而羣居無可奈何於是作沈命法（梁云使繡衣治盜在天漢元年沈命法更在後非史文某案此一篇歸宿梁說非也平準亦言直指夏蘭之屬始出則其事不必在天漢時）曰羣盜起不發覺發覺而捕弗滿品者二千石以下至小吏主者皆死其後小吏畏誅雖有盜不敢發恐不能得坐課累府府亦使其不言故盜賊寖多上下相爲匿以文辭避法焉減宣者楊人也以佐史無害給事河東守府衛將軍青使買馬河東見宣無害言上徵爲大廄丞官事辦稍遷至御史及中丞使治主父偃及治（及下漢書無治字）淮南反獄所以微文深詆殺者甚衆稱爲敢決疑數廢數起爲御史及中丞者幾二十歲王溫舒免中尉而宣爲左內史（歸云溫舒未嘗免漢書作爲字是案此篇考證多非歸氏之說上文明言溫舒坐小法抵罪免何言溫舒未嘗免邪）其治米鹽事大小皆關其手自部署縣名曹實物官吏令丞不得擅搖痛以重法繩之居

此以訟獄繫多結通篇與前盜賊一段相對

官數年一切郡中爲小治辨然獨宣以小致大能因力行之難以爲經中廢爲右扶風坐怒本作怨依漢書改成信信亾藏上林中宣使郿令格殺信吏卒格信時射中上林苑門宣下吏詆罪以爲大逆當族自殺而杜周任用杜周者南陽杜衍人義縱爲南陽守以爲爪牙舉爲廷尉史事張湯湯數言其無害至御史使案邊失亾所論殺甚衆奏事中上意任用與減宣相編更爲中丞十餘歲其治與宣相放然重遲外寬內深次骨宣爲左內史周爲廷尉其治大放張湯而善候伺上所欲擠者因而陷之上所欲釋者久繫待問而微見其冤狀客有讓周曰君爲天子決平不循三尺法專以人主意指爲獄獄者固如是乎周曰三尺安出哉前主所是著爲律後主所是疏爲令當時爲是何古之法乎至周爲廷尉詔獄亦益多矣二千石繫者新故相因不減百餘人郡吏大府舉之廷

尉一歲至千餘章章大者連逮證案數百小者數十人遠者數千近者數百里會獄吏因責如章告劾不服以笞掠定之於是聞有逮皆亾匿獄久者至更數赦十有餘歲而相告言大抵盡詆以不道以上廷尉及中都官詔獄逮至六七萬人吏所增加十萬餘人周中廢後爲執金吾逐盜捕治桑弘羊衛皇后昆弟子刻深天子以爲盡力無私遷爲御史大夫家兩子夾河爲守其治暴酷皆甚於王溫舒等矣杜周初徵爲廷史有一馬且不全及身久任事至三公列子孫尊官家訾累數巨萬矣

太史公曰自郅都杜周十人者此皆以酷烈爲聲然郅都伉直引是非爭天下大體張湯以知陰陽人主與俱上下時數辯當否國家賴其便趙禹時據法守正杜周從諛以少言爲重自張湯死後網密多詆嚴官事寖以秏廢九卿碌碌奉其官救過不贍何暇論繩墨之外乎然此十

人中。其廉者足以爲儀表。其汚者足以爲戒。方略教導。禁姦止邪。一切亦皆彬彬質有其文武焉。雖慘酷。斯稱其位矣。至若蜀守馮當暴挫。廣漢李貞擅磔人。東郡彌僕鋸項。天水駱璧推減（椎咸）。河東褚廣妄殺。京兆無忌。馮翊殷周蝮鷙。水衡閻奉朴擊賣請。何足數哉。何足數哉。

某案此篇以百姓不安其生騷動爲主十人中又以張湯爲主

此傳以張湯爲主故敘湯事獨詳郅都寧成湯之先聲而寧成周陽皆湯所事也王溫舒尹齊杜周皆事湯者義縱雖未事湯而縱以造五銖白金而用爲內史湯所興事也至趙禹減宣則尤與湯相出入矣漢書去張湯失史公本意殊甚

一傳十人易致散漫納趙禹於張湯事中納尹齊楊僕於王溫舒事中甯成事終於義縱減宣治張湯而與杜周殿後皆文字聯毌之法

男闓生謹案此傳語語有嘖齡之聲史公傳滑稽文亦有滑稽之意傳酷吏文亦深酷皆肖其所言

酷吏列傳第六十二

史記一百二十二

首四字攝下半篇次句攝上半篇如此長篇止八字攝盡

好宛馬侯寵姬皆探其心而爲之辭其本謀乃以制匈奴也史公此等乃所謂實錄

張廉卿云騫使從月支至大夏再爲匈奴所留亡歸

大宛列傳第六十三

大宛之跡。見自張騫。騫[依索隱一本校滅張字]漢中人。建元中爲郎。是時天子問匈奴降者。皆言匈奴破月氏王。[氏顏監音支]以其頭爲飲器。月氏遁逃。而常怨仇匈奴。無與共擊之。漢方欲事滅胡。聞此言。因欲通使。道必更匈奴中。乃募能使者。騫以郎應募。使月氏。與堂邑氏故[索隱本脫故字]胡奴甘父俱出隴西。經[漢書經作徑]匈奴。匈奴得之。傳詣單于。單于留之曰。月氏在吾北。漢何以得往使。吾欲使越。漢肯聽我乎。留騫十餘歲。與妻有子。然騫持漢節不失。居匈奴中。益寬。騫因與其屬亡鄉月氏。西走數十日。至大宛。大宛聞漢之饒財。欲通不得。見騫喜。問曰。若欲何之。騫曰。爲漢使月氏。而爲匈奴所閉道。今亡。惟王使人導送我。誠得至。反漢。漢之賂遺王財物。不可勝言。大宛以爲然。遣騫爲發導繹。[索隱作驛毛本同]抵康居。康居傳致

張云騫爲天子言西北諸國因請通大夏而復事西南夷

爲求宛馬張本

大月氏。大月氏王已爲胡所殺。立其太子爲王。集解作夫人漢書同既臣大夏而君之。君之二字本作居字依索隱改地肥饒少寇志安樂。又自以遠遠漢。依漢書增一遠字殊無報胡之心。騫從月氏至大夏。竟不能得月氏要領。留歲餘還。並南山。欲從羌中歸復爲匈奴所得。留歲餘。單于死。元朔三年左谷蠡王谷顏監音鹿攻其太子自立。國內亂。騫與胡妻及堂邑父俱亡歸漢。漢拜騫爲太中大夫。堂邑父爲奉使君。騫爲人彊力寬大信人。蠻夷愛之。堂邑父故胡人。善射。窮急射禽獸給食。初騫行時百餘人。去十三歲。惟二人得還。騫身所至者大宛大月氏大夏康居。而傳聞其旁大國五六。具爲天子言之。曰。大宛在匈奴西南。在漢正西。去漢可萬里。其俗土著。耕田。田稻麥。有蒲陶酒。多善馬。馬汗血。其先天馬子也。有城郭屋室。其屬邑大小七十餘城。衆可數十萬。其兵弓矛騎射。其北則康居。西則大月氏。西南則大

夏東北則烏孫東則杅罙杅索隱音汙漢書作杅彌漢紀作拘彌于窴索隱音殿于窴之西則
水皆西流注西海其東水東流注鹽澤鹽澤潛行地下其南則河源出
焉多玉石河注中國而樓蘭姑師邑有城郭臨鹽澤鹽澤去長安可五
千里匈奴右方居鹽澤以東至隴西長城南接羌鬲漢道焉烏孫在大
宛東北可二千里行國隨畜與匈奴同俗控弦者數萬敢戰故服匈奴
及盛取其羈屬不肯往朝會焉康居在大宛西北可二千里行國與月
氏大同俗控弦者八九萬人與大宛鄰國國小南羈事月氏東羈事匈
奴奄蔡在康居西北可二千里行國與康居大同俗控弦者十餘萬臨
大澤無崖蓋乃北海云大月氏在大宛西可二三千里居媯水北其南
則大夏西則安息北則康居行國也隨畜移徙與匈奴同俗控弦者可
一二十萬故時彊輕匈奴及冒頓立攻破月氏至匈奴老上單于殺月

氏王以其頭爲飲器始月氏居敦煌祁連閒及爲匈奴所敗乃遠去過宛西擊大夏而臣之遂都嬀水北爲王庭其餘小衆不能去者保南山羌號小月氏安息在大月氏西可數千里其俗土著耕田田稻麥蒲陶酒城邑如大宛其屬小大數百城地方數千里最爲大國臨嬀水有市民商賈用車及船行旁國或數千里以銀爲錢錢如其王面王死輒更錢效王面焉（漢書更下有鑄字御覽效作放）畫革旁行以爲書記其西則條枝北有奄蔡（正義漢書解詁云奄蔡即闔蘇也錢云蔡有殺音與蘇聲相近）黎軒條枝在安息西數千里臨西海暑溼耕田田稻有大鳥卵如甕人衆甚多往往有小君長而安息役屬之以爲外國國善眩安息長老傳聞條枝有弱水西王母而未嘗見大夏在大宛西南二千餘里嬀水南其俗土著有城屋與大宛同俗無大王長（王校改君長）往往城邑置小長其兵弱畏戰善賈市及大月氏西徙攻

唐順之云以上如棊盤以下如著棊大夏烏孫事皆借騫言之
通大夏招烏孫騫所畫二策也因通大夏而事西南夷西南夷降而昆明之道卒不通因招烏孫內馬聘女而益求宛馬宛馬至而西北國卒不可羈縻此傳之大指也通大夏客也招烏孫主中客也故詳略異

敗之皆臣畜大夏大夏民多可百餘萬其都曰藍市城有市販賈諸物其東南有身毒國訖乾騫曰臣在大夏時見邛竹杖蜀布問曰安得此大夏國人曰吾賈人往市之身毒身毒在大夏東南可數千里其俗土著大與大夏同而卑溼暑熱云其人民乘象以戰其國臨大水焉以騫度之大夏去漢萬二千里居漢西南今身毒國又居大夏東南數千里有蜀物此其去蜀不遠矣今使大夏從羌中險羌人惡之少北則爲匈奴所得從蜀宜徑又無寇天子既聞大宛及大夏安息之屬皆大國多奇物土著頗與中國同業而兵弱貴漢財物其北有大月氏康居之屬兵彊可以賂遺設利朝也且誠得而以義屬之則廣地萬里重九譯致殊俗威德徧於四海天子欣然漢書作欣欣以騫言爲然乃令騫因蜀犍爲發閒使四道並出出駹出冄出徙李奇音斯出邛僰皆各行一二千里其北方閉

張云騫以失侯請使烏孫因遣使諸國於是西北國始通漢於

氐筰南方閉巂昆明昆明之屬無君長善寇盜輒殺略漢使終莫得通然聞其西可千餘里有乘象國名曰滇越（城）而蜀賈姦（漢書作間）出物者或至焉於是漢以求大夏道始通滇國初漢欲通西南夷費多道不通罷之及張騫言可以通大夏乃復事西南夷騫以校尉從大將軍擊匈奴知水草處軍得以不乏乃封騫爲博望侯是歲元朔六年也其明年騫爲衛尉與李將軍俱出右北平擊匈奴匈奴圍李將軍軍失亡多而騫後期當斬贖爲庶人是歲漢遣驃騎破匈奴西城殺數萬人（依漢書數上增殺字）至祁連山其明年渾邪王率其民降漢而金城河西西並南山至鹽澤空無匈奴匈奴時有候者到而希矣其後二年漢擊走單于於幕北是後天子數問騫大夏之屬騫既失侯因言曰臣居匈奴中聞烏孫王號昆莫昆莫之父匈奴西邊小國也匈奴攻殺其父而昆莫生棄於野烏嗛

肉蜚其上狼往乳之單于怪以爲神而收長之及壯使將兵數有功單于復以其父之民予昆莫令長守於西城昆莫收養其民攻旁小邑控弦數萬習攻戰單于死昆莫乃率其衆遠徙中立不肯朝會匈奴匈奴遣奇兵擊不勝以爲神而遠之因羈屬之不大攻今單于新困於漢而故渾邪地空無人蠻夷俗貪漢財物今誠以此時而厚幣賂烏孫招以益東居故渾邪之地與漢結昆弟其勢宜聽聽則是斷匈奴右臂也既連烏孫自其西大夏之屬皆可招來而爲外臣天子以爲然拜騫爲中郎將將三百人馬各二匹牛羊以萬數齎金幣帛直數千巨萬多持節副使道可使使遺之他旁國騫既至烏孫烏孫王昆莫見漢使如單于禮騫大慙知蠻夷貪乃曰天子致賜王不拜則還賜昆莫起拜賜其他如故騫諭使指曰烏孫能東居渾邪地則漢遣翁主爲昆莫夫人烏孫

國分王老而遠漢未知其大小素服屬匈奴日久矣且又近之其大臣皆畏胡不欲移徙王不能專制騫不得其要領昆莫有十餘子其中子曰大祿彊善將衆將衆別居萬餘騎大祿兄爲太子太子有子曰岑娶而太子早死臨死謂其父昆莫曰必以岑娶爲太子無令他人代之昆莫哀而許之卒以岑娶爲太子大祿怒其不得代太子也乃收其諸昆弟將其衆畔謀攻岑娶及昆莫昆莫老常恐大祿殺岑娶予岑娶萬餘騎別居而昆莫有萬餘騎自備國衆分爲三而其大總取羈屬昆莫昆莫亦以此不敢專約於騫騫因分遣副使使大宛康居大月氏大夏安息身毒于窴扜罙及諸旁國烏孫發導譯送騫還騫與烏孫遣使數十人馬數十匹報謝因令窺漢知其廣大騫還到拜爲大行列於九卿歲餘卒烏孫使既見漢人衆富厚歸報其國其國乃益重漢其後歲餘騫

張云烏孫請獻馬尙主天子以好宛馬益發使諸國其南道復閉昆明而北道使益多既攻破姑師樓蘭遂列亭障至玉門此子瞻所云筆所未到氣已吞者也

因議內聘逆入烏孫馬因烏孫馬遂逆攝宛馬乘勢縱論遣使利弊便及破姑師樓蘭愈說愈遠而以舉兵威困烏孫大宛一語折落收回烏孫聘女郎通伐宛消息組織之巧亦古今罕有

了事西南夷通大夏案卽

所遣使通大夏之屬者皆頗與其人俱來於是西北國始通於漢矣然張騫鑿空其（其漢書作諸）後使往者皆稱博望侯以爲質於外國外國由此信之自博望侯騫死後匈奴聞漢通烏孫怒欲擊之及漢使烏孫若出其南抵大宛大月氏相屬烏孫乃恐使使獻馬願得尙漢女翁主爲昆弟天子問羣臣議計皆曰必先納聘然後乃遣女初天子發書易云神馬當從西北來得烏孫馬好名曰天馬及得大宛汗血馬益壯更名烏孫馬曰西極名大宛馬曰天馬云而漢始築令居以西初置酒泉郡以通西北國因益發使抵安息奄蔡黎軒條枝身毒國而天子好宛馬使者相望於道諸使外國一輩大者數百少者百餘人人所齎操大放博望侯時其後益習而衰少焉漢率一歲中使多者十餘少者五六輩遠者八九歲近者數歲而反是時漢既滅越而蜀西南夷皆震請吏入朝

於還使中夾帶叙之不別起頭文氣乃能駿邁

張云言使外國者益多而好妄言致興兵攻樓蘭姑師以影起下文使者進熟言貳師善馬致興兵伐宛所謂事勢之流相激使然也

於是置益州越巂牂柯沈黎汶山郡欲地接以前通大夏乃遣使柏始昌呂越人等歲十餘輩出此初郡抵大夏皆復閉昆明為所殺奪幣財終莫能通至大夏焉於是漢發三輔罪人因巴蜀士數萬人遣兩將軍郭昌衛廣等往擊昆明之遮漢使者斬首虜數萬人而去其後遣使昆明復為寇竟莫能得通而北道酒泉抵大夏使者既多而外國益厭漢幣不貴其物自博望侯開外國道以尊貴其後從吏卒皆爭上書言外國奇怪利害求使天子為其絕遠非人所樂往聽其言予節募吏民自占使者（四字依漢紀增）毋問所從來為具備人衆遣之以廣其道來還不能毋侵盜幣物及使失指天子為其習之輒覆案致重罪以激怒令贖復求使使端無窮而輕犯法其吏卒亦輒復盛推外國所有言大者予節言小者為副故妄言無行之徒皆爭效之其使皆貧人子私縣官齎物欲

茅坤云此烏孫一節以續上文請昏血脈

烏孫多馬二句張云微詞

賤市以私其利外國外國亦厭漢使人人有言輕重度漢兵遠不能至而禁其食物以苦漢使漢使乏絕責怨（本作積怨依漢書改）至相攻擊而樓蘭姑師（徐廣曰即車師錢云車姑聲相近）小國耳當空道攻劫漢使王恢等尤甚而匈奴奇兵時時遮擊使西國者使者爭徧言外國災害（漢書作利）皆有城邑兵弱易擊於是天子以故遣從驃侯破奴將屬國騎及郡兵數萬至匈河水欲以擊胡胡皆去其明年擊姑師破奴與輕騎七百餘先至虜樓蘭王遂破姑師因舉兵威以困烏孫大宛之屬還封破奴為浞野侯王恢數使為樓蘭所苦言天子天子發兵令恢佐破奴擊破之封恢為浩侯於是酒泉列亭鄣至玉門矣烏孫以千匹馬聘漢女漢遣宗室女江都翁主往妻烏孫烏孫王昆莫以為右夫人匈奴亦遣女妻昆莫昆莫以為左夫人昆莫曰我老乃令其孫岑娶妻翁主（梁云娶漢書作陬音子侯反）烏孫多馬其

張云烏孫娶漢女宛西小國皆來獻見乃行賞賜覽視以傾駭之而其他尚驕恣天子以求宛馬遂伐宛

此所謂文外曲致

全篇醻掁古人大篇往往爭勝此等慘澹而經營之

富人至有四五千匹馬初漢使至安息安息王令將二萬騎迎於東界東界去王都數千里行比至過數十城人民相屬甚多漢使還而後發使隨漢使來觀漢廣大以大鳥卵及黎軒眩人（眩上依索隱滅善字）獻于漢及宛西小國驩潛大益宛東姑師扜罙蘇薤之屬皆隨漢使獻見天子天子大悅而漢使窮河源河源出于寘其山多玉石采來天子案古圖書名河所出山曰崑崙云是時上方數巡狩海上乃悉從外國客大都多人則過之散財帛以賞賜厚具以饒給之以覽示漢富厚焉於是大觳抵出奇戲諸怪物多聚觀者行賞賜酒池肉林令外國客徧觀名倉庫府藏之積見漢之廣大傾駭之及加其眩者之工而觳抵奇戲歲增變甚盛益興自此始西北外國使更來更去宛以西皆自以遠尚驕恣晏然未可詘以禮羈縻而使也自烏孫以西至安息以近匈奴匈奴困月氏

天馬多預提得宛馬以後
事

也匈奴使持單于一信到（到字依漢書補漢書無下則字某疑當兩有之）則國國傳送食不敢
留苦及至漢使非出幣帛不得食不市畜不得騎用所以然者遠漢而
漢多財物故必市乃得所欲然以畏匈奴於漢使焉宛左右以蒲陶為
酒富人藏酒至萬餘石久者數十歲不敗俗嗜酒馬嗜苜蓿漢使取其
實來於是天子始種苜蓿蒲桃肥饒地及天馬多外國使來衆則離宮
別觀旁盡種蒲萄苜蓿極望自大宛以西至安息國雖頗異言然大同
俗相知言其人皆深眼多鬚頿善市賈爭分銖俗貴女子女子所言而
丈夫乃決正其地皆無絲漆不知鑄錢器（漢書錢作鐵集解同）及漢使亡卒降教
鑄作他兵器得漢黃白金輒以為器不用為幣而漢使者往既多其少
從率多進孰於天子言曰宛有善馬在貳師城匿不肯與（漢書作示）漢使天
子既好宛馬聞之甘心使壯士車令等持千金及金馬以請宛王貳師

城善馬宛國饒漢物相與謀曰漢去我遠而鹽水中數敗敗上漢書有有字出
其北有胡寇出其南乏水草又且往往而絕邑乏食者多漢使數百人
爲輩來而常乏食死者過半是安能致大軍乎無奈我何且貳師馬宛
寶馬也遂不肯予漢使漢使怒妄言椎金馬而去宛貴人怒曰漢使至
輕我遣漢使去令其東邊郁成遮攻殺漢使取其財物於是天子大怒
諸嘗使宛姚定漢等言宛兵弱誠以漢兵不過三千人彊弩射之即盡
虜破宛矣天子已嘗使浞野侯攻樓蘭以七百騎先至虜其王以定漢
等言爲然而欲侯寵姬李氏拜李廣利爲貳師將軍發屬國六千騎及
郡國惡少年數萬人以往伐宛期至貳師城取善馬故號貳師將軍趙
始成爲軍正故浩侯王恢使導軍而李哆爲校尉制軍事是歲太初元
年也而關東蝗大起蜚西至敦煌貳師將軍軍既西過鹽水當道小國

鄧以讚云敘事語甚勁健有勢

恐各堅城守不肯給食攻之不能下下者得食不下者數日則去比至郁成士至者不過數千皆饑罷攻郁成郁成大破之所殺傷甚衆貳師將軍與哆始成等計至郁成尙不能舉況至其王都乎引兵而還往來二歲還至敦煌士不過什一二使使上書言道遠多乏食且士卒不患戰患飢人少不足以拔宛願且罷兵益發而復往天子聞之大怒而使使遮玉門曰軍有敢入者輒斬之貳師恐因留敦煌其夏漢亡浞野之兵二萬餘於匈奴公卿及議者皆願罷擊宛軍專力攻胡天子已業誅宛宛小國而不能下則大夏之屬輕漢而宛善馬絕不來烏孫侖頭錢云漢書作侖臺臺頭聲相近易苦漢使矣爲外國笑乃案言伐宛尤不便者鄧光等赦囚徒材官益發惡少年及邊騎歲餘而出敦煌者六萬人負私從當依匈奴傳作私負從者不與牛十萬馬三萬餘匹驢騾橐它以萬數多齎糧兵弩甚

設天下騷動傳相奉伐宛凡五十餘校尉宛王城中無井皆汲城外流水於是乃遣水工徙其城下水空以空（漢書作穴）其城益發戍甲卒十八萬酒泉張掖北置居延休屠以衞酒泉而發天下七科適及載糒給貳師轉車人徒相連屬至敦煌而拜習馬者二人爲執驅馬（依漢書增馬字）校尉備破宛擇取其善馬云於是貳師後復行兵多而所至小國莫不迎出食給軍至侖頭侖頭不下攻數日屠之自此而西平行至宛城漢兵到者三萬人宛兵迎擊漢兵漢兵射敗之宛走入葆乘其城貳師兵欲行攻郁成恐留行而令宛益生詐乃先至宛決其水源移之則宛固已憂困圍其城攻之四十餘日其外城壞虜宛貴人勇將煎靡宛大恐走入中城宛貴人相與謀曰漢所爲攻宛以王毋寡（漢書作寮）匿善馬而殺漢使今殺王毋寡而出善馬漢兵宜解即不解乃力戰而死未晚也宛貴人皆

鄧以讚云語精簡有致

以爲然共殺其王毋寡持其頭遣貴人使貳師約曰漢毋攻我我盡出善馬恣所取而給漢軍食卽不聽我（漢書重我字）盡殺善馬而康居之救且至至我居內康居居外與漢軍戰漢軍熟計之何從是時康居候視漢兵漢兵尙盛不敢進貳師與趙始成李哆等計聞宛城中新得秦人知穿井而其內食尙多所爲來誅首惡者毋寡毋寡頭已至如此而不許解兵則堅守而康居候漢罷而來救宛破漢軍必矣軍吏皆以爲然許宛之約宛乃出其善馬令漢自擇之而多出食食給（漢書無給字）漢軍漢軍取其善馬數十匹中馬以下牡牝三千餘匹而立宛貴人之故待遇漢使善者名昧蔡以爲宛王與盟而罷兵終不得入中城乃罷而引歸初貳師起敦煌西以爲人多道上國不能食乃分爲數軍從南北道校尉王申生故鴻臚壺充國等千餘人別到郁成郁成城守不肯給食其軍

句句提振李廣傳亦如此
此歸宿見意處也

王申生去大軍二百里偵（當依王懷祖校改偵）而輕之責郁成郁成食不肯出窺知申生軍日少晨用三千人攻戮殺申生等軍破數人脫亡走貳師貳師令搜粟都尉上官桀往攻破郁成郁成王亡走康居桀追至康居康居聞漢已破宛乃出郁成王予桀桀令四騎士縛守詣大將軍四人相謂曰郁成王漢國所毒今生將去卒失大事欲殺莫敢先擊上邽騎士趙弟最少拔劍擊之斬郁成王齎頭弟桀等逐及大將軍初貳師後行天子使使告烏孫大發兵并力擊宛烏孫發二千騎往持兩端不肯前貳師將軍之東諸所過小國聞宛破皆使其子弟從軍入獻見天子因以為質焉貳師之伐宛也而軍正趙始成力戰功最多及上官桀敢深入李哆為謀計軍入玉門者萬餘人軍馬千餘匹貳師後行軍非乏食戰死不能多而將吏貪多不愛士卒侵牟之以此物故衆天子為萬里

茅坤云暗寫漢不能以力定大宛處

而伐。（伐下依漢書滅宛字）不錄過。封廣利爲海西侯。又封身斬郁成王者騎士趙弟爲新畤侯。軍正趙始成爲光祿大夫。上官桀爲少府。李哆爲上黨太守。軍官吏爲九卿者三人。諸侯相郡守二千石者百餘人。千石以下千餘人。奮行者官過其望。以適過行者皆絀其勞。士卒賜直四萬金。伐宛再反。凡四歲而得罷焉。漢已伐宛。立昧蔡爲宛王而去。歲餘。宛貴人以爲昧蔡善諛。使我國遇屠。乃相與殺昧蔡。立毋寡昆弟曰蟬封爲宛王。而遣其子入質於漢。漢因使使賂賜以鎭撫之。而漢發使十餘輩至宛西諸外國求奇物。因風覽以伐宛之威德。而敦煌酒泉置都尉。（置字本在酒泉上今依徐廣所引別本校改徐廣云酒或作淵）西至鹽水。往往有亭。而侖頭有田卒數百人。因置使者護田積粟。以給使外國者。

太史公曰。禹本紀言河出崑崙。崑崙其高二千五百餘里。日月所相避

葉份云觀此則前云案古圖書名河所出曰崐崘蓋讖之也但其詞徵不易見耳

隱爲光明也。其上有醴泉瑤池。（御覽作華池）今自張騫使大夏之後也窮河源。惡睹夫（夫字本作本紀所三字依索隱本改漢書夫作所）謂崑崙者乎。故言九州山川。尚書近之矣。至禹本紀山海經所有怪物。余不（索隱本無不字）敢言之也。（山海經序無之字）

某案此篇以通使興兵二事經緯爲主

大宛列傳第六十三

史記一百二十三

游俠列傳第六十四　史記一百二十四

韓子曰儒以文亂法而俠以武犯禁二者皆譏而學士多稱於世云至如以術取宰相卿大夫輔翼其世主功名俱著於春秋固無可言者及若季次原憲閭巷人也讀書懷獨行君子之德義不苟合當世當世亦笑之故（故與顧同）季次原憲終身空室蓬戶褐衣疏食不厭死而已四百餘年而弟子志之不倦今游俠其行雖不軌於正義然其言必信其行必果已諾必誠不愛其軀赴士之阸困既已存亡死生（某案當作生死）矣而不矜其能羞伐其德蓋亦有足多者焉且緩急人之所時有也太史公曰昔者虞舜窘於井廩伊尹負於鼎俎傅說匿於傅險呂尚困於棘津夷吾桎梏百里飯牛仲尼畏匡菜色陳蔡此皆學士所謂有道仁人也猶然遭此菑況以中材而涉亂世之末流乎其遇害何可勝道哉鄙人有言

曰何知仁義已饗其利者爲有德故伯夷醜周餓死首陽山而文武不
以其故貶王跖蹻暴戾其徒誦義無窮由此觀之竊鉤者誅竊國者侯
侯之門仁義存非虛言也今拘學或抱咫尺之義久孤於世豈若卑論
儕俗與世沈浮而取榮名哉而布衣之徒設取予然諾千里誦義爲（去聲）
死不顧世此亦有所長非苟而已也故士窮窘而得委命此豈非人之
所謂賢豪閒者邪誠使鄉曲之俠予季次原憲比權量力效功於當世
不同日而論矣要以功見言信俠客之義又曷可少哉古布衣之俠靡
得而聞已近世延陵孟嘗春申平原信陵之徒皆因王者親屬藉於有
土卿相之富厚招天下賢者顯名諸侯不可謂不賢者矣比如順風而
呼聲非加疾其勢激也至如閭巷之俠脩行砥名聲施於天下莫不稱
賢是爲難耳然儒墨皆排擯不載自秦以前匹夫之俠湮滅不見余甚

恨之。以余所聞。漢興有朱家田仲王公（錢云王公即王孟）劇孟郭解之徒。雖時扞當世之文罔。（某案扞與干同詩公侯干城毛傳干扞也左傳作扞城）然其私義廉潔退讓。有足稱者。名不虛立。士不虛附。至如朋黨宗彊比周。設財役貧。豪暴侵淩孤弱。恣欲自快。游俠亦醜之。余悲世俗不察其意。而猥以朱家郭解等令與暴豪（張刻誤作豪暴）之徒同類而共笑之也。

魯朱家者。與高祖同時。魯人皆以儒教。而朱家用俠聞。所藏活豪士以百數。其餘庸人不可勝言。然終不伐其能。歆（漢書歆作飲）其德。諸所嘗施。唯恐見之。振人不贍。先從貧賤始。家無餘財。衣不完采。食不重味。乘不過軥牛。專趨人之急。甚己之私。既陰脫季布將軍之阸。及布尊貴。終身不見也。自關以東。莫不延頸願交焉。楚田仲以俠聞。喜劍。父事朱家。自以爲行弗及。田仲已死。而雒陽有劇孟。周人以商賈爲資。而劇孟以任俠顯諸侯。吳楚反時。條侯爲太尉。

乘傳東（本作車依漢書改）將（師古讀將字屬上句）至河南得劇孟喜曰吳楚舉大事而不求孟吾知其無能為已矣天下騷動宰相得之若得一敵國云劇孟行大類朱家而好博多少年之戲然劇孟母死自遠方送喪蓋千乘及劇孟死家無餘十金之財而符離人王孟亦以俠稱江淮之閒是時濟南瞯（索隱音閑）氏陳周庸亦以豪聞景帝聞之使使盡誅此屬其後代諸白梁韓無辟（索隱音避）陽翟薛兄（索隱兄音況毛本作況）陝韓孺（陝徐廣云疑當作郟梁云陝卽郟字與陝自別漢書韓作寒古通）紛紛復出焉郭解軹人也字翁伯善相人者許負外孫也解父以任俠孝文時誅死解為人短小精悍不飲酒少時陰賊慨（漢書上有感字）不快意身所殺甚眾以軀借交報仇藏命（錢云命名也藏命猶言匿名）作姦剽攻不休及鑄錢掘冢（王云及常為乃休乃鑄錢掘冢為句休上不字後人所加漢書無不字正作休乃）固不可勝數適有天幸窘急常得脫若遇赦及解年長更折節為儉以德報怨厚施而

薄望然其自喜為俠益甚既已振人之命不矜其功其陰賊著於心本(依漢書增本字漢書無下卒字某謂當兩有之)卒發於睚眦如故云而少年慕其行亦輒為報仇不使知也解姊子負解之勢與人飲使之嚼(徐廣曰嚼音子妙反盡酒也錢云嚼與釂同說文釂飲盡酒也續漢書五行志嚼復嚼者京都飲酒相強之詞也)非其任彊必灌之人怒拔刀刺殺解姊子亡去解姊怒曰以翁伯之義(漢書作以翁伯時)人殺吾子賊不得棄其尸於道弗葬欲以辱解解使人微知賊處賊窘自歸具以實告解解曰公殺之固當吾兒不直遂去其賊罪其姊子乃收而葬之諸公聞之皆多解之義益附焉解出入人皆避之有一人獨箕倨視之解遣人問其名姓客欲殺之解曰居邑屋至不見敬是吾德不脩也彼何罪乃陰屬尉史曰是人吾所急也至踐更時脫之每至踐更數過吏弗求怪(震澤王氏本作快)之問其故乃解使脫之箕倨者乃肉袒謝罪少年聞之愈益慕解之

行。雒陽人有相仇者。邑中賢豪居閒者以十數。終不聽。客乃見郭解。解夜見仇家。仇家曲聽解。漢書無解字索隱本同解乃謂仇家曰。吾聞雒陽諸公在在下依漢書減此字閒。多不聽者。今子幸而聽解。解奈何乃從他縣奪人邑中賢大夫權乎。乃夜去。不使人知。曰。且無用待我。句下重待我二字依漢書刪索隱讀無用句絕是亦同漢書不重也去令雒陽豪居閒。居下依漢書刪其字乃聽之。解執恭敬。不敢乘車入其縣廷。之旁郡國。為人請求事。事可出。出之。不可者。各令依漢書增令字厭其意。然後乃敢嘗酒食。諸公以故嚴重之。爭為用。邑中少年及旁近縣賢豪夜半過門。常十餘車。請得解客舍養之。及徙豪富茂陵也。解家貧不中訾。吏恐不敢不徙。衞將軍為言。郭解家貧不中徙。上曰。解依漢書增解字布衣。權至使將軍為言。此其家不貧。解家遂徙。諸公送者出千餘萬。軹人楊季主子為縣掾。舉徙解。漢書作鬲之解兄子斷楊掾頭。由此楊氏與郭氏為仇解入關關中賢豪知與不知聞聲聞下依漢書滅其字爭交驩解解爲人短小不飲酒出未嘗有騎已又殺楊季主楊季主家上書人又殺之闕下上聞乃下吏捕解解亡置其母家室夏陽身至臨晉臨晉籍少公素不知解解冒因求出關籍少公已出解解轉入太原所過輒告主人家吏逐逐下依漢書刪之字跡至籍少公少公自殺口絕久之乃得解窮治所犯爲某案班氏讀犯爲爲句解所殺皆在赦前軹有儒生侍使者坐客譽郭解某疑此下脫賢字生曰郭解專以姦犯公法何謂賢解客聞殺此生斷其舌吏以以下依漢書刪此字責解解實不知殺者殺者亦竟絕莫知爲誰吏奏解無罪御史大夫公孫弘議曰解布衣爲任俠行權以睚眦殺人解雖弗知此罪甚於解知解下依漢書補知字殺之當大逆無道遂族郭解翁伯

自是之後爲俠者極衆敖而無足數者某案敖而猶謷然也莊子天地篇謷然不顧然關中長安樊仲子槐里趙王孫

長陵高公子西河郭翁仲太原鹵（漢書作魯）公孺臨淮兒長卿東陽田君孺雖爲俠而逡逡有退讓君子之風至若北道姚氏西道諸杜南道仇景東道趙他（漢書無趙字）羽公子（錢云春秋傳鄭穆公之後有羽氏）南陽趙調之徒此盜跖居民閒者耳曷足道哉此乃鄉者朱家之羞也

太史公曰吾視郭解狀貌不及中人言語不足採者然天下無賢與不肖知與不知皆慕其聲言俠者皆引以爲名諺曰人貌榮名豈有既乎於戲惜哉

某案此篇以窮窘而得委命爲主

此則慨深而神遠

佞幸列傳第六十五

諺曰力田不如逢年善仕不如遇合（偶）固無虛言非獨女以色媚而士宦亦有之昔以色幸者多矣至漢興高祖至暴抗（伉）也然籍孺以佞幸孝惠時有閎孺此兩人非有材能徒以婉佞（漢書佞作媚）貴幸與上臥起公卿皆因關說故孝惠時郎侍中皆冠鵕鸃貝帶傅脂粉化閎籍之屬也兩人徙家安陵孝文時中寵臣士人則鄧通宦者則趙同北宮伯子北宮伯子以愛人長者而趙同以星氣幸常為文帝參乘鄧通無伎能鄧通蜀都南安人也以濯船為黃頭郎孝文帝夢欲上天不能有一黃頭郎從後推之上天顧見其衣裻帶後穿覺而之漸臺以夢中陰目求推者郎即見鄧通其衣後穿夢中所見也召問其名姓姓鄧氏名通文帝說焉尊幸之日異通亦愿謹不好外交雖賜洗沐不欲出於是文帝賞賜通

巨萬以十數。官至上大夫。文帝時時如鄧通家遊戲。然鄧通無他能。不能有所薦士。獨自謹其身以媚上而已。上使善相者相通。曰當貧餓死。文帝曰。能富通者在我也。何謂（漢書謂作說）貧乎。於是賜鄧通蜀嚴道銅山。得自鑄錢。鄧氏錢布天下。其富如此。文帝嘗病癰。鄧通常為帝唶吮之。文帝不樂。從容問通曰。天下誰最愛我者乎。通曰。宜莫如太子。太子入問病。文帝使唶癰。唶癰而色難之。已而聞鄧通常為帝唶吮之。心慙。由此怨通矣。及文帝崩。景帝立。鄧通免。家居。居無何。人有告鄧通盜出徼外鑄錢。下吏驗問。頗有之。遂竟案。盡沒入鄧通家。（漢書入下有之字）尚負責數巨萬。長公主賜鄧通。吏輒隨沒入之。一簪不得著身。於是長公主乃令假衣食。竟不得名一錢。寄死人家。

孝景帝時。中無寵臣。然獨郎中令周文仁。（某案周文仁猶下韓王孫嫣皆名字兼稱）仁寵最過庸。乃不甚過篤。（某案漢書作取過庸不篤師古注纔

過于常人耳不見大厚也男閹生蘆案如師古說最取當有幾義然史漢文異且簡甚未詳今天子中寵臣士人則

韓王孫嫣宦者則李延年嫣者弓高侯孽孫也今上為膠東王時嫣與上學書相愛及上為太子愈益親嫣嫣善騎射善佞上即位欲事伐匈奴而嫣先習胡兵以故益尊貴官至上大夫賞賜擬於鄧通時嫣常與上臥起江都王入朝有詔得從入獵上林中天子車駕蹕道未行而先使嫣乘副車從數十百騎騖馳視獸江都王望見以為天子辟從者伏謁道傍嫣驅不見既過江都王怒為皇太后泣曰請得歸國入宿衛比韓嫣太后由此嗛嫣嫣侍上出入永巷不禁以姦聞皇太后皇太后怒使使賜嫣死上為謝終不能得嫣遂死而案道侯韓說其弟也亦佞幸

李延年中山人也父母及身兄弟及女皆故倡也延年坐法腐給事狗中而平陽公主言延年女弟善舞上見心說之及入永巷而召貴延年

後贊爲此句發

延年善歌爲變新聲而上方興天地祠欲造樂詩歌弦之延年善承意弦次初詩其女弟亦幸有子男延年佩二千石印號協聲律與上臥起甚貴幸埒如韓嫣也久之寖與中人亂集解一云坐弟季與中人亂出入驕恣及其女弟李夫人卒後愛弛則禽誅延年昆弟也自是之後內寵嬖臣大底外戚之家然不足數也衞青霍去病亦以外戚貴幸然頗用材能自進

太史公曰甚哉愛憎之時彌子瑕之行足以觀後人佞幸矣雖百世可知也

某案此篇以愛憎爲主

佞幸列傳第六十五　史記一百二十五

發端見有益於治者不必一塗此滑稽所以可傳也

滑稽列傳第六十六

孔子曰六藝於治一也禮以節人樂以發和書以道事詩以達意易以神化春秋以義淩以棟本有道字太史公曰天道恢恢豈不大哉談言微中亦可以解紛淳于髡者齊之贅壻也長不滿七尺滑稽多辯崔浩云滑音骨滑稽流酒器也轉注吐酒終日不已言出成章詞不窮竭若滑稽之吐酒數使諸侯未嘗屈辱齊威王之時喜隱好爲淫樂長夜之飲沈湎不治委政卿大夫百官荒亂諸侯並侵國且危亡在於旦暮左右莫敢諫淳于髡說之以隱曰國中有大鳥止王之庭三年不蜚又不鳴王知此鳥何也王曰此鳥不飛則已一飛沖天不鳴則已一鳴驚人於是乃朝諸縣令長七十二人賞一人誅一人奮兵而出諸侯振驚皆還齊侵地威行三十六年語在田完世家中威王八年楚大發兵加齊齊王使淳于髡之趙請救兵齎金百斤車馬十駟淳

于髡仰天大笑冠纓索絕王曰先生少之乎髡曰何敢王曰笑豈有說
乎髡曰今者臣從東方來見道傍有禳田者操一豚蹄酒一盂而祝曰
甌窶（索隱音婁）滿篝汙邪滿車五穀蕃熟穰穰滿家臣見其所持者狹而所
欲者奢故笑之於是齊威王乃益齎黃金千溢白璧十雙車馬百駟髡
辭而行至趙趙王與之精兵十萬革車千乘楚聞之夜引兵而去威王
大說置酒後宮召髡賜之酒問曰先生能飲幾何而醉對曰臣飲一斗
亦醉一石亦醉威王曰先生飲一斗而醉惡能飲一石哉其說可得聞
乎髡曰賜酒大王之前執法在傍御史在後髡恐懼俯伏而飲不過一
斗徑醉矣若親有嚴客髡帣韝鞠𦝫侍酒於前時賜餘瀝奉觴上壽數
起飲不過二斗徑醉矣若朋友交游久不相見卒然相覩歡然道故私
情相語飲可五六斗徑醉矣若乃州閭之會男女雜坐行酒稽留六博

投壺相引爲曹握手無罰目眙（大姚云徐音吐瓶反疑作瞪）不禁前有墮珥後有遺簪髡竊樂此飲可八斗而醉二參日暮酒闌合尊促坐男女同席履舄交錯杯盤狼籍堂上燭滅主人留髡而送客羅襦襟解微聞薌澤當此之時髡心最歡能飲一石故曰酒極則亂樂極則悲萬事盡然言不可極極之而衰以諷諫焉齊王曰善乃罷長夜之飲以髡爲諸侯主客宗室置酒髡嘗在側其後百餘年楚有優孟優孟者故楚之樂人也長八尺多辯常以談笑諷諫楚莊王之時有所愛馬衣以文繡置之華屋之下席以露牀啗以棗脯馬病肥死使羣臣喪之欲以棺槨大夫禮葬之左右爭之以爲不可王下令曰有敢以馬諫者罪至死優孟聞之入殿門仰天大哭王驚而問其故優孟曰馬者王之所愛也以楚國堂堂之大何求不得而以大夫禮葬之薄請以人君禮葬之王曰何如對曰臣

請以彫玉爲棺。文梓爲椁。楩楓豫章爲題湊。發甲卒爲穿壙。老弱負土。
齊趙陪位於前。韓魏翼衞其後。廟食太牢。奉以萬戶之邑。某案之邑二字疑後人妄增不知此文有韵也使。依通志增使字諸侯聞之。皆知大王賤人而貴馬也。王曰。寡人之
過一至此乎。爲之柰何。孟依通志孟上删優字曰。請爲大王六畜葬之。以壠竈索隱引皇覽作壟突爲椁。銅歷索隱歷卽釜鬲也錢云歷卽𤮊字說文鬲或作𤮊爲棺。齎以薑棗。薦以木蘭。
祭以糧稻。通志糧作粳衣以火光。葬之於人腹腸。皇覽作送之箸端葬之腸中於是王乃
使以馬屬太官。無令天下久聞也。楚相孫叔敖知其賢人也。善待之。病
且死。屬其子曰。我死。汝必貧困。若往見優孟。言我孫叔敖之子也。居數
年。其子窮困負薪。逢優孟。與言曰。我孫叔敖之子也。父且死時。屬我貧
困往見優孟。孟孟上依索隱删優字曰。若無遠有所之。卽爲孫叔敖衣冠。抵掌談
語。歲餘。像孫叔敖。楚王及左右不能別也。莊王置酒。優孟前爲壽。莊王

大驚以爲孫叔敖復生也欲以爲相優孟曰請歸與婦計之三日而爲相莊王許之三日後優孟復來王曰婦言謂何孟曰婦言愼無爲楚相不足爲也如孫叔敖之爲楚相盡忠爲廉以治楚楚王得以霸今死其子無立錐之地貧困負薪以自飲食必如孫叔敖不如自殺因歌曰山居耕田苦難以得食起而爲吏身貪鄙者餘財不顧恥辱身死家室富又恐受賕枉法爲姦觸大罪身死而家滅貪吏安可爲也念爲廉吏奉法守職竟死不敢爲非廉吏安可爲也楚相孫叔敖持廉至死方今妻子窮困負薪而食不足爲也於是莊王謝優孟乃召孫叔敖子封之寢丘四百戶以奉其祀後十世不絕此知可以言時矣其後二百餘年秦有優旃優旃者秦倡朱儒也善爲笑言然合於大道秦始皇時置酒而天雨陛楯者皆沾寒優旃見而哀之謂之曰汝欲休乎陛楯者皆曰幸

楊愼云太史公贊滑稽亦近滑稽韓公銘樊宗師亦學樊宗師

甚優旃曰我卽呼汝汝疾應曰諾居有頃殿上上壽呼萬歲優旃臨檻大呼曰陛楯郎郎曰諾優旃曰汝雖長何益幸雨立我雖短也幸休居於是始皇使陛楯者得半相代始皇嘗議欲大苑囿東至函谷關西至雍陳倉優旃曰善多縱禽獸於其中寇從東方來令麋鹿觸之足矣始皇以故輟止二世立又欲漆其城優旃曰善主上雖無言臣固將請之漆城雖於百姓愁費然佳哉漆城蕩蕩寇來不能上卽欲就之易爲漆耳顧難爲蔭室於是二世笑之以其故止居無何二世殺死優旃歸漢數年而卒

太史公曰淳于髡仰天大笑齊威王橫行優孟搖頭而歌負薪者以封優旃臨檻疾呼陛楯得以半更豈不亦偉哉

褚先生曰臣幸得以經術爲郎而好讀外家傳語竊不遜讓復作故事

滑稽之語六章。編之於左。可以覽觀揚意。以示後世好事者讀之。以游心駭耳。以附益上方太史公之三章。武帝時。有所幸倡郭舍人者。發言陳辭。雖不合大道。然令人主和說。武帝少時。東武侯母常養帝。帝壯時。號之曰大乳母。率一月再朝。朝奏入。有詔使幸臣馬游卿以帛五十匹賜乳母。又奉飲糒飧養乳母。乳母上書曰。某所有公田。願得假倩之。帝曰。乳母欲得之乎。以賜乳母。乳母所言。未嘗不聽。有詔得令乳母乘車行馳道中。當此之時。公卿大臣皆敬重乳母。乳母家子孫奴從者橫暴長安中。當道掣頓人車馬。奪人衣服。聞於中。不忍致之法。有司請徙乳母家室。處之於邊。奏可。乳母當入至前。面見辭。乳母先見郭舍人。為下泣。舍人曰。即入見辭去。疾步數還顧。乳母如其言。謝去。疾步數還顧。郭舍人疾言罵之曰。咄。老女子何不疾行。陛下已壯矣。寧尚須汝乳而活邪。尚何還顧。於是人主憐焉悲之。乃下詔止無徙乳母。罰謫譖之者。武帝時。齊人有東方生名朔。以好古傳書愛經術。多所博觀外家之語。朔初入長安。至公車上書。凡用三千奏牘。公車令兩人共持舉其書。僅然能勝之。人主從上方讀之。止。輒乙其處。讀之二月乃盡。詔拜以爲郎。常在側侍中。數召至前談語。人主未嘗不說也。時詔賜之食於前。飯已盡。懷其餘肉持去。衣盡汙。數賜縑帛。擔揭而去。徒用所賜錢帛取少婦於長安中。好女。率取婦一歲所者卽弃去。更取婦。所賜錢財盡索之於女子。人主左右諸郎半呼之狂人。人主聞之曰。令朔在事無爲是行者。若等安能及之哉。朔任其子爲郎。又爲侍謁者。常持節出使。朔行殿中。郎謂之曰。人皆以先生爲狂。朔曰。如朔等所謂避世於朝廷閒者也。古之人乃避世於深山中。時坐席中。酒酣。據地歌曰。陸沈於俗。避世金馬門。

宮殿中可以避世全身。何必深山之中。蒿廬之下。金馬門者。宦署門也。門傍有銅馬。故謂之曰金馬門。時會聚宮下。博士諸先生與論議。共難之曰。蘇秦張儀。一當萬乘之主。而都卿相之位。澤及後世。今子大夫脩先王之術。慕聖人之義。諷誦詩書百家之言。不可勝數。著於竹帛。自以爲海內無雙。卽可謂博聞辯智矣。然悉力盡忠以事聖帝。曠日持久。積數十年。官不過侍郎。位不過執戟。意者尚有遺行邪。其故何也。東方生曰。是固非子之所能備也。彼一時也。此一時也。豈可同哉。夫張儀蘇秦之時。周室大壞。諸侯不朝。力政爭權。相禽以兵。幷爲十二國。未有雌雄。得士者彊。失士者亡。故說聽行通。身處尊位。澤及後世。子孫長榮。今非然也。聖帝在上。德流天下。諸侯賓服。威振四夷。連四海之外以爲席。安於覆盂。天下平均。合爲一家。動發舉事。猶如運之掌中。賢與不肖。何以異哉。方今以天下之大。士民之衆。竭精馳說。並進輻湊者。不可勝數。悉力慕義。困於衣食。或失門戶。使張儀蘇秦與僕並生於今之世。曾不能得掌故。安敢望常侍侍郎乎。傳曰。天下無害菑。雖有聖人。無所施其才。上下和同。雖有賢者。無所立功。故曰。時異則事異。雖然。安可以不務脩身乎。詩曰。鼓鍾于宮。聲聞于外。鶴鳴九臯。聲聞于天。苟能脩身。何患不榮。太公躬行仁義。七十二年。逢文王。得行其說。封於齊。七百歲而不絕。此士之所以日夜孜孜。脩學行道。不敢止也。今世之處士。時雖不用。崛然獨立。塊然獨處。上觀許由。下察接輿。策同范蠡。忠合子胥。天下和平。與義相扶。寡偶少徒。固其常也。子何疑於余哉。於是諸先生默然無以應也。建章宮後閣重櫟中有物出焉。其狀似麋。以聞。武帝往臨視之。問左右羣臣習事通經術者。莫能知。詔東方朔視之。朔曰。臣知之。願賜美酒粱飯大飽臣臣乃言詔曰可已飽又曰某所有公田魚池蒲葦數頃陛下以賜臣臣朔乃言詔曰可於是朔乃肯言曰所謂騶牙者也遠方當來歸義而騶牙先見其齒前後若一齊等無牙故謂之騶牙其後一歲所匈奴混邪王果將十萬衆來降漢乃復賜東方生錢財甚多至老朔且死時諫曰詩云營營青蠅止于蕃愷悌君子無信讒言讒言罔極交亂四國願陛下遠巧佞退讒言帝曰今顧東方朔多善言怪之居無幾何朔果病死傳曰鳥之將死其鳴也哀人之將死其言也善此之謂也武帝時大將軍衞青者衞后兄也封爲長平侯從軍擊匈奴至余吾水上而還斬首捕虜有功來歸詔賜金千斤將軍出宮門齊人東郭先生以方士待詔公車當道遮衞將軍車拜謁曰願白事將軍止車前東郭先生旁車言曰王夫人新得幸於上家貧今將軍得金千斤誠以其

牛賜王夫人之親。人主聞之必喜。此所謂奇策便計也。衛將軍謝之曰。
先生幸告之以便計。請奉教。於是衛將軍乃以五百金爲王夫人之親
壽。王夫人以聞武帝。帝曰。大將軍不知爲此。問之安所受計策。對曰。受
之待詔者東郭先生。詔召東郭先生。拜以爲郡都尉。東郭先生久待詔
公車。貧困飢寒。衣敝履不完。行雪中。履有上無下。足盡踐地。道中人笑
之。東郭先生應之曰。誰能履行雪中。令人視之。其上履也。其履下處乃
似人足者乎。及其拜爲二千石。佩青緺出宮門。行謝主人。故所以某案以與
通同官待詔者。等比祖道於都門外。榮華道路。立名當世。此所謂衣褐
懷寶者也。當其貧困時。人莫省視。至其貴也。乃爭附之。諺曰。相馬失之
瘦。相士失之貧。其此之謂邪。王夫人病甚。人主至自往問之曰。子當爲
王。欲安所置之。對曰。願居洛陽。人主曰。不可。洛陽有武庫敖倉。當關口。

天下咽喉。自先帝以來。傳不爲置王。然關東國莫大於齊。可以爲齊王。王夫人以手擊頭。呼幸甚。王夫人死。號曰齊王太后薨。昔者齊王使湻于髡獻鵠於楚。出邑門。道飛其鵠。徒揭空籠。造詐成辭。往見楚王曰。齊王使臣來獻鵠。過於水上。不忍鵠之渴。出而飲之。去我飛亡。吾欲刺腹絞頸而死。恐人之議吾王。以鳥獸之故令士自傷殺也。鵠毛物。多相類者。吾欲買而代之。是不信而欺吾王也。欲赴佗國奔亡。痛吾兩主使不通。故來服過。叩頭受罪大王。楚王曰。善。齊王有信士若此哉。厚賜之。財倍鵠在也。武帝時。徵北海太守詣行在所。有文學卒史王先生者。自請與太守俱。吾有益於君。君許之。諸府掾功曹白云。王先生嗜酒。多言少實。恐不可與俱。太守曰。先生意欲行。不可逆。遂與俱行。至宮下。待詔宮府門。王先生徒懷錢沽酒。與衛卒僕射飲。日醉。不視其太守。太守入跪

拜王先生謂戶郎曰幸爲我呼吾君至門內遙語戶郎爲呼太守太守來望見王先生王先生曰天子卽問君何以治北海令無盜賊君對曰

何哉對曰選擇賢材各任之以其能賞異等罰不肖王先生曰對如是是自譽自伐功不可也願君對言非臣之力盡陛下神靈威武所變化也太守曰諾召入至於殿下有詔問之曰何以治北海令盜賊不起叩頭對言非臣之力盡陛下神靈威武之所變化也武帝大笑曰於呼安得長者之語而稱之安所受之對曰受之文學卒史帝曰今安在對曰在宮府門外有詔召拜王先生爲水衡丞以北海太守爲水衡都尉傳曰美言可以市尊行可以加人君子相送以言小人相送以財

某案曰何哉對曰四字衍

魏文侯時西門豹爲鄴令豹往到鄴會長老問之民所疾苦長老曰苦爲河伯娶婦以故貧豹問其故對曰鄴三老廷掾嘗歲賦斂百姓收取

其錢•得數百萬•用其二三十萬爲河伯娶婦•與祝巫共分其餘錢•持歸•
當其時•巫行視小家女好者•云•是當爲河伯婦•卽娉取•洗沐之•爲治新
繒綺縠衣•閒居齋戒•爲治齋宮河上•張緹絳帷•女居其中•爲具牛酒飯
食•行十餘日•共粉飾之•如嫁女•床席•令女居其上•浮之河中•始浮•行數
十里乃沒•其人家有好女者•恐大巫祝爲河伯取之•以故多持女遠逃
亡•以故城中益空無人•又困貧•所從來久遠矣•民人俗語曰•卽不爲河
伯娶婦•水來漂沒•溺其人民云•西門豹曰•至爲河伯娶婦時•願三老巫
祝父老送女河上•幸來告語之•吾亦往送女•皆曰諾•至其時•西門豹往
會之河上•三老官屬豪長者里父老皆會•以人民往觀之者三二千人•
其巫•老女子也•已年七十•從弟子女十人所•皆衣繒單衣•立大巫後•西
門豹曰•呼河伯婦來•視其好醜•卽將女出帷中•來至前•豹視之•顧謂三

老巫祝父老曰是女子不好煩大巫嫗爲入報河伯得（御覽得作待）更求好女後日送之卽使吏卒共抱大巫嫗投之河中有頃曰巫嫗何久也弟子趣之復以弟子一人投河中有頃曰弟子何久也復使一人趣之復投一弟子河中凡投三弟子西門豹曰巫嫗弟子是女子也不能白事煩三老爲入白之復投三老河中西門豹簪筆磬折嚮河立待良久長老傍吏觀者皆驚恐西門豹顧曰巫嫗三老不來還奈之何欲復使廷掾與豪長者一人入趣之皆叩頭叩頭且破額血流地色如死灰西門豹曰諾且留待之須臾須臾豹曰廷掾起矣狀河伯留客之久若皆罷去歸矣鄴吏民大驚恐從是以後不敢復言爲河伯娶婦西門豹卽發民鑿十二渠引河水灌民田田皆溉當其時民治渠少煩苦不欲也豹曰民可以樂成不可與慮始今父老子弟雖患苦我然百歲後期令父

老子孫思我言。至今皆得水利。民人以給足富。十二渠經絕馳道。到漢之立。而長吏以爲十二渠橋絕馳道。相比近。不可。欲合渠水。且至馳道。合三渠爲一橋。鄴民人父老不肯聽長吏。以爲西門君所爲也。賢君之法式不可更也。長吏終聽置之。故西門豹爲鄴令。名聞天下。澤流後世。無絕已時。幾可謂非賢大夫哉。傳曰。子產治鄭。民不能欺。子賤治單父。民不忍欺。西門豹治鄴。民不敢欺。三子之才能。誰最賢哉。辯治者當能別之。

某案此篇以談言微中爲主

滑稽列傳第六十六

史記一百二十六

黃震古今紀要云呂東萊謂歐公每製文必先取日者傳讀數過
董份云太史公雖其體務閎深然其詞極精嚴時涉滑漫義亦微妙如龜策貨殖游俠等傳其論議亦有出入而文則絕高矣日者傳汪洋自肆然其閒似亦有繁詞又非褚大之筆意者所記季主自有當時舊文而褚述之邪

日者列傳第六十七

自古受命而王王者之興何嘗不以卜筮決於天命哉其於周尤甚及秦可見代王之入任於卜者太卜之起由漢興而有（某案索隱而有二字屬下讀）司馬季主者楚人也卜於長安東市宋忠為中大夫賈誼為博士同日俱出洗沐相從論議誦易（御覽誦易作講習男閻生謹案後文有通易經術之語通易即誦易也講習字疑後人肊改）先王聖人之道術究徧人情相視而歎賈誼曰吾聞古之聖人不居朝廷必在卜醫之中今吾已見三公九卿朝士大夫皆可知矣試之卜數中以觀采二人即同輿而之市游於卜肆中天新雨道少人司馬季主閒坐弟子三四人侍方辯天地之道日月之運陰陽吉凶之本二大夫再拜謁司馬季主視其狀貌如類有知者即禮之使弟子延之坐坐定司馬季主復理前語分別天地之終始日月星辰之紀差次仁義之際

列吉凶之符。語數千言。莫不順理。宋忠賈誼瞿然而悟。獵（索隱獵攬也。錢云獵攬聲相近）纓正襟危坐。曰。吾望先生之狀。聽先生之辭。小子竊觀於世。未嘗見也。今何居之卑。何行之汙乎。（依通志增乎字）司馬季主捧腹大笑曰。觀大夫類有道術者。今何言之陋也。何辭之野也。今夫子所賢者何也。所高者誰也。今何以卑汙長者。二君曰。尊官厚祿。世之所高也。賢才處之。今所處非其地。故謂之卑。言不信。行不驗。取不當。故謂之汙。夫卜筮者。世俗之所賤簡也。世皆言曰。夫卜者多言誇嚴。（王云嚴讀爲譀說文譀誕也某案嚴爲險之借字後文集解云一作險）以得人情。虛高人祿命。以說人志。擅言禍災。以傷人心。矯言鬼神。以盡人財。厚求拜謝。以私於己。此吾之所恥。故謂之卑汙也。司馬季主曰。公且安坐。公見夫被髮童子乎。日月照之則行。不照則止。問之日月疵瑕吉凶。則不能理。由是觀之。能知別賢與不肖者寡矣。賢之行也直

評以譏云一篇神采在此筆勢旣奇肆語復多精詆刺仕流殆入骨

道以正諫三諫不聽則退其譽人也不望其報惡人也不顧其怨以便國家利衆爲務故官非其任不處也祿非其功不受也見人不正雖貴不敬也見人有汚雖尊不下也得不爲喜去不爲恨非其罪也雖累辱而不愧也今公所謂賢者皆可爲羞矣卑疵而前孅趨而言相引以勢相導以利比周賓正（錢云賓讀曰擯）以求尊譽以受公奉事私利枉主法獵農民以官爲威以法爲機求利逆暴譬無異於操白刃刼人者也初試官時倍方爲巧詐飾虛功執空文以罔主上用居上爲右試官不讓賢陳功見僞增實以無爲有以少爲多以求便勢尊位飲食驅馳從姬歌兒不顧於親犯法害民虛公家此夫爲盜不操矛弧者也攻而不用弦刃者也欺父母未有罪而弒君未伐者也河以爲高賢才乎盜賊發不能禁夷貊不服不能攝姦邪起不能塞官秏亂不能治四時不和不能調

歲穀不孰不能適。才賢不爲。是不忠也。才不賢而託官位。利上奉。防賢者處。是竊位也。有人者進。有財者禮。是僞也。子獨不見鴟梟之與鳳皇翔乎。蘭芷芎藭弃於廣野。蒿蕭成林。使君子退而不顯衆。公等是也。述而不作。君子義也。今夫卜者。必發天地。象四時。順於仁義。分策定卦。旋式正棊。然後言天地之利害。事之成敗。昔先王之定國家。必先龜策日月。而後乃敢代。正時日乃後入家。產子必先占吉凶。後乃育（本作有之依類聚注改）之。自伏羲作八卦。周文王演三百八十四爻。而天下治。越王句踐放文王八卦。以破敵國。霸天下。由是言之。卜筮有何負哉。且夫卜筮者。埽除設坐。正其冠帶。然後乃言事。此有禮也。言而鬼神或以饗。忠臣以事其上。孝子以養其親。慈父以畜其子。此有德者也。而以義置數十百錢。病者或以愈。且死或以生。患或以免。事或以成。嫁子娶婦或以養生。此之爲德，豈直數十百錢哉。此夫老子所謂上德不德，是以有德。今夫卜筮者，利大而謝少，老子之云，豈異於是乎。莊子曰，君子內無飢寒之患，外無刧奪之憂，居上而敬，居下不爲害，君子之道也。今夫卜筮者之爲業也，積之無委聚，藏之不用府庫，徙之不用輜車，負裝之不重，止而用之無盡索之時，持不盡索之物，游於無窮之世，雖莊氏之行，未能增於是也。子何故而云不可卜哉。天不足西北，星辰西北移，地不足東南，以海爲池，日中必移，月滿必虧，先王之道，乍存乍亡，公責卜者言必信，不亦惑乎。公見夫談士辯人乎。慮事定計，必是人也，然不能以一言說人主意，故言必稱先王，語必道上古，慮事定計，飾先王之成功，語其敗害，以恐喜人主之志，以求其欲，多言誇嚴，集解一作險 莫大於此矣。然欲彊國成功，盡忠於上，非此不立。今夫卜者，導惑教愚也。夫愚惑之人，豈能以一言而知之哉。言不厭多。故騏驥不能與罷驢為駟。而鳳皇不與燕雀為羣。而賢者亦不與不肖者同列。故君子處卑隱以辟衆。自匿以辟倫。微見德順。以除羣害。以明天性。助上養下。多其功利。不求尊譽。公之等喁喁者也。何知長者之道乎。宋忠賈誼忽而自失。芒乎無色。悵然噤口不能言。於是攝衣而起。再拜而辭。行洋洋也。出市市字依通志增門僅能自上車。伏軾低頭。卒不能出氣。居三日。宋忠見賈誼於殿門外。乃相引屏語相謂自歎曰。道高益安。勢高益危。居赫赫之勢。失身且有日矣。夫卜而有不審。不見奪糈。為人主計而不審。身無所處。此相去遠矣。猶天冠地屨也。此老子之所謂無名者。萬物之始也。天地曠曠。物之熙熙。或安或危。莫知居之。我與若。何足預彼哉。男闓生謹案預讀曰與與猶當也彼久而愈安。雖曾氏之義。未有以異也。久之。宋忠使匈奴。不至而還。抵罪。而賈誼為梁懷

王傳•王墮馬薨•誼不食•毒恨而死•此務華絕根者也•

太史公曰•古者卜人所以不載者•多不見於篇•及至司馬季主•余志而著之•

褚先生曰•臣為郎時•游觀長安中•見卜筮之賢大夫•觀其起居行步•坐起自動•誓正其衣冠而當鄉人也•有君子之風•見性好解婦來卜•對之顏色嚴•振未嘗見齒而笑也•從古以來•賢者避世•有居止舞澤者•有居民閒閉口不言•有隱居卜筮閒以全身者•夫司馬季主者•楚賢大夫•游學長安•通易經術•黃帝老子•博聞遠見•觀其對二大夫貴人之談言•稱引古明王聖人道•固非淺聞小數之能•及卜筮立名聲千里者•各往往而在•傳曰•富為上•貴次之•既貴各各學一技能立其身•黃直丈夫也•陳君夫•婦人也•以相馬立名天下•齊張仲曲成侯•以善擊刺學用劍•立名

天下。畱長孺。以相彘立名。滎陽褚氏。以相牛立名。能以伎能立名者甚多。皆有高世絕人之風。何可勝言。故曰。非其地樹之不生。非其意教之不成。夫家之教子孫。當視其所以好。好含(含一作舍)苟生活之道。因而成之。故曰。制宅命子。足以觀士。子有處所。可謂賢人。臣爲郎時。與太卜待詔爲郎者同署。言曰。孝武帝時。聚會占家問之。某日可取婦乎。五行家曰。可。堪輿家曰。不可。建除家曰。不吉。叢辰家曰。大凶。厤家曰。小凶。天人家曰。小吉。(錢云天人家不見於藝文志或云當作天一家)太一家曰。大吉。辯訟不決。以狀聞。制曰。避諸死忌。以五行爲主。人取於五行者也。

某疑日者傳乃僞作不似太史公書龜策傳序則子長意境非褚先生所能擬禮樂律各序皆存獨其書亡耳龜策傳亦然董份云龜策傳博閎精雅惜其文不全而爲褚先生補耳

龜策列傳第六十八

太史公曰．自古聖王．將建國受命．興動事業．何嘗不寶卜筮以助善．唐虞以上．不可記已．自三代之興．各據禎祥．塗山之兆從．而夏啓世．飛燕之卜順．故殷興．百穀之筮吉．故周王．王者決定諸疑．參以卜筮．斷以蓍龜．不易之道也．蠻夷氐羌．雖無君臣之序．亦有決疑之卜．或以金石．或以草(革)木．國不同俗．然皆可以戰伐攻擊．推兵求勝．各信其神．以知來事．略聞夏殷欲卜者．乃取蓍龜．已則弃去之．以爲龜藏則不靈．蓍久則不神．至周室之卜官．常寶藏蓍龜．又其大小先後．各有所尚．要其歸等耳．或以爲聖王遭事無不定．決疑無不見．其設稽神求問之道者．以爲後世衰微．愚不師智．人各自安．化分爲百室．道散而無垠．故推歸之至微．要潔於精神也．或以爲昆蟲之所長．聖人不能與爭．其處吉凶．別然否．

稱武帝爲今上少孫所補者皆不如此此史公自作之一證

多中於人。至高祖時。因秦太卜官。天下始定。兵革未息。及孝惠享國日少。呂后女主。孝文孝景因襲掌故。未遑講試。雖父子疇官。世世相傳。其精微深妙。多所遺失。至今上即位。博開藝能之路。悉延百端之學。通一伎之士。咸得自效。絕倫超奇者爲右。無所阿私。數年之閒。太卜大集。會上欲擊匈奴。西攘（集解攘一作襄襄除也）大宛。南收百越。卜筮至預見表象。先圖其利。及猛將推鋒執節。獲勝於彼。而蓍龜時日亦有力於此。上尤加意。賞賜至或數千萬。如丘子明之屬。富溢貴寵。傾於朝廷。至以卜筮射蠱道。巫蠱時或頗中。素有眦睚不快。因公行誅。恣意所傷。以破族滅門者。不可勝數。百僚蕩恐。皆曰龜策能言。後世覺姦窮。亦誅三族。夫摓（達）策定數。灼龜觀兆。變化無窮。是以擇賢而用占焉。可謂聖人重事者乎。周公卜三龜。而武王有瘳。紂爲暴虐。而元龜不占。晉文將定襄王之位。卜得黃帝之兆。卒受彤弓之命。獻公貪驪姬之色。卜而兆有口象。其禍竟流五世。楚靈將背周室。卜而龜逆。終被乾溪之敗。兆應信誠於內。而時人明察見之於外。可不謂兩合者哉。君子謂夫輕卜筮無神明者。悖。背人道信禎祥者。鬼神不得其正。故書建稽疑。五謀而卜筮居其二。五占從其多。明有而不專之道也。余至江南。觀其行事。問其長老。云龜千年乃游蓮葉之上。蓍百莖共一根。又其所生。獸無虎狼。草無毒螫。江傍家人常畜龜飲食之。以爲能導引致氣。有益於助衰養老。豈不信哉。

褚先生曰。臣以通經術。受業博士。治春秋。以高第爲郎。幸得宿衛。出入宮殿中十有餘年。竊好太史公傳。太史公之傳曰。三王不同龜。四夷各異卜。然各以決吉凶。略闚其要。故作龜策列傳。臣往來長安中。求龜策列傳。不能得。故之大卜官。問掌故文學長老習事者。寫取龜策卜事。編

於下方。聞古五帝三王發動舉事。必先決蓍龜。傳曰。下有伏靈。上有兔
絲。上有擣蓍。下有神龜。所謂伏靈者在兔絲之下。狀似飛鳥之形。新雨
已。天清靜無風。以夜捎兔絲去之。即以篝燭此地燭之。火滅即記其處。
以新布四丈環置之。明即掘取之。入四尺至七尺。得矣。過七尺不可得。
伏靈者。千歲松根（王校改根爲脂）也。食之不死。聞蓍生滿百莖者。其下必有神
龜守之。其上嘗有青雲覆之。傳曰。天下和平。王道著而蓍莖長丈。其叢
生滿百莖。方今世取蓍者。不能中古法度。不能得滿百莖長丈者。取八
十莖已上。蓍長八尺。即難得也。人民好用卦者。取滿六十莖已上。長滿
六尺者。即可用矣。記曰。能得名龜者。財物歸之。家必大富至千萬。一曰
北斗龜。二曰南辰龜。三曰五星龜。四曰八風龜。五曰二十八宿龜。六曰
日月龜。七曰九州龜。八曰玉龜。凡八名龜。龜圖各有文在腹下。文云云

者此某之龜也。略記其大指。不寫其圖。取此龜不必滿尺二寸。民人得長七八寸。可寶矣。今夫珠玉寶器。雖有所深藏。必見其光。必出其神明。其此之謂乎。故玉處於山而木潤。淵生珠而岸枯（本作不枯依集解删不字）者。潤澤之所加也。明月之珠。出於江海。藏於蚌中。蚗龍伏之。王者得之。長有天下。四夷賓服。能得百莖蓍。并得其下龜以卜者。百言百當。足以決吉凶。神龜出於江水中。廬江郡常歲時生龜長尺二寸者二十枚。輸太卜官。太卜官因以吉日。剔取其腹下甲。龜千歲乃滿尺二寸。王者發軍行將。必鑽龜廟堂之上。以決吉凶。今高廟中有龜室。藏內以爲神寶。傳曰。取前足臑骨穿佩之。取龜置室西北隅懸之。以入深山大林中。不惑。臣爲郎時。見萬畢石朱方傳曰。有神龜在江南嘉林中。嘉林者。獸無虎狼。鳥無鴟梟。草無毒螫。野火不及。斧斤不至。是爲嘉林。龜在其中。常巢於芳蓮之上。左脅書文曰。甲子(午)重光。得我者。匹夫爲人君。有土正。諸侯得我爲帝王。求之於白蛇蟠杅林中者。齋戒以待。譺然狀如有人來告之。因以醮酒佗(被)髮。求之三宿而得。由是觀之。豈不偉哉。故龜可不敬歟。南方老人用龜支牀。足行二十餘歲。老人死。移牀。龜尚生不死。龜能行氣導引。問者曰。龜至神若此。然太卜官得生龜。何爲輒殺取其甲乎。近世江上人有得名龜。畜置之家。因大富。與人議。欲遣去。人教殺之勿遣。遣之破人家。龜見夢曰。送我水中。無殺吾也。其家終殺之。殺之後。身死家不利。人民與君王者異道。人民得名龜。其狀類不宜殺也。以往古故事言之。古明王聖主皆殺而用之。宋元王時得龜。亦殺而用之。謹連其事於左方。令好事者觀擇其中焉。宋元王二年。江使神龜使於河。至於泉陽。漁者豫且舉網得而囚之。置之籠中。夜半龜來見夢於宋元王曰。我爲江使於河。而幕網當吾路。泉陽豫且得我。我不能去。身在患中。莫可告語。王有德義。故來告訴。元王惕然而悟。乃召博士衞平而問之曰。今寡人夢見一丈夫。延頸而長頭。衣玄繡之衣。而乘輜車。來見夢於寡人曰。我爲江使於河。而幕網當吾路。泉陽豫且得我。我不能去。身在患中。莫可告語。王有德義。故來告訴。是何物也。衞平乃援式而起。仰天而視月之光。觀斗所指。定日處鄉。規矩爲輔。副以權衡。四維已定。八卦相望。視其吉凶。介蟲先見。乃對元王曰。今昔壬子。宿在牽牛。河水大會。鬼神相謀。漢正南北。江河固期。南風新至。江使先來。白雲壅漢。萬物盡留。斗柄指日。使者當囚。玄服而乘輜車。其名爲龜。王急使人問而求之。王曰善。於是王乃使人馳而往問泉陽令曰。漁者幾何家。名誰爲豫且。豫且得龜。見夢於王。王故使我求之。泉陽令乃使吏案籍視圖。水上漁者五十五家。上流之廬。名爲豫且。泉陽令曰。諾。乃與使者馳而問豫且曰。今昔汝漁何得。豫且曰。夜半時。舉網得龜。使者曰。今龜安在。曰。在籠中。使者曰。王知子得龜。故使我求之。豫且曰。諾。卽系龜而出之籠中。獻使者。使者載行。出於泉陽之門。正晝無見。風雨晦冥。雲蓋其上。五采青黃。雷雨竝起。風將而行。入於端門。見於東箱。身如流水。潤澤有光。望見元王。延頸而前。三步而止。縮頸而郤。復其故處。元王見而怪之。問衛平曰。龜見寡人。延頸而前。以何望也。縮頸而復。是何當也。衛平對曰。龜在患中而終昔囚。王有德義。使人活之。今延頸而前。以當謝也。縮頸而郤。欲亟去也。元王曰。善哉。神至如此乎。不可久畱。趣駕送龜。勿令失期。衛平對曰。龜者。是天下之寶也。先得此龜者爲天子。且十言十當。十戰十勝。生於深淵。長於黃土。知天之道。明於上古。游三千歲。不出其域。安平靜正。動

不用力•壽蔽天地•莫知其極•與物變化•四時變色•居而自匿•伏而不食•
春倉夏黃•秋白冬黑•明於陰陽•審於刑德•先知利害•察於禍福以言而
當•以戰而勝•王能寶之•諸侯盡服•王勿遣也•以安社稷•元王曰•龜甚神
靈•降於上天•陷於深淵•在患難中•以我爲賢•德厚而忠信•故來告寡人•
寡人若不遣也•是漁者也•漁者利其肉•寡人貪其力•下爲不仁•上爲無
德•君臣無禮•何從有福•寡人不忍•柰何勿遣•衛平對曰不然•臣聞盛德
不報•重寄不歸•天與不受•天奪之寶今龜周流天下•還復其所•上至蒼
天•下薄泥塗•還徧九州•未嘗愧辱•無所稽留•今至泉陽•漁者辱而囚之•
王雖遣之•江河必怒•務求報仇•自以爲侵•因神與謀•淫雨不霽水不可
治•若爲枯旱•風而揚埃•蝗蟲暴生•百姓失時•王行仁義•其罰必來•此無
佗故•其祟在龜•後雖悔之•豈有及哉•王勿遣也•元王慨然而歎曰•夫逆

人之使•絕人之謀•是不暴乎•取人之有•以自爲寶•是不彊乎•寡人聞之•暴得者必暴亾•彊取者必後無功•桀紂暴彊•身死國亾•今我聽子•是無仁義之名•而有暴彊之道•江河爲湯武•我爲桀紂•未見其利•恐離其咎寡人狐疑•安事此寶•趣駕送龜•勿令久留•衛平對曰•不然•王其無患•天地之閒•累石爲山•高而不壞•地得爲安•故云物或危而顧安•或輕而不可遷•人或忠信而不如誕(訑)謾•或醜惡而宜大官•或美好佳麗而爲衆人患•非神聖人•莫能盡言•春秋冬夏•或暑或寒•寒暑不和•賊氣相奸•同歲異節•其時使然•故令春生夏長•秋收冬藏•或爲仁義•或爲暴彊•暴彊有鄉•仁義有時•萬物盡然•不可勝治•大王聽臣•臣請悉言之•天出五色•以辨白黑•地生五穀•以知善惡•人民莫知辨也•與禽獸相若•谷居而穴處•不知田作•天下禍亂•陰陽相錯•怱怱疾疾(病)•通而不相擇•妖孽數見•傳爲

單薄。聖人別其生。使無相獲。禽獸有牝牡。置之山原。鳥有雌雄。布之林澤。有介之蟲。置之谿谷。故牧人民。爲之城郭。內經閭術。外爲阡陌。夫妻男女。賦之田宅。列其室屋。爲之圖籍。別其名族。立官置吏。勸以爵祿。衣以桑麻。養以五穀。耕之櫌之。鉏之耨之。口得所嗜。目得所美。身受其利。以是觀之。非彊不至。故曰田者不彊。囷倉不盈。商賈不彊。不得其贏。婦女不彊。布帛不精。官御不彊。其勢不成。大將不彊。卒不使令。侯王不彊。沒世無名。故云彊者。事之始也。分之理也。物之紀也。所求於彊。無不有也。王以爲不然。王獨不聞玉櫝隻(雙)雉。出於昆山。明月之珠。出於四海。鐫石拌蚌。傳賣於市。聖人得之。以爲大寶。大寶所在。乃爲天子。今王自以爲暴。不如拌蚌於海也。自以爲彊。不過鐫石於昆山也。取者無咎。寶者無患。今龜使來抵網。而遭漁者得之。見夢自言。是國之寶也。王何憂焉。

元王曰。不然。寡人聞之。諫者福也。諛者賊也。人主聽諛。是愚惑也。雖然。禍不妄至。福不徒來。天地合氣。以生百財。陰陽有分。不離四時。十有二月。日至爲期。聖人徹焉。身乃無災。明王用之。人莫敢欺。故云福之至也。人自生之。禍之至也。人自成之。禍與福同。刑與德雙。聖人察之。以知吉凶。桀紂之時。與天爭功。擁遏鬼神。使不得通。是固已無道矣。諛臣有衆。桀有諛臣。名曰趙梁。教爲無道。勸以貪狼。繫湯夏臺。殺關龍逢。左右恐死。偷諛於桀。國危於累卵。皆曰無傷。稱樂萬歲。或曰未央。蔽其耳目。與之詐狂。湯卒伐桀。身死國亡。聽其諛臣。身獨受殃。春秋著之。至今不忘。紂有諛臣。名爲左彊。誇而目巧。教爲象郎。將至於天。又有玉牀。犀玉之器。象箸而羹。聖人剖其心。壯士斬其胻。箕子恐死。被髮佯狂。殺周太子歷。囚文王昌。投之石室。將以昔至明。陰兢（競）活之。與之俱亡。入於周地。得

太公望・興卒聚兵・與紂相攻・文王病死・載尸以行・太子發代將・號爲武
王・戰於牧野・破之華山之陽・紂不勝敗而還走・圍之象郎・自殺宣室・身
死不葬・頭懸車軫・四馬曳行・寡人念其如此・腸如涫（沸）湯・是人皆富有天
下・而貴至天子・然而大傲・欲無猒時・舉事而喜高・貪狼（很）而驕・不用忠信・
聽其諛臣・而爲天下笑・今寡人之邦居諸侯之閒曾不如秋毫・舉事不
當・又安亡逃・衛平對曰・不然・河雖神賢・不如崑崙之山・江之源・理不如
四海・而人尙奪取其寶・諸侯爭之・兵革爲起・小國見亡・大國危殆・殺人
父兄・虜人妻子・殘國滅廟・以爭此寶・戰攻分爭・是暴彊也・故云取之以
暴彊而治以文理・無逆四時・必親賢士・與陰陽化・鬼神爲使・通於天地・
與之爲友・諸侯賓服・民衆殷喜・邦家安寧・與世更始・湯武行之・乃取天
子・春秋著之・以爲經紀・王不自稱湯武・而自比桀紂・爲暴彊也・固以爲

常。桀爲瓦室。紂爲象郎。徵絲灼之務以費民。賦歛無度。殺戮無方。殺人六畜。以韋爲囊。囊盛其血。與人懸而射之。與天帝爭彊。逆亂四時。先百鬼嘗。諫者輒死。諛者在傍。聖人伏匿。百姓莫行。天數枯旱。國多妖祥。螟蟲歲生。五穀不成。民不安其處。鬼神不享。飄風日起。正晝晦冥。日月竝蝕。滅息無光。列星奔亂。皆絕紀綱。以是觀之。安得久長。雖無湯武。時固當亾。故湯伐桀。武王剋紂。其時使然。乃爲天子。子孫續世。終身無咎。後世稱之。至今不已。是皆當時而行。見事而彊。乃能成其帝王。今龜大寶也。爲聖人使。傳之賢士。不用手足。雷電將之。風雨送之。（姚南青云送元作迎迎與將行韵後人妄改）流水行之。侯王有德。乃得當之。今王有德。而當此寶。恐不敢受。王若遣之宋。必有咎。後雖悔之。亦無及已。元王大悅而喜。於是元王向日而謝。再拜而受。擇日齋戒。甲乙最良。乃刑白雉。及與驪羊。以血灌龜。

評云此段奇恣闊大似屈原天問

於壇中央以刀剝之身全不傷脯酒禮之橫其腹腸荆支卜之必制其創理（一作程）達於理文相錯迎使工占之所言盡當邦福重寶聞於傍鄉殺牛取革被鄭之桐草木畢分化爲甲兵戰勝攻取莫如元王元王之時衛平相宋宋國最彊龜之力也故云神至能見夢於元王而不能自出漁者之籠身能十言盡當不能通使於河還報於江賢能令人戰勝攻取不能自解於刀鋒免剝刺之患聖能先知亟見而不能令衛平無言言事百全至身而攣當時不利又焉事賢賢者有恒常士有適然是故明有所不見聽有所不聞人雖賢不能左畫方右畫圓日月之明而時蔽於浮雲羿名善射不如雄渠蠭門禹名爲辨智而不能勝鬼神地柱折天故毋椽又奈何責人於全孔子聞之曰神龜知吉凶而骨直空枯日爲德而君於天下辱於三足之烏月爲刑而相佐見食於蝦蟆蝟

辱於鵲。螣蛇之神。而殆於卽且。竹外有節理。中直空虛。松柏爲百木長。而守門閭。日辰不全。故有孤虛。黃金有疵。白玉有瑕。事有所疾。亦有所徐。物有所拘。亦有所據。罔有所數。亦有所疏。人有所貴。亦有所不如。何可而適乎。物安可全乎。天尚不全。故世爲屋。不成三瓦而陳之。以應之天。天下有階。物不全乃生也。

褚先生曰。漁者舉網而得神龜。龜自見夢宋元王。元王召博士衞平告以夢龜狀。平運式。定日月。分衡度。視吉凶。占龜與物色同。平諫王留神龜。以爲國重寶。美矣。古者筮必稱龜者。以其令名。所從來久矣。余述而爲傳。

三月　二月　正月　十二月　十一月　中關內高

外下　四月　首仰　足開　肣開　首俛大

五月　橫吉　首俛大　六月　七月　八月

九月　十月

卜禁曰子亥戌不可以卜及殺龜日中如食已卜暮昏龜之徼也不可以卜庚辛可以殺及以鑽之常以月旦祓龜先以清水澡之以卵祓之乃持龜而遂之若常以爲祖(視)人若已卜不中皆祓之以卵東向立灼以荊若剛木土(集解作十一)卵指之者三持龜以卵周環之祝曰今日吉謹以粱卵焍黃祓去玉靈之不祥玉靈必信以誠知萬事之情辯兆皆可占不信不誠則燒玉靈揚其灰以徵後龜其卜必北向龜甲必尺二寸

卜先以造灼鑽鑽中已又灼龜首各三又復灼所鑽中曰正身灼首曰正(止)足各三即以造三周龜祝曰假之玉靈夫子夫子玉靈荊灼而心令而先知而上行於天下行於淵諸靈數剌莫如汝信今日良日行(身)一良

貞。其（一作某）欲卜某。卽得而喜。不得而悔。卽得。發鄉我身長大。手足收人
皆上偶。不得。發鄉我身挫折。中外不相應。手足滅去。
靈龜卜祝曰。假之靈龜。五筮五靈。不如神龜之靈。知人死。知人生。某身
良。貞某欲求某物。卽得也。頭見足發。內外相應。卽不得也。頭仰足肣。內
外自垂。可得占。卜占病者祝曰。今某病困。死首上開。內外交駭。身節折。
不死。首仰足肣。卜病者祟曰。今病有祟無呈。無祟有呈。兆有中祟有內。
外祟有外。
卜繫者出不出。不出。橫吉安。若出。足開首仰有外。
卜求財物。其所當得。得。首仰足開。內外相應。卽不得。呈兆首仰足肣。
卜有賣若買臣妾馬牛。得之。首仰足開。內外相應。不得。首仰足肣。呈兆
若橫吉安。

卜擊盜聚若干人•在某所•今某將卒若干人•往擊之•當勝•首仰足開•身正•內自橋•外下•不勝•足肣首仰•身（簡）首內下外高•

卜求當行不行•行•首足開•不行•足肣首仰•若橫吉安•安不行•

卜往擊盜•當見不見•見•首仰足肣有外•不見•足開首仰•

卜往候盜•見不見•見•首仰足肣•肣勝有外•不見•足開首仰•

卜聞盜來不來•來外高內下•足肣首仰•不來•足開首仰•若橫吉安•期之自次•

卜遷徙去官不去•去•足開有肣外首仰•不去•自去•卽足肣•呈兆若橫吉安•

卜居官尚吉不•吉•呈兆身正•若橫吉安•不吉•身節折•首仰足開•

卜居室家吉不吉•吉•呈兆•身正•若橫吉安•不吉•身節折•首仰足開•

卜歲中禾稼孰不孰•孰•首仰足開•內外自橋外自垂•不孰•足肣首仰有外•

卜歲中民疫不疫•疫•首仰足肣•身節有彊外•不疫•身正首仰足開•

卜歲中有兵無兵•無兵•呈兆若橫吉安•有兵•首仰足開•身作外彊情•

卜見貴人吉不吉•吉•足開首仰•身正•內自橋•不吉•首仰•身節折•足肣有外若無漁•

卜請謁於人得不得•得•首仰足開•內自橋•不得•首仰足肣有外•

卜追亾人當得不得•得•首仰足肣•內外相應•不得•首仰足開若橫吉安•

卜漁獵得不得•得•首仰足開•內外相應•不得•足肣首仰•若橫吉安•

卜行遇盜不遇•遇•首仰足開•身節折•外高內下•不遇呈兆•

卜天雨不雨•雨•首仰有外•外高內下•不雨•首仰足開•若橫吉安•

卜天雨霽不霽。霽。呈兆足開首仰。不霽。橫吉。

命曰橫吉安。以占病。病甚者一日不死。不甚者卜日瘳。不死。繫者重罪不。出輕罪環出。過一日不出。久毋傷也。求財物買臣妾馬牛。一日環得。過一日不得。不得。行者不行。來者環至。過食時不至。不來。擊盜不行。行不遇。聞盜不來。徙官不徙。居官家室皆吉。歲稼不孰。民疾疫無疾。（疾一作疫）歲中無兵。見人行不行不喜。請謁人不行不得。追亾人漁獵不得。行不遇盜。雨不雨。霽不霽。

命曰呈兆。病者不死。繫者出。行者行。來者來。市買得。追亾人得。過一日不得。問行者不到。

命曰柱徹。卜病不死。繫者出。行者行。來者來。而市買不得。憂者毋憂。追亾人不得。

命曰首仰足肣有內無外。占病。病甚不死。繫者解。求財物買臣妾馬牛不得。行者聞言不行。來者不來。聞盜不來。聞言不至。徙官聞言不徙。居官有憂。居家多災。歲稼中孰。民疾疫多病。歲中有兵。聞言不開。見貴人吉。請謁不行。行不得善言。追亾人不得。漁獵不得。行不遇盜。雨不雨。甚霽不霽。故其莫字皆爲首備。問之曰。備者仰也。故定以爲仰。此私記也。

命曰首仰足肣有內無外。占病病甚不死。繫者不出。求財買臣妾不得。行者不行。來者不來。繫盜不見。聞盜來內自驚。不來。徙官不徙。居官家室吉。歲稼不孰。民疾疫有病甚。歲中無兵。見貴人吉。請追亾人不得亾財物。財物不得。出漁獵不得。行不遇盜。雨不雨。霽不霽。凶。

命曰呈兆首仰足肣以占病不死。繫者未出。求財物買臣妾馬牛不得。行不行。來不來。繫盜不相見。聞盜來不來。徙官不徙。居官久多憂。居家

室不吉•歲稼不孰•民病疫•歲中毋兵•見貴人不吉•請謁不得•漁獵得少•
行不遇盜•雨不雨•霽不霽•不吉•
命曰呈兆首仰足開•以占病•病篤•死•繫囚出•求財物買臣妾馬牛不得•
行者行•來者來•擊盜不見•盜聞盜來不來•徙官徙•居官不久•居家室不
吉•歲稼不孰•民疾疫有而少•歲中毋兵•見貴人不見吉•請謁追亾人漁
獵不得•行遇盜•雨不雨•霽小吉•
命曰首仰足肣•以占病不死•繫者久毋傷也•求財物買臣妾馬牛不得•
行者不行•擊盜不行•來者來•聞盜來•徙官聞言不徙•居家室不吉•歲稼
不孰•民疾疫少•歲中毋兵•見貴人得見•請謁追亾人漁獵不得•行遇盜•
雨不雨•霽不霽•吉•
命曰首仰足開有內•以占病者死•繫者出•求財物買臣妾馬牛不得•行

者行•來者來•擊盜行不見盜•聞盜來不來•徙官徙•居官不久•居家室不
吉•歲孰•民疾疫有而少•歲中毋兵•見貴人不吉•請謁追亾人漁獵不得•
行不遇盜•雨霽•霽小吉•不霽吉•
命曰橫吉內外自橋•以占病•卜曰毋瘳死。繫者毋罪出•求財物買臣妾
馬牛得•行者行•來者來•擊盜合交等•聞盜來來•徙官徙居家室吉•歲孰•
民疫無疾•歲中無兵•見貴人請謁追亾人漁獵得•行遇盜•雨霽雨霽大
吉•
命曰橫吉內外自吉•以占病病者死•繫不出•求財物•買臣妾馬牛追亾
人•漁獵•不得•行者不來•擊盜不相見•聞盜不來•徙官徙•居官有憂•居家
室見貴人請謁不吉•歲稼不孰•民疾疫•歲中無兵•行不遇盜•雨不雨•霽
不霽•不吉•

命曰漁人以占病者病者甚不死繫者出求財物買臣妾馬牛擊盜請謁追亾人漁獵得行者行來聞盜來不來徙官不徙居家室吉歲稼不孰民疾疫歲中毋兵見貴人吉行不遇盜雨不雨霽不霽吉

命曰首仰足肣內高外下以占病病者甚不死繫者不出求財物買臣妾馬牛追亾人漁獵得行不行來不來擊盜勝徙官不徙居官有憂無傷也居家室多憂病歲大孰民疾疫歲中有兵不至見貴人請謁不吉行遇盜雨不雨霽不霽吉

命曰橫吉上有仰下有柱病久不死繫者不出求財物買臣妾馬牛追亾人漁獵不得行不行來不來擊盜不行行不見聞盜來不來徙官不徙居家室見貴人吉歲大孰民疾疫歲中毋兵行不遇盜雨不雨霽不霽大吉

命曰橫吉揄仰。以占病不死。繫者不出。求財物買臣妾馬牛至不得。行不行。來不來。擊盜不行。行不見。聞盜來不來。徙官不徙。居官家室見貴人吉。歲孰。歲中有疾疫。毋兵。請謁追亾人不得。漁獵至不得。行不得。行不遇盜。雨霽不霽。小吉。

命曰橫吉下有柱。以占病。病甚不（男閣生謹案凡環字者讀爲還至立應之還還與旋同此不字下有脫字環字下屬爲句）環有瘳無死。繫者出。求財物買臣妾馬牛請謁追亾人漁獵不得行來不來。擊盜不合。聞盜來來。徙官居官吉不久。居家室不吉歲不孰。民毋疾疫。歲中毋兵。見貴人吉。行不遇盜。雨不雨。霽。小吉。

命曰載所以占病。環有瘳無死。繫者出。求財物買臣妾馬牛請謁追亾人漁獵得。行者行。來者來。擊盜相見不相合。聞盜來來。徙官徙居家室憂。見貴人吉。歲孰。民毋疾疫。歲中毋兵。行不遇盜。雨不雨。霽不霽。吉。

命曰根格。以占病者不死。繫久毋傷。求財物買臣妾馬牛請謁追亾人漁獵不得。行不行。來不來。擊盜盜行不合。聞盜不來。徙官不徙。居家室吉。歲稼中。民疾疫無死。見貴人不得見。行不遇盜。雨不雨。大吉。

命曰首仰足肣外高內下。卜有憂無傷也。行者不來。病久死。求財物不得。見貴人者吉。

命曰外高內下。卜病不死。有祟。而市買不得。居官家室不吉。行者不行。來者不來。繫者久毋傷。吉。

命曰頭見足發有內外相應。以占病者起。繫者出。行者行。來者來。求財物得。吉。

命曰呈兆首仰足開。以占病病甚。死。繫者出。有憂。求財物買臣妾馬牛請謁追亾人漁獵不得。行不行。來不來。擊盜不合。聞盜來。來徙官居官

家室不吉・歲惡・民疾疫・無死・歲中毋兵・見貴人不吉・行不遇盜・雨不雨・霽・不吉・

命曰呈兆首仰足開外高內下以占病不死・有外祟・繫者出・有憂・求財物買臣妾馬牛相見不會・行行・來聞言不來・擊盜勝・聞盜來不來・從官居官家室見貴人不吉・歲中民疾疫有兵・請謁追亾人漁獵不得・聞盜遇盜・雨不雨・霽・凶・

命曰首仰足胎身折內外相應・以占病病甚不死・繫者久不出・求財物買臣妾馬牛漁獵不得・行不行・來不來・擊盜有用勝・聞盜來來・從官不徙・居官家室不吉・歲不孰・民疾疫・歲中・有兵不至・見貴人喜・請謁追亾人不得・遇盜凶・

命曰內格外垂行者不行・來者不來・病者死・繫者不出・求財物不得・見

人不見。大吉。
命曰橫吉內外相應自橋榆仰上柱上柱足足肣。以占病。病甚不死。繫久不抵罪。求財物買臣妾馬牛請謁追亡人漁獵不得。行不行。來不來。居官家室見貴人吉。徙官不徙。歲不大孰。民疾疫有兵。有兵不會。行遇盜。聞言不見。雨不雨。霽霽。大吉。
命曰頭仰足肣內外自隨。卜憂病者甚。不死。居官不得居。行者行。來者不來。求財物不得。求人不得。吉。
命曰橫吉下有柱。卜來者來。卜日卽不至。未來。卜病者過一日毋瘳死。行者不行。求財物不得。繫者出。
命曰橫吉內外自舉。以占病者久不死。繫者久不出。求財物得而少。行者不行。來者不來。見貴人見。吉。

命曰內高外下疾輕足發求財物不得行者行病者有瘳繫者不出來者來見貴人不見吉

命曰外格求財物不得行者不行來者不來繫者不出不吉病者死求財物不得見貴人見吉

命曰內自舉外來正足發者行來者來求財物得病者久不死繫者不出見貴人見吉

此橫吉上柱外內自舉足肣以卜有求得病不死繫者毋傷未出行不行來不來見人不見百事盡吉此橫吉上柱外內自舉柱足以作以卜有求得病死環起繫留毋傷環出行不行來不來見人不見百事吉可以舉兵

此挺詐有外以卜有求不得病不死數起繫禍罪聞言毋傷行不行來

不來。
此挺詐有內以卜有求不得。病不死。數起。繫留禍罪無傷。繫出。行不行。來者不來。見人不見。
此挺詐內外自舉。以卜有求得。病不死。毋罪。行行。來來。田賈市漁獵盡喜。
此狐狢。以卜有求不得。病死。難起。繫留毋罪難出。可居宅。可娶婦嫁女。
行不行。來不來。見人不見。有憂不憂。
此狐徹。以卜有求不得。病者死。繫留有抵罪。行不行。來不來。見人不見。
言語定。百事盡不吉。
此首俯足肣身節折。以卜有求不得。病者死。繫留有罪。望行者不來。行行。來不來。見人不見。

此挺內外自垂。以卜有求不晦。病不死。難起。繫畱毋罪。難出。行不行。來不來。見人不見。不吉。

此橫吉檢仰首俯。以卜有求難得。病難起。不死。繫難出毋傷也。可居家室。以娶婦嫁女。

此橫吉上柱載正身節折內外自舉。以卜病者。卜日不死。其一日乃死。

此橫吉上柱足肣內自舉外自垂。以卜病者。卜日不死。其一日乃死。

爲人病。首俯足詐有外無內。病者占龜未已。急死。卜輕失大。一日不死。首仰足肣。以卜有求不得。以繫有罪。人言語恐之毋傷。行不行。見人不見。

大論曰。外者人也。內者自我也。外者女也。內者男也。首俛者憂。大者身也。小者枝也。大法。病者足肣者生。足開者死。行者足開至。足肣者不至。

行者足肣不行•足開行•有求•足開得•足肣者不得•繫者•足肣不出•開出•
其卜病也•足開而死者•內高而外下也•

龜策列傳第六十八　史記一百二十八

陳仁錫云一篇總是厭薄
貨殖以譏諷當世

史記一百二十九

貨殖列傳第六十九

老子曰至治之極鄰國相望雞狗之聲相聞民各甘其食美其服安其俗樂其業至老死不相往來必用此爲務輓近世塗民耳目則幾無行矣太史公曰夫神農以前吾不知已至若詩書所述虞夏以來耳目欲極聲色之好口欲窮芻豢之味身安逸樂而心誇矜勢能之榮使（使字上屬文帝後二年與匈奴書天下莫不咸嘉使與此同世皆誤屬下讀）俗之漸民久矣雖戶說以眇論終不能化故善者因之其次利道之其次教誨之其次整齊之最下者與之爭

夫山西饒材竹穀（索隱木名）纑旄玉石山東多魚鹽漆絲聲色江南出枏梓薑桂金錫連丹砂犀（通志犀下有象字）瑇瑁珠璣齒革龍門碣石北多馬牛羊旃裘筋角銅鐵則千里往往山出棊置此其大較也皆中國人民所喜好謠俗被服飲食奉生送死之具也故待農而食之虞而出之工而

脫御

利道以太公爲證

敘論以筦子爲證

成之商而通之此寧有政教發徵期會哉人各任其能竭其力以得所欲故物賤之徵貴貴之徵賤各勸其業樂其事若水之趨下日夜無休時不召而自來不求而民出之豈非道之所符而自然之驗邪周書曰農不出則乏其食工不出則乏其事商不出則三寶絕虞不出則財匱少財匱少而山澤不辟矣此四者民所衣食之原也原大則饒原小則鮮上則富國下則富家貧富之道莫之奪予而巧者有餘拙者不足故太公望封於營丘地潟鹵人民寡於是太公勸其女功極技巧通魚鹽則人物歸之繈至而輻湊故齊冠帶衣履天下海岱之閒斂袂而往朝焉其後齊中衰管子修之設輕重九府則桓公以霸九合諸侯一匡天下而管氏亦有三歸位在陪臣富於列國之君是以齊富彊至於威宣也故曰倉廩實而知禮節衣食足而知榮辱禮生於有而廢於無故君

因筦子倉廩實知禮節之言遂極論富之可重幷富勢相輔之風偏於夷狄中國後文一一逆攝是謂奇妙

整齊以計然爲證善者因之自古難其人故無證最下之爭則此篇本旨故亦於古無證也

子富好行其德小人富以適其力淵深而魚生之山深而獸往之人富而仁義附焉富者得勢益彰失勢則客無所之以而不樂夷狄益甚諺曰千金之子不死於市此非空言也故曰天下熙熙皆爲利來天下攘攘皆爲利往夫千乘之王萬家之侯百室之君尙猶一作有患貧而況匹夫編戶之民乎昔者越王句踐困於會稽之上乃用范蠡計然計然曰知鬬則修備時用則知物二者形則萬貨之情可得而觀已故歲在金穰水毀木饑火旱旱則資舟某案說文資貨也莊子資章甫以適越反驪資娵娃之珍髢水則資車物之理也六歲穰六歲旱十二歲一大饑夫糶二十病農九十病末末病則財不出農病則草不辟矣上不過八十下不減三十則農末俱利平糶齊物關市不乏治國之道也積著錢云著古貯字說文宁訓辨積物是積貯本字爲宁而宁與著通詩俟我于著即當宁之宁也之理務完物無息幣以物相貿易腐敗而食之貨勿畱

轉折

張廉卿云借范蠡出國入家滅盡篋緘之迹

大姚云食同蝕歸氏以食之爲何非也無敢居貴論其有餘不足則知貴賤貴上極則反
賤賤下極則反貴貴出如糞土賤取如珠玉財幣欲其行如流水修之
十年國富厚賂戰士士赴矢石如渴得飲遂報彊吳觀兵中國稱號五
霸范蠡既雪會稽之恥乃喟然而歎曰計然之策七七字當依漢書作十越用其
五而得意既已施於國吾欲用之家乃乘扁舟浮於江湖變名易姓適
齊爲鴟夷子皮之陶爲朱公朱公以爲陶天下之中諸侯四通貨物所
交易也乃治產積居與時逐而不責於人故善治生者能擇某案擇爲釋之借字
人而任時十九年之中三致千金再分散與貧交疏昆弟此所謂富好
行其德者也後年衰老而聽子孫子孫修業而息之遂至巨萬故言富
者皆稱陶朱公子贛既學於仲尼退而仕於衞廢著鬻財於曹魯之閒
七十子之徒賜最爲饒益原憲不厭糟糠匿於窮巷子貢結駟連騎束

倪思云此段特于敘事中著精語

張云極意偏宕

帛之幣以聘享諸侯所至國君無不分庭與之抗禮夫使孔子名布揚於天下者子貢先後之也此所謂得勢而益彰者乎白圭周人也當魏文侯時李克（劉向別錄云李悝）務盡地力而白圭樂觀時變故人棄我取人取我與夫歲孰取穀予之絲漆繭出取帛絮與之食太陰在卯穰明歲衰惡至午旱明歲美至酉穰明歲衰惡至子大旱明歲美有水至卯積著率歲倍欲長錢取下穀長石斗取上種能薄飲食忍嗜欲節衣服與用事僮僕同苦樂趨時若猛獸摯鳥之發故曰吾治生產猶伊尹呂尚之謀孫吳用兵商鞅行法是也是故其智不足與權變勇不足以決斷仁不能以取予彊不能有所守雖欲學吾術終不告之矣蓋天下言治生祖白圭白圭其有所試矣能試有所長非苟而已也猗頓用盬鹽起而邯鄲郭縱以鐵冶成業與王者埒富烏氏倮畜牧及衆斥賣求奇繒物

此文之奇歸氏以為震盪六合可謂善狀矣吾於此段有以窺史公之駿

奸獻遺戎王。（奸本作閒依集解校改匈奴傳聶翁壹奸蘭出物奸卽奸蘭）戎王什倍其償。（索隱作當云漢書作償王云當與償同義）與之畜。畜至用谷量馬牛。秦始皇帝令倮比封君。以時與列臣朝請。而巴（依索隱刪蜀字）寡婦清。其先得丹穴。而擅其利數世。家亦不訾。清寡婦也。能守其業。用財自衞。不見侵犯。秦皇帝以為貞婦而客之。為築女懷清臺。夫倮鄙人牧長。清窮鄉寡婦。禮抗萬乘。名顯天下。豈非以富邪。漢興。海內為一。開關梁。弛山澤之禁。是以富商大賈周流天下。交易之物莫不通。得其所欲。而徙豪傑諸侯彊族於京師。關中自汧雍以東。至河華。膏壤沃野千里。自虞夏之貢以為上田。而公劉適邠。太王王季在岐。文王作豐。武王治鎬。故其民猶有先王之遺風。好稼穡。殖五穀。地重。重為邪。及秦文（依通志文下刪孝字）繆居雍。隙隴蜀之貨物而多賈。獻孝公徙櫟邑。櫟邑北郤戎翟。（栞案郤讀大郤大谿之郤與上隙同字漢地理志北隙烏丸夫餘）東通三晉。亦多

張云意匠奇妙筆勢尤極雄闊之致

大賈武昭治咸陽因以漢都（案周書作雒篇北因于郟山孔晁注因連接也）長安諸陵四方輻湊並至而會地小人衆故其民益玩巧而事末也南則巴蜀巴蜀亦沃野地饒巵薑丹砂石銅鐵竹木之器南御滇僰僰僮西近邛笮笮馬旄牛然四塞棧道千里無所不通唯褒斜綰轂其口以所多易所鮮天水隴西北地上郡與關中同俗然西有羌中之利北有戎翟之畜畜牧為天下饒然地亦窮險惟京師要其道故關中之地於天下三分之一而人衆不過什三然量其富什居其六昔唐人都河東殷人都河內周人都河南夫三河在天下之中若鼎足王者所更居也建國各數百千歲土地小狹民人衆都國諸侯所聚會故其俗纖儉習事楊平陽（依索隱刪陳字）西賈秦翟北賈種代種代石北也地邊胡數被寇人民矜懻忮好氣任俠為姦不事農商然迫近北夷師旅亟往中國委輸時有奇羨其民

羯羠不均。自全晉之時。固已患其慓悍。而武靈王益厲之。其謠俗猶有趙之風也。故楊平陽陳掾其閒。（某案姚氏以王文考王孫賦陳橡其閒及王褒洞簫賦獮猨字釋此文最當劉才父刪陳字非是男闓生謹案姚說見後諸家平語）得所欲。溫軹西賈上黨。北賈趙中山。中山地薄人衆。猶有沙丘紂淫地餘民。民俗懁（儇惠）急。（某案集解一作惠也七字後人校徐注之異文）仰機利而食。丈夫相聚游戲。悲歌忼慨。起則相隨椎剽。休則掘冢作巧姦冶。（鑄幣）多弄物。（今作美物依集解校後漢書同）爲倡優。女子則鼓鳴瑟。跕屣。游媚貴富。入後宮。徧諸侯。然邯鄲。亦漳河之閒一都會也。北通燕涿。南有鄭衛。鄭衛俗與趙相類。然近梁魯。微重而矜（務）節。濮上之邑徙野王。野王好氣任俠。衛之風也。夫燕亦勃碣之閒一都會也。南通齊趙。東北邊胡。上谷至遼東。地踔遠。人民希。數被寇。大與趙代俗相類。而民雕捍少慮。有魚鹽棗栗之饒。北臨烏桓。夫餘。（臨今作鄰依索隱校改）東綰穢貉朝鮮眞番之利。洛陽東賈齊魯南賈梁楚故泰山之陽則魯其陰則齊齊帶山海膏壤千里宜桑麻人民多文綵布帛魚鹽臨菑亦海岱之閒一都會也其俗寬緩闊達而足智好議論地重難動搖怯於衆鬬勇於持刺故多劫人者大國之風也其中具五民而鄒魯濱洙泗猶有周公遺風俗好儒備於禮故其民齪齪頗有桑麻之業無林澤之饒地小人衆儉嗇畏罪遠邪及衰（及下依凌以棟本删其字）好賈趨利甚於周人夫自鴻溝以東芒碭以北屬巨野此梁宋也陶睢陽亦一都會也昔堯作游成陽舜漁於雷澤湯止于亳其俗猶有先王遺風重厚多君子好稼穡雖無山川之饒能惡衣食致其蓄藏越楚則有三俗夫自淮北沛陳汝南南郡此西楚也其俗剽輕易發怒地薄寡於積聚江陵故郢都西通巫巴東有雲夢之饒陳在楚夏之交通魚鹽之貨其民多賈徐僮取慮則清刻矜己諾彭城以東東海吳廣

陵此東楚也其俗類徐僮朐繒以北俗則齊浙江南則越夫吳自闔廬
春申王濞三人招致天下之喜游子弟東有海鹽之饒章山之銅三江
五湖之利亦江東一都會也衡山九江江南豫章長沙是南楚也其俗
大類西楚郢之後徙壽春亦一都會也而合肥受南北湖（本作潮依漢書改）皮
革鮑木輸會也與閩中于越雜俗（王念孫據莊子荀子淮南各注改于為干訓干為吳某謂春秋稱越為於越作于者是）
故南楚好辭巧說少信江南卑溼丈夫早夭多竹木豫章出黃
金長沙出連錫然菫菫物之所有取之不足以更費九疑蒼梧以南至
儋耳者與江南大同俗而楊越多焉番禺亦其一都會也珠璣犀瑇瑁
果布之湊潁川南陽夏人之居也夏人政尚忠朴猶（徇）有先王之遺風潁
川敦愿秦末世遷不軌之民於南陽南陽西通武關鄖關東南受漢江
淮宛亦一都會也俗雜好事業多賈其任俠交通潁川故至今謂之夏

人夫天下物所鮮所多人民謠俗山東食海鹽山西食鹽鹵領南沙北
固往往出鹽大體如此矣總之楚越之地地廣人希飯稻羹魚或火耕
而水耨果隋（錢云隋漢書作蓏音與隋相近）蠃蛤不待賈而足地勢饒食無饑饉之患
以故呰窳偷生無積聚而多貧是故江淮以南無凍餓之人亦無千金
之家沂泗水以北宜五穀桑麻六畜地小人眾數被水旱之害民好畜
藏故秦夏梁魯好農而重民三河宛陳亦然加以商賈齊趙設智巧仰
機利燕代田畜而事蠶由此觀之賢人深謀於廊廟論議朝廷守信死
節隱居巖穴之士設為名高者安歸乎歸於富厚也是以廉吏久久更
富廉賈歸富富者人之情性所不學而俱欲者也故壯士在軍攻城先
登陷陣卻敵斬將搴旗前蒙矢石不避湯火之難者為重賞使也其在
閭巷少年攻剽椎埋劫人作姦掘冢鑄幣任俠并兼借交報仇篡逐幽

張云歷敘天下方域諸俗物產又徧舉天下人物以見四海之內九州之廣上自天子王公之貴下至倡優僕隸無一人不爲利者以深慨世風之薄又以見天子以萬乘之尊而好利與庶民同遂率天下之人而使之十此爲尤可譏也

隱不避法禁走死地如鶩者其實皆爲財用耳今夫趙女鄭姬設形容揳鳴琴（某案揳挈同字）揄長袂跕利屣（跕今作躡依集解改）目挑心招出不遠千里不擇老少者奔富厚也游閑公子飾冠劍連車騎亦爲富貴容也弋射漁獵犯晨夜冒霜雪馳阬谷不避猛獸之害爲得味也博戲馳逐鬭雞走狗作色相矜必爭勝者重失負也醫方諸食技術之人焦神極能爲重糈也吏士舞文弄法刻章僞書不避刀鋸之誅者沒於賂遺也農工商賈畜長固求富益貨也此有知盡能索耳終不餘力而讓財矣諺曰百里不販樵千里不販糴居之一歲種之以穀十歲樹之以木百歲來之以德德者人物之謂也今有無秩祿之奉爵邑之入而樂與之比者命曰素封封者食租稅歲率戶二百千戶之君則二十萬朝覲聘享出其中庶民農工商賈率亦歲萬息二千（千下依漢書減戶字）百萬之家則二十萬而更

張云用意偏宕處退之祖之而又變其皃

傜租賦出其中衣食之欲恣所好美矣故曰陸地牧馬二百蹄牛蹄角千千足羊澤中千足彘水居千石魚陂山居千章之材（楸）安邑千樹棗燕秦千樹栗蜀漢江陵千樹橘淮北常山已南河濟之間千樹萩陳夏千畝漆齊魯千畝桑麻渭川千畝竹及名國萬家之城帶郭千畝畝鍾之田若千畝卮茜千畦薑韭此其人皆與千戶侯等然是富給之資也不窺市井不行異邑坐而待收身有處士之義而取給焉若至家貧親老妻子軟弱歲時無以祭祀進醵飲食被服不足以自通如此不慙恥則無所比矣是以無財作力少有鬬智既饒爭時此其大經也今治生不待危身取給（今疑當爲令）則賢人勉焉是故本富爲上末富次之姦富最下無巖處奇士之行而長貧賤好語仁義亦足羞也凡編戶之民富相什則卑下之伯則畏憚之千則役萬則僕物之理也夫用貧求富農不如

張云放恣橫縱窮極變態史公此等文蓋乃神似莊子此不可以皮相論也

工工不如商刺繡文不如倚市門此言末業貧者之資也通邑大都酤一歲千釀醯醢（今作醬依索隱本改）千瓨（錢云說文瓨似罌長頸受七升讀若洪）醬千甔屠牛羊彘千皮販穀糶千鍾薪稾千車船長千丈（索隱云積數）木千章竹竿（索隱作千）萬个其軺車百乘牛車千兩木器髤者千枚（錢云髤當爲䰍說文䰍桼也索隱無枚字）銅器千鈞素木鐵器若巵茜千石馬蹄躈千（錢云說文無躈字躈乃竅之異文漢書作噭）牛千足羊彘千僮手指千筋角丹砂千斤其帛絮細布千鈞文采千匹榻布皮革千石（梁云榻乃荅之譌師古云䴽厚之布非白疊也）漆千斗糵麴鹽豉千台（今作荅依集解校改讀爲瓵索隱作蓋讀爲合漢書作合）鮐鮆千斤鯫千石（正義鯫作輒無千石二字漢書同）鮑千鈞棗栗千石者三之狐鼦裘千皮羔羊裘千石旃席千具佗果采千鍾（采今作菜依漢書校改某案周禮舍采即釋菜二字通借用之然此采謂木落實人所采食者故果采連文）子貸金錢千貫節駔會貪賈三之廉賈五之此亦比千乘之家其大率也佗雜業不中什二則非吾財也

張云前臚若干人後臚若干人皆如飛鴻點雪筆墨之痕俱化

請略道當世千里之中賢人所以富者令後世得以觀擇焉蜀卓（淖）氏之先趙人也用鐵冶富秦破趙遷卓氏卓氏見虜略獨夫妻推輦行詣遷處諸遷虜少有餘財爭與吏求近處處葭萌惟卓氏曰此地狹（漢書作陿）薄吾聞汶山之下沃野下有踆（杭世駿校作蹲）鴟（今作蹲鴟依集解校改杭世駿校同）至死不飢民工作布（本云民工於市漢書作作布二字是也布錢布也）易賈乃求遠遷致之臨邛大喜即鐵山鼓鑄運籌策傾滇蜀之民富至僮千人田池射獵之樂擬於人君程鄭山東遷虜也亦冶鑄賈椎（漢書作魋）髻之民富埒卓氏俱居臨邛宛孔氏之先梁人也用鐵冶爲業秦滅（本作伐依漢書改）魏遷孔氏南陽大鼓鑄規陂池連車騎游諸侯因通商賈之利有游閑公子之賜與名然其贏得過當愈於纖嗇（漢書愈作瘉纖作孅）家致富數千金（千金當作千萬）故南陽行賈盡法孔氏之雍容魯人俗儉嗇而曹邴氏尤甚以鐵冶起富至巨萬然家自父兄

子孫漢書作弟約。俛有拾。仰有取。貰貸行賈。徧郡國。鄒魯以其故。多去文學而趨利者。以曹邴氏也。漢書無此六字齊俗賤奴虜。而刀閒獨愛貴之。桀黠奴。人之所患也。惟刀閒收取。使之逐漁鹽商賈之利。或連車騎。交守相。然愈益任之。終得其力。起富數千萬。故曰寧爵毋刀。錢云爵古音與醮近服虔左傳解誼云爵者醮也此以刀爵合韵亦讀爵如醮某案寧爵毋刀乃民間相謂言寧過有爵之人毋過刀氏之奴也蓋豪奴罔利民不能堪故相語如此言其能使豪奴自饒而盡其力也。依漢書補也字周人既纖。漢書作孅而師史尤甚。轉轂以百數。賈郡國。無所不至。洛陽街居在齊秦楚趙之中。貧人學事富家。相矜以久賈。數過邑不入門。設任此等。故師史能致七千萬。宣曲任氏之先。爲督道倉吏。秦之敗也。豪傑皆爭取金玉。漢書無皆字而任氏獨窖倉粟。楚漢相距滎陽也。民不得耕種。米石至萬。而豪傑金玉盡歸任氏。任氏以此起富。富人爭奢侈。而任折節爲儉。力田畜。田畜人爭取賤賈任氏獨取貴善•富者世數•然任公家約•非田畜所出•弗衣食•公事不畢•則身不得飲酒食肉•以此爲閭里率•故富而主上重之•塞之斥也•惟橋姚已致馬千匹•（已當依漢書作㠯㠯已古字通）牛倍之•羊萬頭•粟以萬鍾計•（以上十字局本誤脫）吳楚七國兵起時•長安中列侯封君行從軍旅•齎貸子錢•子錢家以爲侯邑國在關東•關東成敗未決•莫肯與•惟無鹽氏出捐千金貸•其息什之•三月•吳楚平•一歲之中•則無鹽氏之息什倍•用此富埒關中•關中富商大賈•大抵盡諸田•田嗇（漢書作牆）田蘭•韋家栗氏•安陵杜杜氏•亦巨萬•此其章章尤異（一作淑又作軼）者也•皆非有爵邑奉祿弄法犯姦而富•盡椎埋去就•（梁云椎埋乃推理譌文日知錄謂推移之誤）與時俯仰•獲其贏利•以末致財•用本守之•以武一切•用文持之•變化有概•故足術也•若至力農畜•工虞商賈•爲權利以成富•大者傾郡•中者傾縣•下者傾鄉里者•不可勝數•夫纖嗇筋力•

治生之正道也而富者必用奇勝田農掘業（疑脫也字）而秦陽（揚）以蓋一州掘冢姦事也而田（漢書作曲）叔以起博戲惡業也而桓（漢書桓作稽）發用之富行賈丈夫賤行也而雍樂成以饒販脂辱處也而雍（集解一作翁梁云翁雍音相近）伯千金賣漿小業也而張氏千萬洒（細）削（錢云削讀若湑說文湑所以攤水也引漢律及其門首洒湑郎邪氏之洒削）薄技也而郅（漢書作質）氏鼎食胃脯簡微耳濁氏連騎馬醫淺方張里擊鍾此皆誠壹之所致由是觀之富無經業則貨無常主能者輻湊不肖者瓦解千金之家比一都之君巨萬者乃與王者同樂豈所謂素封者邪非也

貨殖列傳第六十九

太史公自序第七十

昔在顓頊命南正重以司天北（索隱作火漢書同）正黎以司地唐虞之際紹重黎之後使復典之至于夏商故重黎氏世序天地其在周程伯休甫其後也當周宣王時失其守（漢書失上有官字）而爲司馬氏司馬氏世典周史惠襄之閒司馬氏去周適晉晉中軍隨會犇秦（漢書作犇魏某案顏監辨犇魏之文而云未詳遷之新說是史記本作犇魏也又索隱引漢書作會犇秦魏亦與顏注本不同今漢書亦無秦字）而司馬氏入少梁自司馬氏去周適晉分散或在衞或在趙或在秦其在衞者相中山在趙者以傳劍論顯（顏監云劍論劍術之論也）蒯聵其後也在秦者名錯與張儀爭論於是惠王使錯將伐蜀遂拔因而守之錯孫靳（靳）事武安君白起而少梁更名曰夏陽靳與武安君阬趙長平軍還而與之俱賜死杜郵葬於華池靳孫昌昌爲秦主（王）鐵官當始皇之時蒯聵玄孫卬爲武信君將而徇朝歌

諸侯之相王。王卬於殷。漢之伐楚。卬歸漢。以其地爲河內郡。昌生無澤。漢書作毋擇無澤爲漢市長。無澤生喜。喜爲五大夫。卒皆葬高門。喜生談。談爲太史公。太史公學天官於唐都。受易於楊何。習道論於黃子。太史公仕於建元元封之閒。愍學者之不達其意而師悖。漢書作誖顏監云誖惑也乃論六家之要指曰。易大傳。天下一致而百慮。同歸而殊塗。夫陰陽儒墨名法道德。此務爲治者也。直顏監云直但也所從言之異路。有省不省耳。錢云爾雅省善也祥嘗竊觀陰陽之術。大祥而衆忌諱。集解一作詳漢書同錢云古書詳告通用易視履考祥釋文作詳呂刑爾祥刑後漢書劉愷傳上引作詳刑君奭其終出于不祥漢石經作詳使人拘而多所畏。然其序四時之大順。不可失也。儒者博而寡要。勞而少功。是以其事難盡從。然其序君臣父子之禮。列夫婦長幼之別。不可易也。墨者儉而難遵。是以其事不可偏循。然其彊本節用。不可廢也。法家嚴而少恩。然其正君臣上下之分不可改矣名家使人儉〔董份云儉爲檢之誤姚說同〕而善失眞然其正名實不可不察也道家使人精神專一動合無形贍足萬物其爲術也因陰陽之大順采儒墨之善撮名法之要與時遷移應物變化立俗施事無所不宜指約而易操事少而功多儒者則不然以爲人主天下之儀表也主倡而臣和主先而臣隨如此則主勞而臣逸至於大道之要去健羨〔晉灼漢書注老子曰善閉者無關揵嚴君平曰折關破揵使姦者自止顏監云今本字皆作健〕絀聰明釋此而任術夫神大用則竭形大勞則敝形神騷動〔騷動漢書作蚤衰〕欲與天地長久非所聞也夫陰陽四時八位十二度二十四節各有教令〔漢書令下有曰字〕順之者昌逆之者不死則亡未必然也故曰使人拘而多畏夫春生夏長秋收冬藏此天道之大經也弗順則無以爲天下綱紀故曰四時之大順不可失也夫儒者以六藝爲法六藝經傳以千萬數累世不能通其學當年不

能究其禮。故曰。博而寡要。勞而少功。若夫列君臣父子之禮。序夫婦長幼之別。雖百家弗能易也。墨者亦尚堯舜道。言其德行曰。堂高三尺。土階三等。茅茨不翦。采椽不刮。食土簋（塯）。啜土刑。糲粱（王校改粢）之食。藜藿之羹。夏日葛衣。冬日鹿裘。其送死。桐棺三寸。舉音不盡其哀。教喪禮。必以此爲萬民之率（漢書無之字）使天下法若此。則尊卑無別也。夫世異時移。事業不必同。故曰。儉而難遵。要曰。彊本節用。則人給家足之道也。此墨子之所長。雖百家弗能廢也。法家不別親疏。不殊貴賤。一斷於法。則親親尊尊之恩絕矣。可以行一時之計。而不可長用也。故曰。嚴而少恩。若尊主卑臣。明分職不得相踰越。雖百家弗能改也。名家苛察繳繞。使人不得反其意。專決於名而失人情。故曰。使人儉而善失眞。若夫控名責實。參伍不失。此不可不察也。道家無爲。又曰無不爲。其實易行。其辭難知。其術以虛無為本。以因循為用。無成勢。無常形。故能究萬物之情。不為物先。不為物後。故能為萬物主。有法無法。因時為業。有度無度。因物與合。顧云漢書作因物與舍古讀舍為恕與度為韻後人不知改為合某案今漢書作與舍後漢馮衍傳引作與物趨舍故曰聖人不朽。王依改巧時變是守。虛者道之常也。因者君之綱也。羣臣竝至。使各自明也。其實中其聲者謂之端。實不中其聲者謂之窾。徐廣云窾音款空也錢云漢書作款款空聲相近莊子導大窾向秀讀窾為空窾言不聽。姦乃不生。賢不肖自分。白黑乃形。在所欲用耳。何事不成。乃合大道。混混冥冥。光燿天下。復反無名。凡人所生者神也。所託者形也。神大用則竭。形大勞則敝。形神離則死。死者不可復生。離者不可復反。故聖人重之。由是觀之。神者生之本也。形者生之具也。不先定其神。漢書句下有形字而曰我有以治天下。何由哉。太史公既掌天官。不治民。有子曰遷。遷生龍門。耕牧河山之陽。年十歲則誦古文。二十而南游江淮。上會稽。探禹穴。闚九疑。浮於沅湘。北涉汶泗。講業齊魯之都。觀孔子之遺風。鄉射鄒嶧。戹困鄱（漢書鄱作蕃）薛彭城。過梁楚以歸。於是遷仕爲郎中。奉使西征巴蜀。以南南略邛笮昆明。還報命。是歲天子始建漢家之封。而太史公留滯周南。不得與從事。故發憤且卒。而子遷適使反。見父於河洛之閒。太史公執遷手而泣曰。余先周室之太史也。自上世嘗顯功名於虞夏。典天官事。後世中衰。絕於予乎。汝復爲太史。則續吾祖矣。今天子接千歲之統。封泰山。而余不得從行。是命也夫命也夫。余死。汝必爲太史。爲太史。無忘吾所欲論著。矣且夫孝始於事親。中於事君。終於立身。揚名於後世。以顯父母。此孝之大者。夫天下稱誦周公。言其能論歌文武之德。宣周邵之風。達太王王季之思慮。爰及公劉。以尊后稷也。幽厲之後。王道缺。禮樂衰。孔子修舊起廢。論詩書。作春秋。

則學者至今則之。自獲麟以來。四百有餘歲。而諸侯相兼。史記放絕。今漢興。海內一統。明主賢君忠臣死義之士。余爲太史而弗論載。廢天下之史文。余甚懼焉。汝其念哉。遷俯首流涕曰。小子不敏。請悉論先人所次舊聞。弗敢闕。卒三歲而遷爲太史令。（錢云令當作公正義文可證）紬史記石室金匱（漢書作鐀）之書。五年而當太初元年。十一月甲子朔旦冬至。天厤始改。建於明堂。諸神受紀。太史公曰。（方云太史公三字後人所補篇首稱談爲太史公則不得復戶稱明矣某案太史公官號耳前言其父卒三歲遷爲太史令則此即自稱太史公可也）先人有言。自周公卒五百歲而有孔子。孔子卒後至於今五百歲。有能紹明世。（三字漢書作紹而明之）正易傳。繼春秋。本詩書禮樂之際。意在斯乎。意在斯乎。小子何敢讓焉。（讓漢書作攘顏云攘古讓字）上大夫壺遂曰。昔孔子何爲而作春秋哉。太史公曰。余聞董生曰。周道衰廢。孔子爲魯司寇。諸侯害之。大夫壅之。孔子知言（漢書作時）之不用。道之

不行也是非二百四十二年之中以爲天下儀表貶天子退諸侯討大
夫以達王事而已矣子曰我欲載之空言不如見之於行事之深切著
明也夫春秋上明三王之道下辨人事之紀別嫌疑明是非定猶豫善
善惡惡賢賢賤不肖存亡國繼絕世補敝起廢王道之大者也易著天
地陰陽四時五行故長於變禮經紀人倫故長於行書記先王之事故
長於政詩記山川谿谷禽獸草木牝牡雌雄故長於風樂樂所以立故
長於和春秋辯是非故長於治人是故禮以節人樂以發和書以道事
詩以達意易以道化春秋以道義撥亂世反之正莫近於春秋春秋文
成數萬其指數千萬物之散聚皆在春秋春秋之中弑君三十六亡國
五十二諸侯奔走不得保其社稷者不可勝數察其所以皆失其本已
故易曰（差以）失之豪釐（繆）差以千里故曰臣弑君子弑父非一旦一夕之故也

某嘗聞曾文正公論此文以謂子長特識卓絕古今

其漸久矣。故有國者不可以不知春秋。前有讒而弗見。後有賊而不知。爲人臣者不可以不知春秋。守經事而不知其宜。遭變事而不知其權。爲人君父而不通於春秋之義者。必蒙首惡之名。爲人臣子而不通於春秋之義者。必陷篡弑之誅。死罪之名。其實皆以爲善。爲之不知其義。被之空言而不敢辭。夫不通禮義之旨。至於君不君。臣不臣。父不父。子不子。夫君不君則犯。臣不臣則誅。父不父則無道。子不子則不孝。此四行者。天下之大過也。以天下之大過予之。則受而弗敢辭。故春秋者。禮義毛本無義字之大宗也。夫禮禁未然之前。法施已然之後。法之所爲用者易見。而禮之所爲禁者難知。壺遂曰。孔子之時。上無明君。下不得任用。故作春秋。垂空文以斷禮義。當一王之法。今夫子上遇明天子。下得守職。萬事既具。咸各序其宜。夫子所論。欲以何明。太史公曰。唯唯。否否。不然。余聞之先人曰。伏羲至純厚。作易八卦。堯舜之盛。尚書載之。禮樂作焉。湯武之隆。詩人歌之。春秋采善貶惡。推三代之德。褒周室。非獨刺譏而已也。漢興以來。至明天子。獲符瑞。封禪。改正朔。易服色。受命於穆清。澤流罔極。海外殊俗。重譯款塞。請來獻見者。不可勝道。臣下百官力（顏監云力勤也）誦聖德。猶不能宣盡其意。且士賢能（漢書能下有矣字）而不用。有國者之恥。主上明聖而德不布聞。有司之過也。且余嘗掌其官。廢明聖盛德不載。滅功臣世家賢大夫之業不述。墮先人所言。罪莫大焉。余所謂述故事。整齊其世傳。非所謂作也。而君比之於（漢書無於字）春秋。謬矣。於是論次其文。七年而太史公遭李陵之禍。幽於縲紲。乃喟然而歎曰。是余之罪也夫。是余之罪也夫。身毀不用矣。退而深惟曰。夫詩書隱約者。欲遂其志之思也。昔西伯拘羑里。演周易。孔子戹陳蔡。作春秋。屈原放逐。著離騷左丘失明厥有國語孫子臏腳而論兵法不韋遷蜀世傳呂覽韓非囚秦說難孤憤詩三百篇大抵賢聖發憤之所爲作也此人皆意有所鬱結不得通其道也故述往事思來者於是卒述陶唐以來至于麟止自黃帝始維昔黃帝法天則地四聖遵序各成法度唐堯遜位虞舜不台（錢云台古怡字）厥美帝功萬世載之作五帝本紀第一維禹之功九州攸同光唐虞際德流苗裔夏桀淫驕乃放鳴條作夏本紀第二維契作商爰及成湯太甲居桐德盛阿衡武丁得說乃稱高宗帝辛湛湎諸侯不享作殷本紀第三維弃作稷德盛西伯武王牧野實撫天下幽厲昏亂既喪酆鎬陵遲至赧洛邑不祀作周本紀第四維秦之先伯翳佐禹穆公思義悼豪之旅（梁云豪乃崤之譌）以人爲殉詩歌黃鳥昭襄業帝作秦本紀第五始皇既立并兼六國銷鋒鑄鐻維偃干革尊號稱帝矜武任力二世

受運。子嬰降虜。作始皇本紀第六。秦失其道。豪桀並擾。項梁業之。子羽接之。殺慶[卿]救趙。諸侯立之。誅嬰背懷。天下非之。作項羽本紀第七。子羽暴虐。漢行功德。憤發蜀漢。還定三秦。誅籍業帝。天下惟寧。改制易俗。作高祖本紀第八。惠之早霣。諸呂不台。崇彊祿產。諸侯謀之。殺隱幽友。大臣洞疑。(董份云洞恫之誤王說同)遂及宗禍。作呂太后本紀第九。漢既初興。繼嗣不明。迎王踐祚。天下歸心。蠲除肉刑。開通關梁。廣恩博施。厥稱太宗。作孝文本紀第十。諸侯驕恣。吳首為亂。京師行誅。七國伏辜。天下翕然。大安殷富。作孝景本紀第十一。漢興五世。隆在建元。外攘夷狄。內修法度。封禪改正朔易服色。作今上本紀第十二。維三代尚矣。年紀不可考。蓋取之譜牒。舊聞本于茲。於是略推。作三代世表第一。幽厲之後。周室衰微。諸侯專政。春秋有所不紀。而譜牒經略。五霸更盛衰。欲睹周世相先後之意。作十二諸侯年表第二。春秋之後。陪臣秉政。彊國相王。以至于秦。卒幷諸夏。滅封地。擅其號。作六國年表第三。秦既暴虐。楚人發難。項氏遂亂。漢乃扶義征伐。八年之閒。天下三嬗。事繁變衆。故詳著秦楚之際月表第四。漢興已來。至于太初百年。諸侯廢立分削。譜紀不明。有司靡踵。彊弱之原。云以（已也）世。作漢興已來諸侯年表第五。維高祖元功。輔臣股肱。剖符而爵。澤流苗裔。忘其昭穆。或殺身隕國。作高祖功臣侯者年表第六。惠景之閒。維申功臣宗屬爵邑。作惠景閒侯者年表第七。北討彊胡。南誅勁越。征伐夷蠻。武功爰列。作建元以來侯者年表第八。諸侯既彊。七國爲從。子弟衆多。無爵封邑。推恩行義。其勢銷弱。德歸京師。作王子侯者年表第九。國有賢相良將。民之師表也。維見漢興以來將相名臣年表。（某案二字疑衍）賢者記其治。不賢者彰其事。作漢興以來將相名臣年表第十維三代之禮所損益各殊務然要以近情性通王道故禮因人質爲之節文略協古今之變作禮書第一樂者所以移風易俗也自雅頌聲興則已好鄭衞之音鄭衞之音所從來久矣人情之所感遠俗則懷比樂書以述來古作樂書第二非兵不彊非德不昌黃帝湯武以興桀紂二世以崩可不愼歟司馬法所從來尙矣太公孫吳王子能紹而明之切近世極人變作律書第三律居陰而治陽厤居陽而治陰律厤更相治閒不容翲忽（錢云翲當爲蔈淮南天文訓秋分蔈定蔈定而禾熟故十二蔈而當一粟高誘云蔈古文作秒）五家之文佛異維太初之元（編）論作厤書第四星氣之書多雜禨祥不經推其文考其應不殊比集論其行事驗于軌度以次作天官書第五受命而王封禪之符（答應）罕用用則萬靈罔不禋祀追本諸神名山大川禮作封禪書第六維禹浚川九州攸寧爰及宣防決瀆通溝作河渠書第七維

幣之行•以通農商•其極則玩巧•幷兼茲殖•爭於機利•去本趨末•作平準書以觀事變•第八•太伯避歷•江蠻是適•文武攸興•古公王跡•闔廬弑僚•賓服荆楚•夫差克齊•子胥鴟夷•信嚭親越•吳國既滅•嘉伯之讓•作吳世家第一•申呂肖矣•注以肖爲痟衰微之謂顧炎武云肖乃削之壞字尙父側微•卒歸西伯•文武是師•功冠羣公•繆權于幽•番番黃髮•爰饗營丘•不背柯盟•桓公以昌•九合諸侯•霸功顯彰•監田闞爭寵•姜姓解亡還王云解當爲鮮鮮之言斯也嘉父之謀•作齊太公世家第二•依之違之•周公綏之•憤發文德•天下和之•輔翼成王•諸侯宗周•隱桓之際•是獨何哉•三桓爭彊•魯乃不昌•嘉旦金縢•作周公世家第三•武王克紂•天下未協而崩•成王既幼•管蔡疑之•淮夷叛之•於是召公率德•安集王室•以寧東土•燕易之禪•乃成禍亂•嘉甘棠之詩•作燕世家第四•管蔡相武庚•將寧舊商•及旦攝政•二叔不饗•殺鮮放度•周公

爲盟。大任十子。周以宗彊。嘉仲悔過。作管蔡世家第五。王後不絕。舜禹
是說。維德休明。苗裔蒙烈。百世享祀。爰周陳杞。楚實滅之。齊田既起。舜
何人哉。作陳杞世家第六。收（本作牧依柯本改）殷餘民。叔封始邑。申以商亂。酒
材是告。及朔之生。衞頃不寧。（梁云此言衞之傾危由於惠公朔也索隱以爲衞頃公謬）南子惡蒯聵。
子父易名。周德卑微。戰國既彊。衞以小弱。角獨後亾。嘉彼康誥。作衞世
家第七。嗟箕子乎。嗟箕子乎。正言不用。乃反爲奴。武庚既死。周封微子。
襄公傷於泓。君子孰稱。景公謙德。熒惑退行。剔（偃）成暴虐。宋乃滅亾。嘉微
子問太師。作宋世家第八。武王既崩。叔虞邑唐。君子譏名。卒滅武公。驪
姬之愛。亂者五世。重耳不得意。乃能威霸。六卿專權。晉國以秏。嘉文公
錫珪鬯。作晉世家第九。重黎業之。吳回接之。殷之季世。粥子牒之。周用
熊繹。熊渠是續。莊王之賢。乃復國陳。既赦鄭伯。班師華元。懷王客死。蘭

咎屈原好諛信讒楚并於秦嘉莊王之義作楚世家第十少康之子實
賓南海文身斷髮黿鱓與處既守封禺奉禹之祀句踐困彼某案呂覽先己篇云
介困于彼高誘注彼外也此文正與彼同乃用種蠡嘉句踐夷蠻能修其德滅彊吳以尊周
室作越王句踐世家第十一桓公之東太史是庸及侵周禾王人是議
祭仲要盟鄭久不昌子產之仁紹世稱賢三晉侵伐鄭納於韓嘉厲公
納惠王作鄭世家第十二維驥騄耳乃章造父趙夙事獻衰續厥緒佐
文尊王卒爲晉輔襄子困辱乃禽智伯主父生縛餓死探爵王遷辟淫
良將是斥嘉鞅討周亂作趙世家第十三畢萬爵魏卜人知之及絳戮
干戎翟和之文侯慕義子夏師之惠王自矜齊秦攻之既疑信陵諸侯
罷之卒亾大梁王假廝之嘉武佐晉文申霸道作魏世家第十四韓厥
陰德趙武攸興紹絕立廢晉人宗之昭侯顯列申子庸之疑非不信秦

人襲之嘉。厥輔晉匡周天子之賦。作韓世家第十五。完子避難。適齊為援。陰施五世。齊人歌之。成子得政。田和為侯。王建動心。乃遷于共。嘉威宣能撥濁世而獨宗周。作田敬仲完世家第十六。周室既衰。諸侯恣行。仲尼悼禮廢樂崩。追修經術。以達王道。匡亂世。反之於正。見其文辭。為天下制儀法。垂六藝之統紀於後世。作孔子世家第十七。桀紂失其道而湯武作。周失其道而春秋作。秦失其政而陳涉發迹。諸侯作難。風起雲蒸。卒亡秦族。天下之端。自涉發難。作陳涉世家第十八。成皋之臺。薄氏始基。詘（紬）意適代。厥崇諸竇。栗姬偩貴。（錢云偩與恃同）王氏乃遂。陳后太驕。卒尊子夫。嘉夫德若斯。作外戚世家第十九。漢既譎謀。禽信於陳。越荊剽輕。乃封弟交為楚王。爰都彭城。以彊淮泗。為漢宗藩。戊溺於邪。禮復紹之。嘉游輔祖。作楚元王世家第二十。維祖師旅。劉賈是與。為布所襲。喪

鍾惺云此語哀漢功臣之不終也微甚

其荆吳營陵激呂乃王琅邪怵午信齊往而不歸遂西入關遭立孝文獲復王燕天下未集賈澤以族為漢藩輔作荆燕世家第二十一天下已平親屬既寡悼惠先壯實鎮東土哀王擅興發怒諸呂駟鈞暴戾京師弗許厲之內淫禍成主父嘉肥股肱作齊悼惠王世家第二十二楚人圍我滎陽相守三年蕭何填撫山西推計踵兵給糧食不絕使百姓愛漢不樂為楚作蕭相國世家第二十三與信定魏破趙拔齊遂弱楚人續何相國不變不革黎庶攸寧嘉參不伐功能本作不伐功矜能某案南宋本無矜字是也後循吏傳序云不伐功矜能此不必與彼為復句作曹相國世家第二十四運籌舊刻作算帷幄之中制勝於無形子房計謀其事無知名無勇功圖難於易為大於細作留侯世家第二十五六奇既用諸侯賓從於漢呂氏之事平為本謀終安宗廟定社稷作陳丞相世家第二十六諸呂為從謀弱京師而勃反

經合於權。吳楚之兵。亞夫駐於昌邑。以戹齊趙。而出委以梁。作絳侯世家第二十七。七國叛逆。蕃屏京師。唯梁爲扞。偩愛矜功。幾獲于禍。嘉其能距吳楚。作梁孝王世家第二十八。五宗既王。親屬洽和。諸侯大小爲藩。爰得其宜。僭擬之事。稍衰貶矣。作五宗世家第二十九。三子之王。文辭可觀。作三王世家第三十。末世爭利。維彼犇義。讓國餓死。天下稱之。作伯夷列傳第一。晏子儉矣。夷吾則奢。齊桓以霸。景公以治。作管晏列傳第二。李耳無爲自化。清淨自正。韓非揣事情。循勢理。作老子韓非列傳第三。自古王者而有司馬法。穰苴能申明之。作司馬穰苴列傳第四。非信廉仁勇。不能傳兵論劍。與道同符。內可以治身。外可以應變。君子比德焉。作孫子吳起列傳第五。維建遇讒。爰及子奢。尚既匡父。伍員犇吳。作伍（游本作五）子胥列傳第六。孔氏述文。弟子興業。咸爲師傅。崇仁厲義。

方侍郎謂此四語分言孟荀非也皆言孟子耳孟荀傳以孟爲主魯仲連鄒陽傳以魯爲主屈原賈誼傳以屈爲主故皆止論一人

作仲尼弟子列傳第七。鞅去衛適秦。能明其術。彊霸孝公。後世遵其法。作商君列傳第八。天下患衡秦毋饜。而蘇子能存諸侯。約從以抑貪彊。作蘇秦列傳第九。六國既從親。而張儀能明其說。復散解諸侯。作張儀列傳第十。秦所以東攘(襄)雄諸侯。樗里甘茂之策。作樗里甘茂列傳第十一。(施)苞河山。圍大梁。使諸侯斂手而事秦者。魏冄之功。作穰侯列傳第十二。南拔鄢郢。北摧長平。遂圍邯鄲。武安爲率。破荊滅趙。王翦之計。作白起王翦列傳第十三。獵儒墨之遺文。明禮義之統紀。絕惠王利端。列往世興(壞)衰。作孟子荀卿列傳第十四。好客喜士。士歸于薛。爲齊扞楚魏。作孟嘗君列傳第十五。爭馮亭以權。(反)如楚以救邯鄲之圍。使其君復稱於諸侯。作平原君虞卿列傳第十六。能以富貴下貧賤。賢能詘於不肖。唯信陵君爲能行之。作魏公子列傳第十七。以身徇君。遂脫彊秦。使馳說之士南鄉走楚者•黃歇之義•作春申君列傳第十八•能忍訽於魏齊•而信威於彊秦•推賢讓位•二子有之•作范睢蔡澤列傳第十九•率行其謀•連五國兵•爲弱燕報彊齊之讎•雪其先君之恥•作樂毅列傳第二十•能信意彊秦•而屈體廉子•用徇其君•俱重於諸侯•作廉頗藺相如列傳第二十一•湣王既失臨淄而犇莒•唯田單用即墨•破走騎刧•遂存齊社稷•作田單列傳第二十二•能設詭說解患於圍城•輕爵祿樂肆志•作魯仲連鄒陽列傳第二十三•梁云小司馬言魯仲連鄒陽不可合傳傳論云辭有足悲附之列傳序傳無一語及陽非合傳也史公祇愛其獄中一書采入爲傳作辭以諷諫•連類以爭義•離騷有之•作屈原賈生列傳第二十四•結子楚親•使諸侯之士斐然爭入事秦•作呂不韋列傳第二十五•曹子匕首•魯獲其田•齊明其信•豫讓義不爲二心•作刺客列傳第二十六•能明其畫•因時推秦•遂得意於海內•斯爲謀首•作李斯列傳

第二十七。爲秦開地益衆。北靡匈奴。據河爲塞。因山爲固。建榆中。作蒙
恬列傳第二十八。填趙塞常山。以廣河內。弱楚權。明漢王之信於天下。
作張耳陳餘列傳第二十九。收西河上黨之兵。從至彭城。越之侵掠梁
地。以苦項羽。作魏豹彭越列傳第三十。以淮南叛楚歸漢。漢用得大司
馬殷。卒破子羽于垓（中統本作陔）下。作黥布列傳第三十一。楚人迫我京索。
而信拔魏趙。定燕齊。使漢三分天下有其二。以滅項籍。作淮陰侯列傳
第三十二。楚漢相距鞏洛。而韓信爲填潁川。盧綰絕籍糧餉。作韓王（王字
依南宋本增）信盧綰列傳第三十三。諸侯畔項王。唯齊連子羽城陽。漢得以
閒遂入彭城。作田儋列傳第三十四。攻城野戰。獲功歸報。噲商有力焉。
非獨鞭策。又與之脫難。作樊酈列傳第三十五。漢既初定。文理未明。蒼
爲主計。整齊度量。序律厤。作張丞相列傳第三十六。結言通使。約懷諸

侯。諸侯咸親。歸漢爲藩輔。作酈生陸賈列傳第三十七。欲詳知秦楚之
事。維周緤常從高祖。平定諸侯。作傅靳蒯成（梁云蒯當作蒯）列傳第三十八。徙
彊族。都關中。和約匈奴。明朝廷禮。次宗廟儀法。作劉敬叔孫通列傳第
三十九。能摧剛作柔。卒爲列臣。欒公不刦於勢而倍死。作季布欒布列
傳第四十。敢犯顏色以達上義。不顧其身。爲國家樹長畫。作袁盎朝錯
列傳第四十一。守法不失大理。言古賢人。增主之明。作張釋之馮唐列
傳第四十二。敦厚慈孝。訥於言。敏於行。務在鞠躬。君子長者。作萬石張
叔列傳第四十三。守節切直。義足以言廉。行足以厲賢。任重權不可以
非理撓。作田叔列傳第四十四。扁鵲言醫。爲方者宗。守數精明。後世修
序。弗能易也。而倉公可謂近之矣。作扁鵲倉公列傳第四十五。維仲之
省。厥濞王吳。遭漢初定。以塡撫江淮之閒。作吳王濞列傳第四十六。吳

楚爲亂宗屬唯嬰賢而喜士士鄉之率師抗山東滎陽作魏其武安列傳第四十七智足以應近世之變寬足用得人作韓長孺列傳第四十八勇於當敵仁愛士卒號令不煩師徒鄉之作李將軍列傳第四十九自三代以來匈奴常爲中國患害欲知彊弱之時設備征討作匈奴列傳第五十直曲塞廣河南破祁連通西國靡北胡作衛將軍驃騎列傳第五十一大臣宗室以侈靡相高唯弘用節衣食爲百吏先作平津侯列傳第五十二漢既平中國而佗能集楊越以保南藩納貢職作南越列傳第五十三吳之叛逆甌人斬濞葆守封禺爲臣作東越列傳第五十四燕丹散亂遼間滿收其亾民厥聚海東以集眞藩葆塞爲外臣作朝鮮列傳第五十五唐蒙使略通夜郎而邛筰之君請爲內臣受吏作西南夷列傳第五十六子虛之事大人賦說靡麗多誇然其指風諫歸

於無爲作司馬相如列傳第五十七。黥布叛逆子長國之以塡江淮之南安剽楚庶民作淮南衡山列傳第五十八。奉法循理之吏不伐功矜能百姓無稱亦無過行作循吏列傳第五十九。正衣冠立於朝廷而羣臣莫敢言浮說長孺矜焉好薦人稱長者壯有溉〔概〕（梁云壯卽莊字鄭當時之字也）作汲鄭列傳第六十。自孔子卒京師莫崇庠序唯建元元狩之閒文辭粲如也作儒林列傳第六十一。民倍本多巧姦軌弄法善人不能化唯一切嚴削爲能齊之作酷吏列傳第六十二。漢既通使大夏而西極遠蠻引領內鄉欲觀〔概〕（毛本作親）中國作大宛列傳第六十三。救人於戹振人不贍仁者有乎不既信（王云廣雅方言并云既失也）不倍言義者有取焉作游俠列傳第六十四。夫事人君能說主耳目和主顏色而獲親近非獨色愛能（王云能乃也）亦各有所長作佞幸列傳第六十五。不流世俗不爭勢利上下無所凝

鄧以讚云文最古質郤健峭可喜

滯人莫之害以道之用作滑稽列傳第六十六齊楚秦趙爲日者各有俗所用欲循(總)觀其大旨作日者列傳六十七三王不同龜四夷各異卜然各以決吉凶略闚其要作龜策列傳第六十八布衣匹夫之人不害於政不妨百姓取與以時而息財富智者有采焉作貨殖列傳第六十九維我漢繼五帝末流接三代統(漢書統作絕)業周道廢秦撥去古文焚滅詩書故明堂石室金匱(漢書作錯)玉版圖籍散亂於是漢興蕭何次律令韓信申軍法張蒼爲章程叔孫通定禮儀則文學彬彬稍進詩書往往閒出矣自曹參薦蓋公言黃老而賈生鼂錯明申商公孫弘以儒顯百年之閒天下遺文古事靡不畢集太史公太史公仍父子相續纂(漢書作纂)其職曰於戲余維先人嘗掌斯事顯於唐虞至于周復典之故司馬氏世主天官至於余乎欽念哉欽念哉罔羅天下放失舊聞王迹所興原始

察終見盛觀衰論考之行事略推三代（漢書無推字）錄秦漢上記軒轅下至于茲著十二本紀既科條之矣竝時異世年差不明作十表禮樂損益律厤改易兵權山川鬼神天人之際承敝通變作八書二十八宿環北辰三十輻共一轂運行無窮輔拂股肱之臣配焉忠信行道以奉主上作三十世家扶義俶儻不令己失時立功名於天下作七十列傳凡百三十篇五十二萬六千五百字爲太史公書序略以拾遺補蓺（孟康漢書注蓺音褋謂裳下懷褋某案孟音是也字當从執古執聲之字與褋聲之字多相通漢書匈奴傳褋惡民注褋散也列子天瑞其葉爲胡蝶注葉散也此疑亦當訓散男閻生謹案漢書敘傳思有裋褐之褻師古注衣破壞之餘曰褻破壞之餘乃此字之確詁褻即褋之異文也）成一家之言厥協六經異傳整齊百家雜語藏之名山副在京師以俟後聖君子（本作俟後世聖人君子七字依索隱改）第七十太史公曰余述厤黃帝以來至太初而訖百三十篇

太史公自序第七十

後跋

男闓生謹案　先公生平於史記致力最勤所評隲校勘者數本終日不去左右舟車道塗未嘗釋手如錢莘楣考異梁玉繩志疑王懷祖雜志及張廉卿先生評識皆摘在此冊晚年欲整齊各本釐定以爲一書著錄至孟嘗君傳而止庚子亂作洎乎東遊遂不獲竟事故卷中評論文義及考定史漢通志通鑑文字異同平原君傳以下斯簡略矣此可爲天下後世深惜者今薈錄諸本點勘　先人手稿未敢殽亂別錄庋藏之此本圈識亦多未備別錄初閱本圈識及所纂諸家平語爲二卷坿於後後之學者因端而竟之微言要旨猶得備列云時宣統元年三月

桐城吳先生史記初校本點識

男闓生謹案　先公晚年點定史記已刻入史記本文唯其中點識閒有不備之處今將初校本圈點別錄一册附後以備考焉

五帝本紀　黃帝二十五子至十四人圈　生二子其後皆有天下圈　讙兜進言共工至數爲亂點　而禹皋陶契至未有分職圈　皋陶爲大理至莫敢辟違點　唯禹之功爲大圈　披九山至東長鳥夷點　四海之內咸戴帝舜之功於是圈　禹乃興九招至鳳皇來翔點　天下明德皆自虞帝始圈　自黃帝至舜禹至以章明德圈　故黃帝爲有熊至姓姬氏點　太史公曰以下坐點　余嘗西至空峒至古文者近是點　書缺有閒矣至寡聞道也圈

夏本紀　皋陶作士以理民點　帝舜朝至相與語帝前圈　於是天

下皆宗禹至山川神主圈　帝禹立至而後舉益任之政點
殷本紀　作帝誥　作湯征　作女鳩女房　作湯誓　作夏社　中
䨓作誥　作湯誥　伊尹作咸有一德咎單作明居　伊尹作伊訓作
肆命作徂后　迺作太甲訓三篇　作沃丁　作咸艾作太戊　作原
命以上並點　帝仲丁遷于隞三句圈　中丁書闕不具點　自中丁以來至諸
侯莫朝圈　迺作盤庚三篇點　遂作高宗肜日及訓點
周本紀　故成康之際至四十餘年不用圈　伯陽甫曰周將亡矣點
周太史伯陽至周亡矣點　太史伯陽曰至無可奈何點　幽王以
虢石父至申侯怒點　平王之時至政由方伯圈　王赧時東西周分
治圈　東西周皆入于秦周既不祀圈
秦本紀　還無所報至死遂葬於霍太山坐點　自蜚廉生季勝至趙衰

其後也點　於是文公遂收周餘民至獻之周點　於是岐下食善馬者至馳冒晉軍圈　晉公室卑至秦晉不相攻圈　秦以往者數易君至奪秦河西地圈　河山以東至夷翟遇之圈

秦始皇本紀　當是之時至置三川郡圈　欲以并天下圈　王年少至委國事大臣圈　以秦之強至湣王之所以亡也點　秦王爲人至亦輕食人點　而李斯用事圈　自今以來至籍其門視此點　得韓王安　得趙王　攻魏　其王請降　虜荊王　得燕王喜　虜代王嘉　得齊王建以上並點　秦初并天下圈　異日韓王納地效璽至平齊地點　寡人以眇眇之身至天下大定圈　自異日韓王以下至其議帝號坐點　於是急法久者不赦點　諸廟及章臺至南臨渭點　自雍門以東至以充入之圈　作信宮渭南至自咸陽屬之點　上鄒嶧山立

石立石字點二　乃遂上泰山立石立石字點二　刻所立石點　皇帝臨位至
永承重戒坐點　登之罘立石立石字點二　立石刻頌秦德明得意點　維
二十六年至　以爲表經坐點　於是遣徐市至　入海求仙人點　登之罘
刻石點　維二十九年至　請刻之罘坐點　刻碣石門至　决通隄防點
遂興師旅至　垂著儀矩坐點　於是始皇以爲咸陽人多至　帝王之都也
圈　乃營作朝宮至　抵營室也點　阿房宮未成至　謂之阿房宮圈
乃分作阿房宮或作麗山點　於是始皇曰至　不稱朕點　始皇爲人
至　未可爲求仙藥點　使博士爲仙眞人詩至　謌絃之點　有人持璧
遮使者至　今年祖龍死點　始皇默然良久至　渡江所沈璧也點　而
立石刻頌秦德立石刻頌秦德六字點　皇帝休烈至　光垂休銘坐點　趙高故嘗
教胡亥至　胡亥私幸之點　高乃與公子胡亥至　數以罪其賜死圈

趙高爲郎中令任用事點　於是二世乃遵用趙高申法令點　用法
益刻深點　七月戍卒陳勝等反至不可勝數也圈　與高決諸事點
其後公卿希得朝見至擊盜者毋已圈　趙高爲丞相竟案李斯殺
之點　高祖數言關東盜至咸率其衆西鄉圈　子嬰爲秦王四十六
日圈　項籍爲從長至諸侯共分之點　項羽爲西楚霸王至秦竟滅
矣圈　後五年天下定於漢點　秦并兼諸侯至是二世之過也坐點
周歷已移至死生之義備矣坐點
項羽本紀　全篇坐點　項氏世世爲楚將點　項籍少時學書至又不
肯竟學點　梁以此奇籍點　雖吳中子弟皆已憚籍矣點　項梁乃
以八千人渡江而西圈　聞陳嬰已下東陽至連和俱西點　項梁已
并秦嘉軍至將引兵而西點　此時沛公亦起沛往焉圈　項梁已破

東阿下軍 至 欲與俱西 點 外黃未下 點 項梁起東阿西 至 有驕色
圈 呂臣軍彭城東 至 沛公軍碭 橫截點 章邯已破項梁軍 至 此所謂
河北之軍也 圈 當是時諸將皆慴服 至 今將軍誅亂 點 項羽已殺
卿子冠軍 至 名聞諸侯 圈 項羽乃悉引兵 至 自燒殺 點 當是時楚
兵冠諸侯 至 莫敢仰視 圈 項羽由是始爲諸侯上將軍 至 皆屬焉 點
橫截 章邯軍棘原 至 相持未戰 圈 章邯狐疑 至 欲約 點 章邯使人
見項羽欲約 點 已盟 至 爲言趙高 點 諸侯吏卒異時 至 輕折辱秦
吏卒 點 新安城南 橫截 行略定秦地 至 已破咸陽 圈 當是時項羽
兵四十萬 至 在霸上 圈 楚左尹項伯者 至 素善留侯張良 圈 沛公
大驚 至 吾得兄事之 點 項王項伯東嚮坐 至 張良西嚮侍 圈 於是
張良至軍門 至 常在沛公也 點 噲卽帶劍 至 噲遂入 點 披帷西嚮

立至樊噲者也圈　項王未有以應至樊噲從良坐點　當是時項王
軍在鴻門下至相去四十里圈　沛公謂張良至公乃入點　項王則
受璧至置之地點　拔劍撞而破之至今爲之虜矣圈　亨說者橫截
項王欲自王先王諸將相圈　項王范增疑沛公至恐諸侯叛之點
漢之元年四月至各就國點橫截　是時漢還定三秦點　楚以此故無
西意而北擊齊點　項王因留連戰未能下點橫截　項王乃西從蕭至
圍漢王三匝點　於是大風從西北而起至數十騎遁去圈　諸敗軍
皆會圈　楚起於彭城至不能過滎陽而西圈橫截　漢王之敗彭城至
與楚而背漢點　於是漢王夜出女子至走成皐點　欲西至令其不
得西點　項王已定東海來至相守數月點　當此時彭越數反梁地
絕楚糧食圈　楚漢久相持至老弱罷轉漕圈　漢有善騎射者至乃

項王也點　項王聞淮陰侯至且欲擊楚圈　是時彭越復反至絕楚
糧圈　是時漢兵盛食多項王兵罷食絕圈　故號爲平國君複橫　項
王已約至漢欲西歸圈　項王軍壁垓下至是何楚人之多也點　項
王則夜起至莫能仰視圈　騎能屬者百餘人耳點　田父紿曰左至
以故漢追及之點　乃有二十八騎點　吾起兵至今八歲矣至此天
之亡我非戰之罪也圈　乃分其騎至如大王言點　天之亡我至籍
獨不媿於心乎圈　顧見漢騎司馬童至此項王也圈　舜目蓋重瞳
子至何興之暴也圈　位雖不終至未嘗有也點　怨王侯叛已難矣
點　尚不覺悟至末點
高祖本紀　陳涉之將周章至項氏起吳圈　遣魏人甯昌使秦使者
未來點　是時章邯已以軍至諸侯皆附圈　方饗士旦日合戰點

是時項羽兵四十萬至力不敵圈　會項伯欲活張良至項羽乃止點
項羽怨懷王至後天下約點　及其鋒而用之至爭權天下點　漢
王用韓王之計點　項羽雖聞漢東至遂入彭城點　漢王之敗彭城
而西點　漢王軍滎陽南至與項羽相距點　項羽已破走彭越聞漢
王復軍成皐點　漢王得韓信軍至引兵臨河南點　項羽聞韓信至
且欲擊楚點　項羽數擊彭越等至又進擊楚點　高祖與諸侯兵共
擊楚軍至項羽之卒可十萬圈　天下大定至諸侯皆臣屬圈　陛下
慢而侮人至此所以失天下也點　夫運籌策帷帳之中至此其所以
爲我擒也點　秦形勝之國至地勢便利點　其以下兵於諸侯至建
瓴水也圈　夫齊東有琅邪至故此東西秦也點　悉召故人父老子
弟至教之歌點　酒酣至猶樂思沛圈　思高祖之悲樂沛點　夏之

政忠至莫若以忠點　三王之道至終而復始圈　故漢興承敝至得
天統矣圈
呂后本紀　及高祖爲漢王至生趙隱王如意點　孝惠爲人仁弱至
得毋廢圈　呂后爲人至定天下點　所誅大臣多呂后力圈　是時
高祖八子圈　長男肥至兄子濞爲吳王點　非劉氏至爲長沙王圈
孝惠以此日飲至故有病也點　齊王恐自以爲不得脫長安憂點
太后哭泣不下點　君今請拜呂台至其哭迺哀點　呂氏權由此
起圈　議欲立諸呂爲王點　迺追尊酈侯父至欲以王諸呂爲漸圈
太后欲侯諸呂點　太后欲王呂氏點　不稱元年者以太后制天
下事也點　太后王諸呂至劉將軍爲後點　朱虛侯劉章有氣力至
居長安點　當是時諸呂用事至絳灌等未敢發圈　呂祿呂產欲發

亂關中至猶豫未決點　太尉絳侯勃不得入軍中主兵圈　呂祿信然其計至未有所決點　太尉欲入北軍不得入圈　呂祿以爲酈兄不欺己點　太尉行至至遂將北軍點　然尙有南軍圈　呂產不知呂祿已去至徘徊往來圈　朱虛侯已殺產至則從與載圈　遣朱虛侯章以誅諸呂至亦罷滎陽而歸圈　欲將我安之乎點　天子在也足下何爲者而入點

孝文本紀　上從代來初卽位至乃循從代來功臣圈　孝文帝從代來卽位二十三年至輒弛以利民圈　專務以德化民至興於禮義圈

　廪廪鄕改正服封禪矣圈末圈

孝景本紀　以諸侯大盛至卒以安點　安危之機至末圈

孝武本紀　爲孝武皇帝橫敁

三代世表　無圈識
十二諸侯年表　序 坐點　起 至 師摯見之矣 圈　紂爲象箸 至 鹿鳴刺
焉 點　是以孔子明王道 至 不可以書見也 圈　王道備人事浹 橫截
太史公曰儒者斷其義 至 欲一觀諸要難 圈 。
六國表　序 坐點　則與齊桓晉文中國侯伯侔矣 點　六國之盛自此
始 點　秦始小國 至 然卒并天下 點　非必險固便 至 自蜀漢 圈 橫截
然戰國之權變 至 何必上古 點　秦取天下多暴 至 悲夫 圈
秦楚之際月表　序 坐點　五年之閒號令三嬗 點　自生民以來 至 若
斯之亟也 圈　以德若彼 至 若斯之難也 圈 橫截　秦既稱帝 至 維萬世
之安 點　然王跡之興 至 末 圈
漢興以來諸侯王年表　序 坐點　形勢弱也 橫截　自鴈門太原 至 頗食

邑其中點何者至用承衞天子也圈橫截而漢郡八九十至兼其阨
塞地利點彊本幹至各得其所矣圈橫截形勢雖彊至末圈
高祖侯功臣年表　序坐點稍陵夷衰微也橫截余讀高祖侯功臣至
異哉所聞圈豈非篤於仁義奉上法哉點子孫驕溢至隕命亾國
點秏矣至當世之禁云圈橫截居今之世至未必盡同點帝王者
至何必舊聞圈
惠景閒侯者年表　無圈識
建元以來侯者年表　序坐點二夷交侵至倅於祖考矣圈橫截齊桓越
燕至役百越點況乃以中國一統至征伐哉圈橫截自是後至末點
建元以來王子侯者年表　無圈識
漢興以來將相名臣年表　無圈識

禮書　無圈識

樂書　中尉汲黯進曰至當族橫圈截

律書　其於兵械尤所重點　同聲相從至何足怪哉點　雖不及三
代之誥誓至遂執不移等哉點　用之有巧拙行之有逆順耳點　及
其威盡勢極至甘得之心不息也點　朕能任衣冠至且無議軍坐點
故百姓無內外之繇至可謂和樂者乎點　自年六七十翁至有德君
子者耶點　神生於無形至故莫貴焉坐點

厤書　無圈識

天官書　中宮圈　杓攜龍角至皆繫於斗點　東宮圈　各有三星
鼎足句之點　南宮圈　後聚一十五星蔚然點　故德成衡至誅成
質點　無處車馬點　西宮圈　北宮圈　王良策馬車騎滿野點

以揆歲星順逆歲星二字圈　以攝提格歲攝提格歲四字點　執徐歲　大荒駱歲　敦牂歲　叶洽歲　涒灘歲　作鄂歲　閹茂歲　大淵獻歲　困敦歲　赤奮若歲以上並點　以處熒惑熒惑二字圈　以定填星之位填星二字圈　以處位太白太白二字圈　師有糧食兵革遺人用之點　以治辰星之位辰星二字圈　兩軍相當日暈日暈二字圈　月行中道月行二字圈　國皇星國皇二字點　昭明　五殘　大賊　司危　獄漢　四填　地維　咸光　燭星　歸邪以上並點　星者金之散氣點　漢者亦金之散氣點　其大經也擲　天鼓　天狗　格澤　蚩尤之旗　旬始　枉矢　長庚以上並點　天精而見景星景星二字圈　凡望雲氣雲氣二字圈　自華以南至氣皆白點　徙氣白至卒氣摶圈　陣雲如立垣至鉤雲句曲點　若烟非烟至蕭索輪囷點　天雷電蝦虹至陽氣之動者也點　天開縣物

至化言誠然圈　決八風八風二字圈　此其大經也擲　太史公曰自初
生民以來至　則天官備矣坐點　三光者至　而聖人統理之圈　是以孔
子論六經至　雖言不著圈橫截　夫天運三十歲一小變至　然後天人之
際續備圈　淩雜米鹽橫截　秦之彊也至　昴主之點　故中國山川東
北流至　尾沒於勃碣圈　是以秦晉好用兵至　此更爲客主人點　必
視熒惑所在橫截　秦始皇之時至　不可勝道點　由是觀之至　應隨之
者也夫圈　余觀史記至　此其大度也圈　夫常星之變至　三光之占
亟用點　日月暈適雲風至　最近大人之符圈　終始古今至　則天官
備矣圈　蒼帝行德以下乙
封禪書　全篇坐點　起至　而不臻乎泰山者也圈　其詳不可得而記
云橫截　自未作鄜時也領圈　其語不經見搢紳者不道點　作鄜畤後

九年領圈　作鄜畤後七十八年領圈　而後世皆曰秦繆公上天圈　秦
穆公即位九年齊桓公既霸點　是歲秦繆公內晉君夷吾是歲二字點　其
後百有餘年而孔子論述六藝點　周人之言方怪者自萇弘點　秦
始皇既幷天下而帝領圈　自齊威宣之時至　故始皇采用之點　而宋
毋忌至　世主莫不甘心焉圈　及至秦始皇至　不可勝數點　始皇封
禪之後十二歲秦亡圈　此豈所謂無其德而用事者耶圈橫截　及秦
幷天下至　各以歲時奉祠點　於是自殺以東領圈　唯雍四時至　唯陳
寶圈　故雍四時至　移過於下點　漢興領圈　長安置祠祝官女巫其
梁巫點　晉巫點　荊巫　九天巫　其河巫　而南山巫並點　其明年
趙人新垣平以望氣見上點　無有所興至　今天子點橫截　今天子初
即位至　封禪改正度也圈　是時上求神君舍之上林中蹏氏觀點領圈

是時李少君 至 卻老方見上 點 領圈 一宮盡駭 至 數百歲人也 圈
於是天子始親祠竈 至 諸藥齊爲黃金矣 圈 天子以爲化去不死 點
而海上燕齊怪迂之方士 至 秦祠太一方 點 其後天子苑有白鹿
至 造白金焉 點 風符應合於天也 點 於是濟北王以爲天子且封
禪 圈 其明年 至 以鬼神方見上 點 領圈 其後則又作柏梁銅柱 至 天
子病鼎湖甚 點 文成死明年 領圈 聞其言 至 來則風肅然 圈 其所
語 至 世莫知也 點 其明年冬 領圈 是歲天子始巡郡縣侵尋於泰山
矣 圈 其春樂成侯上書言欒大 點 領圈 文成食馬肝死耳 圈 大見
數月 至 能神仙矣 點 其夏六月中 領圈 唯受命而帝者心知其意而
合德焉 點 入海求蓬萊者 至 佐候其氣云 圈 領圈 其秋上幸雍且郊
點 領圈 寶鼎事已決矣尚何以爲 點 於是天子曰 至 如脫躧耳 點

上遂郊雍點圈頓　其祠列火滿壇至祠上有光焉點　而五利將軍使
不敢入海圈頓點　其冬公孫卿候神河南頓圈　問卿得毋效文成五利
乎圈　於是郡國各除道至以望幸矣點　其春既滅南越頓圈　於是
賽南越至琴瑟自此起點　爲且用事太山先類祠太一圈　自得寶
鼎上與公卿諸生議封禪點頓圈　天子既聞公孫卿至而不能騁圈
從宮在山下至問下下不言點　齊人之上疏至公孫卿持節常先行點
上卽見大跡至則大以爲仙人也圈　上念諸儒及方士言封禪頓圈
震於怪物欲止不敢點　其令諸侯各治邸太山下横截　天子既
已封太山至庶幾遇之圈　其秋有星茀於東井頓圈　其春公孫卿言至
欲見天子點　於是天子既出無名乃禱萬里沙點　是時既滅兩
越頓圈　越祠雞卜始用至神人宜可致也點　公孫卿曰仙人可見頓圈

初天子封太山 領圈 東至海上 至 冀遇之 點 將以望祀 至 冀至殊
廷焉 點 上還 領圈 丁夫人雒梁虞初等以方祠詛匈奴大宛焉 點
其明年有司上言 領圈 其明年 至 未有驗者 點 還過祭恒山 橫截 今
天子所興祠 至 他祠皆如其故 點 今上封禪 至 然其效睹可矣 圈
河渠書 全篇 坐點 然河菑衍溢 至 唯是為務 圈 於是禹以為河所
從來者高 至 北載之高地 點 功施於三代 橫截 滎陽下 圈 於楚 圈
西方 點 東方 點 於吳 圈 於齊 於蜀 並圈 此渠皆可行舟 至
以萬億計 點 然莫足數也 圈橫截 然渠成亦秦之利也 點 因命曰
鄭國渠 橫截 是時武安侯田蚡為丞相 至 邑收多 點 於是天子久之
不事復塞也 圈橫截 是時鄭當時為大農言曰 點 天子以為然 點
其後河東守番係言 點 天子以為然 點 其後人有上書 點 湯問

其事因言點　天子以爲然點　其後莊熊羆言點　井渠之生自此始點　猶未得其饒橫截　自河決瓠子後至皆負薪寘決河圈　天子既臨河決悼功之不成圈　於是卒塞瓠子至名曰宣房宮圈　無水災橫截　自是之後至不可勝言點　然其著者在宣房圈　甚哉水之爲利害也圈　余從負薪至而作河渠書點

平準書全篇坐點　而宮室列觀輿馬益增修矣點　至今上即位數歲至固其變也圈　天下苦其勞至自此始也圈橫截　東置滄海之郡領點　其後四年領圈　於是大農陳至猶不足以奉戰士點　吏道雜而多端二句點　自公孫弘以春秋之義至窮治之獄用矣圈　當是之時至稍騖於功利矣圈橫截　初先是往十餘歲領圈　天子爲伐胡盛養馬領圈　其明年山東被水菑領圈　於是縣官大空至黎民重困點　於是以

東郭咸陽至用事侍中圈　咸陽齊之大煑鹽至年十三侍中點　故
三人言利事析秋豪矣圈橫截　法既益嚴至徵發之士益鮮點　是時
財匱戰士頗不得祿矣點　吏道益雜不選而多賈人矣點　商賈以
幣之變頓圈　天子乃思卜式之言至使明知之圈　是時富豪至以風
百姓點　而孔僅之使天下至以通貨物矣圈　郎至六百石橫截　而
御史大夫張湯至夏蘭之屬始出矣點　而大農顏異誅圈　天子既
下緡錢令至告緡錢縱矣點　是歲也張湯死而民不思圈　卜式相
齊而楊可告緡徧天下　於是商賈中家以上至用益饒矣圈　置
左右輔橫截　宮室之修由此日麗點　郎選衰矣點　上由是不悅卜
式點　然兵所過至不敢言擅賦法矣點橫截　是歲小旱至天乃雨圈
古者嘗竭天下之資財至末圈

吳世家　自太伯作吳至至壽夢十九世點　公子光者至欲以襲王僚點　子胥退至以待專諸之事圈　舉伍子胥爲行人至吳以爲大夫圈　越聞吳王之在郢至爲堂谿氏圈　闔廬使立太子夫差至三年乃報越圈　以大夫伯嚭爲太宰至常以報越爲志圈　將死曰樹吾墓上以梓至以觀越之滅吳也圈　越王滅吳至以爲不忠而歸圈

嗚呼又何其閎覽博物君子也點

齊太公世家　言呂尚所以事周至爲文武師圈　其事多兵權至皆宗太公爲本謀圈　太公之謀計居多圈　師尚父謀居多圈　營兵邊萊至是以與太公爭國點　齊爲大國圈　齊由此得征伐爲大國圈　初襄公之醉殺魯桓公至羣臣恐禍及點　桓公之中鉤佯死至故得先入立點　諸侯聞之皆信齊而欲附焉點　而桓公於是始霸

焉點　田成子常之祖也圈　諸侯聞之皆從齊點　是時周室微至
故諸侯賓會圈　管仲死而桓公不用管仲言至三子專權點　長衛
姬生無詭至生公子雍點　因宦者豎刀點　易牙入與豎刀因內寵
點　桓公十有餘子至次惠公點　宋以桓公至故來征之點　因衛
公子開方點　昭公桓公子也其母曰葛嬴點　惠公桓公子也至曰
少姬點　竟頃公卒至諸侯不犯點　齊政卒歸田氏至民愛之點
景公老惡言嗣事至何患無君乎點　芮子故賤至國人輕之點　呂
氏遂絕其祀至彊於天下圈
魯周公世家　自文王在時至用事居多點　作牧誓點　周公不就
封留佐武王點　作大誥點　作餽禾點　作嘉禾點　周公之代成
王治至匔匔如畏然點　乃作多士作毋逸作下字點　六　於是成王乃命

魯得郊至以褒周公之德也點　作周官點　魯公伯禽之初至其北
面事齊矣圈　伯禽即位之後至亦並興反點　作肸誓點　自是後
諸侯多畔王命點　莊公有三弟至次曰季友點　爲叔孫氏點　季
友母陳女至及子申點　其後爲季氏至後爲孟氏也點　魯由此公
室卑三桓彊點　宣公欲去三桓點　趙簡子問史墨曰至不可以假
人點　哀公患三桓至故君臣多閒點　悼公之時至卑於三桓之家
點　魯起周公至凡三十四世圈　至其揖讓之禮至末圈
燕召公世家　秦始列爲諸侯點　齊桓公始霸點　晉文公爲踐土
之會稱伯點　秦益彊點　蘇秦之在燕至復用蘇代點　蘇代欲以
激燕王以尊子之也點　子之南面行王事至皆決於子之點　燕昭
王於破燕之後至以招賢者點　樂毅自魏往至士爭趨燕點　劇辛

故居趙至問劇辛點　燕見秦且滅六國至禍且至燕點　是歲秦將
王賁亦虜代王嘉點　召公奭可謂仁矣至末點
管蔡世家　武王同母兄弟十人圈　冉季載最少點　同母兄弟十
人至左右輔文王圈　伯邑考既已前卒矣點　武王已克殷紂至封
功臣昆弟圈　康叔封冉季載皆少未得封點　而分殷餘民爲二點
冉季康叔皆有馴行至皆有令名於天下點　餘五叔皆就國無爲
天子吏者點　息侯怒至可以有功點　楚滅蔡三歲點　是年楚亦
復立陳至故復立陳蔡後點　悼侯父曰隱太子友至攻平侯子點
吳爲蔡遠至不與大夫計點　楚滅陳點　蔡遂絕祀至三十三年點
伯邑考至其後世無所見圈　曹遂絕其祀點
陳杞世家　厲公所殺桓公太子至共殺厲公點　楚始彊點　徵舒

故陳大夫也至舒之母也點　孔子讀史記至而重一言圈　晉平公
問太史趙至使祀虞帝點　且盛德之後必百世祀圈　楚靈王滅陳
五歲點　探續哀公卒至五歲矣點　杞後陳亡至不足稱述點　舜
之後周至乃爲顯諸侯圈　滕薛騶至弗論也點　周武王時至不可
勝數圈　及楚滅陳至不乏焉點　楚惠王滅杞至句踐興圈
衞康叔世家　其次尙有冉季冉季最少點　周公旦懼康叔齒少至
以命之點　惠公立五年至凡十三年矣點　懿公之立也至是爲戴
公點　初翟殺懿公也至爲文公點　獻公亡在外十二年而入點
欒甯將飲酒至奉出公輒犇魯點　初出公立至四年復入點　是
時三晉彊衞如小侯屬之點　衞絕祀點　俱惡傷父之志至末點
宋微子世家　箕子者紂親戚也點　於是太師少師乃勸微子去遂

行點　欲哭則不可至近婦人圈　麥秀漸漸兮至不與我好兮圈
所謂狡童者點　皆爲流涕點　是歲魯弒其君隱公點　文公女弟
爲桓公夫人點　倍楚盟親晉以有德於文公也點　始厚葬至不臣
矣點　於是諸侯皆曰至不可不誅點
晉世家　靖侯以來至無其年數點　異哉君之命子也至晉其能毋
亂乎點　曲沃邑大於翼至都邑也點　桓叔是時至不亂何待點
曲沃益彊晉無如之何點　於是盡併晉地而有之點　曲沃武公
至通年三十八年圈　武公稱者至莊伯子也點　自桓公初封至代
晉爲諸侯圈　與曲沃通位至三十九年而卒點　得驪姬至俱愛幸
之點　九年晉羣公子至且待其亂點　獻公有意廢太子點　於是
使太子至奚齊居絳點　晉國以此知太子不立也圈　太子申生其

母至重耳母女弟也點　獻公子八人至乃遠此三子圈　獻公曰始
吾先君至遺子孫憂點　驪姬泣曰至妾自殺也點　驪姬詳譽太子
至而欲立其子圈　驪姬泣曰至妾殊自失於此點　此時重耳夷吾
來朝圈　獻公怒二子至果有謀矣點　是歲也晉復假道於虞以伐
虢圈　荀息牽曩所遺至齒亦老矣點　當此時晉彊至東至河內圈
初獻公將伐驪戎至竟以亂晉圈　齊桓公聞晉內亂至之高梁而
還歸圈　兒乃謠曰至昌乃在兄點　惠公之立至國人不附圈　惠
公用虢射謀至且伐秦點　吾母家在梁至更立他公子點　秦繆公
乃發兵至是爲文公圈　晉文公重耳至固已成人矣點　狄其母國
也至數十人至狄點　始吾奔狄至固願徙之大國點　重耳謂其妻
曰至妾待子點　重耳至齊至留齊凡五歲點　子一國公子至行遠

而覺點　居楚數月至乃召之點　是時晉惠公十四年至亦發兵拒之點　然皆陰知公子至晉人多附文公焉圈　是時介子推從至固足羞也點　文公修政至未盡行賞點　晉初定至未至隱者介子推點　介子推從者憐之至號曰介山點　於是晉文公稱伯圈　吾聞能戰勝安者唯聖人點　城濮之事至而加萬世功乎點　孔子讀史記至春秋諱之也點　以其無禮於文公至鄭助楚也點　趙盾弗復知也點　然不知明之爲陰德也點　孔子聞之曰至出疆乃免點　成公者至周女也點　楚已服鄭至爲名而去點　是時楚莊王彊至河上也圈　所以然者至以導客點　伯宗以好直諫至不附厲公點　晉由此威侯至求霸圈　及欒書又怨郤至至而逐敗楚點　悼公周者至其亦助寡人點　收文公入時功臣後點　六卿強公室卑圈

晉益弱六卿皆大圈　哀公大父雍至乃立忌子驕爲君點　當是時晉國政至地最彊圈　幽公之時晉畏至皆入三晉圈　是歲齊威王元年也圈

楚世家　楚其後也點　其後中微至弗能紀其世點　熊繹當周成王之時至封以子男之田點　楚子熊繹至俱事成王點　當周夷王之時至民和點　熊渠曰至楚蠻之地點　而秦襄公始列爲諸侯圈　於是始開濮地而有之點　楚彊陵江漢閒至皆畏之點　齊桓公始霸楚亦始大點　康王寵弟公子圍子比子晳棄疾圈　時鄭子產在焉至不往點・楚靈王樂乾谿至國人苦役點　靈王於是獨傍徨山中點　王行遇其故鋗人至不食三日矣點　王因枕其股至遂飢不能起點　是時楚國雖已立比至又不聞靈王死圈　國人每夜驚

至司馬將至矣點　故康王以長立至又俱誅點　四子皆絕至如其
神符圈　建時年十五矣至疏外建也點　於是王遂囚伍奢至召太
子建欲誅之點　吳王聞之大怒至乃恐而城郢點　楚衆不悅費無
忌至楚人怨無忌甚圈　吳兵遂入郢至以伍子胥故也點　吳由此
怨越而不西伐楚圈　孔子在陳至其不失國宜哉點　初白公父建
至而未爲發兵點　吳王夫差彊至來伐楚點　是時越已滅吳至廣
地至泗上圈　於是楚爲扞關以距之點　周天子賀秦至齊威王尤
強圈　秦欲伐齊至秦惠王患之點　齊湣王欲爲從長至與秦合圈
楚之救韓至然存韓者楚也點　竟不合秦至以善韓點　倍齊而
合秦點　齊韓魏爲楚至三國共伐楚點　欲往恐見欺至恐秦怒點
懷王卒于秦至秦楚絕點　乃復謀與秦平點　見鳥六雙以王何

取點　王朝張弓至南面稱王矣點　故曰秦爲大鳥至而夜射也圈
夫先王爲秦所欺至而坐受困點　於是頃襄王遣使至因欲圖周
點　楚襄王兵散至東北保於陳城點　是時楚益弱點　楚東徙都
壽春命曰郢點　秦將王翦蒙武至名爲楚郡云點　楚靈王方會至
爲天下笑點　操行之不得至可不愼與圈

越王句踐世家　全篇坐點　允常之時至而相怨伐點　持滿者與
天至節事者以地點　句踐之困會稽也至吾終於此乎點　吳既赦
越至亦嘗膽也點　句踐自會稽歸至欲用以報吳點　且鷙鳥之擊
也必匿其形點　必取吾眼至越兵入也點　乃使人謂吳王至以見
子胥也點　句踐既平吳點　句踐以去渡淮南點　當是時至號稱
霸王圈　范蠡遂去點　種遂自殺橫截　王無彊時至與中國爭彊點

而越以此散至服朝於楚圈皆其後也横截天下稱陶朱公點莊
生雖居窮閻至以爲信耳圈故金至至勿動點而朱公長男至殊
無短長也圈楚貴人驚告至王且赦點朱公長男以爲至無所爲
也圈乃復見莊生至獨自歎幸點朱公長男至盡哀之點唯朱
公獨笑至不能忍者也圈故范蠡三徙至故世傳曰陶朱公圈
鄭世家爲司徒一歲至諸侯或叛之點昔祝融爲高辛氏至與非
鄭之利也點齊秦晉楚乎至亦必興矣點三公子皆君也點所
謂三公子者至子亹也圈是爲昭公點是爲厲公點復入鄭卽
位點是爲子亹也無謚號點是爲鄭子點故鄭亡厲公突在櫟
者點突自櫟復入卽位點厲公初立四歲至凡二十八年點鄭
文公怨惠王至與衛滑點自晉文公之過至倍晉助楚點初往年

鄭文公之卒也至秦兵故來點　往年點　繆氏者至族家也點　鄭背楚與晉親點　鄭以城降楚點　其來持兩端至卒渡河點　以其反晉而親楚也點　於是鄭悼公來至遂親點　背晉盟盟於楚點
晉伐鄭至故兩親晉楚點　而以子產爲卿點　子產仁人至勿殺點
當是時晉六卿彊至鄭遂弱點　鄭相子產卒至如亡親戚點　子產者至兄事子產圈　守節如荀息至存奚齊點　變所從來亦多故矣圈

趙世家　趙氏之先與秦共祖點　其後爲秦點　其後爲趙點　由此爲趙氏點　去周如晉至於晉國點　自叔帶以下趙宗益興圈
卜之曰至以奉霍太山之祀圈　初重耳在晉至趙括趙嬰齊點　任國政再見並點　趙盾益專國政點　趙盾復反任國政點　君子譏盾至

趙盾弒其君圈　大夫屠岸賈欲誅趙氏圈　初趙盾在時至世益衰
點　子必不絕至不恨點　夫人置兒至竟無聲點　立孤與死至難
耳點　乃二人謀至攻公孫杵臼點　杵臼謬曰至獨殺杵臼可也圈
諸將不許至孤兒點　諸將以爲至乃反在圈　於是召趙武程嬰
徧拜諸將點　及趙武冠爲成人至遂自殺點　晉由此大夫稍彊點
而趙武爲正卿點　晉公室由此益弱點　血脈治也而何怪點
秦讖於是出矣點　不出三日至閒必有言也點　有一熊欲來至以
賜之點　今余思虞舜至配而七世之孫點　簡子召之至晰也點
簡子曰然至我何爲點　簡子曰是且何也至幷二國於翟點　異日
姑布子卿至無爲將軍者點　簡子乃告諸子至奏之點　毋卹曰至
代可取也圈　簡子於是知毋卹果賢點　董安于知之點　孔子聞

趙簡子至以晉陽畔圈　趙竟有邯鄲柏人至倖於諸侯點　毋卹由
此怨知伯點　其姊聞之至摩笄之山點　見三人自帶以上至遺趙
毋卹點　有朱書曰至北滅黑姑點　於是趙北有代至彊於韓魏點
烈侯使使至歌者之田且止點　他日王孟見處女至想見其狀點
吳廣聞之至孟姚也圈　王北略中山至登黃華之山圈　於是遂
胡服矣點　於是始出胡服令也點　遂胡服招騎射點　王略中山
地至致其兵圈　惠文王惠后吳娃子也點　主父欲令子主治國至
秦人大驚點、主父所以入秦者至爲人也圈　章素侈至相章也圈
主父令王聽朝至未決而輟圈　主父欲出不得至餓死沙丘圈
是時王少至故圍主父點　主父初以長子章至豈不痛乎圈　臣聞
古之賢君至制於王也坐點　趙王新立至而況於予乎坐點　王夢衣偏

褻之衣至憂也點　聖人甚禍無故之利點　王悔不聽至長平之禍焉點　民謠言曰至視地之生毛點

魏世家　晉亂至名爲魏氏點　而令魏武子至治於魏點　而六卿強公室卑點　晉宗室祁氏至爲之大夫點　與韓武子至周威王同時點　文侯受子夏經藝至未嘗不軾也點　是以知魏成子至比乎點　惠王之所以身不死至其國可破也圈　臣有百戰百勝之術點　秦用商君至於是徙治大梁圈　與其以秦醳衛點二句　臣竊料之至必受衛者也點　君其爲粱王代請說君點　遂北見粱王以此告之點　秦破我及韓趙至不如用梟也點　秦昭王謂左右曰至願王之必勿易也坐點　肘足接於車上至爲天下笑點　此方其用肘足之時也點　與其以死痤市點二句　秦與戎翟同俗至末坐點後贊同　秦非

無事之國也至非魏無攻已點　夫憎韓至非也點　異日者至禍必
百此矣圈　天方令秦平海內至末圈
韓世家　程嬰公孫杵臼至厥知之點　卜大業之不遂者至以感景
公點　申不害相韓至不來侵伐點　十六年秦敗我脩魚至楚救不
至韓坐點　十二年太子嬰死至竟不得歸韓坐點　時蟣蝨質於楚點
韓求救於秦秦未爲發點　於是蟣蝨竟不得歸韓點　彼韓急則將
變至故復來耳點　贊坐點　韓厥之感晉景公至此天下之陰德也圈
　韓氏之功至宜乎哉點
田敬仲完世家　故陳完不得立爲陳大夫點　禦寇與完相愛至故
奔齊點　敬仲之如齊至爲田氏點　陰德於民至民思田氏點　而
田乞不說至陽生奔魯點　陽生至齊至大夫皆伏謁點　鮑叔恐禍

及己至何爲不可點　齊人歌之至歸乎田成子點　田常既殺簡公
至以故齊復定點　行之五年至大於平公之所食點　且以有齊國
點　康公之十九年至紀元年圈　齊桓公召大臣至晚救之點　故
齊康公卒至皆入田氏點　威王初卽位以來至國人不治點　於是
齊國震懼至齊國大治點　諸侯聞之至二十餘年圈　夫大弦濁至
知其善也點　夫大弦濁至無若乎五音者點　得全全昌點二句　謹
毋離前點　狶膏至方穿點　請謹事左右點　弓膠昔幹至疏罅點
請謹自附於萬民點　狐裘至黃狗之皮點　請謹擇至其閒點
大車不較至五音點　請謹修至姦吏點　齊威王召大臣至孰與勿
救點　於是齊最彊至以令天下圈　宣王召大臣至晚救點　其後
三晉之王至盟而去圈　宣王喜文學至且數百千人點　三十六年

王爲東帝至秦亦去帝位點　於是齊遂伐宋至死於溫點　齊南割
楚至諸侯恐懼圈　法章懼其誅己至湣王子也點　襄王既立至生
子建點　且趙之於齊楚至爲國計者過矣點　天下壹并於秦至爲
皇帝圈　始君王后至遷於共點　故齊人怨王至不詳也圈　贊坐點
蓋孔子晚至卜之亦云點　田乞及常至末圈
孔子世家　魯襄公二十二年而孔子生點　孔子年十七點　吾聞
聖人之後至其達者歟點　已而去魯至於是反魯圈　孔子自周至
稍益進焉點　是時也至齊師侵魯圈　魯昭公至年三十矣點　孔
子年三十五點　而季平子至頭之魯亂圈　孔子年四十二至卒於
乾侯點　陽虎由此益輕至故孔子不仕點　退而修詩書至莫不受
業焉圈　是時孔子年五十點　然亦卒不行點　孔子年五十六點

而師已送曰至以羣婢故也夫點　歲餘吳王夫差至句踐會稽點
孔子居陳至陳常被寇點　孔子既不得用於衛至命也夫圈　蛟
龍不合陰陽點六字　是歲魯哀至年六十矣點　秋季桓子病至故不
興也圈　顧謂其嗣至必召仲尼點　孔子遷於蔡三歲點　是歲也
至六年也點　是時衛君輒至多仕於衛點　孔子之去魯至而反乎
魯圈　然魯終不能用至亦不求仕點　孔子之時至編次其事圈
故書傳禮記自孔氏圈　古者詩三千至始於衽席圈　禮樂至此至
成六藝圈　孔子以詩書至七十有二人圈　魯哀公十四年至吾已
矣夫點　顏淵死至莫知我夫圈　子曰弗乎至後世哉點　孔子在
位至不能贊一辭圈　孔子年七十三至己丑卒點　魯世世相傳至
然後從政點　贊坐點　詩有之至不能去云圈　天下君王至可謂至

聖矣點
陳涉世家　陳涉少時至安知鴻鵠之志哉點　卜者知其指意至先
威衆耳點　乃丹書帛曰至指目陳勝圈　當此時楚兵至不可勝數
圈　當此之時至不可勝數圈　復以陳爲楚點　復以陳爲楚點
陳勝王凡六月圈　已爲王王陳點　其故人至吾欲見涉圈　宮門
令至不肯爲通點　陳王出遮道而呼涉圈　陳王聞之至載與俱歸
點　入宮見殿屋至沈沈者圈　楚人謂多爲夥至由陳涉始點　諸
陳王故人至無親陳王者點　諸將以其故不親附點　陳勝雖已死
至由涉首事也圈　吾聞賈生之稱曰至末坐點
外戚世家　起至惡能識乎性命哉點　人能弘道無如命何圈　孔
子罕稱命蓋難言之也點　及晚節至數矣點　欲連固根本至然無

益也圈　此豈非天邪至當之點　媼之許負所至當生天子點　及
聞許負言心獨喜點　始姬少時至初時約圈　竇姬家至詔可點
當行至乃肯行圈　寒臥岸下至得脫不死點　姊去我西時至助皇
后悲哀圈　生一女矣至奇兩女點　先是臧兒至立榮爲太子點
心嗛之至計未有所定點　卒立王夫人至爲太子點　生微矣至號
曰衞氏圈　主見所侍美人上弗說點　既飲至獨說衞子夫圈　子
夫上車至無相忘圈　帝非我不得立至而倍本乎圈　用無子故廢
耳圈　陳皇后求子至竟無子點　及衞皇后所謂姊衞少兒點　協
律者故倡也點　然皆以倡見至配人主也圈　承閒白言至在長陵
也點　蹕道先驅至何藏之深也點　太后曰帝倦矣至女亦伏地泣
點　天下歌之至霸天下點　主與左右至大將軍可點　主笑曰至

用爲夫乎圈　左右侍御者至主何以易之乎點　尹夫人與邢夫人
至帝許之點　卽令他夫人至邢夫人身也圈　帝曰至當人主矣點
於是帝乃詔至此眞是也圈　於是乃低頭至不如也點　上居甘
泉宮至負成王也圈

楚元王世家　始高祖微時至由此怨其嫂點　其相張尙至與吳西
點　王純立至爲彭城郡刪　其相建德至與俱西點　使楚王戊至
爲天下僇哉點

荆燕世家　諸劉者不知其何屬點　當是時也至以鎭天下圈　始
王昆弟劉氏也圈　諸劉遠屬也點　高后時至張卿驚點　劉澤之
王至三世點　事發相重豈不爲偉乎圈

齊悼惠王世家　其弟章入宿衛至皆宿衛長安中點　朱虛侯年二

十至言耕田歌點　高后兒子畜之至安知田乎圈　章曰臣知之至
因罷點　自是之後至劉氏爲益彊圈　嗟乎道家之言至乃是也點　因退
而琅邪王亦從齊至長安圈　齊王母家至虎而冠者也圈
立至何能爲乎圈　漢以齊之城陽郡至爲濟北王點　地入于漢點
分齊爲王至與城陽齊凡七王點　而膠西膠東至地入于漢點
燕王者至故以燕感太后點　事浸潯不得聞於天子點　國入于漢
點　齊悼惠王後至城陽及菑川圈　城陽景王章齊悼惠王子點
濟北王興居齊悼惠王子點　始大臣誅呂氏時至故絀其功圈　濟
南王辟光齊悼惠王子點　菑川王賢齊悼惠王子　志亦齊悼惠王
子　膠西王卬齊悼惠王子　膠東王雄渠齊悼惠王子點
蕭相國世家　全篇坐點　以文無害爲沛主吏掾點　漢王所以具知

至得秦圖書也圈　於是何從其計漢王大說點　上已橈功臣至然

心欲何弟一點　以帝嘗繇至奉錢二也圈　諸君皆賀召平獨弔點

召平者至以爲名也圈　召平謂相國曰禍自此始矣點　相國從

其計高帝乃大喜點　客有說相國至不久矣點　於是相國從其計

上乃大說點　且陛下距楚數歲至今乃利賈人之金乎點　蕭相國

何至未有奇節點　淮陰黥布等至爭烈矣圈

曹相國世家　全篇坐點　參以中涓從以中涓三字點從字圈　從攻東郡尉軍

從字圈　從攻陽武從南攻犨　從西攻武關嶢關　從至漢中　從還

定三秦從字并圈　參以中尉以中尉三字點　參自漢中至凡二歲點　以假左

丞相點　別與韓信圈　因從韓信從韓信三字圈　以右丞相點　屬韓信

圈　從韓信圈　項籍已死至爲齊相國圈　以齊相國再見并點　參功

至御史各一人圈　更以參爲齊丞相橫截　參之相齊點　其治要用
黃老術至大稱賢相圈　以齊獄市爲寄愼勿擾也點　夫獄市者至
吾是以先之圈　參代何爲漢相國至約束圈　日夜飲醇酒至以爲
常圈　相舍後園至召案之點　乃反取酒至與相應和圈　惠帝怪
相國不治事點　以爲豈少朕與至吾告若也圈　窋既洗沐至所當
言也點　至朝時至諫君也圈　參免冠謝至是也點　且高帝至不
亦可乎圈　惠帝曰善君休矣點　百姓歌之至民以寧一點　曹相
國參至多若此者點　以與淮陰侯俱圈　及信已滅點　而列侯成功
至擅其名圈　參爲漢相國至合道點　然百姓至美矣圈
留侯世家　有一老父衣褐至可教矣點　出一編書至王者師矣點
後十年興至即我矣圈　沛公殆天授點　項王以此無西憂至歸

漢王點　漢王亦已還定三秦矣圈　然卒破楚者此三人力也點
張良多病至從漢王圈　且天下游士至取天下乎點　運籌策至子
房功也點　夫關中至足以委輸點　此所謂至天府之國也圈　始
上數在困急至何益點　今公誠能無愛至宜來點　來以爲客至則
一助也圈　四人至客建成侯所點　君何不急請至則鼓行而西耳
點　吾爲豎子至自行耳點　愈欲易太子點　上詳許之猶欲易之
點　及燕置酒至上乃大驚圈　四人爲壽至眞而主矣圈　竟不易
太子至四人之力也圈　所與上從容至故不著圈　留侯乃稱曰至
游耳點　呂后德留侯至如此乎點　子房始所見至山下黃石圈
贊坐點　高祖離困至功力焉點　豈可謂非天乎點　余以爲至婦人
好女圈

陳丞相世家　或謂陳平曰至不視家生產曰點　亦食穅覈耳至不
如無有圈　張負既見之至以弊席爲門點　然門外多有長者車轍
圈　人固有好至貧賤者乎點　平既娶至游道日廣圈　父老曰善
至　亦如是肉矣點　船人見其美至乃止點　平雖美丈夫至未必有
也圈　臣所言者至行也點　乃不敢復言橫截　項王爲人至則定矣
點　陳平乃與漢王至夜出點　用其奇計策卒滅楚圈橫截　常以護
軍中尉從點　以護軍中尉從點　用陳平奇計圈　其計祕世莫得
聞圈　凡出六奇計至世莫得聞也圈橫截　是後呂嬃讒乃不得行圈
則赦復爵邑橫截　以安國侯王陵至爲左丞相圈　王陵者故沛人
點　陵之免丞相至常給事於中圈　食其亦沛人點　呂嬃嘗以前
至　呂嬃之讒也點　呂太后立諸呂至陳平本謀也圈　於是孝文帝

至次第二圈　於是絳侯至遠矣圈　專爲一丞相橫截　始陳平曰至
多陰禍也圈　然終不得點　方其割肉至固已遠矣點
絳侯周勃世家　全篇坐點　高祖之爲沛公初起點　勃以中涓從
以中涓從四字圈　後章邯破殺項梁至爲碭郡長點　以令從圈　項羽至
以沛公爲漢王點　從入漢中從字圈　以將軍從圈　所將卒點　以
將軍從圈　所將卒再見并點　以相國圈　最從高帝至各一人圈橫截
高帝以爲可屬大事圈　勃不好文學至少文如此點　文帝朝至顧
欲反邪圈　吾嘗將百萬軍至貴乎圈　續絳侯後橫截　條侯亞夫至
相之曰點　君後三歲至而君餓死圈　亞夫笑曰至此餓死法也點
續絳侯後橫截　上自勞軍至之細柳軍點　軍士吏至天子之詔圈
居無何至欲入勞軍點　亞夫乃傳言至案轡徐行圈　至營平文

帝曰點　嗟乎此眞將軍矣至而犯邪圈　稱善者久之點　卽有緩
急至任將兵圈　爲車騎將軍横截　夜軍中驚至不得入點　由此梁
孝王與太尉有郤横截圈　而梁孝王每朝至條侯之短點　以病免相
横截　此非不足君所乎點　景帝以目送之至非少主臣也圈　條侯
果餓死至爲蓋侯圈
梁孝王世家　而與孝景帝至竇太后也點　懷王最少子至異於他
子點　是時上未置太子也圈　上與梁王燕飲至王辭謝點　雖知
非至言至太后亦然圈　明年漢立太子點　其後梁最親至不可勝
道圈　於是孝王至多於京師點　上廢栗太子至爲後嗣點　以事
秘至乃辭歸國圈　逐其賊至意梁王點　上由此怨望於梁王點
王已入關至不知王處點　太后泣曰帝殺吾子圈　然景帝益疏至

薨矣 圈 歸國 至 六日卒 點 及聞梁王 至 果殺吾子 圈 孝王未死
至 他財物稱是 橫點截 李太后大怒 至 見漢使者 點 李太后亦私 至
亦已 圈

五宗世家 好儒學 至 多從之游 點 既已上車 至 吾王不反矣 圈
初好音與馬 至 不足於財 點 府庫壞漏 至 之他郡國 點 是以每相
至 以作動之 點 以是趙王家 至 亦盡之矣 點 常與兄趙王 至 稱爲
藩臣 圈 贊 坐點 其後諸侯貧者 至 末 點

三王世家 三策 坐點 於戲葷粥氏 至 北州以綏 點 古人有言 至 不
及以政 點 書云臣不作威 至 後羞 點 閎且立爲王 至 可言者 點
雒陽有武庫 至 餘盡可 點 武帝曰 至 謝曰幸甚 點

伯夷列傳 全篇 坐點 太史公曰 至 許由冢云 點 孔子序列 至 何哉

圈橫截　余悲伯夷至可異焉點　由此觀之怨耶非耶點橫截　若伯夷
叔齊至而餓死點　此其尤大彰明較著者也點　若至近世至是耶
非耶圈　豈以其重若彼其輕若此哉圈橫截　伯夷叔齊雖賢至末圈
管晏列傳　全篇坐點　管仲曰至鮑子也圈　天下不多至能知人也
圈　仲既任政相齊點　因而予之因而二字圈以下因而字四見並同　吾聞君子至
知己者點　方吾在縲紲之中至在縲紲之中圈　其夫爲相御至其
妻請去點　志念深矣至自下者圈　晏子薦以爲大夫點　假令晏
子而在至末圈
老子韓非列傳　全篇坐點　子所言者至獨其言在耳圈　至於龍至
其猶龍耶圈　老子修道德至無名爲務點　與孔子同時云點　自
孔子死之後點　世莫知其然否點　老子隱君子也圈　世之學老

子者至亦絀老子圈　然其要本至老子之言圈　故其著書至率寓
言也點　皆空語無事實點　然善屬書至不能器之圈　申子之學
至而主刑名點　喜刑名法術至本於黃老點　於是韓非至十餘萬
言點　然韓非至不能自脫圈　凡說之難在知所說之心可以吾說
當之點　此二說者至處知則難矣點　故彌子之行至愛憎之至變
也點　夫龍之爲蟲也至則幾矣圈　申子韓子至學者多有點　余
獨悲韓子至末圈　辭稱微妙難識圈　皆原於道德至末圈
司馬穰苴列傳　全篇坐點　賈素驕貴至留飲點　齊威王使大夫至
末點　如其文也亦少褒矣點
孫子吳起列傳　西破彊楚至與有力焉圈　孫武既死至有孫臏點
孫臏嘗與龐涓俱學兵法點　孫子度其行暮當至馬陵點　馬陵

道狹至可伏兵圈　乃斫大樹至此樹之下點　讀其書未畢點　齊
因乘勝至世傳其兵法圈　卒有病疽者至不知其死所矣點　主少
國疑至屬之於我乎圈　屬之子矣點　吳起爲人至自喜名也點
於是南平百越至盡害吳起圈　孫子籌策至未點
伍子胥列傳　無忌既以秦女至備邊兵圈　員爲人至能成大事點
　楚之召我至無爲也點　我知往至天下笑耳點　奢聞子胥至且
苦兵矣圈　楚幷殺奢與尚也横截　建有子名勝圈　楚平王以其邊
邑至舉兵相伐圈　初平王所奪至是爲昭王圈　闔廬既立至而與
謀國事圈　吳亦以嚭爲大夫圈　始伍員與申包胥至我必存之點
子之報讎至天道之極乎點　吾日暮塗遠至逆施之點　會吳王
久留楚至爲堂谿氏圈　當是時吳以伍子胥至南服越人圈　夫差

既立至爲太宰圈　嚭疏子胥之謀圈　太宰嚭既數受越賂點　其
愛信越殊甚圈　伍子胥仰天歎曰至以殺長者點　乃告其舍人至
入滅吳也圈　吳人憐之至因命曰胥山圈　以不忠於其君至比周
也圈橫截　伍子胥初所至在於吳點　勝自礪劍至殺子西圈　贊坐點
怨毒之於人甚矣哉圈　向令伍子胥至悲夫點　白公如不自立
至末點
仲尼弟子列傳　無圈識
商君列傳　全篇坐點　孝公既見衞鞅語事良久點　孝公時時睡弗
聽圈　孝公益愈然而未中旨點　孝公善之而未用也點　公與語
至數日不厭點　然亦難以比德於殷周矣點　行之十年至鄉邑大
治圈　居五年至諸侯畢賀圈　秦之與魏至何者點　魏居嶺阸之

西至病則東收地圈　魏不支秦必東徙點　東徙至此帝王之業也
圈　魏惠王兵數破至公叔痤之言也圈　號爲商君截橫　商君相秦
至多怨望者圈　今君之見秦王也至亡可翹足而待點　商君亡至
關下至欲居客舍點　客人不知至一至此哉圈　秦惠王車裂至商
鞅反者圈　商君其天資至非其質矣點　余嘗讀商君至有以也夫
點

蘇秦列傳　燕東有朝鮮至必無患矣坐點　天下卿相人臣至則霸王
之業成矣坐點　是時周天子至入之於秦圈　韓北有鞏洛至臣竊爲
大王羞之坐點　大王之地至在大王之詔詔之坐點　齊南有泰山至少
留意計之坐點　楚天下之彊國也至在大王詔之坐點　車騎輜重至擬
於王者點　蘇秦之昆弟至掩地而謝曰點　見季子位高金多也圈

且使我有雒陽至相印乎圈　我非忘子至子今亦得矣點　蘇秦
去趙而從約皆解圈　歸而燕王不復官也圈　臣即死至作亂於齊
點　甚矣至報仇也點　楚得枳而國亡至此臣之所大患也坐點　或
從或不至蘇氏之從約圈

張儀列傳　始嘗與蘇秦至學術點　其妻曰嘻至安得此辱乎圈
張儀謂其妻至足矣點　嗟乎此在吾術中至明矣圈　蘇君之時儀
何敢言圈　始吾從若飲至顧且盜而城點　秦惠王欲發兵至猶豫
未能決圈　蜀既屬秦至輕諸侯圈　欲令魏先事秦而諸侯効之點
魏地方不至千里至且賜骸骨辟魏坐點　張儀既出至聞蘇秦死圈
秦地半天下至無便於此者坐點　韓地險惡山居至計無便於此者
坐點　天下彊國至願大王孰計之也坐點　敝邑秦王至願大王之定計

坐點　大王之所親至願大王孰計之坐點　諸侯聞張儀有卻至復合從
圈　過梁欲見犀首圈　陳軫曰公何好飲也至無事也圈　犀首遂
行至斷於犀首圈　左右或曰救之至未能爲之決圈　此陳軫之計
也點　中國無事至事君之國點　此公孫衍所謂邪圈　張儀已卒
至爲約長圈

樗里子甘茂列傳　而以樗里子至入周點三句　周以仇猶蔡觀焉圈
樗里子卒至夾我墓點　樗里子疾室至正直其墓圈　王母宣太
后楚女也圈　秦昭王新立至不肯救圈　向壽者至故任用圈　甘
茂竟言至罷兵圈　臣聞貧人女至分我餘光點　夫史舉至茂誠賢
者也點　而甘茂竟不得復入秦卒於魏圈　昔甘茂之孫至請許遣
之點　復以始甘茂田宅賜之點　方秦之強時至末圈

穰侯列傳　秦昭王母宣太后弟也點　昭王母至號爲宣太后點　宣太后非武王母至而魏冉最賢圈　昭王少至任魏冉爲政圈　魏冉復相秦至爲武安君點　白起者至富於王室圈　臣聞魏之長吏至而無行危坐點　且與趙觀津至以兵伐齊點　秦將益趙甲四萬至必不益趙甲四萬以伐齊矣坐點　於是魏人范睢至於是用范睢圈

贊坐點　及其貴極富溢至末點

白起王翦列傳　武安君聞之至應侯有隙圈　武安君既行至至杜郵圈　武安君引劍至是足以死圈　秦始皇既滅三晉至破荆師圈

秦將李信者至以爲賢勇點　王翦言不用至老於頻陽點　將軍行矣何憂貧乎點　爲大王將至爲子孫業耳點　王翦至堅壁至士卒可用矣點　而王翦子王賁至名施於後世圈　王翦及其子至又

滅蒙氏點　夫爲將三世者至已三世將矣點　居無何至遂降諸侯圈

孟子荀卿列傳　全篇坐點　余讀孟子書至何以異哉圈　則見以爲迂遠至事情點　作孟子七篇橫截　其後有騶子之屬圈　齊有三騶子點　騶衍睹有國者至而符應若茲點　以爲儒者至皆此類也圈　然要其歸至不能行之點　其游諸侯見尊禮如此點　豈與仲尼至同乎哉圈　故武王至荀合而已哉圈　持方柄至其能入乎圈　騶衍其言至牛鼎之意乎點橫截　自騶衍至豈可勝道哉圈　其諫說至觀色爲務點　自如淳于髡以下至天下賢士也點　騶衍之術至故齊人頌曰點　談天衍至炙轂過髡圈　田駢之屬至三爲祭酒焉點　荀卿嫉濁世至數萬言而卒點　而趙亦有公孫龍至阿之吁子

焉圈　蓋墨翟至末圈

孟嘗君列傳　必受命於天至誰能至者點　欲以遺所不知何人點

使士家至聞於諸侯圈　是爲孟嘗君截橫　以故傾天下之士圈

孟嘗君客無所擇至將親己圈　今旦代從外來至未知所止息也點

皆笑曰至乃渺小丈夫耳圈　遂滅一縣以去截橫　秦果不出楚懷

王截橫　孟嘗絕嗣無後也截橫　初馮驩聞孟嘗君至又蒯緱點　彈其

劍至食無魚圈　孟嘗君遷之幸舍至舍長答曰點　客復彈劍至出

無輿圈　孟嘗君遷之代舍至舍長答曰點　先生又嘗彈劍至無以

爲家圈　孟嘗君不悅點　乃多釀酒至息者亦來點　孟嘗君所以

貸錢者至豈可負哉點　天下之游士至得天下矣點　何以使秦無

爲雌而可圈　天下之游士至此勢不兩雄點　夫物有必至至君知

之乎圈　生者必有死至忘其中圈　問其故曰至末點
平原君虞卿列傳　全篇坐點　平原君家樓臨民家點　民家有躄者
至大笑之圈　明日躄者至至躄者去點　平原君笑曰至不亦甚乎
圈終不殺至引去者過半點　於是平原君至乃復稍稍來點　是
時齊有孟嘗至以待士圈橫綫　得十九人至滿二十人點　臣乃今日
至未見而已點　十九人相與至未發也圈　合從者爲楚非爲趙也
點　毛遂曰從定乎至定矣圈　毛遂謂楚王之左右曰點　取雞狗
馬之血來圈　毛遂奉銅盤而跪進之楚王曰點　王當歃血至次者
遂圈　遂定從於殿上至招十九人曰點　公相與歃至因人成事者
也圈　遂以爲上客圈　楚使春申君至皆未至圈　士方其危苦之
時易德耳圈　亦會楚魏救至至邯鄲復存圈　封其父爲李侯橫綫

且王舉君至此甚不可點　遂不聽虞卿橫截　平原君厚待至乃絀公孫龍圈　應侯果顯鄭朱至為天下笑圈　則使虞卿東見齊王至使者已在趙矣圈　於是封虞卿以一城橫截　乃合魏為從橫截　虞卿既以魏齊至虞氏春秋圈　平原君翩翩至濁世之佳公子也圈　虞卿料事揣情至況賢人乎點　然虞卿非窮愁至末圈

魏公子列傳　全篇坐點　封公子為信陵君橫截　是時范雎亡魏至及公子患之圈　當是時諸侯以公子賢至十餘年點　是後魏王畏至以國政點橫截　公子於是乃置酒至顏色愈和點　當是時魏將相至竊罵侯生圈　侯生視公子至能下士也點　公子怪之橫截　名為救趙實持兩端以觀望點　公子行數里至公子之還也點　公子行點　於是公子泣至何泣也圈　趙王及平原君至不敢自比於人點

魏王怒公子至獨與客留趙圈　以公子退讓也橫截　公子竟留趙圈

公子留趙圈　始吾聞夫人弟至妄人耳點　始吾聞平原君賢至不求士也點　平原君門下聞之至傾平原君客圈橫截　當是時公子威振天下圈　諸侯之客至魏公子兵法點　秦數使反閒至魏王未也圈　公子自知至病酒而卒圈　秦聞公子死至屠大梁圈橫截　吾過大梁之墟至亦有喜士者矣點　然信陵君至不虛耳圈　高祖每過之至末點

春申君列傳　秦昭王方令白起至聞秦之計圈　天下莫彊於秦楚至不待痛而服矣坐點　約爲與國橫截　若不歸至布衣耳點　以自爲都邑橫截　是時齊有孟嘗君至輔國持權圈　當是時楚復彊圈　趙使欲夸楚至趙使大慙圈　秦莊襄王立至封爲文信侯點　已而謁

歸至曰可點　而國人頗有知之者圈　足下置之至且又何至此點
盡滅春申君之家橫截　而李園女弟至所生子者點　是歲也至末
圈　吾適楚至盛矣哉圈
范雎蔡澤列傳　雎從簀中至簀中死人點　語未究至三亭之南點
望見車騎至彼來者爲誰圈　有頃穰侯果至至又謂王稽曰點
謁君得無至不敢圈　即別去至無客乃已點　當是時昭王已立至
欲以廣其陶封圈　語之至者臣不敢載之於書點　王來而宦者怒
至太后穰侯耳圈　欲以感怒昭王點　是日觀范雎至易容者圈
秦王屏左右宮中虛無人點　而所願陳者至骨肉之閒點　事無大
小至秦王亦拜點　然左右多竊聽者至以觀秦王之俯仰圈　王不
如遠交而近攻圈　得寸至王之尺也點　今夫韓魏至以威楚趙點

秦韓之地至如繡點　范雎日益親至數年矣圈　爲此四貴者點
無王也點　秦昭王四十一年也橫截　范雎既相秦秦號曰張祿點
而魏不知至已死久矣圈　范雎聞之點　爲微行至國無恙乎圈
范雎曰然至爲人庸賃點　須賈意哀之至一寒如此哉圈　乃取其
一綈袍以賜之點　吾馬病至吾固不出點　願爲君借至主人翁點
范雎歸至須賈怪之圈　持車良久至須賈大驚點　范雎於是散
家財物至必報點　畏秦猶豫至何如人也圈　而應侯日益以不懌
昭王臨朝歎息圈　吾聞楚之鐵劍利而倡優拙點　欲以激厲應侯
至往入秦也圈　而從唐舉相至若臣者何如點　唐舉孰視至殆先
生乎圈　燕澤知唐舉至壽也點　謂其御者至四十三年足矣圈
聞應侯任鄭安平至乃西入秦點　將見昭王至奪君之位圈　蔡澤

入至對曰然點　夫四時之序成功者去圈　應侯知蔡澤至何爲不
可圈　無明君賢父至憐其臣子點　於是應侯稱善蔡澤少得閒圈
此四子者至禍至於此點　秦之欲得矣至分功之時也點　號爲
綱成君橫截　贊坐點　然士亦有偶合至豈可勝道哉圈　然二子不困
厄至末點

樂毅列傳　聞燕昭王至以招賢者圈　當是時齊湣王至百姓弗堪
圈　齊田單後與騎劫戰至入于臨菑圈　臣不佞不能奉承王命至
唯君王之留意焉坐點　樂臣公善修至稱賢師圈

廉頗藺相如列傳　全篇坐點　以勇氣聞於諸侯橫截　相如視秦王至
王授璧點　相如因持璧至上衝冠圈　大王必欲急臣至欲以擊柱圈
相如度秦王至實不可得點　相如度秦王雖齋至不償城點　秦

王與羣臣相視而嘻圈　秦亦不以城予趙至予秦璧圈橫截　秦御史前書曰至令趙王鼓瑟點　相如顧召趙御史至爲趙王擊缻點　秦王竟酒至秦不敢動圈橫截　顧吾念之至徒以吾兩人在也點　卒相與驩爲刎頸之交點　其明年趙奢破秦軍閼與下圈　趙奢既已遣秦閒至一夜至點　趙奢於是與廉頗藺相如同位圈橫截　王以名使括至不知合變也點　趙括自少時至然不謂善點　兵死地也至必括也點　始妻事其父時至何如其父點　趙前後所亡至解邯鄲之圍點　趙王亦以括母先言竟不誅也圈橫截　廉頗之免長平歸也至有何怨乎點　其明年至而攻燕圈　廉頗一爲楚將至思用趙人圈　然匈奴以李牧至吾將怯圈　匈奴數歲至終以爲怯圈　其後十餘歲至近趙邊城點　知死必勇圈　方藺相如至而不敢發圈　相

如一奮至末圈

田單列傳　全篇坐點　以即墨距燕點　燕人士卒忿點　而田單乃令城中人而字圈　堅守唯恐見得點　其欲出戰怒自十倍點　燕軍由此益懈點　牛尾熱至大駭敗走點　而齊七十餘城至而聽政圈　贊鉤連上文爲一　初悼齒之殺湣王也至遂爲后點鉤連上文　所謂君王后也點　王蠋曰至絕脰而死點　齊亾大夫聞之至末圈

魯仲連鄒陽列傳　好奇偉俶儻之畫策點　趙孝成王時至止於蕩陰不進圈　此時魯仲連至尊秦爲帝圈　吾始以君爲天下之賢公子也至責而歸之點　權使其士點八字　彼即肆然至爲之民也圈　彼天子固然其無足怪點　嗚乎梁之比於秦若僕耶點　吾將使秦王烹醢梁王點　曷爲與人至脯醢之地點　鄒魯之臣生則不得事

養至不果納點　且秦無已而帝至得故寵乎點　適會魏公子至遂
引而去圈　所貴於天下至而連不忍爲也圈　終身不復見橫截　吾
聞之智者不倍時至願公擇一而行之點　吾與富貴至肆志焉圈
臣聞忠無不報至而趨闕下者哉坐點
屈原賈生列傳　全篇坐點　屈平疾王聽之不聰也至能無怨乎點
屈平之作離騷至可謂兼之矣圈　上稱帝嚳至不容自疎點　濯淖
汙泥之中至爭光可也圈橫截　是時屈平既疏不復在位圈　楚人既
咎子蘭至而不反也圈　屈平既嫉之點　人君無愚智至賢者不賢
也圈　令尹子蘭聞之大怒點　頃襄王怒而遷之橫截　遂自投汨羅
以死橫截　屈原既死之後至竟爲秦所滅點　自屈原沈汨羅至以弔
屈原圈　余讀離騷至悲其志點　適長沙至想見其爲人圈　及見

賈生至自令若是點　讀服鳥賦至末圈

呂不韋列傳　全篇坐點　家累千金橫截　安國君有子二十餘人點

安國君有所甚愛至無子圈　安國君中男名子楚點　子楚母曰夏

姬毋愛圈　子楚秦諸庶孽孫至見而憐之曰點　此奇貨可居圈

子楚心知所謂至深語點　因言子楚賢智至常曰點　楚也以夫人

爲天圈　日夜泣思太子及夫人點　承太子閒至皆稱譽之點　乃

因涕泣圈　益盛於諸侯橫截　呂不韋怒點　念業已破家至鈞奇圈

遂立姬爲夫人點橫截　莊襄王所母華陽后至尊以爲夏太后圈

布咸陽市門至予千金圈橫截　孝文后曰華陽太后至當有萬家邑圈

乃皆復歸嫪毒舍人遷蜀者橫截　始皇十九年至會葬茝陽圈　而

呂不韋由此絀矣圈　孔子之所謂聞者其呂子乎點

刺客列傳　城壞即壓齊境 點　其後百六十有七年而吳有專諸之事 圈　乃進專諸於公子光 橫截　善客待之 橫截　其後七十餘年而晉有豫讓之事 圈　豫讓遁逃山中 至 以報智伯 點　則吾魂魄不愧矣 圈　行乞於市 至 我是也 點　於是襄子乃數豫讓 至 故國士報之 點　豫讓拔劍三躍 至 皆爲涕泣 點　其後四十餘年而軹有聶政之事 圈　聶政者軹深井里人也 以下至末坐點　齊人或言聶政 至 隱於屠者之閒 圈　老母在政身未敢以許人也 圈　嚴仲子固讓 至 卒備賓主之禮而去 點　嗟乎政乃市井之人 至 我雖不受 點　然是者徒深知政也 圈　夫賢者以感忿 至 嘿然而已乎 點　且前日要政 至 將爲知己者用 圈　政姊榮 至 縣之千金 點　乃於邑曰 至 知吾弟 圈　立起如韓之市 點　而死者果政也 圈　伏尸哭極哀曰 點　是軹深井里

所謂聶政者也圈　大驚韓市人至而死政之旁點　晉楚齊衞聞之
至以身許嚴仲子也圈　嚴仲子亦可謂知人能得士矣點　其後二
百二十餘年秦有荆軻之事圈　固去也吾曩者目攝之圈　荆軻嗜
酒至飲於燕市點　酒酣以往至旁若無人者圈　荆軻雖游於酒人
乎至知其非庸人也點橫批　秦地徧天下至未有所定也點　奈何以
見陵之怨欲批其逆鱗哉圈　是謂委肉至必不振矣點　夫行危欲
求安至可與謀點　雖然光不敢至可使也點　欲自殺以激荆卿點
久之荆軻未有行意圈　秦將王翦破趙至至燕南界點　血濡縷
人無不立死者點　荆軻有所待至頃之未發圈　荆軻怒叱太子至
豎子也圈　太子及賓客至終已不顧點　荆軻奉樊於期頭函至至
陛點　秦舞陽色變至使得畢使於前圈　秦王謂軻曰至秦王發圖

點
圖窮而匕首見圈　因左手把秦王之袖至揕之點　未至身至
操其室圈　時惶急至故不可立拔點　荊軻逐秦王秦王環柱而走
圈　羣臣皆愕至盡失其度點　而秦法至不得上圈　方急時至而
以手共搏之點　是時侍醫夏無且至提荊軻也圈　秦王方環柱走
至被八創點　軻自知事不就至箕踞以罵圈　曰事所以不成者至
不怡者良久點　而賜夏無且黃金至提荊軻也圈　立號爲皇帝橫截
久之作苦至竊言是非圈　家丈人召使前至賜酒點　而高漸離
念久隱至更容貌而前圈　舉坐客皆驚至以爲上客點　使擊筑而
歌至流涕而去者圈　宋子傳客之點　不復近諸侯之人橫截　魯勾
踐已聞荊軻至末圈　此其義或成或不成點　然其立意較然至末
圈

李斯列傳　見吏舍廁中至在所自處耳點　得時無怠四字圈　此禽鹿視肉至彊行者耳點　故斯將西說秦王矣橫截　背人者去其幾也點

成大功者至而遂忍之圈　由竈上騷除點　聽其計至良將隨其後點　秦王拜斯爲客卿橫截　臣聞吏議逐客至不可得也坐點　卒用其計謀至使後無戰攻之患圈橫截　收去詩書百家之語至斯皆有力焉圈橫截　嗟乎吾聞之至吾未知所稅駕也圈橫截　行出游會稽至餘子莫從圈　書已封至羣臣皆莫知也圈　斷而敢行鬼神避之點

時乎時乎至唯恐後時圈　蓋聞聖人遷徙無常至安得常法哉圈

秋霜降者至萬物作圈　斯乃仰天而歎至安託命哉圈　常侍中用事橫截　賜錢十萬以葬橫截　法令誅罰至至鴻門而卻圈　李斯子由爲三川守至不知所出圈　於是行督責益嚴至則可謂能督責矣

圈橫截 乃使人案驗三川守與盜通狀 橫截 斯所以不死者 至 幸二世
之瘖而赦之 圈 幾爲丞相所賣 橫截 顧謂其中子曰 至 而夷三族 圈橫
截 人皆以斯極忠 至 末 點
蒙恬列傳 蒙恬弟毅 圈橫截 是時蒙恬威振匈奴 點 始皇甚尊寵
蒙氏 至 莫敢與之爭焉 圈橫截 赦之復其官爵 橫截 道未就 圈 未反
圈 又怨蒙毅 至 因有賊心 圈 趙高恐蒙氏 至 怨之 圈 前已囚蒙
毅於陽周 圈 蒙恬喟然大息曰 至 恬罪固當死矣 點 起臨洮 至 此
乃恬之罪也 圈 此其兄弟遇誅 至 末 點
張耳陳餘列傳 兩人相與爲刎頸交 圈橫截 購求有得張耳 至 五百
金 點 張耳乃引 至 而數之曰 點 始吾與公言 至 死一吏乎 圈 陳
餘然之 點 以令里中 橫截 於此時而不成封侯之業者非人豪也 點

以城下者三十餘城 橫截 張耳陳餘聞周章 至 而以爲校尉 圈 夫
武臣張耳陳餘杖馬箠 至 終已耶 點 養卒爲御而歸 橫截 李良走歸
章邯 橫截 當是時燕齊楚聞趙急 至 楚力也 圈 由此陳餘張耳遂有
郤 圈 橫截 而徙趙王歇王代 圈 漢王亦還定三秦 至 漢王厚遇之 圈
張耳薨謚爲景王 橫截 故張耳客也生平爲氣 點 乃怒曰 至 辱王
也 圈 乃吾等非也 至 獨身坐耳 點 貫高獨怒罵 至 誰白王不反者
圈 呂后數言張王 至 豈少而女乎 點 此固趙國 至 然諾者也 點
上使泄公 至 如生平驩 圈 貫高喜曰吾王審出乎 圈 當此之時名
聞天下 圈 橫截 贊 全點 然張耳陳餘 至 卒相滅亡 點 何鄉者相慕用
至 豈非以利哉 圈 名譽雖高 至 末 點
魏豹彭越列傳 咎爲其民 至 咎自燒殺 點 橫截 卽絕河津畔漢 橫截

人生一世閒至吾不忍復見也點　以豹國爲郡橫截　與期旦日日出
至令校長斬之點　皆笑曰至請後不敢圈　於是越乃引一人至乃
令徒屬點　徒屬皆大驚至莫敢仰視圈　得千餘人橫截　乃悉引兵
至垓下遂破楚橫截　彭王爲呂后泣涕至與俱東點　至雒陽至謹與
俱來圈　贊坐點　中材已上至況王者乎點　彼無異故至末圈
黥布列傳　布欣然笑曰至共俳笑之點　番君以其女妻之點　楚
兵常勝至以少敗衆也圈　項王方北憂齊趙至以故未擊圈　陰許
畔楚與漢未敢泄也點　楚使者在至舍傳舍圈　隨何直入至布愕
然點　淮南王至點　上方踞牀洗至欲自殺圈　出就舍至如漢王
居點　布又大喜過望圈　與漢擊楚破之垓下橫截　項籍死天下定
圈　隨何跪曰至賢於步卒五萬人騎五千也點　衡山豫章郡皆屬

布橫截　淮南王方獵至因大恐點　是故當反圈　上裂地而王之至其反何也點　往年殺彭越至故反耳圈　布反不足怪也點　使布出於上計至陛下安枕而臥矣圈　布故麗山之徒也至故曰出下計圈　布兵精甚上迺壁庸城點　望布軍至上惡之圈　與布相望至欲爲帝耳點　諸將率多以功封者點

淮陰侯列傳　淮陰屠中少年至出我袴下點　於是信孰視之至皆笑信以爲怯圈　諸將皆喜至一軍皆驚圈　於是漢王大喜自以爲得信晚圈　部署諸將所擊橫截　信復收兵至卒不能西圈　信乃益爲疑兵至以木罌缻渡軍點　信之下魏至詣滎陽以距楚圈　成安君儒者也至不用詐謀奇計點　夜傳發至今日破趙會食點　諸將皆莫信詳應曰諾圈　平旦信建大將之旗鼓至立漢赤幟二千點

趙軍已不勝至皆已得趙王將矣圈　兵遂亂至不能禁也點　今將軍涉西河至將軍所短也點　方今爲將軍計至此之謂也點　楚方急圍漢王於滎陽點　至宿傳舍至乃知漢王來大驚圈　韓信乃夜令人爲萬餘囊至上流點　水大至至不得渡點　當是時楚方急圍至漢王大怒罵曰圈　漢王亦悟因復罵曰圈　武涉已去至以相人說韓信圈　相君之面至貴乃不可言點　遂將兵會垓下橫截　信至國至故忍而就於此點　果若人言至我固當亨點　居常鞅鞅至生乃與噲等爲伍圈　且陛下所謂天授非人力也圈橫截　信方斬至蒯通之計點　乃爲兒女子所詐豈非天哉圈　遂夷信三族橫截　見信死且喜且憐之點　蒯通至至臣固教之點　秦之綱絕至又可盡亨之邪圈　贊坐點　假令韓信學道至末點

韓王信盧綰列傳　及楚敗滎陽至竟從擊破項籍點　信乃徙治馬邑橫截　漢救兵亦到至漢亦罷兵歸點　將兵往來擊邊橫截　今僕亾匿山谷閒至勢不可耳點　斬韓王信橫截　盧綰親與高祖至復賀兩家羊酒圈　出入臥內莫及盧綰點　諸侯王得幸莫如燕王點橫截往年春漢族淮陰至及大功臣點　豨不南據至知其無能爲也點四人謁至各千戶以爲將點　於是上曰陳豨將淮至吾知之矣點

贊坐點　於戲悲夫至末圈

田儋列傳　儋從弟田榮至皆豪點　宗彊能得人圈橫截　收儋餘兵東走東阿橫截　田閒爲將以距諸侯橫截　項梁因追之橫截　田橫爲將平齊地橫截　蝮螫手至墳墓矣點　章邯果敗至而立侯王也圈　由此怨田榮橫截　漢將韓信引兵且東擊齊點　彭越是時居梁地至且

爲楚圈　漢因而立之横截　高帝聞之至後恐爲亂點　末至三十里

至當洗沐止留點　謂其客曰至固已甚矣圈　今陛下在洛陽至遂

自剄點　嗟乎有以也夫至豈不賢乎哉點　以王者禮葬田横横截

既葬至下從之圈　高帝聞之至使使召之點　至則聞田横死至末

圈　贊坐點　無不善畫者至末圈

樊酈滕灌列傳　全篇坐點　篇中從字別字皆圈郤敵先登所將卒字

皆點　是日微樊噲至事幾殆圈　從斬首百七十六級至至三百十

一人圈横截　以將軍爲隴西都尉點　以隴西都尉點　以梁相國將

點　以將軍點　以右丞相點　以右丞相趙相國點　以將軍點

以右丞相點　又以右丞相以下四字點　凡別破軍三至至六百石十九

人圈横截　天下稱酈況賣交也圈　以爲太僕點　以兵車趣攻戰疾

四見並點　常以太僕奉車點　復常奉車點　因復常奉車點　因復奉
車點　復爲太僕點　漢王急至竟載之點　徐行面雍樹乃馳圈
復常奉車點　以太僕六見並點　復以太僕點　除前所食橫截　嬰自上
初起沛至以太僕事孝惠圈　復爲太僕點　以中涓點　戰疾力點
疾力點　疾戰點　復以中謁者點　將郎中騎兵再見並點　以騎度
河南以騎二字點　卒斬龍且卒字點　生得二字點　身生得三字點　身虜二字
點　將車騎點　以車騎將軍三見並點　身生得三字點　凡從得二千石
至二千石十人圈橫截　方其鼓刀至德流子孫哉點
張丞相列傳　時王陵見至赦勿斬點　是時蕭何爲相國圈　而張
蒼相之至遷爲御史大夫圈橫截　於是乃拜周昌爲御史大夫圈　昌
嘗燕時至騎周昌項點　昌爲人吃至太子幾廢點　是後戚姬子至

不全也圈　高祖獨心不樂至所以然圈　既行久之至無以易堯點
　遂拜趙堯爲御史大夫圈　以廣阿侯任敖爲御史大夫圈橫截　以
平陽侯曹窋爲御史大夫圈　以淮南相張蒼爲御史大夫圈　張蒼
爲丞相橫截　自漢興至孝文至皆軍吏圈　張蒼爲計相時點　至於
爲丞相卒就之點　張蒼德王陵圈　蒼爲丞相十餘年圈　張丞相
由此日絀點　蒼爲丞相十五歲而免圈　張蒼已爲丞相嘉遷爲御
史大夫圈　乃以御史大夫蒼爲丞相圈　是時大中大夫鄧通至其
寵如是點　罷朝坐府中至且斬通點　通至丞相府至出血不解點
　鄧通既至至丞相幾殺臣點　嘉爲丞相五歲圈　而丞相嘉自絀
所言不用疾錯點　有罪國除橫截　自申屠嘉死之後至末圈　殆與
蕭曹陳平異矣圈

酈生陸賈列傳　酈生常爲說客馳使諸侯橫截　漢三年秋至屯鞏洛
以拒楚圈　尉他大笑曰至何渠不若漢圈　越中無足與語至聞所
不聞圈　以好時田地善至車騎侍從者點　一歲中至無久慁公爲
也圈　呂太后慙不可以言圈　辟陽侯之囚至迺大驚圈
傅靳蒯成列傳　篇中從字并圈別字屬字幷點　凡斬首九十級至
三十九人圈　蒯成侯泣曰至上以爲愛我點　贊坐點　此亦天授也
點　上欲有所之至末點
劉敬叔孫通列傳　及留侯明言入關至西都關中圈　號爲奉春君
橫截　兩國相擊至不可擊也點　號爲建信侯橫截　高帝罷平城至數
苦北邊點　使劉敬往結和親約橫截　今陛下雖都關中至未得高枕
而臥也點　無事可以備胡至此強本弱末之術也點　叔孫通已出

宮至何言之訣也點　通曰公不知也至虎口圈　因竟從漢橫截　叔
孫通儒服至漢王喜點　叔孫通知上益厭之也圈　公所事者且十
主至親貴點　叔孫通笑曰至不知時變點　儀先平明至無敢讙譁
失禮者點　於是高帝曰至貴也圈　諸生迺皆喜至知當世之要務
圈橫截　呂后與陛下至其可背哉點　及上置酒至無易太子志矣圈橫
截　漢諸儀法至所論著也圈　原廟起以複道故圈　諸果獻由此
興點　贊坐點　夫高祖起微細至建萬世之安至智豈可專耶圈
大直若詘至末圈
季布欒布列傳　全篇坐點　當是時諸公至名聞當世圈　上拜爲郎
中橫截　是時殿上皆恐至擊匈奴事圈橫截　布辭之官橫截　季布名至
曹邱揚之也圈橫截　當是時至著聞關中圈橫截　高祖以丁公徇至無

效丁公點　方提趣湯至顧一言而死圈　拜爲都尉橫截　贊坐點　以項羽之氣至終爲漢名將點　賢者誠重其死圈　夫婢妾賤人至自殺者點　非能勇也至無復之耳圈　欒布哭彭越至如歸者點　彼誠知所處至其死圈　雖往古烈士至末點

袁盎鼂錯列傳　太尉主兵適會其成功圈　乃大與盎結交橫截　盎由此名重朝廷點橫截　袁盎常引大體慷慨圈　賜盎金五十斤橫截　然袁盎亦以數直諫不得久居中圈　南方卑溼至毋反而已圈　吳王厚遇盎橫截　引入與坐爲上客橫截　盎素不好鼂錯至未嘗同堂語圈　鼂錯猶與未決點　錯去固恨甚點　使袁盎爲太常至日數百乘圈　會天寒至西南陬卒皆臥圈　騎馳去遂歸報橫截　袁盎病免居家至皆多袁盎點　當是時太子善錯計策圈　袁盎諸大功臣多

不好錯 點橫截 錯以此愈貴 點橫截 獨竇嬰爭之由此與錯有郤 圈

衣朝衣斬東市 橫截 吳王爲反 至 不敢復言也 點 夫鼂錯患諸侯 至

臣竊爲陛下不取也 點 其子章 至 末 圈

張釋之馮唐列傳 全篇坐點 乃拜釋之爲謁者僕射 橫截 文帝由是

奇釋之 點 是時愼夫人從 至 豈可動哉 圈 文帝稱善 橫截 時中尉

條侯周亞夫 至 由此天下稱之 點 景帝立釋之恐 至 景帝不過也 圈

王生者 至 而重張廷尉 點 張廷尉事景帝 至 猶尚以前過也 圈橫截

以不能取容 至 不仕 圈 文帝輦過 至 未嘗不在鉅鹿也 圈 上旣

聞廉頗 至 吾豈憂匈奴哉 圈 上怒 至 獨無閒處乎 點 當是之時 至

上以胡寇爲意 圈 是日令馮唐 至 復以爲雲中守 點 及郡國車士

橫截 亦奇士 圈 二君之所稱頌可著廊廟 點

萬石張叔列傳　全篇坐點　以姊爲美人故也點　無文學恭謹無與比點　萬石君家以孝謹至皆自以爲不及也圈橫截　是以上乃親尊禮之點　諸子孫咸孝至甚於萬石君點　建讀之曰至甚惶恐點　上問車中幾馬至六馬點　慶於諸子中至然猶如此圈　爲立石相祠橫截　是時漢方南誅兩越至事不關決於丞相圈　慶方爲丞相至十三人點　及慶死後至孝謹益衰矣圈　上以爲廉忠實無他腸點　天子以爲敦厚至尊寵之點　以此稱爲長者點　然終不自明也點

子孫咸至大官矣再見並圈

田叔列傳　叔爲漢中守橫截　是時孟舒坐虜至尤甚免圈　復召孟舒以爲雲中守點　叔坐法失官橫截　魯王以故不大出游圈橫截　少子仁至傷先人名圈　安以爲武功小邑無豪易高也圈　如木偶人

衣之綺繡耳點　此兩人立名天下點橫截　是時河南河內太守至方
盛貴點　威振天下點橫截
扁鵲倉公列傳　飲是以上池至當知物矣點　忽然不見殆非人也
圈　爲醫或在齊至名扁鵲圈橫截　賜扁鵲田四萬畝橫截　越人非能生
死人也至使之起耳點橫截　則重難治也橫截　亦除肉刑法橫截　詔問
故太倉長至具悉而對點　年三十九歲也橫截　故頭痛橫截　病得之
憂也橫截　故溺赤也橫截　往冬時爲王使至橋梁頗壞點　信則擘車
轅未欲渡也圈　馬驚至已熱如火點　即轉爲寒熱橫截　中有熱而
溺赤橫截　盡即死矣　溲血如前止　不安穀者不及期　出及瀺水
也　疝氣散即愈　病得之飲酒大醉　此亦關內之病也　食而不
嗽　如豆比五六枚並橫截　望之殺然黃至死青之茲點　而以出見

大風也橫截　頭熱至肩橫截　往四五日至即復置之點　十八日所而
病愈橫截　欲男子不可得也　無邪氣及重病　其病順故不死　故
血下泄竝橫截　扁鵲雖言若是至乃可以論點　此謂論之大體也至
陰陽失矣點橫截　大識其病所在橫截　法曰三歲死也橫截　一番一絡
者牡疝也橫截　他所診期決死生至不敢以對點橫截　以故至今知之
以故不中期死也　以故得診安陵項處等病也竝橫截　所謂氣者
至以瀉氣點　砭灸至氣逐　以故愛意也　除爲齊王侍醫竝橫截
贊坐點　故老子曰至扁鵲等邪點
吳王濞列傳　濞頓首曰不敢橫截　以故無賦國用富饒點　吳王由
此稍失藩臣之禮點　以故能使其衆點　以此吳日益橫點橫截　罰
削東海郡點　因削吳之豫章郡會稽郡圈　及前二年至削其六縣

點橫截

漢廷臣方議削吳 圈 遂發使約齊 至 皆許諾 點 諸侯既新削罰 至 吳王先起兵 圈 陰使匈奴與連兵 橫截 且往遺之敬以聞 橫截

七國反書聞天子 圈 吳楚反書聞 至 竇嬰未行 圈 上方與鼂錯調兵笇軍食 點 上屛人獨錯在 點 至吳吳楚兵已攻梁壁矣 圈

遂歸報 橫截 輕兵絕吳饟道 橫截 聞吳王敗走 圈 疽發背死 橫截 楚王戊軍敗自殺 橫截 王苟以錯不善 至 意非欲誅錯也 圈 國除納于漢 橫截 初吳王首反 至 獨趙後下 圈 贊 坐點 故古者諸侯 至 不以封點 毋親夷狄 至 末 圈

魏其武安侯列傳 全篇 坐點 孝景時 至 莫敢與亢禮 圈 魏其者沾沾自喜耳 至 持重 點 遂不用 至 衛綰爲丞相 圈 魏其已爲大將軍後 至 如子姓 點 武安侯新欲用事 至 欲以傾魏其諸將相 圈橫截 魏

其武安俱好儒術至滋不說魏其等圈　以王太后故親幸點　諸侯
愈益附武安橫截　武安者貌寢至天下不肅圈　上乃曰至吾亦欲除
吏點　上怒曰至武庫點　嘗召客飲至兄故私撓圈　魏其失竇太
后至而獨厚遇灌將軍圈　潁水濁灌氏族點　灌夫家居至賓客益
衰點　及魏其侯失勢至恨相知晚也橫截圈　魏與其夫人至丞相不
來點　丞相特前戲許灌夫殊無意往圈　吾昨日醉忽忘與仲孺言
點　且灌夫何與也圈　遂止俱解橫截　飲酒酣至餘半膝席圈　夫
怒至屬之圈　行酒至呫囁耳語圈　武安謂灌夫至李將軍地乎點
灌夫曰至何知程李乎圈　夫繫至言武安事點　夫人諫魏其至
寧可救邪點　主爵都尉汲黯至餘皆莫敢對點　上怒內史至吾并
斬若屬矣圈　是時郎中令至言兩人事點　而案尚書大行至家丞

封點 或聞上無意至議定不死矣點 入宮不敬橫截 上自魏其時
至族矣圈
韓長孺列傳 吳楚已破由此顯梁點橫截 梁王父兄皆帝王至帝愛
之也點 名由此顯點 結於漢圈橫截 卒善遇之橫截 漢使還報梁
至益重安國點橫截 安國爲御史大夫橫截 其明年則元光元年圈
當是時漢伏兵至匿馬邑旁谷中圈 王恢等兵三萬至皆無功點
天子怒王恢至引兵罷也圈 於是恢聞之乃自殺橫截 安國爲人至
貪嗜於財點 然所推舉至以爲國器點 歲餘徙爲衛尉橫截 安國
始爲御史至意忽忽不樂圈 不然壺遂至末圈
李將軍列傳 全篇坐點 廣家世世受射點 廣從弟李蔡亦爲郎圈
而文帝曰至豈足道哉圈 典屬國公孫昆邪至恐亡之點 是時

會暮至不敢擊點　故弗從橫截　而程不識亦爲長樂衛尉圈　是時
漢邊郡至而苦程不識圈　當斬贖爲庶人橫截　嘗夜從一騎至呵止
廣點　廣騎曰至何乃故也圈　止廣宿亭下橫截　廣廉終不言家產
事圈　廣爲人長至莫能及廣點　用此至亦爲所傷云點橫截　會日
暮至自是服其勇也圈　廣軍功自如無賞橫截　蔡爲人在下中至或
取封侯點　廣嘗與望氣至何也點　豈吾相不當侯耶至所以不得
侯者也圈橫截　廣軍士大夫至皆爲垂涕圈　贖爲庶人橫截　而敢有
女至陵遲衰微矣圈　而隴西之士至末圈　余睹李將軍至心誠信
於士大夫也點　諺曰桃李不言至末圈
匈奴列傳　於是周遂作甫刑之辟點　故自隴以西然莫能相一圈橫
截　築長城以拒胡點　築長城點　燕亦築長城點　以拒胡點

當是之時至而三國邊於匈奴圈橫截　當是之時至界於故塞圈　是
時東胡彊盛圈　既歸西擊走月氏至以故冒頓得自彊圈　控弦之
士三十餘萬橫截　自淳維以至頭曼至乃可得而記云圈　於是匈奴
貴人至以冒頓單于爲賢圈橫截　使劉敬結和親之約橫截　是時匈奴
以漢將衆至侵盜代地點　漢初定故匈奴以驕圈　復與匈奴和親
橫截　必我行也爲漢患者圈　中行說既至至湩酪之便美也點　漢
遺單于書至亦云云點　嗟土室之人至冠固何當點　漢使無多言
至馳蹂而稼穡耳點　匈奴日已驕至郡萬餘人圈　終孝景帝至無
大寇圈橫截　自是之後至以中之圈橫截　匈奴右賢王怨漢至殺略吏
民甚衆圈　趙信者故胡小王至與謀漢點　於是漢已得渾邪王至
以西戍卒牛圈　會暮大風起至圍單于圈　單于之遁走至而隨單

于圈　是後匈奴遠遁至地接匈奴以北圈橫截　初漢兩將軍至無以
復往點　先是漢亦有所降至漢使相當點　於是漢久不北擊胡點
其後漢方南誅至亦不侵入邊點　不見匈奴一人圈　亦不見匈
奴一人至以見武節圈　而單于終不肯爲寇至求請和親圈　是時
漢東拔穢貉至至胝靁爲塞圈　而匈奴終不敢以爲言點　匈奴俗
見漢使至乃肯止點　諸所言者至及遣太子來質圈　自此之後至
直酒泉燉煌郡圈　漢使留匈奴者至輒留相當點橫截　初漢聞此言
至猶以爲遠圈　是歲太初三年也橫截　且鞮侯爲單于橫截　漢既誅
大宛至欲遂困胡圈　乃自謂我兒子至我丈人行也圈　單于益驕
至非漢所望也圈　是歲漢兵之擊匈奴者至不得御圈　贊坐點　孔
氏著春秋至忌諱之辭也點　堯雖賢至末圈

衞將軍驃騎列傳　與侯妾衞媼通至兄衞長子點　而姊衞子夫至
故冒姓爲衞氏圈　媼長女至卽子夫點　有一鉗徒至靑笑曰點
人奴之生至封侯事乎圈　孺爲太僕至上召貴掌點　公孫敖由此
益貴圈橫截　天子曰圈篇中天子曰字並同　三從大將軍點　從大將軍再見並點
再從大將軍點　各三從大將軍點　是歲也至年十八幸圈　於
是天子曰圈　是歲失兩將軍至不益封圈　是時王夫人至徒以皇
后故也點　封騫博望侯橫截　再從驃騎將軍點　從驃騎將軍點
諸宿將所將至比大將軍圈　以驃騎之兵也圈　於是天子嘉驃騎
之功曰圈　而敢力戰深入至出定襄點　而適値大將軍至陳而待
點　會日且入至殺傷大當點　屬驃騎將軍點　從驃騎將軍點
皆從驃騎將軍點　從驃騎點　賞賜甚多點　而大將軍不得益封

至皆無封侯者圈　兩軍之出塞至不滿三萬匹點　自是之後至日
益貴圈　舉大將軍故人至唯任安不肯點　然少而侍中至事多此
類點　以和柔自媚至未有稱也點　自大將軍圍單于至以故久不
伐胡圈　六歲坐法失侯橫截　自衛氏興至無爲侯者點

平津侯主父列傳　拜爲博士橫截　上不聽橫截　於見天子察其行至
上大說之點　天子常說至日益親貴點　上然弘言點　上益厚遇
之點橫截　罷敝中國以奉無用之地圈　上乃許之橫截　天子以爲謙
讓愈益厚之點　封平津侯橫截　殺主父偃至皆弘之力也圈　士亦
以此賢之橫截　弘病甚至無以塞責點　少加意而熟慮焉橫截　是時
趙人徐樂至各一事點　何征而不服乎哉橫截　則不可稱諱也橫截
天子召見三人至何相見之晚也點　四遷偃橫截　於是上從其計點

上又從其計點 尊立衞皇后點 假有功焉圈 且丈夫生不五
鼎食至暴施之點 上竟用主父計點 立朔方郡横截 有司以聞横截
及齊王自上聞大怒點 是時公孫弘至乃言曰圈 乃遂族主父
偃横截 主父方貴幸至收葬之點 天子後聞之至末圈 然亦遇時
點 主父偃當路至悲夫點
南越尉佗列傳 全篇坐點 自立爲南越武王點 與長沙接境圈
遂至孝景時稱臣使人朝請點 然南越至如諸侯圈 至建元四年
卒横截 謚爲文王横截 嬰齊其入宿衞至生子興點 謚爲明王横截
太后自未爲嬰齊姬時至少季通點 王年少至來內屬點 其相呂
嘉至愈於王點 太后有淫行至力又不能點 天子聞嘉不聽至不
足以興兵圈 樓船十萬師往討之横截 出桂陽下匯水圈 出豫章

下橫浦 圈 出零陵 至 或抵蒼梧 圈 下牂柯江咸會番禺 圈 樓船
將軍將精卒 至 遣人追之 點 戈船下瀨將軍兵 至 南越已平矣 圈
自尉佗初王 至 末 圈 成敗之轉 點二句
東越列傳 復立無諸 至 都東冶 點 乃立搖 至 號爲東甌王 橫點截
東甌請舉國 至 江淮之間 橫點截 兵未踰嶺 點 立丑爲越繇王 點
因立餘善 至 與繇王并處 點 出句章 圈 出武林 出梅嶺 出若
邪白沙 並圈 爲禦兒侯 點 自兵未往 圈 爲東成侯 點 爲開陵侯
爲北石侯 爲按道侯 爲繚嫈侯 並點 無功以宗室故侯 點 諸
將皆無成功莫封 圈 封爲無錫侯 點 詔軍吏 至 江淮間 點 東越
地遂虛 圈 由此知越 至 末 點
朝鮮列傳 上爲其名美即不詰 點 發兵襲攻殺何 橫截 天子爲兩

將未有利點　人衆萬餘至方渡湟水點　天子誅山橫點微　左將軍

素侍中至以故兩將不相能點　天子曰至以故久不決點　天子誅

遂點橫微　爲溫陽侯橫微　左將軍微至至末點

西南夷列傳　全篇坐點　西南夷君長至邛都最大圈　此皆魋結耕

田有邑聚點　其外二字點　皆編髮至毋常處點　自巂以東北至冉

駹最大圈　其俗或土著或移徙點　自冉駹以東北至蠻夷也橫圈微

巴蜀民或竊出至巴蜀殷富橫圈微　十餘縣屬蜀橫微　當是時至耗費

無功圈　稍令犍爲自葆就橫微　滇王與漢使者至天子注意焉橫圈微

復長其民橫微　西南夷君長至末圈　然南夷之端至末點

司馬相如列傳　居數歲乃著子虛之賦橫圈微　長卿久宦遊不遂而

來過我圈　是時卓王孫有女至而以琴心挑之圈　相如之臨邛至

卓氏弄琴 點 文君竊從戶 至 恐不得當也 圈 卓王孫大怒 至 不分一錢也 圈 文君久之不樂 至 何至自苦如此 點 有一男兩女 至 相辱如此 點 相如以子虛 至 因以風諫 點 楚使子虛 至 謹聞命矣 坐點 歸正道而論之 橫截 告巴蜀太守 至 唯無忽也 坐點 多言其不便 橫截 至蜀 至 蜀人以爲寵 點 於是卓王孫 至 倘司馬長卿晚 圈 關益斥 至 以通邛都 點 漢興 至 因遷延而辭避 坐點 受金失官 橫截 其進仕宦 至 不慕官爵 圈 臣聞物有同類 至 留意幸察 坐點 上善之 橫截 登陂阤之長阪兮 至 嗚乎哀哉 坐點橫截 天子既美子虛之事 圈 世有大人兮 至 超無友而獨存 坐點 天子大說 至 天地之閒意 圈 司馬相如病甚 至 失之矣 點 而相如已死家無書 圈 問其妻 至 卽空居 點 長卿未死時 至 無他書 圈 伊上古之初肇 至 此之謂也 坐點 司馬

相如既卒至禪肅然圈橫截　贊坐點　春秋推見至隱至其流及上點　所以言雖外殊至一也圈　此與詩之風諫何異點　楊雄以爲至不已虧乎刪

淮南衡山列傳　而常心怨辟陽侯弗敢發點　與上同車常謂上大兄點　當是時薄太后至皆憚厲王圈　自爲法令擬於天子橫截　令縣以次傳橫截　一尺布至不能相容點　前薨無後也橫截　淮南王安爲人至流譽天下點　時時怨望至未有因也圈　而謀反滋甚橫截　此時有欲從軍者輒詣京師點　王王后計至未定點　漢中尉至至無何不發點　及中尉至至以故不發點　然淮南王削地之後至安言非也點　歷階而去橫截　是時故辟陽侯至深窮治其獄圈　引淮南太子及黨與橫截　苟如公言不可徼倖邪點　一日發兵至大將軍

青點　而說丞相至蒙耳圈　未發點　王曰善至急則走越耳橫點截
王念獨殺相至無益也點　王亦偷欲休點　伍被自詣吏至具如
此圈　天子曰至不當相坐點　丞相弘廷尉湯等以聞圈　天子以
伍被至遂誅被圈　厥姬生子二人橫截　衡山王聞淮南王至恐爲所
幷點　密謀反事點　衡山王非敢效淮南王至望如是圈　上賜書
不朝橫截　聞律先自告除其罪點　贊坐點　此非獨王過也至使然也
點　夫荊楚至末圈

循吏列傳　奉職循理至何必威嚴哉點

汲鄭列傳　全篇坐點　以莊見憚點　以數切諫不得久留內點　其
治至不苛小點　治務在無爲而已至不拘文法點　然好學至袁盎
之爲人也圈　亦以數直諫不得久居位橫點截　助曰使黯任職至近

之矣點　其見敬禮如此橫截　公爲正卿至無種矣點　忿發罵曰至
側目而視矣圈橫截　上方向儒術至欲誅之以事圈　至如說丞相至
振落耳圈　黯之言益不用橫截　始黯列爲九卿至或尊用過之圈
觀黯之言也日益甚橫截　今又復妄發矣橫截　後張湯果敗圈　子汲
偃至諸侯相橫截　然衛人仕者至出其下圈　莊好黃老之言至天下
有名之士也圈　遷爲大農令橫截　莊爲太史至未嘗不言天下之長
者點　其推轂士至誠有味其言之也圈　常引以爲賢於己至以此
翕然稱鄭莊點　吾聞鄭莊行千里至何也點　然鄭莊在朝至不敢
甚引當否圈橫截　數歲以官卒橫截　鄭莊汲黯始列爲九卿至家無餘
貲財圈　莊兄弟子孫至六七人焉點　夫以汲鄭之賢至況衆人乎
點

儒林列傳　全篇坐點　余讀功令至未嘗不廢書而歎也圈　陳涉起匹夫至其事至微淺點　然而搢紳先生之徒至而發憤於陳王也圈　夫齊魯之閒至其天性也點　及竇太后崩至延文學儒者數百人而公孫弘以春秋至靡然鄉風矣圈　自此以來至多文學之士矣圈　周之徽也至固曰點　公孫子至無曲學以阿世圈　湯以爲長者數稱譽之點　公孫弘治春秋至弘疾之圈　公孫弘亦頗受焉點　自公孫弘得用至卒用董仲舒點

酷吏列傳　全篇坐點　昔天下之網至溺其職矣圈　由是觀之在彼不在此點橫截　其後有郅都甯成之屬點　是時民朴至致行法圈　景帝曰都忠臣至於是遂斬郅都點　爲人小吏至如束溼薪點　其治效郅都其廉弗如點　自以爲不復收圈　所愛者至奪之治點

自寧成周陽由之後 至 類多成由等矣 圈 然亞夫弗任 至 不可以居
大府 點 上以爲能 擲 與張湯論定諸律令 點 用法益刻蓋自此
始 圈 於是上以爲能 擲 與趙禹共定諸律令 點 兩人交驩而兄
事禹 點 務在絕知友 至 行一意而已 點 奏讞疑事 至 往往釋湯所
言 點 會渾邪等降 至 巧詆以輔法 圈 湯每朝奏事 至 丞相取充位
點 天下事皆決於湯 至 咸指湯 圈 自是以後羣臣震慴 點 湯爲
御史大夫七歲敗 圈 宣嘗與湯有郤 至 未奏也 圈 三長史皆害湯
欲陷之 圈 減宣亦奏謁居等事 圈 君何不知分也 至 何多以對簿
爲 點 始條侯以爲禹 至 治酷於禹 圈 上以爲能 擲 寧成家居上
欲以爲郡守 圈 是時趙禹張湯以深刻 至 毛摯爲治 圈 其治所誅
殺甚多 至 閻奉以惡用矣 圈 後一歲張湯亦死 圈 事張湯 横截 此

人雖有百罪 至 亦滅宗 點 郡中毋聲 至 黎來 點 會春 至 足吾事矣
圈 天子聞之以爲能 擲 而尹齊爲中尉 圈 上以爲能 擲 而楊
僕以嚴酷爲主爵都尉 圈 天子以爲能 擲 居廷惛惛 至 則心開 圈
溫舒爲人諂 至 以焄大豪 點 光祿徐自爲曰 至 同時而五族乎 點
尸亡去歸葬 點 自溫舒等以惡爲治 至 不可勝數也 圈 猶弗能
禁也 圈 散卒失亡 至 無可奈何 圈 其後小吏畏誅 至 以文辭避法
焉 圈 然獨宣以小致大 至 難以爲經 點 而杜周任用 圈 上所欲
擠者 至 而微見其冤狀 點 至周爲廷尉詔獄亦益多矣 圈 二千石
繫者 至 吏所增加十餘萬人 點 其治暴酷皆甚於王溫舒等矣 點
大宛列傳 全篇 坐點 大宛之跡見自張騫 圈 漢方欲事滅胡 至 因
欲通使 圈 大宛聞漢之饒財欲通不得 圈 唯二人得還 橫截 騫身

所至者至具爲天子言之曰圈大宛點二字多善馬至天馬子也圈
于窴之西至鹽澤潛行地下點其南則河源至河注中國圈鹽
澤去長安至鬲漢道焉圈烏孫點康居點奄蔡點臨大澤無
崖蓋乃北海云圈大月氏點安息點條枝點安息長老至而
未嘗見圈大夏點騫曰圈天子既聞大宛至以騫言爲然圈
乃令騫點三字於是漢以求大夏道始通滇國圈初漢欲通西南夷
至乃復事西南夷點是後天子數問騫至因言曰圈天子以爲然
圈騫既至烏孫至騫大慙圈知蠻夷貪至則還賜點昆莫起拜
賜其他如故圈騫因分遣副使至及諸旁國圈其後歲餘至始通
於漢矣圈然張騫鑿空至外國由此信之點橫截使使獻馬點初
天子發書易云至曰天馬云圈而漢始築令居至條枝身毒國點

而天子好宛馬使者相望於道圈　諸使外國至近者數歲而反點　自博
是時漢既滅越至以前通大夏圈　使者既多至不貴其物點　自博
望侯開外國道至皆爭效之圈　其使皆貧人子至至相攻擊點　而
樓蘭姑師至兵弱易擊圈　因舉兵威以困烏孫大宛之屬點　於是
酒泉列亭障至玉門矣橫截圈　烏孫多馬至四五千匹馬點　而漢使
窮河源至曰崐崙云圈　是時上方數巡狩至甚盛益興自此始橫截點
　西北外國使至羈縻而使也圈　自烏孫以西至乃得所欲點　然
以畏匈奴於漢使焉圈　及天馬多至苜蓿極望橫截點　而漢使者往
既多至進熟於天子圈　天子既好宛馬聞之甘心圈　天子以嘗使
浞野侯至而欲侯寵姬李氏圈　天子已業誅宛至爲外國笑圈　天
下騷動傳相奉伐宛圈　而拜習馬者二人至擇取其善馬云圈　終

不得入中城乃罷而引歸圈　貳師後行至以此物故衆圈　伐宛再
反凡四歲而得罷焉圈　漢因使使賂賜以鎮撫之橫截　而漢發使十
餘輩至末圈　日月所相避隱爲光明也圈　今自張騫使大夏至所
謂崑崙者乎圈
游俠列傳　全篇坐點　且緩急人之所時有也圈　太史公曰至榮色
陳蔡點　此皆學士所謂至何可勝道哉圈　由此觀之至非虛言也
點　今拘學或抱至而取榮名哉圈　余悲世俗不察其意至而共笑
之也點　專趨人之急甚己之私圈　吳楚反時至吾知其無能爲已
矣點　天下騷動至若得一敵國云點　及解年長至不使知也點
解布衣權至此其家不貧點　解布衣爲任俠至甚於解知殺之點
此乃鄉者朱家之羞也點　人貌榮名豈有既乎圈

佞幸列傳　故孝惠時郎侍中至化閎籍之屬也點　孝文帝夢欲上天至推之上天點　顧見其衣裻至夢中所見也圈　天子車駕至鶩馳視獸點　衞青霍去病亦以外戚至自進點

滑稽列傳　坐點至豈不亦偉哉止　天道恢恢豈不大哉圈　談言微中亦可以解紛點　賜酒大王之前至而醉二參點　日暮酒闌至微聞薌澤圈　當此之時至能飲一石點　即爲孫叔敖衣冠至不能別也圈　莊王大驚以爲孫叔敖復生也圈　請歸與婦計之三日而爲相點　婦言愼無爲楚相不足爲也點　山居耕田至不足爲也點

汝雖長至幸休居點　寇從東方來至足矣點　漆城蕩蕩至顧難爲陰室點　咄老女子至尚何還顧點　徒用所賜錢帛至盡索之於女子點　陸沈於俗避世金馬門點　行雪中至乃似人足者乎點

西門豹簪筆磬折至色如死灰點　今父老子弟至思我言點　鄰民人父老至不可更也點

日者列傳　無圈識

龜策列傳　或以爲聖王遭事至多中於人點　雖父子疇官至多所遺失點　夫摓策定數至可謂聖人重事者乎點

貨殖列傳　全篇坐點　故善者因之至與之爭圈橫截　原大則饒至拙者不足點　故齊冠帶衣履天下點　夫千乘之王至而況匹夫編戶之民乎圈　范蠡既雪會稽之恥至吾欲用之家圈　此所謂富好行其德者也點　夫使孔子名至得勢而益彰者乎點　趨時若猛獸摯鳥之發點　故曰吾治生產至終不告之矣圈　畜至用谷量馬牛點　夫倮鄙人牧長至豈非以富邪點橫截　關中二字圈　自汧雍以東至

沃野千里 點 隙隴蜀之貨物而多賈 點 南則巴蜀巴蜀亦沃野 點

南御滇僰 至 筰馬旄牛 點 唯褒斜綰轂其口 點 天水隴西 至 與

關中同俗 點 昔唐人都河東 至 各數百千歲 圈 領圈 楊平陽 至 北賈

種代 點 溫軹 至 北賈趙中山 點 然邯鄲 至 南有鄭衛 點 夫燕 至

東北邊胡 點 洛陽 至 其陰則齊 點 臨菑亦海岱之閒一都會也 點

而鄒魯濱洙泗 點 夫自鴻溝以東 至 陶睢陽亦一都會也 點 越

楚則有三俗 至 此西楚也 點 彭城以東 至 此東楚也 點 亦江東一

都會也 至 是南楚也 點 亦一都會也 點 九疑蒼梧以南 至 亦其一

都會也 點 潁川南陽夏人之居也 點 領圈 故至今謂之夏人 圈 楚

越之地 點 沂泗水以北 點 三河宛陳亦然 點 齊趙 點 燕代 點

賢人深謀於廊廟 至 固求富益貨也 點 此有知盡能索耳 至 而讓

財矣 圈橫截 陸地牧馬二百蹄 至 皆與千戶侯等 點 是故本富爲上
至 姦富最下 圈 無巖處奇士之行 至 亦足羞也 點 通邑大都 至 此
亦比千乘之家 點 令後世得以觀擇焉 橫截 有游閑公子之賜與名
點 故南陽行賈盡法孔氏之雍容 點 以末致財 至 故足術也 圈
夫纖嗇筋力 至 必用奇勝 圈 田農掘業 至 張里擊鍾 點 此皆誠壹
之所致 圈 千金之家 至 末 點
太史公自序 自司馬氏去周 至 或在秦 點 當始皇之時 至 以其地
爲河內郡 點 談爲太史公 橫截 太史公學天官 至 黃子 點 太史公
仕於建元元封之閒 圈 太史公既掌天官不治民 圈 有子曰遷 橫截
遷生龍門 至 過梁楚以歸 圈 是歲天子始建漢家之封 至 執遷手
而泣 圈 曰余先周室之太史也 至 則續吾祖矣 點 今天子接千歲

之統至命也夫圈　余死汝必爲太史點　爲太史無忘吾所欲論著
矣圈　自獲麟以來至汝其念哉點　弗敢闕橫截　卒三歲而遷爲太
史令至小子何敢讓焉圈　周道衰廢至王道之大者也點　撥亂世
反之正莫近於春秋點　故有國者不可以不知春秋至天下之大過
也點　以天下之大過予之至禮之大宗也圈　且士賢能而不用至
有司之過也點　七年而太史公至幽於縲紲圈　夫詩書隱約者至
發憤之所爲作也點　此人皆意有所鬱結至思來者圈　自黃帝始
橫截　維昔黃帝（帝字地字序字度字台字之字並坐點）　維禹之功（功字同字際字商字騶字條字並坐點）
維契作商（商字湯字桐字衛字宗字享字並坐點）　維棄作稷（稷字伯字野字下字鎬字祀字並坐點）
維秦之先（禹字旅字鳥字五字並坐點）　始皇既立（國字革字力字並坐點虜字坐圈）　秦失其道
（道字擾字業之接之立之懷字非之並坐點）　子羽暴虐（虐字德字漢字秦字並坐點寧字坐圈）　惠之早實

台字之字友字疑字九字並坐點禍字坐圈 漢既初興 明字刑字梁字宗字並坐點心字坐圈 諸侯驕恣

誅字辜字宦字並坐點 維三代尚矣 茲字推字坐點 幽厲之後 微字紀字衰字意字坐點 秦既

暴虐 難字亂字禮字坐點 北討強胡 越字列字並坐點 諸侯既彊 彊字從字邑字師字坐點 賢

者記其治 治字事字坐點 非兵不強 強字昌字興字崩字並坐點 以觀事變 門字點 太

伯避歷 歷字適字跡字僚字並坐點惓字坐圈齊字夷字越字滅字並坐點 申呂肖矣 微字師字幽字丘字盟字畾字

彰字亾字並坐點 依之違之 依之違之綏之並坐點和之坐圈周字坐點哉字坐圈強字昌字並坐點 武王克

紂 禪字亂字坐點 管蔡相武庚 庚字商字饗字盟字疆字並坐點 王後不絕 說字烈字祀字杞字起字

哉字並坐點 收殷餘民 邑字告字生字寧字名字強字亡字並坐點 嗟箕子乎 至 乃反爲奴

圈兩乎字奴字死字子字泓字稱字行字亡字並坐點 武王既崩 崩字唐字名字公字世字意字霸字並坐點耗字坐圈

重黎業之 業之棲之牒之繹字續字賢字陳字元字原字讖字陳字並坐點 少康之子 子字海字處字祀字

彼字蠢字德字室字並坐點 桓公之東 東字庸字禾字議字盟字畾字仁字賢字韓字並坐點 維驥騄耳

耳字父字緒字輔字辱字伯字縛字爵字斥字並坐點　畢萬爵魏知之師之詭之斷之並坐點和之攻之並坐圈　韓
厥陰德與字嬖之字坐圈宗庸之字信字並坐點之　完子避難難字援字世字之字侯字心字並坐點共字坐圈
以達王道至見其文辭圈　桀紂失其道至而陳涉發迹圈兩作字迹字族字
端字難字并坐點　成臯之臺臺字基字代字坐點資字坐圈負字遂字驕字夫字并坐點　嘉夫德若斯
點　維祖師旅與字與字呂字邪字齊字歸字關字文字燕字并坐點　天下已平寡字士字呂字許字父字
並坐點　楚人圍我滎陽至不樂爲楚點　續何相國不變不革國字革字並坐
點　運籌帷幄之中至爲大於細點名字功字易字細字并坐點　呂氏之事事字謀字稷字
并坐點　而勃反經合於權點　而出委於梁點　五宗既王和字宜字事字矣字
并坐點　末世爭利利字義字死字之字并坐點　晏子儉矣奢字坐圈治字坐點　維建遇讒
奢字坐圈父字與字并坐點　鞅去衛適秦衛字法字并坐點　天下患衡秦至以抑貪彊
點　苞河山至魏冉之功點梁字功字并坐點　遂圍邯鄲率字計字并坐點　獵儒墨

之遺文紀字襄字并坐點　爭馮亭以權閈字侯字并坐點　能以富貴下貧賤至爲
能行之圈　以身徇君君字秦字并坐點　推賢讓位二子有之位字之字并坐點
率行其謀謀字讎字恥字并坐點　能信意彊秦子字侯字并坐點　結子楚親親字秦字并坐
點　曹子匕首田字信字并坐點心字坐圈　收兩河上黨之兵兵字城字並坐點　楚人
追我京索至以滅項籍點　諸侯畔項王王字陽字城字並坐點　非獨鞭策又
與之脫難點　結言通使侯字輔字並坐點　欲詳知秦楚之事二句坐點　能擢
剛作柔至而倍死點　智足以應近世之變二句坐點　燕丹散亂遼閒閒字
民字藩字臣字並坐點　自孔子卒至文辭粲如也圈序字也字並坐點　善人不能化至
爲能齊之圈　不流世俗利字滯字害字並坐點　布衣匹夫之人至智者有采
焉圈　維我漢至以俟後聖君子弟七十圈
桐城吳先生史記初校本點識終

桐城吳先生彙錄各家史記評語

史記以歸熙甫讀本爲精余所見數本往往不同大抵轉相臨錄各有脫誤王少鶴曾有刻本以校所傳各本亦互有得失讀者知熙甫圈識之意卽所脫誤可推而得也明以來評史文者多矣歸氏議論顧絕少余所抄錄亦閒有非歸氏而誤標歸氏者要其淺深懸絕不可淆也甲戌五月摯甫記

歸總評云史記起頭處來得勇猛者圈緩些者點然須見得不得不圈不得不點乃得　黃圈點者人難曉硃圈點者人易曉硃圈點處總是意句與敘事好處黃圈點處總是氣脈亦有轉折處用黃圈而事乃聯下去者　墨擲是背理處靑擲是不好要緊處朱擲是好要緊處黃擲是通篇要緊處　事跡錯綜處太史公敘得來如大塘上打縴千船萬

畫不相妨碍　曉得文章揔頭千緒萬端文字便可做了　作文如畫
全要界畫　起頭接頭處謂之起伏揔頭本紀多列傳少　起頭處斷
而不斷言以意　史記只實實裹說去要緊處多跌宕跌宕處多要緊亦有
跌宕處不在氣脈上故不用黃圈點　雖跌宕又不是放肆封禪書然
則怪迂阿諛苟合之徒自此興不可勝數也是總又是跌宕也
跌蕩如在峽中行忽然躍起此與激處不同　跌宕如封禪書三神山
一段中云世主莫不甘心焉云未能至望見之焉都是跌蕩處跌蕩處
都是焉矣字　史記叙事時有捱幾句似閒的說話最妙　叙事或追
前說或帶後說此是周到　紅圈點處叙事叙得眞　史記重疊處正
不見重疊　旁支處黃點不是旁支朱圈點旁支處只點景說不是這
等死煞說　高帝紀項羽兵四十萬云云淡而景好　旁支如江水一

直去又有旁支不是正論　史記如人說話本說他事又帶別樣說項羽本紀當是時趙歇爲王封禪書三神山一段氣開一開如本說此處飲酒乃說彼處閒遊景致雖煩而不煩大率是精神妙處　漢王敗彭城氣索了至漢王間往從之諸敗軍皆會氣復振事與氣稱項羽殺王離與敗垓下一段氣亦然　漢王間往從之至諸敗軍皆會一段此敘事中氣也散了又興事與氣稱　項王與漢王相臨廣武時如做戲一曲上一曲下最妙　春秋戰國時事不過一二國爭鬥其事小項羽沛公動輒以半箇天下相鬥故太史公有大文字　史記封禪書周人之言方怪者自萇弘此謂旁支他人文字無此　項羽本紀當此時趙歇爲王當是時楚兵冠諸侯二處是旁支又是總幾段如水之盤旋而去　趙歇爲王一段乃是渡河擊趙大破之句內開出來的頓挫如水

之澁而遽縱　項羽本紀外黃未下句是頓挫如人透氣一般　當是時楚軍冠諸侯句此處氣頓一頓又說下去　項羽因留連戰未能下一句是頓挫又承上起下盤旋如水之縈洄注旁支處處皆然敘事亦多如此　封禪書昔泰山一段是敘事總五嶽氣開一開（昔泰山疑云音三代之君）項羽本紀呂臣軍彭城東三句是鋪張一鋪張程節封禪書數箇又作柏梁銅柱幾段是程程節節數去　封禪書狸首者諸侯之不來者此是訓解相類　自又未鄽時也作鄽時後與下數箇其後字一般但說得又好故圈　秦時有好文故本紀到秦處就好起了　古人所謂學問成者止是幾部要緊書讀得了就是　太史公但若熱鬧處就露出精神來了如今人說平話者然一拍手又說起只管任意說去如說平話者有興頭處就歌唱起來　如水平平流去忽遇石激起來　如

兩人說話堂上忽擁出一人來即挽入其內　史記如平地忽見高山如畫然連山斷嶺峯巒參差　如地高高下下相因乃去得長　史記如作遊山記然本是說本處景致乃云前有某山後有某水等乃爲大家文字他人文字一條鞭的他人之文如臨小畫非不工緻子長之文如畫長江萬里圖　他人文字亦好但如一箇人面目俱完只無生氣如我所云云　孟堅郊祀志續與封禪書兩邊相對故人稱馬班莊左如金碧山水史記如精金淡墨　史記好奇漢書冠冕雄渾自晉書而下其氣輕不足觀矣　史記五帝三代本紀零碎秦紀就好起來了蓋秦原有史故其文字好趙世家文字周詳亦是趙有史其他想無全書故也　大宛傳就載張騫事騫本傳寥寥附衛將軍後屈原傳以賈誼弔屈原故賈誼在後　凡史記好處諸大家無不知之歐文尤多

得

我喜怒哀樂一樣不好不敢讀史必讀得我與史爲一乃敢下筆

讀書如讀項羽垓下之敗必潸然出涕乃爲得之故爲文須要養氣

附錄劉才父論文偶記

筆者有奇在邱壑者有奇在氣者有奇在神者奇氣最難識大約忽起忽落其來無端其去無跡讀古人文于起滅轉接之間覺有不可測識處便是奇氣　史公伯夷傳可謂神奇　文貴高昔人謂子長文字峻震川謂此言難曉要當于極眞極樸極淡處求之　文貴大古文之大者莫如史記震川論史謂爲大手筆曰起頭來得勇猛又曰連山斷嶺峯巒參差又曰如畫長江萬里圖又曰如大塘上打纖千船萬船不相妨礙此氣脈洪大邱壑遠大之謂也　邱壑中必峯巒高大波瀾闊大乃可謂之遠大　文貴遠遠必含蓄或句上有句或句下有句或句中

有句或句外有句說出者少不說出者多昔人謂子長文字微情妙旨寄之筆墨蹊徑之外又謂如郭熙畫天外數峯略有筆墨而無筆墨之跡故子長文幷非孟堅所知　意到處言不到言盡處意不盡史公後惟韓歐得其一二　文貴疎孟堅文密子長文疎凡文力大則疎氣疎則縱密則拘神疎則逸密則勞疎則生密則死子長拿揑大意行文不妨脫略　文貴變上古實字多虛字少典謨訓誥何等簡奧然文法自是未備孔子時虛字詳備左氏情韵并美至先秦更加疎縱漢人歛之稍歸勁質惟子長集其大成　馬遷句法似贅拙而實古厚可愛　文章品藻最貴曰雄曰逸歐公逸而未雄退之雄處多逸處少子長雄過退之而逸處更多所以為至

五帝本紀　而神農氏弗能征張玄超之象曰將言黃帝征伐之事必

先言神農弗能征莫能伐先反後正史家叙事提掇類如此　蟜極父
曰玄囂淩以棟稚隆云此逆推世次之法用繳結語　能明馴德歸云
凡用尚書字異者或史公所見別本不同或古今文字異或改用訓解
字或全句改者讀之當有辨　文祖者堯大祖也姚南青云疑此亦從
安國問故得之今書傳乃云堯文德之祖廟則謬悠之説又云康成以
緯説經裴氏不當取以注史　堯立七十年淩稚隆云此總叙年數法
　於是乃權授舜歸云太史公終是秦漢時人所以作始皇項羽高祖
本紀其事雄偉筆力與之稱五帝三王紀便時見其陋然古書存者亦
少矣淩稚隆云利病六句文法奇正迭出此叙事中議論　自從窮蟬
以至帝舜皆微爲庶人淩云總結　舜父瞽叟頑母嚚歸云瞽叟事再
提不爲複至末後又書是太史公用意處　歷山之人皆讓畔淩云連

用四皆字　昔高陽氏有才子八人張玄超云此將叙舜舉十六族去四凶先言堯未能舉未能去未有分職以發其端　乃流四凶族歸云四凶卽堯紀之四辠在攝位後此則以爲賓于四門卽其事也古書前後難考一用孟子文一用左氏文以備異說譏其牴牾則非也　用事二十年王少鶴拯云此與後舜年二十一段結束關會　而禹皋陶契后稷至未有分職王云從空斡補　皋陶爲大理方靈皋云總叙其成功　唯禹之功爲大王守溪鏊云總結二十二人成功特云惟禹之功爲大見舜所以禪天下　南撫交阯北發歸云按今止當據舊文不必增史文簡古有省字無害但北發疑當作北戶　皆自虞舜始凌云結舜年二十以孝聞凌云總叙年數　舜之踐帝位凌季默約言云舜事至於葬無遺矣復以踐帝位提起舉朝父封弟薦禹三事　自黃帝

至舜禹皆同姓王少鶴云黃帝紀嫘祖爲正妃段與舜紀此段爲通篇關鍵　而別氏姓姒氏方侍郎云五帝紀後具列三代世系陳杞世家後具列十一臣之後乃通部之關鍵　贊文吳草廬云古質奧雅文簡意多斷制不苟文字多少曲折

夏本紀　禹之父曰鯀唐應德順之云此逆推世次法　而帝顓頊之孫也凌云總結　既載壺口王守溪云禹貢叙山川脈絡原委如在目前　其篚玄纖縞陳騤云文有倒語之法如厥篚玄纖縞雲土夢作乂皆倒法也　南至華陰費袞云禹貢自道河積石以下至九州攸同一段才二百餘字而用東至北至者凡三十餘皆連屬重複讀之初不覺其煩政如崇山峭壁先後崛立愈險愈奇班固多法此　於是九州攸同凌云總　天下於是大平治凌云總結　皋陶作士以理民歸云禹

紀特著皋陶太史公極有法度草草讀之不知也　來始滑歸云子長用書文有改者或以易曉語易之必不更爲難解之文其斷絕不可曉者蓋其所見乃伏生倘書與世所傳古文有異如云來始滑亦猶吊由靈之類自不可解古書宜略會意疑者卽當闕也　於是天下皆宗禹之明度數聲樂凌云結　爲嗣十七年凌云伏後益之佐禹日淺　而舉皋陶薦之歸云禹初薦皋陶皋陶未卒當有天下矣及卒而後薦益也敘得甚分明陳魯南沂曰前敘皋陶正爲此張本　子帝少康立方云左氏所載過氏滅相事見吳世家而夏本紀無之豈少康復位史遂弗籍而散見他說姑別出以傳疑耶　契興於唐虞大禹之際凌云總挈爲後有天下張本　契卒子昭明立凌云此順數世次法　自契至湯八遷凌云總結又云節節以書名敘　殷道衰諸侯或不至凌云興

鼓二字一篇關鍵

周本紀　初欲弃之張玄超云前詳叙弃之之事從容委曲文勢舒緩末復著初欲弃之一語接下因名曰弃則文埶緊峭有力　天下得其利有功凌云伏後公劉脩后稷之業　后稷之興至皆有令德凌云總二句爲周後有天下根本　復脩后稷之業凌云應前　故詩人歌樂思其德凌云結　復脩后稷公劉之業凌云應前又結　民皆歌樂之頌其德凌云又結　生昌有聖瑞凌云伏後蓋受命之君案　脩古公遺道凌云應前　遵后稷公劉之業二句凌云總應　士以此多歸之凌云三段疊用歸之二字　乃求有莘氏美女歸云此太史公之陋西伯蓋受命之君凌云應前又云此下五用明年字　西伯蓋即位五十年凌云連用蓋字此總叙　蓋王瑞自太王興許台仲相卿云上已

接過武王矣復說文王一段至此最是奇特　脩文王緒業凌云應前
已而命召公釋箕子之囚凌云已下凡六用命字　乃襃封神農之
後於焦凌云已下凡十用於字　武王至于周自夜不寐王守溪云此
段文奇　以存亡國宜告歸云句疑有誤　故初作大誥凌云此下節
節以書名敘　昭王之時王道微缺凌云此下言王道衰微言復寧言
周室衰微皆關鍵處　法文武成康之遺風凌云應前　周將亡矣凌
云以下連用七亡字　周亡矣王少鶴云止周亡矣三字伯陽語下皆
史文歸云襃姒事奇國語文又奇　平王之時至政由方伯王少鶴云
大提掇一篇綱領凌云前言脩后稷公劉之業法文武成康之遺等句
詳周之所由盛下言政由方伯齊桓公始霸致霸于秦諸侯稱王等句
詳周之所由衰　四十二年敬王崩方云敬王以後赧王以前二百年

無事以史記獨藏周室遭秦而滅所據止左傳國語國策耳此子長所以深惜也　司馬翦謂楚王方云晚周事少故詳錄國策然義鄙詞佻與篇首嚴重深廣之體不稱　王赧謂成君歸云斷簡

秦本紀　歸云讀秦紀似有舊史可據周史則全無矣方云不載戰國策一語體勢遂覺峻潔　是時蜚廉爲紂石北方凌云插入趙事姚南青云範疑石字本誤酈注汾水下云爲紂使北方　惡來革者蜚廉子也凌云接法　生子三人長子宣公凌約言云總敘于首而後詞不煩矣前武公亦如此太史公筆力大率于亂處極明淨　百里奚亾秦走宛王允寧云敘用百里奚及蹇叔事詞意雋永　賀繆公以金鼓凌云賀秦金鼓天子賀以黼黻天子致胙天子致伯東周君來朝西周君走來自歸周初亾皆篇中關鍵　周太史儋見獻公歸云周紀已有此重

出雖當載之秦紀然周紀亦不可無　十四年更爲元年王允寧云改元始此　司馬錯伐蜀滅之方云下文有蜀相壯殺蜀侯來降史記多一事而異書非自相牴牾乃傳聞異詞欲幷存而不廢　丹犂臣蜀方讀丹犂臣爲句　薛文以金受免方云金受當爲受金　秦軍分爲三軍南靑云範按白起傳分軍爲二下其十月疑譌　西周君走來自歸王伯厚云秦昭王五十一年滅周是歲漢高祖生　初幷天下爲三十六郡淩云總叙秦終始興亡之變　歸云秦本紀方成一篇文字以前本紀舊史皆亡故多湊合秦雖暴亂史職不廢太史公當時蓋有所因也

秦始皇本紀　歸云秦本紀與始皇紀當合爲一篇以簡帙多故始皇自爲一篇林茂貞云太史公鋪叙秦人興亡本末如指掌行文有法度

議論詞氣根義理開合起伏精深雄大　秦地已并巴蜀漢中唐應德云將言始皇并天下先提此　百姓內粟千石拜爵一級凌云內粟拜爵始此　發卒攻毒茅順甫坤云次定毒之亂如畫　齊人茅焦說秦王歸云說苑載茅焦諫書頗害義故略之　而李斯用事凌云提嫪毒不韋者籍其門歸云秦始于嫪毒不韋事多微詞　荊將項燕立昌平君爲荊王歸云此與楚世家及王翦傳不合六國表亦不及立昌平君事然當以本紀爲主　異日韓王納地效璽王少鶴云從始皇口中覆述并天下事茅云與項羽自立爲西楚伯王約文並宕逸　寡人以眇眇之身凌云總上　天下共苦戰鬭不休以有侯王萉用均云數語簡勁雄武有取天下之氣　築長城及戍南越地王念孫云南越謂開五嶺鑿靈渠　上樂以刑殺爲威茅云次秦無道數言已盡　飾省

宣義方云飾省宣義卽察其寄豭逃嫁宣示以殺之無罪子不得母之義也　上病益甚茅云始皇崩本末特詳斯傳故于此略　於是二世乃遵用趙高淩云提　郡縣轉輸菽粟芻藁方云此轉漕以給京師之始　郡縣少年苦秦吏至不可勝數也王云大關鍵提頓之筆　少府章邯曰盜已至衆彊大淩云敘章邯擊盜簡而有序　固不聞聲王云索隱一作固聞聲是　縛衛人之僕射方云與李斯傳異　遂屠咸陽燒其宮室茅云附項羽慘虐作秦紀結尾　秦幷兼諸侯歸云當從別本起秦幷海內至二世之過也續以秦幷兼諸侯至社稷安矣而秦孝公以下至攻守之埶異也屬之陳涉世家某案此大姚說　樓緩翟景王云翟景卽戰國策之翟彊景古讀若彊與強相近春秋考異郵景風者景者強也功臣侯表杜衍彊侯王郢人徐廣曰彊一作景　帶佗兒

良王云帶佗兒良爲趙魏將易林益之臨帶季兒良明知權兵將師合戰敵不能當趙魏以強　而攻守之勢異也林希元茂貞云攻言并天下以上事守言廢先王之道以下事　襄公立享國十二年歸云此亦舊秦紀蓋太史公錄出後人取以　耳　孝明皇帝十七年歸云按典引及年月當是孟堅書然其文殊不類殆如褚先生語也某案此大姚說　周厤已移節董用均云高古特甚　不威不伐惡董用均以惡字屬下句　吾讀秦紀至末淩云矯健

項羽本紀　歸云春秋戰國時事不過一二國爭鬭其事小項羽沛公動輒以半天下相爭鬭故太史公有大文字　渡江而西顧亭林云秦楚之際兵所出入之涂曲折變化唯史公敘之如指掌以山川郡國不易明故曰東曰西又以關塞江河爲一方界限　陳嬰者故東陽令史

歸云段中包陳嬰小傳凡大紀傳中多有此等法　田榮即引兵歸逐其王假歸云初章邯既殺齊王田儋於臨淄田假復自立爲齊王儋弟田榮走保東阿章邯追圍之梁引軍救東阿大破秦軍東阿某案此錄漢書文方侍郎云楚與秦合兵由趙而怨結於齊羽之東歸又二國首難而其國事亦多端故因與齊將救東阿入諸田角立之釁於救趙入張耳陳餘共持趙柄以爲後事張本然後脈絡分明　外黃未下歸云外黃未下句頓挫如人透氣然　呂臣軍彭城東三句歸云鋪張程節當此時趙歇爲王歸云趙歇爲王乃是渡河擊趙句內開出頓挫如水之灑而遽縱又云此及封禪書三神山一段氣開一開如本說此處飲酒乃說何處閒遊景致雖煩而不煩大率是精神妙處　項羽已殺卿子冠軍三句唐應德云此等處有一唱三歎之味　項羽乃悉引兵

渡河劉須溪云踴躍振動極羽生平　當是時楚兵冠諸侯歸云此及
當是時趙歇爲王二處是旁支又是總幾段如水之盤旋而去　籍何
以至此梅伯言云至此當從別本作生此　項王因留連戰未能下歸
云頓挫又承上起下盤旋如水之縈洄旁支處處皆然敘事亦多如此
漢王部五諸兵王云作刦者是也　至滎陽諸敗軍皆會歸云漢王
敗彭城氣索矣至此復振事與氣稱項羽殺王離與敗垓下一段亦然
又云此敘事中氣也散而又與事與氣稱　歸云按漢高紀使劉賈佐
彭越燒楚積聚羽乃令曹咎守成皐而引兵定梁地漢破咎兵汜水上
復取成皐是一事而此紀前後倒置道作兩段若漢先取成皐楚無緣
得令咎守之也考漢書紀傳自明（男闓生謹案此條先公有駁難見本文中）　以舒屠六姚
姬傳云六令六安及鳳臺地　項王則夜起飲帳中唐應德云敘事何

等節奏　吾聞之周生劉知幾曰別著他書以補書中所闕所謂事無重出也劉須溪云一傳霸力已極獨從重瞳著異聞贊自跌宕

高祖本紀　歸云漢書本紀嚴整然不及史記俊逸而史記不免闊略

踰城保劉季王云保依也　周市來攻歸云漢書無周市來攻以下十一字直作魏人周市略地豐沛　秦將章邯從陳劉貢父云章邯身從陳而令別將定楚耳　是時章邯已以軍降項羽於趙矣方云因甯昌使秦未還而側入章邯之降因章邯之降而追叙羽之破秦救趙然後以趙高來約遙承秦使未來以破武關遙承攻胡陽降析酈參差斷續從橫如意章法頗似左氏邲與鄢陵之戰　是時項羽兵四十萬歸云淡而景好　會項伯欲活張良方侍郎云項羽紀高祖留侯項伯相語凡數百言而此以三言括之紀事之文去取詳略措置各有宜也

呂后本紀　是時高祖八子方侍郎云貝列舊封則後此分王諸呂地埶事情了然在目與秦紀將叙孝公廓土先列六國畺界及擯秦不與會盟同法楊君謙云后宗爲侯劉宗爲王非劉氏功臣爲王一人叙此以見呂氏不可王而呂后非王人者也　或以爲便或曰不便歸云諸呂固無能爲而史公數語評寫人心事情收拾欲盡

孝文本紀　法者治之正也方侍郎云諸詔皆大政他書則各入本傳觀此可識本紀傳載事與言之義法　謂天下何王云謂猶如也　孝文帝從代來即位二十三年方侍郎云以下所叙列視前諸大政爲小故總束於後韓歐墓志多用此法　以諸侯太盛而錯爲之不以漸也眞西山云其初封建過制後之當抑而爲之不善皆見於一言柯奇純云眞西山嘗錄此贊於文章正宗以詞簡意盡非他史所及或者紀缺

而贊尙存耶
三代世表　劉子玄云譜之建名起于周代表之所作因譜象形故桓君山云太史公三代世表旁行斜上幷效周譜　蓋其詳哉蓋其愼也
楊升庵云詳愼二字一篇關鍵　張夫子問褚先生姚南靑云範按少孫師王式爲魯詩張夫子卽張長安幼君也
十二諸侯年表　師摯見之矣姚郎中云史公意蓋以關雎爲師摯作與孔鄭說論語異義男閩生謹案姚說非是風始關雎雅始鹿鳴乃師摯所定也詳見本文　楚介江淮王云介恃也恃江淮之險也　是以孔子明王道茅順甫云孔子作春秋而史公得因之以表十二諸侯本末盛衰之迹也　故因孔子史記具論其語方侍郎云儒者斷其義　上采春秋下觀近勢方云馳說者騁其辭　荀卿孟子公孫固姚郎中云公孫固一篇十八章在藝文志

儒家　頗著文焉方云厤舉捃摭春秋之文以著己所由得十二諸侯之厤譜世諡而爲之表也　厤人取其年月三句姚云厤人譜諜二類七略幷爲厤譜入數術略其數家隆於神運鄒子終始五德之流也入諸子略陰陽家　楚杜敖囏元年王云集解一作勳勳當爲勤

六國年表　方侍郎云六國併於秦史記爲秦所焚六國事蹟獨據秦紀故通篇以秦爲經緯　然世異變成功大方侍郎云漢所用皆秦法史公蓋心傷之而不敢正言　秦孝公十二年初取小邑王云取當爲聚令爲田開阡陌令上有脫文令字絕句不與下文連讀本紀集爲大縣縣一令

秦楚之際月表　茅順甫云跌宕遒古　自生民以來董用均云二句關鍵以下分疏　安在無土不王董云不明言其所以然使讀者自得

之所以爲深妙

漢興以來諸侯王年表　姚郎中云託意高妙筆勢雄遠有包舉天下之概孟堅諸侯王表序多因太史公語議論尤密而文體則已入卑近　凡十五郡方侍郎云與下漢郡八九十段正對　秉其阨塞地利方云與篇首周形㧑弱相應

高祖功臣侯者年表　察其首封所以失之者楊升庵云察其首封所以失之申固根本及枝葉陵夷二語異哉所聞舉古槩今以貫一篇之語脈異哉所聞方云異哉所聞異於古者河山帶厲之意也男闓生謹案方說非是詳見本文　豈非篤於仁義奉上法哉方侍郎云上篤仁義下奉上法耗矣罔亦少密焉方云上不篤仁義而下亦不能奉上法也又云漢武以列侯莫求從軍坐酎金失侯者百餘人史公不敢斥言故微辭以見

義刺武帝用一切之法以侵奪羣下而成其南誅北伐之功也　居今之世志古之道楊升庵云古今二字該貫全篇語脈尊寵廢辱得失之林終上二意關鍵極密
惠景閒侯者年表　長沙王者薰用均云獨以長沙發端即賈生所謂欲諸王之皆忠附莫若令如長沙意　當世仁義成功之著者也方侍郎云仁義之著謂追脩高祖遺功臣及諸侯子弟外國歸義成功之著謂從代來及吳楚之勞
建元以來侯者年表　將卒以次封矣王云將卒當爲將率
禮書　豈人力也哉方侍郎云自秦以後古禮終不可復者以漢諸帝皆挾私意苦其拘縛而樂秦之汏侈故首揭其義曰豈人力也哉見其出於天理之自然非聖人所以強世也　余至大行禮官觀三代損益

云言三代之禮具存惜四君皆樂秦故而不能復耳　禘自既灌而往者吾不欲觀之矣方云僭禮者舉魯秉禮之國也舉管仲賢大夫也魯獨言禘者禘雖典祀而行之怠慢聖人尚不欲觀況封禪乎正與篇末以封泰山爲典法相對封禪書引或問禘之說義亦如此　其尊君抑臣方云尊君抑臣即所謂不合聖制者以漢襲秦故不敢斥言其非乃以太初之元改正朔方云禮乃止乎此　垂之於後云張得天云垂之於後句禮書止此以下則後人補之而不知禮制禮意已具數百言中也　禮由人起歸云荀卿禮論　治辨之極也歸云荀子議兵　天地者生之本也　以下禮論

樂書　張得天云敘虞書以至秦二世見古樂之失傳自高帝過至天馬來志漢樂之梗概後載汲黯正直之言公孫宏諂諛之論以結之以

明漢樂所以不與後人將樂記及晉平公事補入而遷之意晦矣　余每讀虞書方侍郎云以公孫語結故以此發端　可不謂戰戰恐懼方云正與武帝相反　滿而不損則溢方云武帝以富強窮非損滿持盈之道　天子躬於明堂臨觀方云視用倡優協律而薦馬歌於廟者何如　丞相李斯進諫方云與汲黯公孫宏反對　習常肄舊而已方云叔孫制樂舞皆因秦舊　復次以爲太一之歌方云首載高祖三侯之章次及惠文景於樂無所增更次及武帝十九章四時之歌而明著其指曰世多有故不論然後以馬歌終之則漢之樂更無可言或乃疑其辭事未終而續之繆矣　丞相公孫弘曰至當族方云股肱不良萬事墮壞所以讀虞書而流涕也　凡音之起由人心生也以下樂記　夫樂者樂也以下荀子樂論

律書　柯奇純云周官執同律以聽軍聲詔吉凶兵之資乎律尙矣史公雖言而所重在律陳永嘉謂其知制律之意蓋指其言兵也蔡西山謂自太史公以後無識其意者朱子亦謂太史之法可推蓋指其言律也其非兵書與褚氏所補明矣　其於兵械尤所重張得天云兵械當作兵戎　故云望敵知吉凶淩稚隆云以下言兵之應律　吹律聽聲茅順甫云天地之化聲與氣合故古之太史能吹律聽聲以占軍兵而史遷因采之以附律書發明六律之學聖人之微眇存焉豈特當時疇人子弟所習而已哉　朕能任衣冠方侍郎云律之用樂音兵戒尤重而理復相通此詔不入本紀而載律書與樂書懲艾戰戰恐懼相發董用均云律書其始不言律而言兵不言用兵而言偃兵於文帝尤加詳焉可謂知制律之時而達其意者矣　七正二十八舍王伯厚云律書

其叙具在七正二十八舍以下則草具而未成者也　律厤天所以通
凌云此以下言厤之應律　而東之至於營室王允寧云論六厤十母
文法變換殊絕
厤書　故二官咸廢所職柯奇純云前後百餘言皆采國語獨此二十
四字史公所增　然蓋尙矣王云然猶是也　年名焉逢攝提格張得
天云太初元年歲在丁丑非甲寅也此蓋著太初厤術之元非是年爲
甲寅年甲寅月十一月甲子朔旦冬至也　厤術甲子篇張云此後人
因上焉逢攝提格至冬至二十一字引而不發難以推步故續此篇于
後非遷本文篇中直以太初元年爲甲寅故推衍甲子無一不誤又叙
至成帝建始四年則非子長本文明矣　月名畢聚錢云正月爲陬十
一月爲辜此冬至建子之月當云畢辜而云畢陬者天正之月亦可云

陬也王云此殷厤也漢初用顓頊厤以建寅之月爲正月厤元起于立春太初元年改厤以用殷厤建子之月爲正月厤元起于冬至是年五月正厤用殷厤十一月冬至爲元而正月之在寅月又參以顓頊厤法故太初元年正月爲建子之月而二年正月爲建寅之月也　焉逢攝提格太初元年王云焉逢攝提格當作端蒙單閼下文端蒙單閼當作游厤執徐自此以下皆後人所改當以次更正　商横涒灘三年王云此殷厤也故與爾雅不同　祝犂大芒落四年王云此七字後人所加

端旃蒙者年名也王云史記作端蒙爾雅作旃蒙此作端旃蒙者後人旁記旃字誤入正文

天官書　順入軌道王云順入一事也軌道又一事也軌猶循也下文其逆入若不軌道尤其明證　金爲白衣會若水王云若及也水水災

也　晚爲天夭王云夭與祅同　而食益盡王云而讀曰如　王朔所
候歸云王朔卽李廣傳中望氣之人後云氣則王朔是也　天開縣物
方侍郎云此節或謂申明上候息耗非也前文已明無容覆述宮廟邸
第亦視其潤枯魚鼈鳥鼠亦有去就蒙於上而辨係於下者古文簡奧
也　閏臯枯稾劉云枯稾當作稾枯與閭爲均則風復起有靈王云則
若也　是以孔子論六經歸云太史公凡叙來歷必宗孔子孔子六經
之宗而班固謂其後六經妄矣　未有不先神見而應隨之者也楊升
庵云形見應隨一篇關要　余觀史記考行事方云言此乃行度之大
凡不宜以爲占也曰考行事見逆行薄蝕與事不相應也　必通三五
方云三五卽前所謂貴三五也粗者卽天官所傳三光之占精者謂與
政事俯仰而爲大人之德符故同是變而占有應有不應其應有過有

不及也

封禪書　唐應德云封禪平準以年分敘河渠以事類敘茅順甫云文幾萬三千言而前後脈絡貫串如一句　至梁父矣方云梁父字衍歲二月東巡狩方云厤敘舜禹周公之典祀見三代以來未聞所謂封禪也　遂覲東后王云覲當作見　淫德好神方云好神乃亡徵　有雉登鼎耳雊方云與寶鼎一角獸反對　慢神而震死方云慢神亦亡徵神君竈鬼比於慢矣　始未嘗不肅祇二句方云二語束上起下肅祇舜禹大戊武丁是怠慢孔甲武乙是與高文重祀敬祠武帝好仙瀆神相對　作西畤祠白帝方云郊畤之興祇妄之祀皆自秦始　自未作鄜畤也歸云自未作西畤作西畤後與下數其後字相類　而後世皆曰秦繆公上天方云黃帝鼎湖亦猶秦繆上天之妄耳　秦繆公郎

位九年唐應德云以年月串齊秦如一國事　而夷吾所記者十有二
焉方云與漢庭公卿不能辨明封禪反對　昔無懷氏封泰山唐云此
睹符瑞見而臻太山者　而孔子論述六藝方云孔子論述六藝不及
封禪則傳言七十二王亦無稽之談矣　則近之矣方云成王近之微
示其無稽也　萇弘乃明鬼神事唐云此受命而功不至德不洽日不
暇者　貍首者諸侯之不來者歸云貍首句是訓解之類方云與詛大
宛相射　周人之言方怪者自萇弘歸云此謂旁支他人文字無此
而鼎沒於泗水彭城下方云書者著鼎出汾陰有司附會之妄　求僊
人羨門之屬茅順甫云神仙者又從封禪而乖其所之者也　然則怪
迂阿諛至不可勝數也歸云總束又是跌宕　世主莫不甘心焉歸云
世主莫不甘心焉曰未能至望見之焉都是跌宕處跌宕處都是焉矣

字　十二歲秦以方云大書秦以與孔甲好神三世而止武乙慢神三
世而亡相應　故嵩高爲中嶽歸云此段是叙事總會　可得而序也
歸云此處氣開一開　常以春三月及時臘王云臘上時字衍　毋有
所祈方云與封禪合不死反對　刺六經中作王制方云書此爲後羣
儒采尙書周官王制爲封禪禮儀張本　見之以封禪則不死茅云至
此始以封禪爲不死之術　其後則又作柏梁銅柱歸云數段是程程
節節數去　今天子所與祠凌稚隆云此段總結與前結始皇事相應
　具見其表裏方云封禪合不死而假儒術以文之故曰具見其表裏
平準書　唐應德云此文極其變化　更令民鑄莢錢凌稚隆云爲禁
鑄張本　物踊騰糶姚南靑云糶字屬下句　亦不得仕宦爲吏凌云
爲用賈人爲吏張本　漕轉山東粟以給中都官董用均云爲後廣漕

之應　太倉之粟陳陳相因淩云後之衰皆反此　物盛而衰固其變也淩云二句結上生下　中外騷擾而相奉淩云數語一篇綱領　於是見知之法生黃東發云因兵革而財用耗因財用而刑罰酷　於是縣官大空唐云此則國貧而商富　而姦或盜摩錢裏取鋊歸云鋊如字臣瓚曰許愼云鋊銅屑也西京黃圖序云民摩錢取屑一本作鋊漢書音裕誤說文徐鉉讀若溶觀漢書註小顏音浴此本許讀非徐讀而孔僅之使天下鑄作器淩云突接　而御史大夫張湯方隆貴用事茅順甫云此一段摹寫酷吏與興利展轉相成曲盡變化錯綜之妙天子既下緡錢令而尊卜式楊升庵云申前文起下事　卜式相齊而楊可告緡徧天下方侍郎云告緡由卜式輸財故屢牽連書之　於是商賈中家以上大率破唐云此則賈貧而國富　治樓船高十餘丈方

云昆明樓船以爲遊觀非南方習戰之樓船　是歲小旱顧亭林云史
於序事寓論斷如平準書末載卜式語王翦傳末客語田蚡傳末武帝
語皆是後唯孟堅時有之如霍光傳任宣與霍禹語見光多作威福貴
霸傳載張敞奏見祥瑞多不實通傳皆褒獨此寓貶最得太史公之法
　太史公曰以下方云平準乃取一代之制故以古事較論於後與七
書異姚郎中云柯維騏謂此贊乃平準之發端後人截其首一段移爲
書末之贊此說最當　於是外攘夷狄茅順甫云不及本朝而以秦爲
言其旨深矣方侍郎云舉秦事以況譬漢也
吳太伯世家　中國之虞滅淩云鎖上　吳使季札聘于魯歸云季札
觀樂左傳文方云於吳世家詳載觀樂體製微覺重贅　闔廬弟夫槩
見秦越交敗吳節王少淩云與太伯作吳對照　十五年孔子相魯歸

云時書孔子是大關節且後有伐魯事　爾而忘句踐殺汝父乎王云
爾字後人旁記誤入正文　誅太宰嚭以爲不忠而歸茅順甫云史公
每於結處留餘波
齊太公世家　設輕重魚鹽之利凌稚隆云此霸之始事與太公至國
脩政相應　二年伐滅郯方云郯後別見此以郯譚同聲而誤　田成
子常之祖也王云伏篇終　是時周室微唯齊楚秦晉爲彊王守溪云
總叙桓公霸業甚有力王少鶴云周室微尤諸世家中大關鍵共和行
政宣王中興及周東遷五霸時事諸世家率具載之尤備於此篇以齊
爲霸首也　桓公十有餘子要其後立者五人凌稚隆云鎖前挈後又
云前衞姬生無詭一段總其生之自無詭立三月一段總其立之次皆
爲綱而後各分鎖而應之爲目齊悼惠王世家分王七王亦用此法

宋以桓公與管仲屬之太子淩云應前　歸而頃公弛苑囿王允寧云此與桓公脩國政相應　齊政卒歸田氏淩稚隆云篇末田氏卒有齊國與此遙應　芮子故賤而孺子少淩云應前又鎖

魯周公世家　作牧誓王允寧云厤敘書篇與殷本紀同例　發書視之信吉方侍郎云六字衍　我之所以弗辟歸云我之弗辟當從此解　一飯三吐哺王云此文當有二本一本作一飯三起一本作一飯三吐哺而後人誤合之御覽引作三起後漢書注引作三吐哺男闓生謹案駿見本文　周公乃自揃其蚤歸云此僞金縢之誤　殺幽公而自立歸云周公之後自曾孫魏公已篡奪相尋其去公沒不過六十年閒事耳　襄仲殺子惡及視歸云魯自文公卒公子遂殺嫡立庶而君失其政此祿去公室之始　君子曰季文子廉忠矣淩稚隆云議論　三桓氏分爲

三軍歸云此政逮大夫之始　陽虎欲盡殺三桓歸云此三桓子孫之微

燕召公世家　禹薦益已淩稺隆云已字屬下爲句　百姓恫恐王云恫亦恐也　此文武之時不可失也歸云太史公此言何所本　燕北迫蠻貉王云北當爲外

管蔡世家　武王同母兄弟十人淩云此文所重在十人故前次十人獨詳　攻平侯子而自立是爲悼侯方侍郎云管蔡世家於陳司徒招弒哀公及平侯悼侯事俱與春秋經傳不合豈書記所傳各異遷以春秋但據魯史於異聞不敢廢歟謂左傳後出遷未之見非也列國世家据左氏傳十八九矣　伯邑考其後不知所封歸云此段收拾應前十人有關鍵有始末　成叔冉季之屬十人方云獨舉成叔冉季以其別

無所見故也　曹叔振鐸者王少鶴云曹世家應自爲卷標題卷次未必悉爲史公之舊又云此篇止僖負羈公孫強兩事相映成文　如公孫彊不脩厥政王云如讀爲而

陳杞世家　徼舒故陳大夫也凌云倒叙法　孔子讀史記至楚復陳凌云叙事中入贊語　舜之後周武王封之陳唐應德云此與管蔡世家叙十人同例

衛康叔世家　王少鶴云衛事有可紀者史公多略文法與魯世家大相類皆純乎筋節方氏最講筋節故所賞轉多　子康伯代立姚云史公以五世稱伯故疑衛本伯爵不知周初字謚之法　謚曰共伯張得天云國語稱武公年九十五在位五十五年計即位年四十矣共伯年又加于武公使果簒弒則共伯不得爲早死何云髧彼兩髦乎　初翟

殺虢公也凌云喚起復說最是關鍵茅云史公極分明處可愛　更貶號曰君程一枝云前叙封康叔爲君命頃侯爲侯命武公爲公衛貶號曰侯更貶號曰君卽此五句而盛衰大槪畵之矣

宋微子世家　乃問於太師少師方云後文比干死後復言太師少師舊注未是　爲死終不得治王云爲猶如也　王子比干者王守溪云箕子比干事俱坿見微子世家

晉世家　晉唐叔虞者王云左氏注唐人之季世其君曰叔虞太叔曰虞取唐君之名是唐人季世與武王子皆爲唐叔虞故言晉以別之　請侯已來年紀可推方云此篇通以世數年紀爲章法　桓叔是時年五十八矣方云桓叔受封紀年　曲沃益彊晉無如之何方云曲沃強而晉弱本支之盛衰也　曲沃武公已卽位三十七年矣方云武公得

位紀年卒又紀年　晉武公始都晉國張玄超云前詳叙武公代晉此復總叙　自桓公初封曲沃淩云總上　申生同母女弟爲秦穆公夫人歸云伏後夫人泣涕救晉君案某案此非歸說　獻公子八人張得天云八人乃九人之譌　而太子申生重耳夷吾皆有賢行淩云提趙夙御戎畢萬爲右淩云三家分晉萌於此　當此時晉彊西有河西方云晉強而壤接秦翟霸業之始基也　惠公之立至國人不附淩云鎖前起後方云與桓叔好德晉國之衆皆附相應　初惠公亾在梁王守溪云復了子圉來歷起圉與秦隙入重耳　晉文公重耳二句方云武公即位追敍父大父悼公即位亦追叙大父父故文公之立覆舉獻公之子因以爲章法　是時重耳年四十三淩云提　重耳出亾凡十九歲節方云文公少而得士紀年其出也紀年入而得位紀年因以爲

章法晉人多附與惠公之立國人不附相應　爲楚嘗有德不欲伐也
淩云此皆準出亡時爲施報叙此段段回顧　以其無禮於文公亾過
時及城濮時鄭助楚也淩云應前　是時楚莊王彊以挫晉兵河上也
方云楚強而晉挫夷夏之盛衰也　國人以是不附厲公吳原博寬云
與惠公國人不附同　桓叔最愛淩云此段倒敘接下無痕　六卿彊
公室卑方云六卿彊而公室卑君臣之盛衰也　各令其子爲大夫方
云晉之亾實由于此與齊田般使其兄弟宗人盡爲齊郡邑大夫同左
氏乃歸美魏獻子識不逮史公遠矣　是時晉國政皆決知伯方云范
中行幷於四卿知伯最強而三卿共滅之六卿之始末也　是歲齊威
王元年也方云見亂臣不謀而同惡
楚世家　乃立其長子康爲句亶王歸云熊渠初嘗僭王　乃自立爲

武王歸云楚始稱王　有鳥在於阜凌云淳于髡悟齊王亦用此言
初共王有寵子五人凌云此復追叙共王決立及叔向所論二段首尾
俱用初字如字以總收前文　楚乃恐而城郢凌云上言城郢下乃申
言城郢之故是太史公叙事文法索隱誤　楚恐去郢北徙都鄀歸云
據漢志南郡若下注云楚昭王畏吳徙此後復還郢　張丑僞謂楚王
王云僞讀爲人謀之爲　敝邑之王所甚說者節王守溪云此段文氣
爽朗跌宕連用四無先字不覺其複　懷王悔使人追儀弗及歸云楚
之衰自懷王離騷之所以作也　小臣之好射方云此眞戰國之文而
不見楚策耳　勢有地利王云有讀爲又
越王句踐世家　茅順甫云越王本末以卑約發憤於以亡吳而霸諸
侯情事多凄惋　乃發習流二千人顧寧人云習流泅卒也哀江南賦

又巡江而習流　范蠡事越王句踐方云句踐先世無所考子孫事亦甚略實傳體也范蠡謀吳霸越具見句踐語中其浮海以後事不足別立傳而史公惜其奇故用合傳體附載於後非常法也　莊王雖居窮閭凌云揣摩莊生意而即插入告婦之言又即以長男之意接下此敘事議論相閒成文處

鄭世家　晉文公與秦穆公共圍鄭歸云鄭初有晉楚之師　溉遂羣公子蔣西谷云溉五帝紀徐廣注古既字既盡也

趙世家　趙衰妻亦生趙同趙括趙嬰齊歸云伏後案　娶晉成公姊爲夫人歸云成公姊伏下匿孤兒宮中案　子必不絕趙祀歸云伏後案　吾有所見子晰也歸云言吾有處曾見子甚明晰也注非　從常山上臨代歸云應夢占　行斟方云斟謂羹汁張儀傳所謂進熱啜也

左祚介乘方云指胡服騎射　中山武公初立王少鶴云中山立國興滅具此篇中　娃嬴孟姚也方云廣因夢歌名其女曰嬴實非嬴故仍著其實曰孟姚也　北至無窮方云無窮門名襄子所建　而序往古之勳王云序張所見本作厚當依國策作享　臣聞中國者節康海云似周官大司徒文　郤冠秫絀大姚云秫述同續漢輿服志冠以展角為述吾志金博山述　先王不同俗節錢福云商君傳與此多同二事皆變古者也當時紀載固不能無混歟然商君傳文法簡古此文錯以他語奇而肆可以參觀又韓安國王恢議伐匈奴亦閒采其數語（故禮也不必一道）　實而伐空韓王云而猶則也　秦之上郡近挺關歸云挺關國策作扞關大事紀扞蔽也非地名　踰句注斬常山而守之歸云此雖以秦之禍趙劫之然天下大勢必至於此非衡人徒以

虛聲恫喝者比也　天下屬行以謀王也方云屬行相屬而起兵也齊策使犀首屬行而攻趙　宜爲上佼王云說文佼交也　齊王與燕王遇凌云約從攻秦及廉藺趙李平原君事各見本傳故世家不及王少鶴云頗牧戰事悉書特不及其方略　以萬戶都三封太守凌云戰國策凡五言太守恐當時已有此稱

魏世家　秦與戎翟同俗眞西山云此書于魏之情狀與當時形勢利害若指諸掌而文特奇妙可爲論事之法茅云千古以來絕調之文而益近秦患楊升庵云益近秦患一篇之主　夫憎韓不愛安陵氏可也董用均云氣執激宕

韓世家　不如出兵以到之王云第作勁是

田敬仲完世家　齊桓公召大臣而謀歸云威王二十六年復出此當

是誤也或一事而傳聞不同戰國策又作湣王燕噲事宣王元年又見某案此與後邯鄲之役南梁之戰自是三事記述者以事類故修辭亦略同而史公因幷載之以爲章法　威王初卽位以來不治淩云欲言威王中興先以不治起案

孔子世家　歸云帝王本紀孔子世家本非太史公力量所及然采摭經傳其用心亦勤矣雖時有淺露而往往能識其大者　孔子生魯昌平鄉陬邑唐應德云以所歷國敘　季氏饗士方云饗士卒也金革之事弗避故要經而往庶人召之役則往役也　是時也晉平公淫方云首舉天下大勢傷天下不能用孔子也某案史文無此意但言魯以小弱介居強大之閒當急求賢乃有孔子而不能用爲可惜耳　而季平子與郈昭伯以鬭雞故得罪魯昭公方云次舉魯國禍變傷魯不能用

孔子也　禹致羣神於會稽山方云致羣神者秩祀山川之神也　其守爲神方云言守土之君有明德者死卽爲神　若臺駘爲汾神之類退而修詩書禮樂某案修詩書數語逆攝篇末一段　由司空爲大司寇方云魯三卿三桓爲之孔子蓋爲小司寇臧紇嘗爲之此云大司寇誤　誅魯大夫亂政者少正卯柯維騏云誅少正卯說出荀子朱子以爲疑然荀卿去古未遠或得其實　夏禮吾能言之節尤汝白瑛云約論語爲文而得其條理　夫子之文章歸云末引子貢顏淵語甚有見　顏淵死歸云獲麟與慟顏淵相次自此以後敘夫子卒時讀之令人悽愴起千載之感　親周故殷大姚云故殷卽故宋之說太史公春秋多本之董生故同公羊家義　太山壞乎吳草廬云他人爲此詞悲之則可聖人自爲之則非也此戰國以後人造爲之　故所居堂弟子

內方云當作故弟子所居堂內　伯魚年五十王允寧云世次以年數序　子襄生忠大姚云弟子列傳亦有孔忠

陳涉世家　茅邦獻瓚云涉雖發難而當時諸王起兵者皆備載於此故稱系家而首之不略不冗敘事之妙也　詐自稱公子扶蘇凌云詐稱扶蘇項燕爲天下倡一篇之柱　從民欲也凌云應前鎖束　以誅吳叔凌云吳廣事終於此　陳涉葬碭凌云陳涉事終於此　已爲王王陳楊升庵云既叙其顛末又原其致敗之由而申言之叙事之法也由涉首事也凌云一篇結案

外戚世家　薄氏侯者凡一人凌云薄氏侯一人竇氏三人王氏三人衞氏五人見外戚以漸而盛　王后生四男凌云此傳因見王后　少君年四五歲時茅云叙廣國微時起跡處甚悽惋　姊去我西時茅云

又入細一層畫工著色　文帝幸邯鄲愼夫人尹姬因見此傳　其母栗姬淩云長公主栗姬皆因見此傳　武帝初卽位錢云凡稱武帝者皆後人追改　趙之王夫人淩云此傳因見王夫人李夫人而及其餘　爲昌邑王梁玉繩云昌邑王以天漢四年六月封非史所及　臣爲郎時錢警石云舊本當無褚先生曰四字

楚元王世家　長兄伯蚤卒淩云伯仲二兄始見於此　趙任防與先生柯奇純云趙附楚元王以防與先生與申公相類

荊燕世家　高祖子幼昆弟少淩云將敘分王同姓而先提高祖子幼數句喚醒而以始王昆弟句結之何等結構　以畫干營陵侯澤黃東發云田生干劉澤之畫卽明年說張卿之計文法之相先後如此故深遠

齊悼惠王世家　試爲我言田意歸云朱虛田歌卽白公厲劍耳皆淺露失著不可以成功多之也　魏勃父以善鼓琴茅云此段詳魏勃始末非齊所以興亡之故　孝文帝元年茅云此下逐一著齊興廢之故與城陽齊凡七王凌云與齊世家五公子爭立同法　齊悼惠王後茅云以前齊始末已完乃復分著六王興廢次第

蕭相國世家　何守關中侍太子唐應德云蕭何相業數句盡之　召平者故秦東陵侯凌云插入　禍自此始矣歸云以何之恭謹幾陷虎口者數矣以鮑生召平等三人言得脫淮陰怏怏宜其死也

曹相國世家　方云條次戰功不及方略所以能簡治齊入相止虛言清靜不塡實事　而蕭何爲主吏茅云曹與蕭相終始故首尾稱蕭何參以中涓從楊升庵云此與絳侯及樊酈列傳同一例紀律嚴整

參自漢中爲將軍劉須溪云小結先後至滎陽皆極分明　日夜飲醇酒茅云張旭聖於書而史公聖於文故顚倒淋漓皆入玄妙　惠帝怪相國不治事凌云發上意　顳若畫一王云說文篇韵皆無顳字乃覯之誤　載其淸靜茅云淸靜寧一一篇大指

留侯世家　直墮其履圯下王云直之言特也　樊噲諫沛公出舍茅邦獻云樊噲言不載文固有主客也　張良多病凌云提此承上起下其不可一也方云與高祖語不載本傳恐與八不可辭複也　所與上從容言天下事方云三語著爲良立傳之大恉紀事之文義法盡於此矣

陳丞相世家　王少鶴云中間夾敘王陵審食其事每用提掇之筆而神理能舉之以一氣前路敘瑣事尤多故末用對文帝語以稱之敘出

奇計若隱若顯與其事相類　陳平乃夜出女子凌云暗接　王陵者
劉須溪云因王陵相乃傳陵又傳審食其皆體之當然漢書析之徒使
首尾不全耳　我多陰謀方云六出奇計陰謀也其後僞聽呂后亦陰
謀也故用此總結通篇　本好黃帝老子之術王定甫云好黃老之術
補出本原與留侯世家嘗學禮淮陽同
絳侯周勃世家　方云絳侯安劉之功具呂后孝文本紀故首叙戰功
承以可屬大事其後獨載懼禍遭誣事條侯亦首叙將略後獨載爭粟
太子抑王信二事其父子久任將相豈他無可言者乎蓋所紀之事必
與其人規撫相稱乃得體要子厚以潔稱太史非獨辭無蕪累也明於
義法而所稱之事不雜故氣體爲最潔也此意惟退之得之歐公以下
不能與於斯矣又云絳侯條侯事多兩兩相映其法蓋取之左氏茅云

史記叙條侯戰功古今絕調　已而之細柳軍茅云條侯兵法史公撰
事并古今絕景
梁孝王世家　是時上未置太子也凌云此文關鍵在太子廢立爲梁
孝王覬覦怨望張本　王乃令勝詭皆自殺出之歸云按安國傳因長
公主謝太后事在前非爲勝詭事疑世家誤也
五宗世家　同母者爲宗親方云明其異於古宗法
三王世家　茅云此篇漢君臣建大議與諸臣疏請式例如畫　三月
丙子奏未央宮茅云前疏在三月乙亥此奏在丙子可見漢君臣批答
之速　於戲小子閎方云雖雜用經語而質奧跌宕自爲盛漢之文
伯夷列傳　唐應德云此傳如蛟龍不可捕捉勢極曲折若斷若續超
妙入玄劉才父云伯夷傳可謂神奇　而說者曰堯讓天下於許由方

云著首傳伯夷之義言卞隨務光雖見他說而六經孔子所不道無從考信　太史公曰余登箕山張得天云此司馬談之言而遷述之也

睹軼詩可異焉方云言孔子稱夷齊無怨而觀軼詩之意似不能無怨也　可謂善人者非邪方云因伯夷餓死而歎天道無知人情不能無惑也　亦各從其志也方云言聖賢所重在行成名立不以一時豐悴榮辱而亂其德也　貪夫徇財凌云引此以終各從其志之義　同明相照凌云此下乃言見稱于夫子意董用均云史公言伯夷叔齊不能無怨惟得孔子言之故顯若由光義至高而不少概見故後世無聞是以砥行立名者必附青雲之上也此一篇大意不如此則首尾不貫而引由光事少味矣方云言人事無常天道難知即沒世之名亦有不可知者

老子韓非列傳　迺自以爲也故王云也與他通　大忠無所拂悟王云忠當爲意

司馬穰苴列傳　歸云簡明勁直亦與事稱

伍子胥列傳　大姚云茅鹿門謂此文二千餘言串情事如匹練範按此傳情事與越世家相出入而於子胥強力忍詢艱困其身以雪恥者似猶未極史公精神措注之妙頗傷於繁姑筆於此與知文者質之

張儀列傳　以子之材能茅云描寫激怒入秦處極工　且夫秦之所欲弱者莫如楚茅云昔人言三蘇文字從戰國策縱橫來良是　楚王大怒姚姬傳云蘇張之說多非當日本辭爲縱橫之學者爲之耳若面對懷王不應謂楚王大怒云云也　然而心忿含怒之日久矣茅云約從以趙爲首故以秦之所銜者恐愒之　陳軫者游說之士凌云起不

敘邑里與虞卿廉頗李牧等傳例同

樗里子甘茂列傳　茅順甫云直敘而簡潔　息壤在彼凌云一句筆力萬鈞

穰侯列傳　同父弟曰芈戎茅云敘華陽君三人發篇末案　任魏冉爲政凌云起范雎案

白起王翦列傳　唐應德云策書體退之楊燕奇碑類如此　其守馮亭與民謀凌云客　趙軍長平以按據上黨民凌云客　乃陰使武安君白起爲上將軍凌云主　武安君引劍將自剄凌云述武安君自語以結案與蒙恬傳末同

孟子荀卿列傳　眞西山云孟荀傳旁及諸子而兼乎議論傳之變體也　不果所言王云果信也　騶衍睹有國者楊升庵云以騶衍形之

而孔孟之不合於時者其道可知矣　必先驗小物凌云此下三用先字推字作眼目文法錯綜變化　或曰伊尹負鼎薰用均云前以抑衍後復解之此太史公極妙處　儻亦有牛鼎之意乎楊用修云語不露而意雋永最文法之妙者此法唯退之得之　如淳于髠愼到凌云提出六人名作過脈　豈寡人不足爲言耶王云爲與一聲之轉　王志在驅逐王守溪云當是探訊左右知之　蓋墨翟宋之大夫歸云因上言荀子推儒墨道德之意而申言之又隱然見孔之有墨猶孟之有荀也

孟嘗君列傳　田嬰者齊威王少子方云田嬰事多見齊世家而復詳之著受封之由也然終傷於繁　與成侯鄒忌及田忌將凌云牽連別事　馮先生甚貧方云馮驩事異國策蓋秦漢閒論戰國權變者非一

家所傳各異　孟嘗君不悅黃東發云孟嘗僅得一馮驩平原僅得一毛遂其始皆不能知何以好士爲

平原君虞卿列傳　稍稍引去者過半張玄起云前後稍稍字相照應無以滿二十人茅云太史公摹寫好士於孟嘗則曰最下坐於平原則曰無以滿二十人　先生不能先生留洪容齋云重沓熟復如駿馬下注千丈坡如風行水上渙然成文　及騶衍過趙言至道方云平原君所喜策士也而終以言至道之士因與虞卿著書相映　樓緩從秦來顧寧人云樓昌樓緩恐是一人虞卿進說亦是一事記者或以爲趙王不聽或以爲聽之史公兩收之不覺其重耳

魏公子列傳　方云毛遂定從雖不見國策而辭頗近之信陵君傳則全然太史公意趣豈遊大粱得諸故老所傳而自爲叙次者歟　有能

深得趙王陰事者淩云救趙之端　是後魏王畏公子之賢能淩云去魏之端　公子於是乃置酒大會唐應德云敘侯生事纍纍如貫珠父子俱在軍中董用均云國語越伐吳遺恤軍士亦此意彼用數十百言此唯三語盡之而遒勁不遺　公子使使遍告諸侯唐應德云信陵諫書不載本傳在魏世家　十八歲而虜魏王唐應德云以魏亡系信陵傳見信陵係國之存亡

春申君列傳　本國殘社稷壞董用均云愷切激昂詞旨悲惋　韓魏歸帝重於齊淩云議論千翻百折要歸在莫若善楚一句　而李園女弟初幸春申君淩云長句結案　是歲也秦始皇帝立九年矣方云與晉世家終書是歲齊威王元年也同義

范睢蔡澤列傳　董用均云史記之范蔡傳即莊子之秋水篇閎深奥

衍壯麗奇博如天闕層宮規模閎遠茅云寫范睢恩怨煙波千頃寫蔡澤一言奪相處孰如轉丸於掌上矣　當是時昭王已立二十六年王少鶴云通篇關鍵在此凌云將叙范睢上書先提時事與用事之人一段下文方有頭緒此是文字一機軸　爲其割榮也董用均云割榮意已指穰侯而不可明言故微及之　范睢曰唯唯董用均云此處欲言不言最妙　范睢日益親王守溪云根深而後動　號爲應侯茅云以前摹寫范睢羈旅入秦而撓四貴以後摹寫報復魏齊本末　又任鄭安平茅云專要摹寫睢之辱于魏顯於秦因以報復于魏故寫恩怨處儘力嫋娜　蔡澤聞之往入秦也茅云如此結束如此過脈騎龍手也

聞應侯任鄭安平凌云暗接茅云蔡澤傳止了范睢事董用均云澤之宣言困睢即睢之繆言無王也皆危而激之之辭　對曰然董用均

云直答妙辭少緩卽挫矣　是皆有忠臣孝子董用均云雖說睢退位
而實稱其賢故辭可入　今君之怨已讎而德已報凌云快意恩怨了
結范睢一生二傳相照應　白起率數萬之師凌云商君吳起大夫種
申上文也中入白起耳目所聞見也下總以四子結之　此四子者功
成不去凌云反復劇論不外成功者退一語　居秦十餘年王少鶴云
蔡澤居秦十餘年惟於結處總結數語通篇但詳奪相事
樂毅列傳　當是時齊湣王彊董用均云言齊彊以見樂生之功大
於是使樂毅約趙惠文王方云約趙破齊具報燕惠王書故敘次不得
過詳　夫差弗是也董用均云悽惋感惻長歌之悲甚於痛哭　問樂
毅有後世乎方云樂氏多賢故詳著其前後世系因以爲章法
廉頗藺相如列傳　方云廉藺同爲趙重臣其所謀議多矣不可勝詳

也故於相如但載歸璧會澠池讓廉頗數事而相如之賢有餘矣廉頗李牧趙奢但載戰功已耳頗之請立太子其表表大者故特著之　與大將軍廉頗諸大臣謀凌云插入頗　相如度秦王凌云三度字文埶相應　趙亦終不予秦璧凌云結案　我爲趙將凌云合叙　是歲廉頗東攻齊凌云此傳止叙完璧擊缻二事而廉頗戰功卻於始末略叙極得錯綜之妙　王召廉頗而問蘇老泉云頗傳不載救閼與之議見於奢傳其與善也隱而彰　趙以尉文封廉頗茅云以下廉頗本末而入此者以趙括死復用頗頗走乃用李牧此趙事始末次弟以前叙廉藺二人事故不併入也　其明年趙乃以李牧爲將方云李牧顯功趙邊久矣至此始書以相如病篤趙奢死廉頗弃所恃惟牧也書趙奢破秦後卽具奢本末書李牧攻燕後乃詳頗居魏楚事者牧誅而趙滅矣

更綴頗事于其後則文氣懈惰故頗事既終而後著牧之始迹焉　廉頗既亡入魏趙使李牧攻燕方云頗奔牧將事已見前而復舉之以爲前後關鍵　擊秦軍於宜安方云趙奢李牧將略及趙括之敗具詳始末假而牧再破秦頗破齊燕復一一叙列則語蕪而氣漫矣變化無方各有義法此史之所以能潔也　得李牧斬之方云國策李牧臂短以木接之郭開誣以懷刃賜死

田單列傳　歸云此傳如事書之不復添設而簡淡之中筆端曲盡自首訖尾融結宛然更不可分割　初淖齒之殺湣王也歸云贊後附出二事承前淖齒既殺湣王於莒及燕長驅平齊與世家相爲跌宕而齊之所以轉亡而爲存也史公附此皆見作傳精神洋溢處昔人云山斷雲連

魯仲連鄒陽列傳　世以鮑焦爲無從頌而死者茅云雄駿明快可爲論事之法　遺燕將書鄒謙之守益云此書文埶縱橫詞法嚴密如大將專兵劍戟森嚴位列不紊　乃從獄中上書董用均云古所未有獨起此格所以比物連類蓋情至窘迫故反復引喻不能自已耳

屈原賈生列傳　屈平疾王聽之不聰也楊用脩云屈原傳其文便似離騷其論作騷一節婉雅悽愴眞得騷之趣者也　一篇之中唐應德云忽又轉到離騷　乃作懷沙之賦方云於屈賦獨著懷沙著其處死之審也　終莫敢直諫方云惜諸人不能直諫而繫以楚之削滅通篇脈絡皆相灌輸　鸞鳳伏竄兮凌云六句皆兩句一意　斡弃周鼎兮淩云與伯夷盜跖句同　騰駕罷牛兮凌云兩句一意　所貴聖人之神德兮淩云此下惜其不早去　有鴞飛入賈生舍方云賈生文於弔

屈原外獨存服賦閔其志之哀而死期將至也　單閼之歲兮樓昉云其詞汗漫恍惚皆遺世忘形之說　余讀離騷淩云此贊意凡四轉而語奇勁

呂不韋列傳　此奇貨可居淩云本謀　欲以釣奇淩云本謀

刺客列傳　辭令如故王少鶴云此所謂頰上添毫　伍子胥知公子光之欲殺吳王僚淩云領語　光之父曰吳王諸樊王允寧云光之父以下逆序光有內志之由變化顛倒不拘常法　光既得專諸淩云接故嘗事范氏淩云伏後　軹深井里人也淩云特書伏姊言　與母姊如齊又云母姊二字作骨　既已葬除服王少鶴云姊之嫁敘于後文自言若此處母葬後復敘姊嫁則文埶漫矣　其是吾弟與方云觀史公所增易乃知國策之疏　鄉使政誠知其姊茅云此一轉有餘音

婀娜之態　荊軻者衛人也方云此篇乃太史公自作編國策者取焉而芟其首尾以軻居里巷間事不可入國策高漸離扑秦皇在併六國後故也後論自言得之公孫季功董生則非戰國之舊聞明矣且先秦人敘事多廉峭史公自作乃有此紆徐曲暢好學深思者當能辨之

燕之處士田光先生王少鶴云傳中包田光小傳　問其傳麴武淩云全以問答敘事　是太子疑光也淩云敘語言幷見敘事　因遂自刎而死方云田光之死不載太子往哭恐與樊於期事複也　願得將軍之首王少鶴云從軻口中言刺秦王計　荊軻逐秦王茅云倉卒之變摹寫欲盡　高漸離變姓名茅云末附高漸離曲終之奏王允寧云傳內蓋聶魯句踐高漸離田光鞠武樊於期蒙嘉夏無且諸人安置先後咸有脈絡　魯句踐已聞荊軻之刺秦王董用均云以句踐語結見軻

之劍術未盡　始公孫季功歸云季功不知何人公孫宏字曰季豈即
是耶（男闓生謹案先公駁語見本文）
李斯列傳　茅順甫云傳斯本末十之三傳趙高亡秦十之七釀高之
亂者由於斯是史公極得大體處　斯聞得時無怠淩云斯所自謀與
謀秦總不外此一言　陰遣謀士齎持金玉茅云斯之本謀故挈而提
之于此　斯乃上書楊用修曰此書組織葩藻而意切至　今陛下致
昆山之玉樓昉云一反一復一起一伏略加轉換而精神愈出意思愈
明無限曲折變態　必秦國之所生然後可淩云以下文法三變　夫
擊甕叩缶樓昉云三段一意而語不相沿益見精神　卒用其計謀（至）
使後無戰攻之患茅云斯佐秦功業盡此數言　吾未知所稅駕也淩
云此與觀鼠臨刑二處相首尾　君侯自料能孰與蒙恬淩云連用五

孰與字文法古朴　斯乃仰天而歎唐應德云歎鼠之情於此畢露故申子曰方云督責之術莫過於申韓篇中引申韓爲證皆以故字承轉文法錯綜變化　吾欲與若復牽黃犬唐應德云篇中反復慨身世之感古云貧賤必慕富貴富貴必履危機　二世拜趙高爲中丞相方云趙高爲亂入李斯傳以高之惡斯成之其始迹入蒙恬傳以蒙毅曾當高死罪而高因有賊心也

蒙恬列傳　茅順甫云通篇以客形主　趙高者凌云突然插入趙高著蒙氏禍本

張耳陳餘列傳　茅云此傳以張耳陳餘之交爲精神眼目故敘其始爲刎頸及其後相殺處更工　兩人相與爲刎頸交凌云一篇之柱嘗數從張耳游凌云爲張耳歸漢張本　購求有得張耳千金王允寧

云購求兩人金有多寡此後成敗之別　又聞諸將爲陳王徇地凌云
連四五意作結此敘事之妙　張耳數使人召前陳餘王允寧云以上
并摹寫耳餘之交以下并指悉其相殺本末　項羽悉引兵渡河茅云
鉅鹿之戰詳羽紀此獨詳餘不救鉅鹿以通篇摹寫兩人之交故精神
獨注于此　高祖從平城過趙某案此傳附載貫高與張陳之交對照
故張耳客也凌云應前致千里客
魏豹彭越列傳　唐應德云此文簡直　贊楊用修云此贊曲折意甚
奇能言豪傑意中事
黥布列傳　當刑而王淩云伏後案
淮陰侯列傳　曾滌生云彭城敗收信兵至滎陽下魏破代後輒收信
精兵詣滎陽成皋圍急漢王至趙馳入信壁此三役皆高祖有急賴信

得全子長此等處最用意　滕公奇其言淩云連用三奇字　上不用我卽亡淩云連用七亡字　諸將皆喜至一軍皆驚淩云摹寫情事於時信用廣武君淩云接上　淮陰侯挈其手歸云陳豨事疑出告變之言考豨傳招致賓客爲周昌所疑一時懼禍遂陷大勠非素蓄本謀也且已部署而曠日待豨報信亦不知兵機矣此必呂后與相國文致之者　乃詔齊捕蒯通淩云結尾生色

韓信盧綰列傳　唐應德云直敘而簡嚴　與高祖太上皇相愛張玄超云顚倒反復委曲有情　陳豨反代地茅云以前詳次綰之見幸以後次綰之倍漢　夫計之生孰成敗孰滁生云三人皆計事不孰末句蓋兼言之

田儋列傳　唐應德云文法一串似世家體茅云田氏弟相殺頭緒如

絲而史公詳次如指畫余嘗愛昌黎畫記人馬器物多而不亂此傳略相似曾滌生云田氏王者八人益以韓信凡九人叙次分明一絲不紊筆力極騫舉　唐應德云田氏兄弟情事凡十五轉齊人聞王田儋死一轉田榮怒齊之立假二轉田榮使楚殺田假三轉章邯果敗殺項梁四轉徙齊王田市五轉田榮不得王六轉榮發兵距擊田都七轉留齊王市八轉自立爲齊王九轉田橫收齊散兵十轉立廣爲齊王十一轉韓信入臨淄十二轉楚使龍且救齊十三轉田橫亡走梁十四轉田橫入海十五轉　無不善畫者方植之云論末二語退之祭文所自出

樊酈絳灌列傳　王守溪云四人各自爲筆法而實總成一片　初從高祖起豐凌云凡用十五從字　郤敵凌云此以郤敵斬首捕虜先登陷陳爲眼目而叙軍功各以從字冠首并附因功益祿不編年月　項

羽在戲下茅云以前紀戰功甚略及次鴻門一節獨詳楊用修云紀傳兩載不相犯最是奇俊　是日微樊噲犇入營凌云筆力万鈞　從斬首百七十六級王允寧云至此總叙功勞方不散漫　噲以呂后女弟呂須爲婦唐應德云先祇叙戰功而別事繫後不以年月次也則文體整潔　商以將卒四千人凌云此各用以字起繫官於上附戰功於下節節相承凡用十一以字　疾鬬賜爵七大夫凌云此傳以疾鬬疾力疾戰所將卒受詔別擊生得身生得爲眼目凡用十三從字　將郎中騎兵擊楚騎於滎陽曾云將騎兵凡九見　受詔別擊楚軍凌云凡六用受詔字九用所將卒字又云以上并從功以下方獨將

張丞相列傳　方云漢初文臣御史大夫與丞相并重張蒼申屠嘉兼兩職故合爲一傳其餘爲御史大夫者四人具有聲績故列叙之爲丞

相者六人皆無所發明故總記姓名以為娖娖備員者戒　十四年遷為御史大夫方云漢興為御史大夫者五人皆在張蒼之前張蒼既相而申屠嘉代之故於蒼相淮南預書十四年遷為御史大夫然後五人之為御史大夫可牽連以書然後蒼自淮南入為御史大夫蒼為丞相嘉遷御史大夫脈絡相貫而賓主之分判然　於是乃拜周昌為御史大夫唐應德云以官串入張蒼傳與酷吏傳同體此以御史大夫彼以中尉廷尉　高祖持御史大夫印弄之董用均云弄印熟視情景最妙　不與大臣共誅呂祿等免歸云漢書云高后崩與大臣共誅諸呂後坐事免考呂后紀漢書是　及以比定律令方云比刑罰之比例也禮記必察大小之比以成之比定律令猶後世律外有例也　是時丞相入朝王允寧云史公叙事不煩瑣常舉一以概其餘每序一事詳細的

的如生接其人故勝　自申屠嘉死之後方云蒼以前爲丞相者名績顯著故不復言嘉以後爲丞相者六人則無所表見故最其名氏而以娖娖備員蔽之別有見者不列皆義法之不得不然者

酈生陸賈列傳　酈生乃深自藏匿唐應德云寫酈生本旨有生色田閒將二十萬之衆劉貢父云田閒案田橫傳乃田解　曲周侯酈商大凌云曲周侯傳別具此以封功臣思食其故先引商功起之有情陸生因進說佗方云賈與佗語入南越傳則傷國體且紀其五君九十餘年事而漫記此枝且贅矣再使南越語不及詳恐複也　我孰與蕭何曹參韓信賢茅順甫云澹宕　陸生常安車駟馬唐應德云陸生爲終老計示諸呂以不忌　呂太后時王諸呂凌云接上　初沛公引兵過陳歸云其文類褚先生補入者

傅靳蒯成列傳　歸云傅蒯傳不類補者王允寧云此傳敘事甚有法柯奇純云傳靳功多蒯成功少此傳敘傳連用屬字敘靳連用別字及破之字　靳騎十人將一人凌云此敘戰功以數計末仍總之　是爲無人可使者乎王允寧云語近婦人　此亦天授也曾云子長於當世功臣多不滿意皆以成功委之于命雖要歸良然然亦子長褊衷不能忘情於功名也

劉敬叔孫通列傳　唐應德云此等傳似不爲本人但敘漢事耳　無事可以備胡唐應德云備胡都關中兩事結案在此　叔孫通者方云禮書痛漢用秦儀三代聖制由是沈湮而成之者實通然時王之所用也不敢斥言其非故於後論隱約其詞若褒若諷而希世之汙則假魯兩生發之篇首載二世之善其對以爲面諛之徵也末載原廟之立果

歟之興著其憑臆無稽以示所定漢儀法皆此類也茅云希世二字一篇精神所注處　人主無過舉茅云希世餘波

季布欒布列傳　曾云狀季布季心欒布三人皆有瑰瑋絕特之氣　數窘漢王茅云季布爲項羽將必多戰功因傳其任俠故略之　皆多季布能摧剛爲柔王守溪云太史公識高筆力亦高在此等處　楚人曹丘生凌云波　季布弟季心凌云波　季布母弟丁公凌云波　布乃稱曰節凌云以下是太史公借布自言概其生平以結前案　非能勇也曾云贊中仍自厲己意子長跌宕自喜之槩時時一發露也

袁盎鼂錯列傳　非社稷臣洪容齋云盎爲呂祿舍人故怨周勃　及絳侯免相之國茅順甫云兩及字與上弗用上弗聽多是文中轉折措置處　陛下素驕淮南王數語及上自寬何歸云同是袁盎語出於淮

南王傳又別此可以觀史　夫曾參以布衣大凌云引古人三證文法整齊中不整齊此伸縮之妙　君乃爲材官蹶張洪容齋云盎每以正言報私怨　上令鼂錯衣朝衣歸云漢書言鼂錯欲令上自將兵而身居守史記不載或是傳致之詞蓋廷尉奏獄難用削地爲罪也　謁者僕射鄧公茅順甫云鄧公一段晁錯功罪才發明　復謝病免歸方云盎忌刻錯刻深而鄧公持議平故得善終因以爲章法其子脩黃老言亦與錯學申韓相映　好聲矜賢曾云子長以好聲矜賢譏袁盎亦互文見義

張釋之馮唐列傳　張廷尉釋之者凌云直敘　乃拜釋之爲謁者僕射茅云以歷官敘行事　且秦以任刀筆之吏凌云此正言秦漢間事　頃之太子與梁王共車凌云言久之者五頃之者三　吾轍解王少

鶴云釋之意頗凌厲故詳載王生一段文氣極爲奧折　其大父趙人父徙代王允寧云史公凡叙人父祖兄弟親戚故舊俱有關紐非徒塡塞者　臣大父言凌云稱大父與父首叙以孝著爲此　不偏不黨曾云欒布袁盎等非和平之器張馮得其平故引書語贊之

萬石君張叔列傳　恭謹無與比大凌云一篇以恭謹貫　萬石君必下車茅順甫云祗數必字不字轉換描寫恭謹處極工　王臧以文學獲罪凌云借客形主　屛人恣言極切凌云以上家行至此入朝事其同舍有告歸蘇子瞻云太史公微巧之論後世莫曉以德報怨孔子不許以其不情也買金償亾不辨盜嫂亦士之高行矣然非人情

田叔列傳　曾云不爲貫高立傳而別爲田叔立傳子長與任安田仁善也　公知天下長者乎王欽佩云連用七長者字文勢宛轉洪容齋

云孟舒魏尙事絕相類疑一事耳　坐縱太子下吏姚南青云疑坐縱太子事他人孱入仁發兵亦似附記語張得天云仁發兵三句必有誤上既以縱太子誅矣

扁鵲倉公列傳　王欽佩云此傳事與文皆奇曾云史公好奇無所不載初無一定之例後世或援史公以爲例或反引班范之後史例以譏繩史公皆非也　夫以陽入陰中董用均云其文深奧而古　越人能使之起耳凌云一篇綱領　太倉公者董用均云意傳尤奇奧非精方言者不能解

吳王濞列傳　方云此篇側入逆敘處酷似左傳蓋以吳及六國之敗亡必牽連以書設篇終必更舉周邱之師及漢制詔如附贅懸疣故因敘吳兵之起而記周邱別出因周邱之勝而側入吳王之敗因吳王之

敗而及天子之制詔然後追叙吳楚之攻梁亞夫之守戰吳王之走死六國之滅亡而弓高侯出詔書以示膠西王亦自然合節矣凡此皆義法之自然非有意如是以爲奇也　因王子定長沙以北唐應德云七國攻漢形勢如此　聞吳王敗走曾云此傳所叙皆詳獨吳軍之敗不詳但于周邱戰勝之時云聞吳王敗走而已此可悟爲文詳略之法

贊王守溪云此傳贊總叙總斷與他傳不同

魏其武安侯列傳　方云魏其灌夫生平事蹟并正叙武安事蹟皆與魏其夾敘章法蔽遏俾覽者心疑目眩而不知其所以然所謂工倕旋而蓋規矩也　上何以得擅傳梁王大凌云嬰爭傳梁王蚡受淮南王金　金無入家者大凌云嬰金不入家蚡横占田宅　沾沾自喜耳方云魏其初致名譽及後鋭身救灌夫以沾沾自喜多易蔽之　天下吏

士趨勢利者方云吏士去魏其歸武安此魏其與灌夫相歡相倚之由也武安益横益驕此怒魏其激灌夫之由也　魏其失竇太后節歸云血𧖴大淩云反應武安　貴戚諸有勢在己之右方云陵貴戚為爭酒駡坐張本敬貧賤與武安折詘諸侯王坐其兄南鄉相對　亦欲倚灌夫葦云摹寫兩人相結處悲情嗚咽　請語魏其侯帳具方云此與武安侍酒跪起如子姪相對　因言丞相㾮歸云魏其言丞相短不及淮南事何耶豈魏其終長者不忍出此耶此君子所以往往困于小人也　吾幷斬若屬矣曾云武安勢方盛時以魏其之貴戚元功灌夫之強力盛氣無如之何內史等心非之主上不直之而亦無如之何子長深惡勢利之足以侈易是非故敘之沈痛如此　五年十月姚南青云五年誤十月是也太初前十月即正月　上自魏其時曾云前言灌夫亦

持武安陰事後言夫繄遂不得告言武安陰事此處如畫龍將畢乃點睛之法

韓長孺列傳　茅云此直敘格　嘗受韓子雜家說王允寧云學問見識盡括此語中　恢私行千金丞相蚡淩云蚡受金見此傳即於張湯傳見宏羊之意　安國爲人多大略方云數語括盡安國平生管子韓非文有置樞紐於中間以要縮前後者後來惟太史公韓退之能爲此

余與壺遂定律厤曾云壺遂田仁皆與子長深交故敘梁趙諸臣多親切　會遂卒淩云此論本惜長孺之不得相郤以長孺所舉亦不得相以爲惜

李將軍列傳　唐應德云當看叫應穿插是首尾文字茅云李將軍於漢最爲名將而卒無功故太史公極力摹寫淋漓悲咽可涕　萬戸侯

豈足道哉淩云伏後數奇不封　還賞不行淩云數奇　於是乃徙爲上郡太守歸云徙爲上郡太守當是欲敘匈奴入上郡事故先書此句廣爲隴西北地鴈門代郡雲中後乃徙上郡也姚南青云前以公孫昆邪之言徙上郡後自邊郡復徙上郡也邊郡卽隴西五郡　射殺胡白馬將程一枝云李廣長在射故傳內敘射獨詳正應首世世受射句吏當廣所失亡多淩云數奇　而廣軍無功淩云數奇　廣軍功自如無賞淩云數奇　蔡爲人在下中淩云以客形主　是歲元狩四年也曾云前十餘行專敘廣之數奇已令人短氣此接敘從軍失道事愈覺悲壯淋漓若以出塞事敘于前而以李蔡一段敘于後則無此沈雄矣故知位置之先後剪裁之繁簡爲文家第一要義也　然好利淩云反應廣之廉

匈奴列傳　茅云傳記絕調　其俗寬則隨畜大淩云連用五其字起而中間以其天性也一句斷之句法長短章法參差　夏道衰而公劉失其稷官歸云自夏道衰以下略記夷狄爲中國患者耳不能判別其種類也　於是周遂作甫刑之辟方云忽入作甫刑句與漢武窮兵入穀贖罪相射歸云漢書增懿王宣王事似不可少　自渾維以至頭曼王守溪云此段承上起下一篇關鍵唐應德云至此總約數語回顧收截何等筆力　發使以書報不來王允寧云發使單于發使不來漢拘留也　必我行也爲漢患者蔡子木汝楠云此與管子云子耶言代莒者句法同　是後匈奴遠遁王少鶴云一大結束　初漢兩將軍大出圍單于王少鶴云又起文氣動盪與是時漢兵與項羽相距一段相照發　而匈奴終不敢以爲言茅云此句與前終不敢寇漢邊相當皆極

馳騁　單于特牢紿王烏王守溪云結一段本意而情態畢見　後二歲復使貳師將軍柯維騏云此下後人所增方植之云貳師降匈奴載此傳乃見妙旨若入外戚傳不過一人之首尾於此可見史公裁識義法某案貳師降匈奴與余吾水之戰非一時事此爲後人續增無疑方說非是此文當依漢書無貳師聞其家以下二十五字末行有詔捕太醫以下二十四字亦當删去餘皆史記文

衞將軍驃騎列傳　茅云大將軍戰功㽦封由姊子夫爲皇后驃騎將略殊無可指特以子夫姊子從大將軍勒戰而有成功并附公孫賀篇末尤可印證曾云此傳右衞而左霍猶魏其傳右竇而左田也衞之封侯已含風刺矣霍則風刺更甚句中有筋字中有眼故知文章須得偏鷙不平之氣乃是佳耳　衞夫人有男立爲皇后茅云凡子夫得幸輒

與青寵任處相串而進爲一篇語脈此畫工施粉黛也　匈奴入殺遼西太守王愼中云史敘二將軍每出兵卽繼以匈奴入寇明二將軍非能禦寇也　大將軍姊子霍去病漢書云霍去病大將軍青姊子也其父霍仲儒先與少兒通生去病及衞皇后尊少兒更爲詹事陳掌妻去病以皇后姊子年十八爲侍中　封賢爲衆利侯漢書衆利侯下云騎士孟已有功賜爵關內侯邑五百戶　是時王夫人方幸於上茅云插入王夫人一段所以綿續子夫後宮之寵也　校尉句王高不識方云不識在匈奴爲句王降漢爲校尉也　諸宿將所將士馬兵茅云一篇精神注此　會日且入茅云大將軍此戰極奇以不得幷驃騎故極力摹寫　所斬捕功已多凌云先以所斬捕一句略總於下詔書中詳之

自大將軍圍單于之後至以故久不伐胡茅云無限深情　將軍公

孫賀茅云賀妻衛媼靑之姊而去病之母姨也　冢在大猶鄉程一枝云載此二家者正從驃騎冢象祁連波及之此文家血脈貫通處　蘇建語余劉子玄云傳所不書別出其事所謂假贊論以自見者也

平津侯主父列傳　茅云此傳以曲學阿世四字爲精神方云以恢奇多詐蔽弘之爲人惟恢奇故多詐而天子以爲敦厚也　是時趙人徐樂王守溪云史傳不必人人悉具顚末如徐樂嚴安一書足矣蔡澤亦然　故雖有彊國勁兵王欽佩云文勢變化而氣滂沛　又使尉佗屠睢張得天云尉佗佗字衍淮南作尉屠睢　上觀齊晉之所以亡者淩云總括一篇之意而結之語約意盡　以爲孔車長者也茅云餘音嫋娜

南越列傳　唐應德云此與匈奴大宛西南夷四傳貫穿百餘年興亡

如世家例曾云五世九十三年必有善政趙光等之屬漢必有事實皆不書略人所詳也太后之淫亂置酒之坐次詳人所略也故知記事之文宜講剪裁之法　於是天子多南越義大凌云敘五帝討南越事筆力万鈞而越之內變討越之將略委曲轉折纖悉殆盡　嬰齊其入宿衞王少鶴云節節提頓轉捩　而韓千秋兵入何子元孟春云而字緊接上將二千人往句埶如珠之走盤　出桂陽下匯水樓昉云次伐南越之兵甚中經緯　贊茅云是後人銘體氣色古厚勝嶧山碑

東越列傳　曾云莊助發郡國之兵不從田蚡計楊僕韓說等之三道并進居股多軍之封侯皆是發明武帝之英風俊采特贊中不揭出耳

　福者成陽共王子何子元云福者一段斷而復續倒敘法也　封爲無錫侯句下漢書有故甌駱將左黃同斬西于王封爲下鄜侯十六字

朝鮮列傳　曾云事緒繁多敘次明晰子厚所謂潔也　左將軍素侍中凌云敘兩將軍私心處曲盡

西南夷列傳　曾云通二方置七郡敘次先後最爲明晰　西南夷君長以什數茅云篇首絕佳凌云退之送廖道士序子厚遊黃溪記發端皆仿此法　此皆巴蜀西南外蠻夷也大凌云以上不百四十字而西南諸夷方隅風俗大小具見　秦時常頞略通五尺道王守溪云敘事精到　行誅頭蘭歸云頭蘭非且蘭　見枸醬番禺大夏杖邛竹王允寧云于番禺見枸醬于大夏見邛竹杖也文法錯綜

司馬相如列傳　方云史記所載賦頌書疏甚略恐氣體爲所壅滯也長卿事蹟無可稱故獨編其文以爲傳而各標著文之由兼發明其指意以爲脈絡匪是則散漫而無統紀矣　無是公听然而笑蘇子由云

讀上林賦如觀君子佩玉冠冕旋折揖讓吐音皆中規矩終日威儀無不可觀

淮南衡山列傳　臣福畤死言唐應德云淮南謀反不詳見敘事中但于劾奏內詳之茅云以下次淮南戰狀條貫嚴密　淮南王安爲人劉須溪云以下二十七字備其大者漢書雖列其才能風流然入怨望猝不能得　乃逆王霸上與王語歸云淮南不軌之謀實由田蚡啓之卒使夷滅小人之禍人國如此　王坐東宮召伍被與謀王守溪云漢書取爲被傳最失　是時故辟陽侯孫審卿凌云應前厲王椎辟陽侯事　當今諸侯無異心董用均云被實爲淮南謀反自告之文不無飾辭史具載之所以微見被之冤而惡湯之專殺然被固法所必誅　於是廷尉以王孫建凌云接　伍被自詣吏方云厲王反跡皆於獄詞具之

故安之事既畢乃曰伍被自詣吏告反跡如此而獄辭則甚略　長男
爽爲太子王允寧云先叙衡山王諸妃男女于前而後之所以相傾者
始不紊

循吏列傳　方云循吏獨舉五人傷漢事也史公蓋欲傳酷吏而先立
古循吏以爲標準故曰奉職循理亦可爲治何必威嚴然酷吏恣睢實
由武帝侈心不能自克而倚以集事故曰身修者未嘗亂也曾云循吏
者法立令行識大體而已後世稱循吏專尙慈惠與此傳本意不倫
此不教而民從其化方云孫叔順民所欲不救而從化以視猾賊任威
使吏民重足一跡而益輕犯法者何如　鄭之列大夫也方云子產事
具左傳故略舉其成功　丁壯號哭方云子產既死而有遺愛以視張
湯死而民不思王溫舒同時五族而衆以爲宜者如何　贊楊用修云

語用韵而句法奇

汲鄭列傳　方云此傳傷武帝有社稷臣克知灼見而不能用也史公于蕭相國非萬世之功不著于留侯非天下所以存亡不著于汲黯非關社稷之計不著所謂詞尙體要也篇首稱數切諫不得久留內則進言多矣爲右內史守東海淮陽列九卿事迹衆矣而見于傳者止此非關于社稷不著也　黯學黃老之言方云治東海爲九卿從內史居淮陽不塡實一事止處言性情氣象略擧其語言及君臣上下之嚴憚遂使千載之下聞風興起必如此乃與汲黯爲人相稱　弘大體不拘文法方云此語近複然前郡守之治後九卿之治也　爲人性倨少禮茅云述性行如此者欲爲後數事張本　然黯與亢禮唐云揖田蚡揖大將軍作兩處叙　人果不可以無學方云篇首稱黯好學正與此對以

黯爲無學故以儒術尊宏也　然衞人仕者劉須溪云因黯及安因安
及叚宏可謂展轉甚不切者及言衞人然後知一時出處有可嘆者又
與傳首有寵于古之衞君一語相發　鄭當時者字莊黄東發云鄭莊
委曲禮下雖少鯁直之風然內行修潔沒無餘財與汲黯等故同傳
莊好黄老之言茅云汲鄭性行不相似獨其好黄老同又云兩人意氣
相合　一死一生王守溪云史公感憤之言
儒林列傳　未嘗不廢書而嘆也方云嘆儒術自是而衰也　叔孫通
作漢禮儀方云叔孫師弟稍鄉于功利矣　而公孫弘以春秋白衣爲
天子三公楊用修云深嘆儒效不白于天下而文飾奸詐爲經術之羞
也　悼道之鬱滯方云公孫宏曲學阿世置博士弟子使試太常補卒
史誘以利祿自是天下多文學之士而儒者之道熄焉自孔孟以來羣

儒相承之統經戰國秦漢絀滅擯弃而未嘗絕者宏以一言敗之而其名則曰厲賢才悼道鬱滯吁可嘆哉　側目而視固曾云子長最不滿于公孫宏此篇錄宏之著功令則曰廢書而嘆於轅固則曰宏側目而視於董仲舒則曰宏希世用事於胡毋生則曰宏亦頗受焉蓋當時以經術致卿相者獨宏子長既薄其學又醜其行也　自公孫弘得用吳原博云董仲舒胡毋生瑕邱江公三傳皆引入公孫宏何也宏治春秋不如三子三子皆不顯而宏位至公卿史公微致不平之意

酷吏列傳　茅云此傳凡十餘人太史公特以刺武帝任用及盜賊滋多之弊故諸酷吏本傳或略他傳反詳或兩三人勒成一傳而海內橫被刑僇之慘如指掌矣　昔天下之網嘗密矣曾云通篇以法令滋章盜賊多有二語爲主天下之網密數行指秦言之即以諷武帝時也

下士聞道大笑之董用均云下士聞道老子語前以孔老發端此應
郅都者楊人也唐應德云酷吏十人行多相類而叙次不同筆力極變
化黃東發云漢初寬大淸凈都獨先以嚴法風俗爲之一變故爲酷吏
之首　而都獨先嚴酷凌云獨先嚴酷治效郅都治類成由治酷于禹
等十餘句皆節脈聯絡處　爲人小吏凌云四語從郡守畏如大府來
　武帝即位姚南靑云武字衍　仕不至二千石凌云視郅都自稱之
詞遠矣　爲守視都尉如令凌云數語又從爲小吏陵其長吏來　上
以爲能方云甯成周陽由之前不過吏之治酷而已趙禹張湯而後則
朝廷用法益刻由上以爲能而丞相宏數稱其美也　與趙禹共定諸
律令方云因湯與禹共定律令而及其交驩因交驩而及其爲人以其
後湯敗天子使禹責之因以爲章法也故不書禹事連書而入湯傳

所治卽上意所欲罪淩云所治數句從所愛者撓法活之來　會渾邪等降淩云兵興賦重民窮奸生此用酷吏之由也一篇根源此處發之　湯爲御史大夫七歲敗方云湯所以敗事緒多端非用此爲關鍵則散漫無紀　窮竟其事未奏也王允寧云此及前七歲敗後三長史句皆敘事起伏血脈　三長史皆害湯欲陷之方云與先揭湯爲御史七歲敗法同　天子果以湯懷詐面欺方云與狄山言湯詐忠相應　湯爲天子大臣方云與篇首湯父大驚相應　趙禹中廢方云禹與湯同起而死在湯後故牽連以書　寧成家居唐應德云插入此段最奇先言甯成之威然後言縱能制成猶先言郅都之威而後言成能制都也　成坐有罪方云縱守南陽甯成犇亡而其跡終爲故敘列于此　後一歲張湯亦死方云湯誅在縱後以天下事皆決于湯故連書其敗露

誅死不得與縱相次至是始補記年歲　快其意所欲得凌云數句從上意所欲罪來　爲人少文凌云接上而溫舒爲人却入此變化不測

卽無埶者視之如奴凌云數句從快其意所欲得來　尹齊亦以淮陽都尉病死方云尹齊與溫舒相代爲中尉而死又相次故牽連以書

減宣者楊人也方云宣之出最早而繫于篇終其死後也　王溫舒免中尉歸云漢書作王溫舒爲中尉溫舒未嘗免作爲字是張湯死溫舒自中尉徙廷尉意卽此時姚南青云漢百官公卿表作免字蓋溫舒以廷尉爲中尉在元鼎六年減宣爲內史及張湯之死在元鼎二年溫舒是時以中尉徙廷尉其事固在前也　杜周者柯奇純云漢書酷吏傳多採太史公獨張湯杜周別爲傳　上所欲擠者凌云卽湯傳上意所欲釋兩端　後爲執金吾大姚云周爲執金吾在天漢二年僅一歲

遷太始二年卒衛皇后事在征和二年宏羊誅則在孝昭元鳳元年武紀天漢二年有禁巫祠及大搜事或宏羊衛后家有連逮者歟　家貲累數巨萬矣方云禹陽尙能廉周則家貲巨萬邪都尙能不顧妻子周則列子孫尊官故以是終篇

大宛列傳　歸云大宛傳就載張騫事騫本傳寥寥附衛將軍後屈原傳因賈生弔屈原故賈誼在後　大宛之跡二句方云漢伐大宛在張騫死後而此篇前幅乃通西北諸國事非此二語首尾不能相攝　騫爲人彊力寬大方云著其所以崎嶇而卒能歸漢也　其北則康居方云諸國地埶道里皆以大宛四面言之列敘諸國皆牽連大宛以爲征宛立傳也　其南則河源出焉方云爲漢使窮河源張本　騫曰臣在大夏時唐應德云以上如棊局以下如著棊大夏烏孫事皆借騫言敘

之　是後天子數問騫方云爲騫求使語張本　騫因分遣副使方云
大宛之跡見自張騫使月氏其兵端起使于西北國者稱宛多善馬故
用此爲關鍵　自博望侯騫死後方云此篇前半記通使西國後半記
以通使起兵端而終于伐宛故因烏孫獻馬預入後得宛馬以爲中間
樞紐而通烏孫乃騫之本謀故特書張騫死後與篇首相應然後首尾
脈絡併歸一線　初天子發書易云凌云先提曾云得烏孫馬得大宛
馬皆後事王少鶴云此段錯綜　是時漢既滅越接上復事西南夷
烏孫以千匹馬聘漢女凌云接前約聘　烏孫多馬二句方云富人有
馬數千匹則其王以馬千匹聘漢女未爲重幣漢君臣要以必先納幣
大辱國也張云微詞　初漢使至安息凌云接前與其人俱來　以大
鳥卵及黎軒善眩人獻于漢方云使端無窮每遣使齎金幣直數千而

所得止此與後天下騷動伐宛而僅得善馬數十匹相應又見漢武侈心與前重九譯相應　尙驕恣晏然方云爲貳師伐宛小國不肯給食張本　而漢使者往旣多淩云到此才入宛　惡睹夫謂崐崙者乎董用均云前案古圖書名河所出曰崐崙蓋譏之也但微詞耳

游俠列傳　董用均云其辭多激然咨嗟慷慨感歎宛轉文之曲至百代所絕王守溪云此傳議論正而氣勢闊達　而學士多稱於世云方云學士多稱於世感俠客獨爲儒墨所擯又云以術取卿相謂公孫宏張湯等　及若季次原憲張得天云遷意所不滿莫若公孫丞相此傳所謂儒卽指宏輩班固謂是非謬於聖人亦不達其旨矣子長首引季次原憲若儒如此豈世儒所可同　竊鉤者誅二句方云竊鉤者誅喻俠客之干文網竊國者侯喻宏湯誣罔以竊高位侯之門仁義存譏世

人稱羡宏湯也　與世沈浮而取榮名哉方云所謂榮名即以術取卿相者　解爲人短小精悍唐云先提主意　卒發於睚眦如故云凌云此上一一俱應在後　此盜跖居民閒者耳董用均云明游俠不與豪暴同類

佞幸列傳　庸乃不甚篤方云庸乃不甚篤爲句言任用不甚篤也春秋傳士伯庸中行伯

滑稽列傳　談言微中二句凌云二語滑稽要領　賜酒大王之前茅云次酒醉千年以來獨啓　若乃州閭之會大姚云留曹禁觶參坐錯籍滅客澤石悲衰皆韵又云昀按徐音疑作瞪　其後百餘年楚有優孟歸云楚莊王乃後齊威王百餘年耶亦謬甚矣　楚相孫叔敖知其善人也凌云過得便捷　贊楊用脩云史公贊滑稽語亦近滑稽

日者列傳　黃東發云六一公欲作文先誦日者傳一遍劉須溪云張守節謂日者傳非太史公作觀其辨肆淺深亦豈褚先生所能彣云呂東萊考訂云此太史公作

龜策列傳　歸云此雖褚先生所補存之可以見太卜之舊但似秦漢閒書非三代書也　余至江南方云此篇文氣類班孟堅非褚少孫所作余至江南以下義支辭淺或少孫所爲耳　風雨送之姚南青云送元作迎迎與將行韵後人妄改

貨殖列傳　歸云貨殖傳本以憤慨而作然諸方之風俗物產人情變態悉具遇所感激則偏宕其詞以示玩弄古今之概正論詼嘲雜焉幷出千彙萬狀震盪六合矣張得天云史以貨殖傳終所以見先王詩書之澤至漢武之世而盪然無遺蓋傷之也姚云子長見天子不能寧靜

淡薄乃令其民去廉恥逐利資賢士困約素封僭于君長又里巷逐十一行猥賤而鹽銕酒酤均輸以帝王之富親細民之役故譏其賤以繩其貴察其俗以見其政觀其靡以知其敝　江南出柟梓方云古者國有分土無遠商故略舉土之所出此善者之所因也　人各任其能方云此因之利道之之事虞夏以來之政術也　故太公望封于營丘王守溪云議論未了忽出敘事敘事未了又出議論奇至矣　於是太公勸其女功方云此教誨整齊之事王道之始變也　夫千乘之王歸云此非有激安得如此云云董用均云漢武征伐四夷府庫空虛王侯坐酎金免史乃滑稽寓言玩侮一世耳　知鬥則修備方云太公管仲富國之巧者也計然以富家之術施之於國則少貶矣故別之於太公管仲　腐敗而食之貨勿留大姚云食同蝕歸氏以食之爲句非也　此

所謂得埶而益彰者乎方云漢時富商大賈得與王者同樂而封君低
首仰給所謂得埶益彰也不敢顯言故轉以子貢之事當之　夫歲孰
取穀倪正甫思云此特于叙事中著精語　白圭其有所試矣方云陶
朱子貢白圭富家之巧者也故并以能試所長許之猗頓而下則商賈
之誠壹者耳　爲築女懷淸臺歸云與尊卜式略同　漢興海內爲一
方云海內爲一舟車無所不通故詳載行賈之地　關中自汧雍以東
董用均云叙海內土俗錯綜橫佚包括宇宙唐應德云此文出入變化
不可捉摸而中藏軌範法固森嚴也　隙隴蜀之貨物方云隙字屬下
句　昔唐人都河東歸云三河爲綱楊平陽河東也云北賈種代即穿
叙種代溫軹河內也云北賈趙中山即穿叙中山又因趙穿出燕涿鄭
衛洛陽河南也因東賈齊魯南賈梁楚即穿叙齊魯梁楚因及粵海九

州之大一綫貫成豈非奇絕余有丁云列東西南北其中又分都會如
禹貢分某山某水爲某州其胷中包括輿地已盡如行旅逐勝可畫爲
圖其言縷縷欲斷不斷不可分界而又無所不載　故楊平陽陳掾其
間大姚云夢穀謂王文考王孫賦扶歘岑以陳掾其間又按王褒洞簫
賦密漠泊以獑猢善注爲相連延皃又引字書云獸逃走也疑與木旁
同一義也　而楊越多焉歸云閩越於越雜見於楚楊越則別出前有
陳夏之交後遂及夏　賢人深謀於廊廟方云豈眞守信死節特深謀
時云然耳蓋謂趙綰王臧之屬隱居岩穴設爲名高謂公孫宏兒寬之
屬以士大夫而陰懷欲富則與趙女鄭姬攻剽椎埋無別董用均云文
辭故爲無涯涘以指斥譏罵　陸地牧馬二百蹄方云此以山澤畜牧
殖貨者　此言末業貧者之資也方云此以商賈殖貨者　酤一歲千

釀唐應德云此市肆簿券一經史公之筆便是絕佳文字　貪賈三之李安溪云貪賈以十計而三之謂得十之三分餘也廉賈以十計而五之謂得十之二分餘也　蜀卓氏之先趙汸云此所謂當世賢人卽平準書所斥不軌逐利之民也　而秦陽以蓋一州唐應德云零零碎碎不舍一物趙汸云末言富者必以奇勝卽平準書所謂不益賦而天下用饒循此傳意深陋爲國者下行商賈之事故歷數奸事惡業賤行辱處之能深富蓄親睹言利之人誤國害民故言之深切至此又云平準書譏人臣橫斂以佐人主之欲貨殖傳譏人主好貨使四方皆變其舊俗

太史公自序　樓昉云世家源流論著本末備見此篇篇終自叙處反復委折有開闔變化之妙董用均云自序及游俠貨殖伯夷孟子等傳

皆自撰故皆妙絕世家多錄舊文不過略增損而已某案史記自撰者多非止董所舉數篇爲妙絕也此說未當　使人儉而善失眞姚云儉當作檢　因物與合顧云漢書作因物與舍古讀舍爲捨與度爲均後人不知故爲合　故發憤且卒方云封禪書特書諸儒不能辨明封禪事故於此著其父發憤以死蓋憤不得辨明方士之妄誕也　維昔黃帝董用均云此下雜用韵語最高古班固贊語用此體乃知班不能出馬範圍也　殺慶救趙董用均云數語斷項氏興亡之原已盡　自孔子卒京師莫崇庠序方云傷武帝不能依古庠序以興教化而儒術變爲文辭之學也　民倍本多巧方云史序多微文不敢斥言如酷吏序云云皆辭若褒之而義存譏刺也　爲太史公書序略董用均云序略句　余述歷黃帝以來方云敘述既終覆出十六字蓋舉其凡計撥于

篇終猶衛霍傳特標左方兩大將軍及裨將姓名耳焦澹園云張湯傳贊如湻注引班固目錄馮商長安人成帝時待詔金馬門受詔續太史公書十餘篇劉歆七略云商與孟柳頗敘列傳言則續史記者不獨褚先生也又後漢楊終傳肅宗時受詔删太史公書爲十餘萬言方植之云班彪傳好事者綴輯時事踵綴其書注好事者謂揚雄劉歆陽城衡褚少孫史孝山之徒也

桐城吳先生彙錄各家史記評語終

中華國學叢書

史記集評（全四冊）

1912

作　　者／清・吳汝綸 評點
主　　編／劉郁君
美術編輯／鍾　玟

出 版 者／中華書局
發 行 人／張敏君
副總經理／陳又齊
行銷經理／王新君
地　　址／11494 台北市內湖區舊宗路二段181巷8號5樓
客服專線／02-8797-8396　　　傳　　真／02-8797-8909
網　　址／www.chunghwabook.com.tw
匯款帳號／華南商業銀行　西湖分行
179-10-002693-1　中華書局股份有限公司

法律顧問／安侯法律事務所
製版印刷／維中科技有限公司　海瑞印刷品有限公司
出版日期／2018年11月台二版
版本備註／據1970年5月台一版復刻重製
定　　價／NTD 2,500

國家圖書館出版品預行編目（CIP）資料

史記集評 / (清)吳汝綸評點. — 台二版. —
臺北市:中華書局, 2018.11
面 ;　公分. — (中華國學叢書)
ISBN 978-957-8595-01-9(平裝)

1.史記 2.研究考訂

610.11　　　107016248

NO.J1017
ISBN 978-957-8595-01-9（平裝套號）